IBM SPSS Statistics

기초통계분석

오종철 지음

자유아카데미

머리말

현재 우리 사회의 곳곳에서 수없이 많은 정보들이 넘쳐나고 있다. 하지만 대부분 그 정보들이 숨어 있는 데이터를 정확히 진단 및 분석하지 못함으로써 이에 관련된 여러 정책이 어긋나는 것을 볼 수 있다. 이런 상황에서 각종 정책 수립 시 적재적소에 적절히 활용될 수 있도록 사회 전반에서 얻어진 자료에 대한 정확한 통계분석이 과거 그 어느 때보다 매우 절실하다고 볼 수 있다. 더불어 방대한 자료로부터 정확한 통계분석을 얻을 수 있는 통계분석용 프로그램이 더욱 더 필요한 시대라고 할 수 있다.

통계 패키지의 대표 주자인 SPSS는 오래전부터 많은 사용자 집단을 가지고 있는 통계분석 프로그램으로서 자료의 입력부터 기초 통계분석, 나아가 분산분석, 회귀분석, 요인분석 등의 고급 통계분석까지 사용자가 쉽게 배우고 접할 수 있는 시스템을 갖추고 있다.

더욱이 IBM SPSS Statistics는 기초통계분석을 뛰어 넘어 데이터마이닝 분석과 통계분석 컨설팅, 그리고 스코어링, 예측, 세분화 등 사용자 중심의 문제 해결을 위한 분석 시스템 개발의 고급분석 프로젝트 영역까지 그 분석 범위를 확장 구축하고 있다.

저자가 SPSS 통계 패키지를 처음 접한 것은 1990년으로, SPSS/PC+ for the IBM PC/XT/AT라는 버전을 통해서였다. 이 시기의 SPSS는 명령문 창에 통계분석 작업 코드를 직접 입력하는 방식으로 실행되었기 때문에 통계분석을 하기 위해서는 입출력 명령문을 비롯하여 웬만한 명령문을 외우고 있어야 했다. 이후 명령문 입력의 불편함을 없애기 위하여 SPSS는 사용자 위주의 시스템으로 꾸준히 버전을 업그레이드하였으며, 현재는 IBM SPSS Statistics이란 이름으로 매우 강력한 사용자 위주의 통계분석 도구로 자리 잡고 있다. 다만 IBM SPSS Statistics 통계 패키지의 한글 버전에서 이를 테면 '계수'라고 표현할 위치에 '상관계수'라고 표현하는 등 몇 군데 사소한 옥에 티가 눈에 띄는 것은 조속히 수정해야 될 사항으로 사료된다.

IBM SPSS Statistics는 통계분석을 필요로 하는 모든 이에게 데이터 분석을 보다 쉽고 편하게 수행할 수 있는 통계분석용 패키지이지만, 주어진 데이터에 어떤 분석을 수행해야 하는지, 또는 그 분석 결과의 의미가 무엇인지 알지 못할 경우 이 프로그램 자체만으로는 빛 좋은 개살구일 뿐일 것이다. 즉, IBM SPSS Statistics를 잘 이용하기 위해서는 기초통계학을 어느 정도는 학습하고 이해할 수 있어야 한다.

따라서 통계학을 전공하는 학생들뿐만 아니라 통계학 분석이 필요한 다른 분야의 학문을 배우는 이들이 자료를 입력하고 통계분석을 하고 그 결과를 쉽게 이해할 수 있도록 하기 위해 IBM SPSS Statistics의 사용법과 동시에 통계분석법을 기술할 필요가 있다고 판단하여 이 책을 펴내게 되었다.

이 책의 내용은 크게 2부로 구성되었다. 먼저 1부의 1장과 2장에서는 IBM SPSS Statistics 통계 패키지를 이용하여 자료를 간단히 입력하는 방법을 시작으로, 엑셀 데이터를 불러오는 방법, 마법사를 통해 텍스트로 저장된 데이터를 읽는 방법 등을 기술하였다. 3장에서는 자료의 변환에 관련된 변수 계산, 함수의 사용, 코딩변경, 순위변수와 빈도변수 생성하기 등을 다루었다. 마지막으로 4장에서는 케이스 정렬을 위시하여 두 개 이상의 데이터 파일을 하나로 합치는 방법과 데이터 통합 등의 데이터 관리에 관하여 논하였고, 아울러 통계 결과의 출력 형태에 대한 파일분할과 케이스 선택, 가중 케이스에 대한 내용을 소개하였다.

2부에서는 IBM SPSS Statistics를 이용하여 기초통계분석에 대한 여러 방법들을 설명하였다. 먼저 5장에서는 이산형 자료를 분석하기 위한 빈도분석에 대하여 기술하였으며, 자료의 시각적 분석을 위하여 통계학에서 자주 소개되는 10가지 종류의 그래프에 대한 작성 방법을 자세히 기술하였다. 6장에서는 자료의 기술통계량 출력을 위한 기술통계 분석에 대하여 소개하였다. 7장에서는 확률변수의 간단한 정의와 통계학에서 많이 접하는 확률분포에 대하여 설명하고 각 확률분포와 관련된 확률과 분위수를 구하는 방법에 대하여 분포함수를 중심으로 설명하였다. 8장에서는 일집단의 평균에 대한 신뢰구간을 구하는 방법과 가설검정을 수행하는 방법을 신뢰구간과 가설검정의 정의와 함께 기술하였으며, 독립표본과 종속표본일 경우의 두 모집단의 모평균에 대한 추정 방법을 예제와 함께 해결할 수 있도록 소개하였다. 9장에서는 실험계획법으로 얻어진 자료의 분석을 위한 분산분석법의 정의와 그 해석을 자세히 설명하였으며, 10장에서는 상관분석과 선형회귀분석에 대한 기초적 개념과 그 분석 방법을 예제 자료를 통하여 이해할 수 있도록 구성하였다. 마지막으로 11장에서는 가중 케이스를 통해 입력한 범주형 자료를 분석하기 위하여 카이제곱 검정의 기초와 분석 통계량, 그리고 그 해석을 자세히 기술하였다.

이 책에 나오는 기본 데이터는 홈페이지를 통해 제공할 예정이지만, 예제 데이터는 가급적 직접 입력하고 수행해 보는 것이 학습 효과가 있을 것으로 사료된다. 이 책이 아무쪼록 IBM SPSS Statistics를 통해 통계분석을 수행하고자 하는 모든 이들에게 도움이 되길 바라며, 책을 집필하는 데 있어서 많은 조언과 좋은 환경을 제공해 주신 미국 켄터키주 루이빌대학교 수학과의 이기섭 교수님에게 감사드린다. 또한 책을 출판하는 데 아낌없이 후원해 주신 자유아카데미에도 깊은 감사의 말씀을 드린다. 책의 기본 데이터 및 출간 후 나올 수 있는 수정사항 등은 자유아카데미 홈페이지(www.freeaca.com) 자료실에 제공할 예정이다.

2015년 10월

오종철

차 례

제 I 부

IBM SPSS Statistics 그리고 DATA

제 1 장 IBM SPSS Statistics 통계 패키지

1.1 IBM SPSS Statistics

SPSS는 통계적 분석과 데이터마이닝, 그리고 빅데이터 분석 등에 사용되는 통계분석 프로그램이다. SPSS는 처음에 사회과학분야의 통계분석 도구로 개발된 Statistical Package for the Social Sciences의 약어에서 SPSS 프로그램이 진보됨에 따라 Statistical Product and Service Solution의 약어로 통칭되고 있다. SPSS는 1968년 처음 개발된 후 SPSS Inc.가 2009년까지 개발해오다 IBM사가 현재 IBM SPSS Statistics라는 이름으로 보급하고 있다.

다음은 IBM SPSS Statistics의 최신 버전 21에 장착된 새로운 기능에 대한 주제들을 표시한 것이다. 이와 같이 SPSS는 개발 초기의 단순한 통계분석에서 벗어나 다양하고 복잡한 고차원적인 통계분석 도구로서의 역할을 담당하고 있다.

- 시뮬레이션
- 원-클릭 기술통계량
- Cognos Business Intelligence 데이터 읽기
- 미리 정렬하지 않고 데이터 파일 합치기
- 데이터 집합 비교
- 암호 보호 및 데이터와 출력결과 파일 암호화
- 피벗표 편집 강화
- Excel 2007 이상 형식으로 출력 내보내기
- 출력을 HTML로 내보낼 때 표 스타일 유지
- 유니코드 기본

IBM SPSS Statistics은 이와 같이 복잡하고 고차원적인 통계기법과 그래프 출력에 대하여 각종 메뉴와 이에 대응하는 대화상자의 간단한 설정만으로도 보다 쉽게 분석할 수 있는 기능을 제공하고 있다.

1.2 IBM SPSS Statistics의 시작

다음 [그림 1.2.1]은 IBM SPSS Statistics 프로그램을 실행하기 위하여 컴퓨터에 설치된 모든 프로그램 목록 중에서 IBM SPSS Statistics 21을 선택한 순간을 갈무리한 것이다.

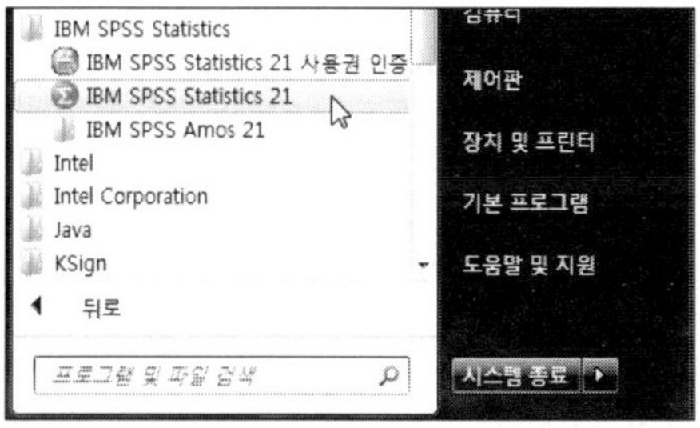

[그림 1.2.1] IBM SPSS Statistics 21의 실행

[그림 1.2.1]에 표시된 [IBM SPSS Statistics 21]을 마우스로 클릭하여 실행하면 [그림 1.2.2]와 같이 Version의 정보와 더불어 프로그램에 대한 IBM 회사의 저작권에 관한 설명 화면이 잠시 나타난다.

[그림 1.2.2] 저작권에 관련된 초기 화면

이어서 IBM SPSS Statistics 프로그램을 설치한 이후 최초 실행하였을 경우 [그림 1.2.3]과 같이 SPSS 작업 선택 창이 나타난다. 차후 IBM SPSS Statistics 프로그

램을 실행할 때마다 이 화면이 매번 나타나는 것이 귀찮을 때에는 [그림 1.2.3]의 하단에 있는 [앞으로 이 대화상자를 나타내지 않음(D)]의 앞에 놓여있는 □를 클릭한다. 이 설정 이후에는 [그림 1.2.3]의 화면이 더 이상 나타나지 않으며 바로 [그림 1.2.4] 화면으로 넘어갈 것이다. [그림 1.2.4]에 표시된 화면이 표시되면 통계 패키지인 IBM SPSS Statistics 21 프로그램이 정상적으로 실행된 것이다. 이 상태에서 통계분석을 위한 자료를 [그림 1.2.4]의 화면에 입력하면 된다.

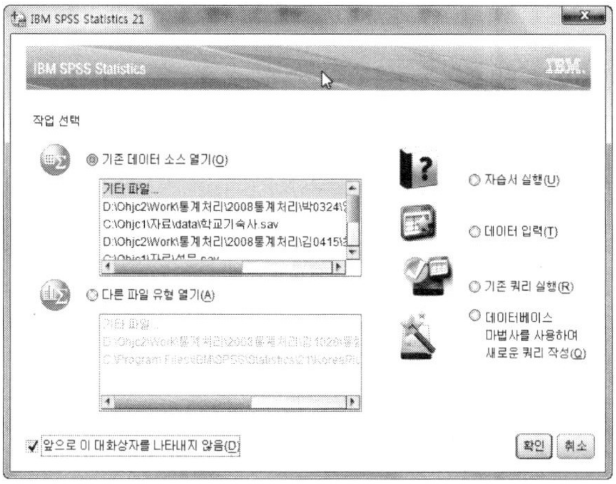

[그림 1.2.3] 작업 선택 화면

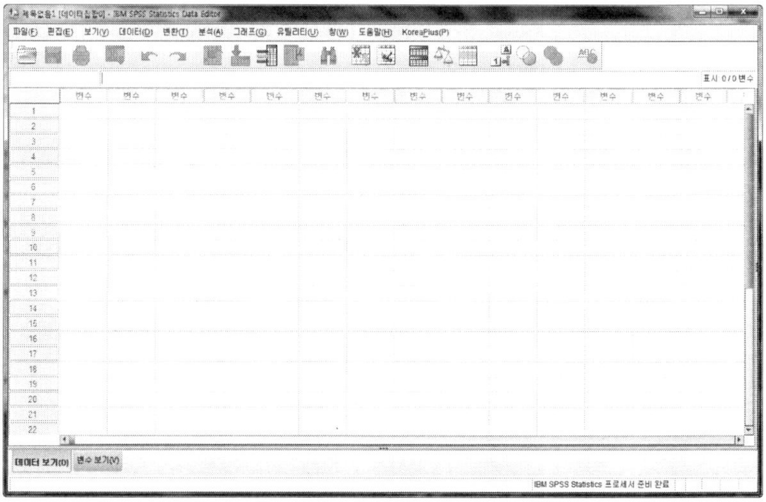

[그림 1.2.4] IBM SPSS Statistics 실행 화면

[그림 1.2.4]의 IBM SPSS Statistics[1] 실행 화면의 하단을 보면 두 개의 편집 탭(데이터 보기(D), 변수 보기(V))이 나란히 표시되어 있음을 볼 수 있다. [데이터 보기] 탭은 데이터를 입력하는 기능을 하며, 반면에 [변수 보기] 탭은 입력되는 자료의 변수에 대한 각종 정보를 저장하는 기능을 한다. 두 편집 탭은 상호 연결되어 있어서 각 탭의 편집 사항을 서로 공유한다. 따라서 두 편집 탭을 적절히 활용하여 자료를 입력하면 된다.

1.3 SPSS를 실행하여 자료를 직접 입력하기

1.3.1 : 설문 등을 통한 자료의 준비

통계분석을 하기 위하여 SPSS 통계 패키지를 실행하여 직접 자료를 입력하는 방법을 알아보자. 먼저 응답자의 신체 상황을 조사하여 다음 [표 1.3.1]과 같이 자료를 얻었다고 가정하자. [표 1.3.1]의 자료는 외국의 어느 한 도시에 거주하는 성인 38명을 무작위로 선정한 후, 이들에 대한 사회변인과 지능 검사, 혈액 검사 등을 통하여 응답자들의 건강에 관련된 몇 가지 요인을 조사한 것이다. 이 자료에 나타나 있는 총 11개 변수들을 간단히 소개하면 다음과 같다.

- 연번: 입력 또는 조사를 위하여 부여된 일련번호
- 나이: 응답자의 연령
- 성별: 응답자의 성별, M=남자, F=여자
- 교육: 응답자의 학력 수준, 0=고졸 이하, 1=대졸, 2=대학원 이상
- 흡연: 흡연 정도, 0=금연, 1=하루 1갑 미만, 2=하루 1갑 이상
- 운동: 운동 정도, 0=전혀 안 함, 1=일주일 1~2일, 2=일주일 3일 이상
- 결혼: 결혼유무, 0=미혼, 1=기혼, 2=사별, 3=이혼
- 체중: 응답자의 몸무게, 파운드(pound)로 측정
- IQ: 응답자의 지능지수
- SC: 응답자의 콜레스테롤(Serum Cholesterol) 수치(mg%)
- SP: 응답자의 최대혈압(Systolic Pressure) 수치(mmHg)

1) 이하 SPSS로 간략하게 언급함

[표 1.3.1] 설문과 검사를 통해 얻어진 자료

연번	나이	성별	교육	흡연	운동	결혼	체중	IQ	SC	SP
1	20	M	0	0	1	0	128	122	206	118
2	25	M	1	1	1	0	143	103	200	118
3	28	F	1	0	0	1	119	116	203	118
4	19	M	0	0	0	0	145	105	210	120
5	29	M	2	1	2	1	175	121	195	129
6	23	F	1	0	0	0	111	105	240	120
7	36	M	2	1	0	3	215	106	215	163
8	31	M	2	1	1	1	152	119	204	120
9	37	M	1	1	0	3	191	118	201	148
10	35	F	1	0	0	1	122	106	232	131
11	19	F	0	0	2	0	121	113	198	123
12	21	F	0	0	1	1	109	102	206	114
13	24	F	1	1	2	3	106	114	188	113
14	22	F	0	1	1	1	108	103	220	121
15	36	F	2	0	1	0	125	117	220	126
16	32	M	2	1	0	1	186	122	248	119
17	32	F	1	0	1	0	115	109	187	115
18	36	M	2	1	2	1	190	121	226	123
19	32	F	1	1	0	1	125	119	193	123
20	34	F	1	2	0	1	134	117	199	133
21	36	F	0	0	1	1	142	88	216	138
22	35	F	2	0	1	1	151	113	251	147
23	43	F	1	0	1	1	127	111	201	132
24	47	F	1	1	1	3	132	109	215	138
25	40	M	0	1	1	1	234	98	208	156
26	47	M	2	1	0	1	179	113	235	131
27	43	M	2	0	2	1	194	129	211	138
28	44	F	1	2	0	0	132	109	240	130
29	40	F	1	1	0	3	130	105	201	121
30	56	F	1	0	0	2	143	111	206	136
31	52	M	1	0	1	3	157	106	205	119
32	50	M	2	0	1	1	173	126	203	136
33	65	M	2	2	1	1	212	119	220	158
34	63	F	0	0	0	2	166		271	143
35	61	F	0	1	0	3	170		242	149
36	35	M	0	1	1	1	179	101	228	151
37	42	M	0	0	1	2	185	103	229	120
38	28	M	2	0	2	0	175	115	205	115

※ 참고문헌 [1]에서 자료의 일부를 발췌하여 변형함.

1.3.2 : 준비된 자료의 입력

이제 SPSS 통계 패키지를 실행하여 얻어진 화면 [그림 1.2.4]에 1.3.1절에서 준비된 자료를 입력하여 보자. 먼저 [그림 1.2.4]의 [데이터 보기] 탭에 [표 1.3.1]의 변수 {연번}을 35번까지 입력하면 다음 [그림 1.3.1]과 같은 모습이 될 것이다.

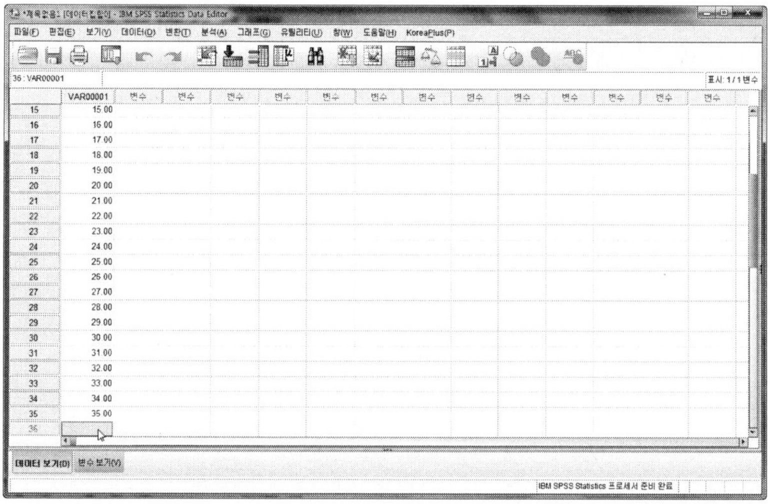

[그림 1.3.1] 자료 입력의 시작: [데이터 보기] 탭

[그림 1.3.1]과 같이 입력한 자료는 [표 1.3.1]의 변수 {연번}의 숫자 자료이다. 이때 입력된 자료인 {연번}은 응답자들을 서로 구분 짓는 하나의 변수이다. 처음부터 [데이터 보기] 탭에 바로 자료만을 입력하였을 경우에 SPSS 시스템은 입력되는 자료의 변수 이름을 VAR0001, VAR0002 등과 같이 자동으로 VAR과 함께 순차적인 번호를 부여하여 정해 준다. 이 가칭 변수(이름)를 계속 사용해도 되지만 자료의 변환이나 통계분석을 할 경우 각 변수를 구별할 수 있도록 처음부터 적절한 변수 이름을 정하는 것이 좋다.

여기에서 언급되는 변수(variable)란 모든 개체에 같은 단위의 측도를 사용하여 측정함으로써 얻어진 값의 집합을 통칭하여 부르는 이름이다. 예를 들어 [표 1.3.1]에 표시된 각 응답자들의 {나이}, {성별}, 교육수준인 {교육}과 흡연 정도를 의미하는 {흡연}, 그리고 지능지수를 의미하는 {IQ}, 혈액 내 콜레스테롤 수치를 나타내는 {SC}와 최대 혈압인 {SP}를 변수라고 한다.[2)]

2) 앞으로도 변수를 구분하기 위하여 변수 이름 앞뒤로 {}를 붙일 것이다.

변수의 이름 등 자료의 성질을 설정하기 위해서는 [그림 1.3.1]의 데이터 편집기 윈도우 하단에 있는 [변수 보기] 탭을 클릭한다([그림 1.3.2]).

[그림 1.3.2] 자료 성질의 설정: [변수 보기] 창

먼저 [그림 1.3.2]의 첫 번째 [이름] 열에 입력하게 될 사용자 변수의 이름을 정하는 규칙을 살펴보면 다음과 같다.

- 변수 이름은 최대 64자까지의 문자로 구성되며, 기존의 변수와 같은 이름을 사용할 수 없다. 특히 영문자는 대소문자를 구별하지 않는다. 따라서 {abc}와 {Abc}는 같은 변수로 인식한다.
- 변수 이름에 공백을 포함할 수 없으며, 숫자는 변수 이름의 첫 글자로 사용할 수 없다. 예를 들어 {집단 abc}와 {1var}은 변수 이름으로 적절하지 않다.
- 변수 이름으로 공백 대신 밑줄(_)을 사용하면 두 단어로 된 변수 이름을 가능하게 해 준다. 예를 들어 {User name}은 사용자 변수 이름으로 부적절하지만 {User_name}은 적절한 변수 이름이다.
- 스크래치 변수 또는 시스템 변수는 변수 이름의 첫 문자가 # 혹은 $로 시작하므로 사용자 변수의 첫 문자에 #, $ 문자를 사용하지 않는 것이 좋다.
- 마침표(.), 밑줄(_) 및 문자 $, #, @는 변수 이름의 중간에 사용할 수 있다. 예를 들어 AB_$@#.123은 SPSS의 변수 이름으로 가능하다.
- SPSS 명령문의 끝을 의미하는 마침표(.)와 SPSS 실행 중 자동 생성되는 변수의 끝에 사용되는 밑줄(_) 문자는 혼란을 피하기 위하여 사용자 변수 이름의

끝 문자로 사용하지 않는 것이 좋다.

- SPSS가 이미 지정한 예약어(key word)는 변수 이름으로 사용될 수 없다. SPSS 시스템에서 이미 사용하고 있는 단어인 예약어로는 ALL, AND, BY, EQ, GE, GT, LE, LT, NE, NOT, OR, TO, WITH 등이 있다.

사용자 변수 이름은 실제 자료를 입력하기 전에 [그림 1.3.3]과 같이 미리 정하여 입력하는 것도 좋은 방법이다.

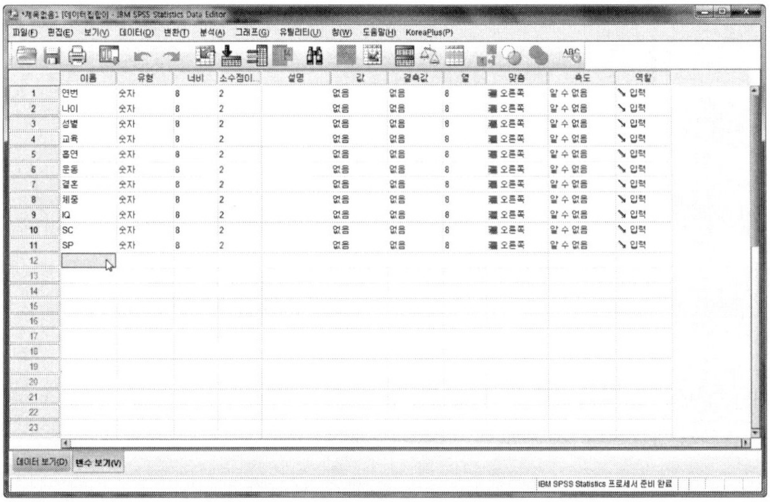

[그림 1.3.3] 사용자 변수 이름의 설정

[그림 1.3.3]과 같이 [변수 보기] 탭에서 미리 변수 이름을 설정한 이후 [데이터 보기] 탭으로 가서 각 개체에 해당하는 자료를 해당 변수에 입력하면 된다. 그러나 [그림 1.3.3]의 설정으로 [표 1.3.1]의 자료를 입력할 경우 {성별}의 자료는 절대 입력이 불가능하다.

SPSS에서 입력되는 변수는 이 변수가 취하는 자료의 유형을 설정해 주어야 한다. 우리가 가장 많이 사용하는 변수 유형은 숫자 유형과 문자 유형일 것이다. [그림 1.3.3]과 같이 변수 이름을 입력할 경우 기본적으로 숫자 유형의 변수로 설정된다. {성별} 변수의 경우에는 'M' 또는 'F'와 같이 문자를 입력해야 하므로 특별히 문자 유형으로 지정해 주어야 한다.

변수의 유형을 설정하는 방법은 다음 [그림 1.3.4]와 같이 변수 유형을 설정하고자 하는 변수의 [유형] 칸을 마우스로 찍었을 때 표시되는 ⋯ 지역을 클릭한다.

그 결과 [그림 1.3.5]의 [변수 유형] 대화상자가 표시되고 이 대화상자에서 문자 유형을 선택한 후 [확인]하면 된다. 숫자 유형과 문자 유형의 변수는 자료를 입력하는 과정에서 서로 변환될 수 있다. 예를 들어 관찰 대상자들의 {성별} 변수의 경우 남성의 자료값을 'M', 여성의 자료값을 'F'로 입력하였다면 {성별} 변수는 문자 유형의 변수이다. 참고로 문자 유형의 자료를 입력할 때에는 문자만 입력하고 문자를 둘러싸고 있는 작은따옴표('')는 입력하지 않는다.

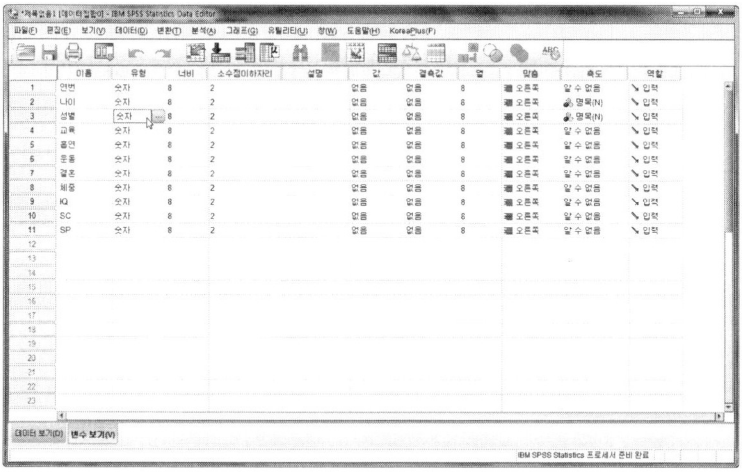

[그림 1.3.4] 변수 유형의 변경

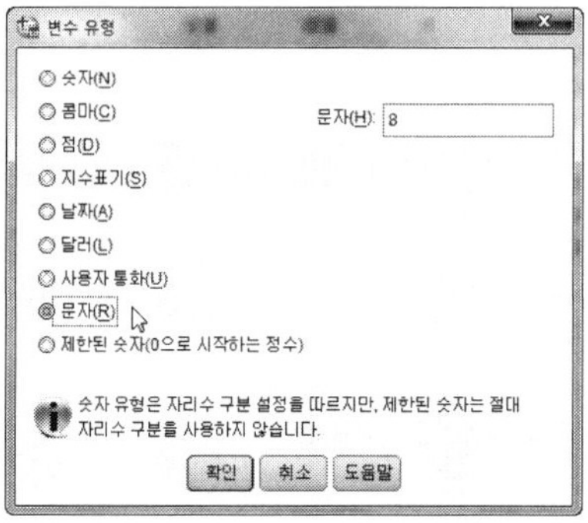

[그림 1.3.5] 변수 유형 설정

그러나 {성별} 변수의 자료값을 1(남) 또는 2(여)와 같이 숫자로 입력하였다면 {성별} 변수는 숫자 유형의 변수이다. 물론 어느 유형이든지 자료를 모두 입력한 이후 적절한 변환을 통하여 문자 유형의 변수를 숫자 유형의 변수로 또는 그 반대의 경우로 변환시킬 수 있다.

[그림 1.3.5]에 표시되어 있는 것처럼 변수 유형은 각 변수에 대한 데이터 유형을 지정한다. 이미 언급한 바와 같이 숫자 유형이 기본으로 설정되어 있으며, 입력되는 자료의 형태에 따라 콤마(쉼표를 세 자리마다 구분하는 구분자로 사용하며 마침표를 소수점 구분자로 사용), 점(마침표를 세 자리마다 구분하는 구분자로 사용하며 쉼표를 소수점 구분자로 사용), 날짜를 표시하는 자료를 입력하기 위한 날짜 유형과 성별, 이름 등 문자열을 입력하기 위한 문자 유형 등이 있다. [그림 1.3.5]에 표시된 [도움말] 창을 클릭해 보면 변수 유형에 대하여 자세한 설정 방법을 얻을 수 있다.

다음으로 [그림 1.3.4]의 세 번째 [너비] 열과 [소수점이하자리] 열은 [데이터 보기] 탭에 입력되는 자료를 표기할 때의 너비의 크기와 소수점이하 자릿수를 설정하는 데에 사용된다. [표 1.3.1]의 자료의 경우 소수점이하 자릿수가 필요치 않으므로 모든 변수의 소수점이하 자릿수를 0으로 설정하자(기본은 2로 설정되어 있다).

[그림 1.3.4]의 [설명] 열 이후의 열은 나중에 차례대로 언급하기로 하고 일단 [데이터 보기] 탭으로 돌아가서 [표 1.3.1]의 자료를 직접 입력해 보자. 다음 [그림 1.3.6]은 [그림 1.3.4]에서 [소수점이하자리] 열까지 설정한 이후 [표 1.3.1]의 38개 케이스의 자료를 모두 입력한 모습을 표시한 것이다. 참고로 SPSS에서는 [데이터 보기] 탭의 열을 변수라고 지칭하는 것과 동시에 [데이터 보기] 탭의 행을 케이스라고 한다. 즉 변수가 모든 개체의 공통적인 특성을 일컫는 것이라면, 케이스는 각 개체에서 조사된 한 줄의 자료를 말하는 것이라고 할 수 있다.

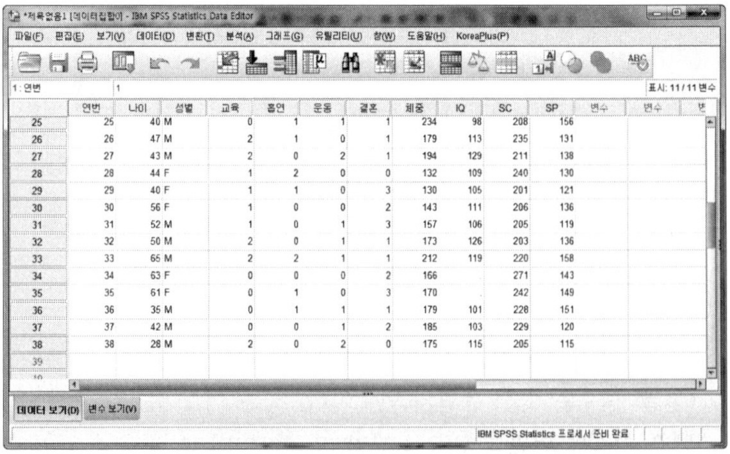

[그림 1.3.6] [표 1.3.1] 자료의 입력

1.4 입력 자료의 저장과 SPSS 시스템 종료하기

[그림 1.3.6]과 같이 SPSS의 [데이터 보기] 탭에 입력된 자료들은 임시 메모리에 저장되어 있기 때문에 이대로 SPSS를 종료하면 그동안 입력된 자료가 모두 손실될 것이다. 따라서 자료를 입력하고 나면 바로 적절한 폴더에 저장하는 작업을 해야 한다.

SPSS에 입력된 자료를 저장하기 위해서는 [그림 1.4.1]과 같이 데이터 편집기 윈도우의 [파일(F)]−[저장(S)] 메뉴를 클릭하거나 저장 아이콘을 클릭하면 나타나는 [데이터를 다른 이름으로 저장] 대화상자([그림 1.4.2])에서 파일 이름과 저장 유형을 지정한 후 [저장]하면 된다. 참고로 SPSS에서 입력된 자료가 저장된 파일 이름의 확장자는 기본적으로 .sav이다. 이 확장자의 파일은 예전부터 SPSS에서 처리되는 자료 파일임을 의미한다. [그림 1.4.3]은 입력된 자료가 정상적으로 저장된 모습을 표시한 것이다.

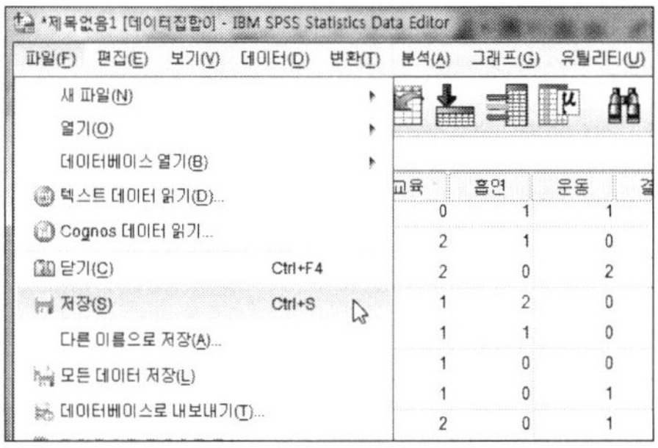

[그림 1.4.1] 자료의 저장

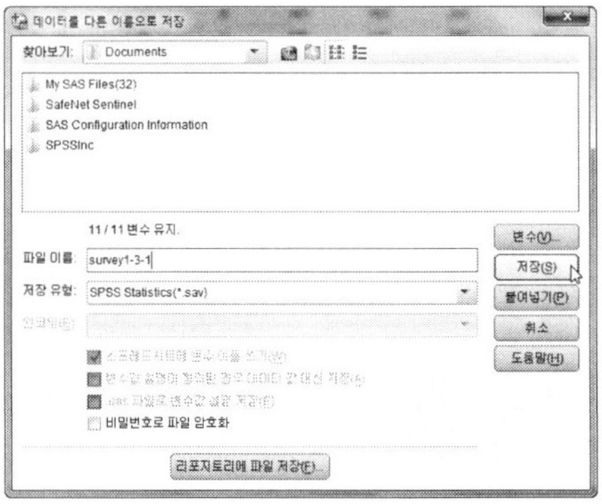

[그림 1.4.2] 새로운 파일 이름 지정하기

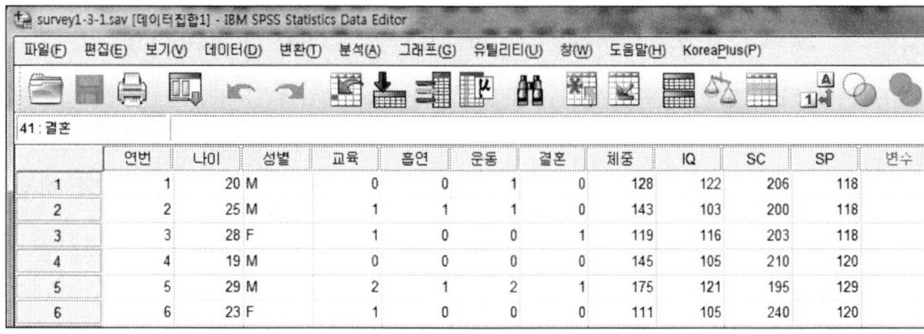

	연번	나이	성별	교육	흡연	운동	결혼	체중	IQ	SC	SP	변수
1	1	20	M	0	0	1	0	128	122	206	118	
2	2	25	M	1	1	1	0	143	103	200	118	
3	3	28	F	1	0	0	1	119	116	203	118	
4	4	19	M	0	0	0	0	145	105	210	120	
5	5	29	M	2	1	2	1	175	121	195	129	
6	6	23	F	1	0	0	0	111	105	240	120	

[그림 1.4.3] 저장된 SPSS 파일

[그림 1.4.2]에서 지정한 파일 "survey1-3-1.sav"는 Documents 폴더에 저장된다. 이 폴더는 [편집(E)]−[옵션(I)] 메뉴를 클릭함으로써 표시되는 다음 [그림 1.4.4] [옵션] 창의 [파일 위치] 탭에서 사용자가 따로 지정할 수 있다.

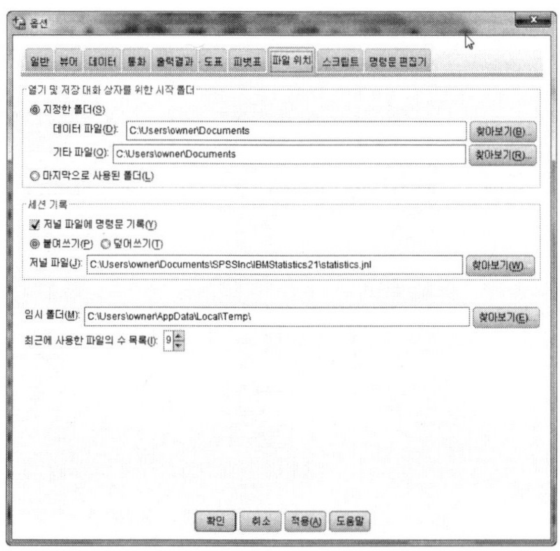

[그림 1.4.4] 저장할 파일 위치의 설정

[그림 1.4.5]는 SPSS의 작업을 끝내는 메뉴를 표시한 것이다. [종료(X)]를 클릭하면 출력 뷰어의 내용을 저장할 것인지의 여부를 묻는 [그림 1.4.6] 화면이 표시된다. 이때 [예(Y)]를 눌러 출력 뷰어의 내용을 저장하고자 하는 파일의 이름을 지정하거나 [아니오(N)]를 선택하여 바로 종료하면 된다.

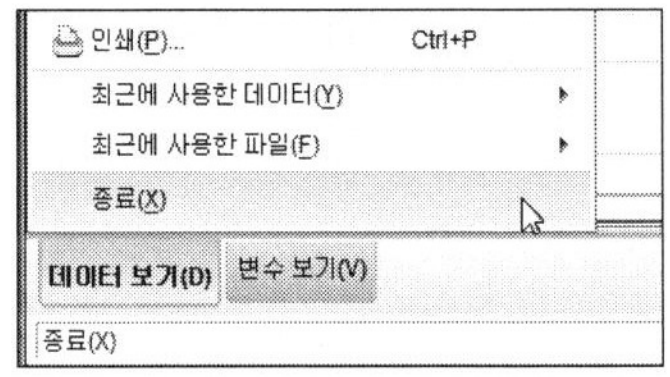

[그림 1.4.5] SPSS 종료하기

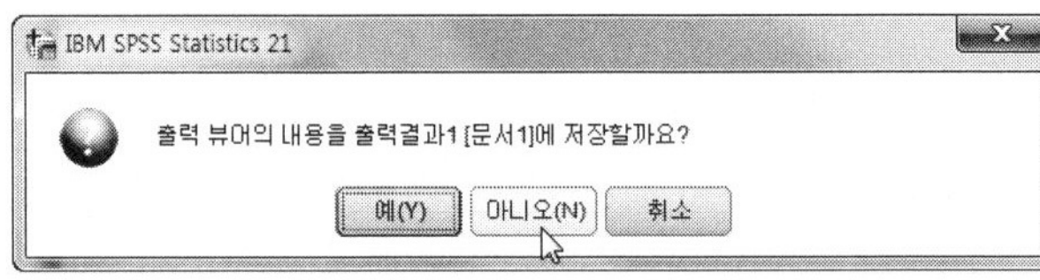

[그림 1.4.6] 출력 뷰어의 내용 저장 여부

1.5 SPSS 데이터 파일 열기

SPSS의 데이터 편집기 윈도우를 통하여 입력된 후 저장된 SPSS 자료(.sav)는 다음 [그림 1.5.1]과 같이 데이터 편집기 윈도우의 [파일(F)] 메뉴의 [열기(O)]−[데이터(A)]를 통하여 언제든지 불러와서 작업할 수 있다.

[그림 1.5.1] SPSS 데이터 파일 열기

[그림 1.5.2]는 1.4절에서 자료 입력을 완료한 후, "survey1-3-1.sav"의 이름으로 저장했던 파일을 [데이터 열기] 대화상자를 통하여 선택하는 모습을 표시한 것이다.

물론 입출력을 위한 디폴트 폴더가 아닌 임의의 폴더에 저장된 SPSS 파일도 선택할 수 있다. 즉 [데이터 열기] 대화상자의 [찾아보기:] 탭에서 마우스를 이용하여 SPSS 데이터 파일이 저장된 폴더를 추적한 후, 원하는 파일을 선택하면 된다.

[그림 1.5.2] 데이터 열기

다음 [그림 1.5.3]은 1.4절에서 저장했던 데이터 "survey1-3-1.sav"를 SPSS 시스템으로 불러온 모습이다.

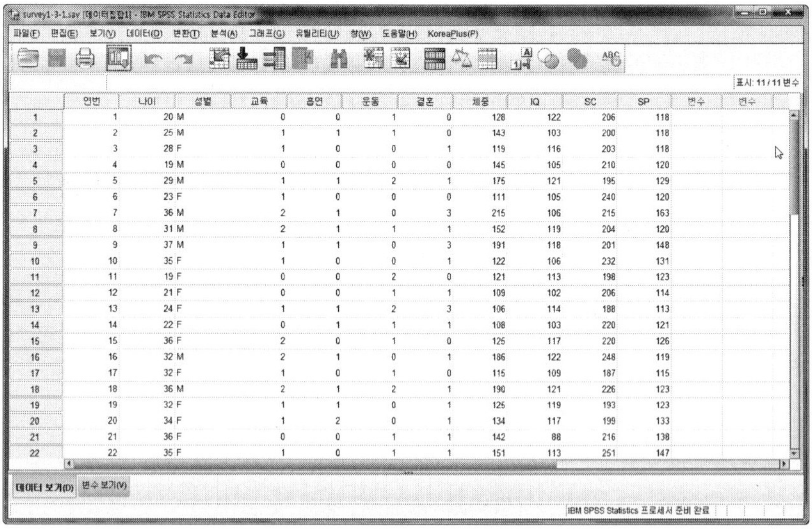

[그림 1.5.3] 데이터 "survey1-3-1.sav"

SPSS 파일을 이용하여 통계분석 등의 작업을 수행하는 도중에 바로 새로운 데이터를 따로 입력해야 되는 경우가 있을 것이다. 이 경우에는 [그림 1.5.4]와 같이 데이터 편집기 윈도우에서 [파일(F)] 메뉴의 [새 파일(F)]-[데이터(D)]를 클릭한다. 그 결과 [그림 1.2.4]와 같이 [데이터 보기] 탭이 비어 있는 SPSS 화면을 새로이 볼 수 있을 것이다. 새로운 데이터를 입력하는 과정이나 이를 저장하는 방법은 이전에 설명한 부분과 동일하다.

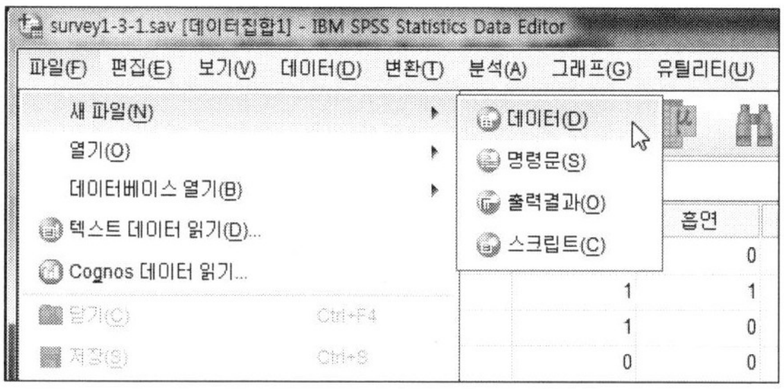

[그림 1.5.4] 새로운 데이터 열기

1.6 변수설정에 따른 통계분석의 출력결과

통계분석을 하기 위해서는 1.5절에서 설명한 순서에 따라 먼저 SPSS 시스템으로 데이터를 가져와야 한다. 물론 미리 저장된 데이터가 없을 경우에는 1.3절에서 설명한 바와 같이 직접 데이터를 입력한 후 통계분석을 시행한다. 이외에도 2장에서 소개할 텍스트 데이터 파일이나 엑셀 파일을 읽어 들여서 통계분석을 할 수 있으며, 기타 스프레트시트, 데이터베이스 파일 등도 어렵지 않게 적절한 조치를 한 후 SPSS 시스템으로 불러올 수 있다.

데이터를 SPSS 시스템으로 가져온 이후 통계량의 계산 등 통계분석을 수행하기 위해서는 SPSS 데이터 편집기 윈도우의 주메뉴인 [분석(A)]의 하위 메뉴 중에서 분석하고자 하는 통계분석 프러시저를 선택한다.

자료를 요약하기 위한 도표 등을 작성하기 위해서는 주메뉴 [그래프(G)] 하위에 있는 [도표작성기(C)] 또는 [레거시 대화상자(L)]를 선택한다.

예를 들어 다음 [그림 1.6.1]은 빈도분석을 수행하기 위하여 [빈도분석(F)] 프러시저를 선택한 모습이다.

[분석(A)] → [기술통계량(E)] → [빈도분석(F)]

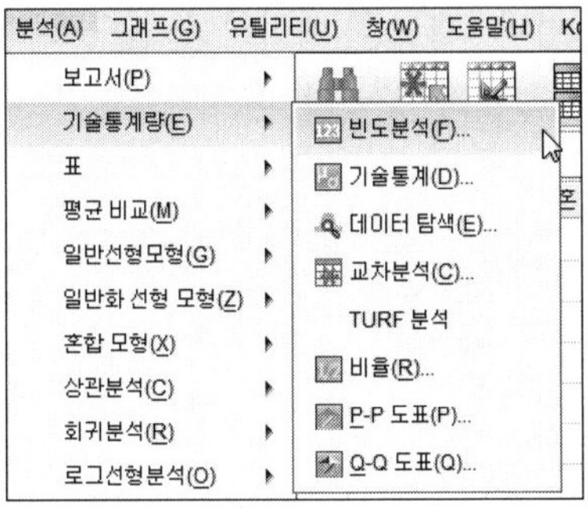

[그림 1.6.1] 빈도분석

통계분석을 위한 프러시저를 선택하면 분석할 변수를 선택하거나 분석에 필요한 옵션을 지정하기 위한 대화상자가 표시된다. 이 대화상자에 분석에 필요한 변수 또는 옵션을 설정한 후 프러시저를 실행한다.

보통 대화상자의 [확인]을 클릭하면 해당 프러시저가 실행된다. 예를 들어 빈도분석 프러시저를 선택할 경우 다음 [그림 1.6.2]의 "빈도분석" 대화상자가 새로 표시된다.

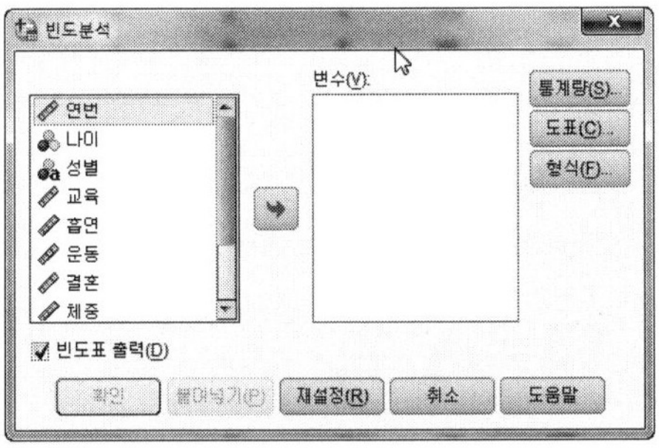

[그림 1.6.2] 빈도분석 대화상자

[그림 1.6.2]의 대화상자에 빈도분석을 하고자 하는 변수, 이를 테면 {교육}을 선택하면 [그림 1.6.3]과 같이 이 프러시저를 실행할 수 있는 [확인] 버튼이 활성화된다. 통계분석 프러시저의 실행을 위해 변수 또는 옵션을 적절히 선택하지 않으면 이 프러시저에 대응되는 대화상자의 [확인] 버튼이 활성화되지 않는다. 즉 [확인] 버튼이 활성화되어야 해당 프러시저를 수행할 수 있다. [그림 1.6.3]에서 알 수 있듯이 빈도분석 프러시저의 경우에는 빈도분석을 하고자 하는 변수만 지정하여도 [확인] 버튼이 활성화된다.

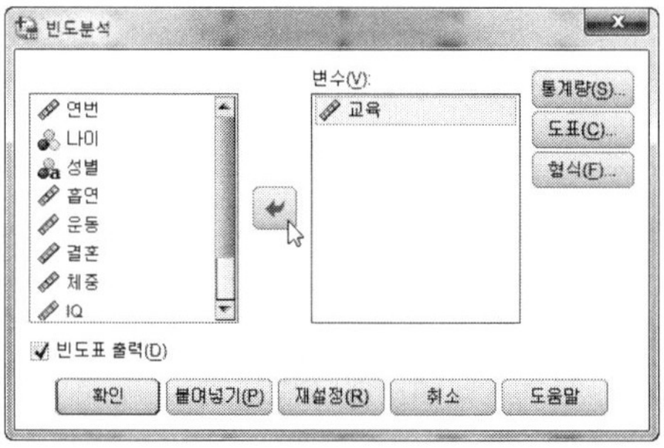

[그림 1.6.3] 빈도분석 대화상자-변수 선택

통계분석 또는 도표 작성을 위한 프러시저를 실행하면 그 실행으로 얻어지는 모든 통계분석 결과, 표 및 도표 등이 [뷰어] 윈도우에 표시된다. [뷰어] 윈도우는 SPSS 데이터를 불러오는 작업과 같이 출력결과가 필요할 경우 데이터 편집기 윈도우와 별도로 자동으로 열리며, 이후 열려진 [뷰어] 윈도우에 프러시저 실행 순서에 따라 출력물들이 차례로 표시된다.

[그림 1.6.4]는 {교육} 변수의 빈도분석에 대한 결과를 표시한 [뷰어] 윈도우의 모습이다. [뷰어] 윈도우에 표시되는 출력결과들은 사용자 편의에 맞게 편집하거나 따로 저장할 수 있다. [뷰어] 윈도우의 내용을 저장할 경우 뷰어 파일의 저장 유형은 *.spv이다. 또한 복사와 붙여넣기를 이용하여 엑셀 등의 프로그램에 표나 도표 등의 출력물을 직접 삽입할 수 있다 (1.6.6절 참조).

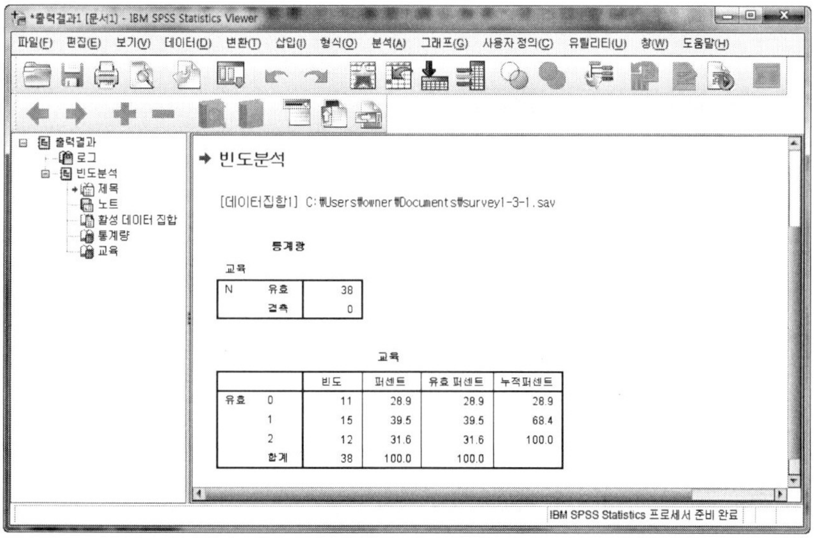

[그림 1.6.4] 빈도분석 결과를 표시한 [뷰어] 윈도우

SPSS 데이터를 생성하고자 할 때 SPSS 시스템의 데이터 편집기 윈도우의 [변수 보기] 탭에서 먼저 변수를 설정한 후 [데이터 보기] 탭에서 자료를 입력한다고 1.3절에서 설명하였다. 1.3절에서 설명하지 못했던 [변수 보기] 탭의 설정 중에서 [값] 열의 설정을 포함하여 중요한 몇 가지를 논의해 보자.

1.6.1 : [변수 보기] 탭의 [설명] 열 설정

먼저 [변수 보기] 탭의 [설명] 열은 [이름] 열에 표시된 변수의 이름과 별도로 변수의 구체적인 설명을 서술하는 열이다. 변수 이름에 사용할 수 없는 공백 등의 문자가 자유롭게 포함될 수 있으며, 최대 256바이트의 문자를 사용할 수 있다. 즉 영문자 256자 또는 한글 128글자를 최대로 지정할 수 있다.

다음 [그림 1.6.5]는 [표 1.3.1]의 자료 중에서 {교육}, {체중}, {SC}, {SP} 변수의 [설명]을 [변수 보기] 탭에서 지정한 예이다.

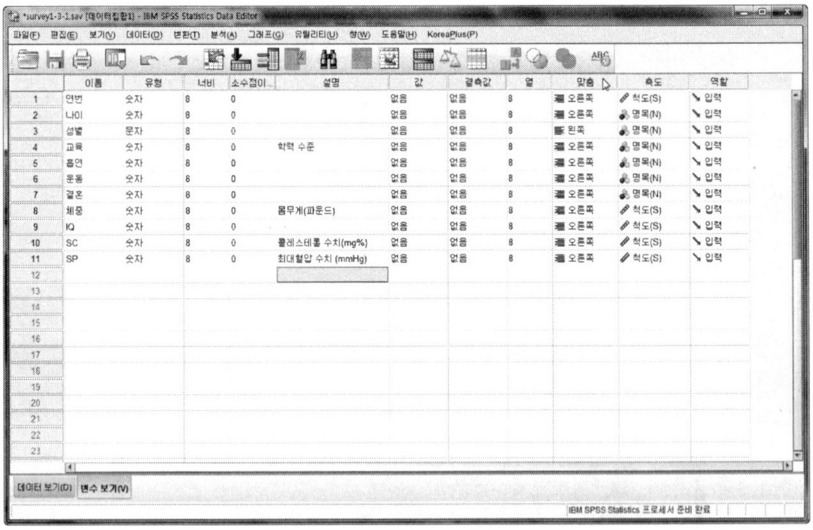

[그림 1.6.5] [변수 보기] 탭의 [설명] 열 설정

[변수 보기] 탭의 [설명] 열에 각 변수를 자세히 설명하는 문자열이 지정되고 나면 통계분석 실행 결과인 모든 출력물에 변수 이름 대신 이 변수를 설명하는 문자열이 표시된다. 예를 들어 [그림 1.6.5]와 같이 {교육} 변수의 설명을 '학력 수준'으로 지정한 이후 [그림 1.6.3]과 동일하게 {교육} 변수에 대한 빈도분석을 수행하면 [뷰어] 윈도우에 표시된 빈도표의 제목이 변수 이름인 '교육'에서 변수

설명으로 지정된 '학력 수준'으로 바뀌어 출력되고 있음을 알 수 있다 ([그림 1.6.6] 참조).

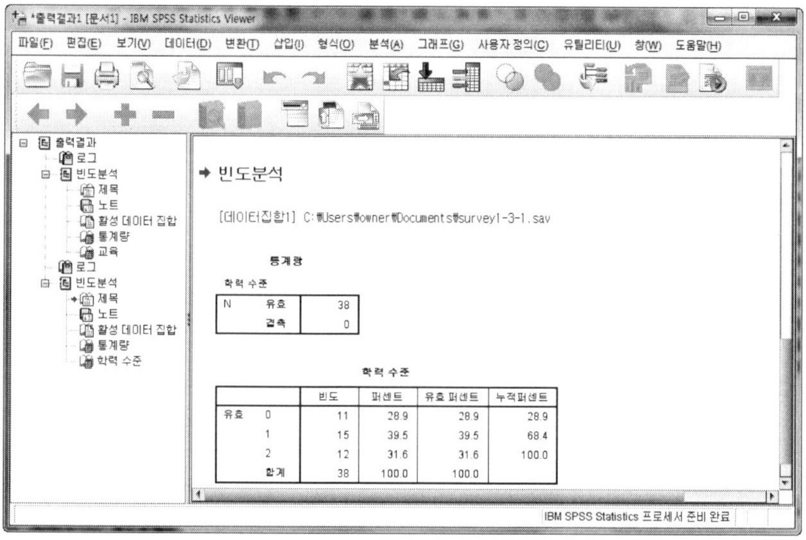

[그림 1.6.6] [뷰어] 윈도우에 표시된 실행결과

1.6.2 : [변수 보기] 탭의 [값] 열 설정

다음으로 [변수 보기] 탭의 [값] 열은 변수의 각 변수값에 대한 구체적인 설명을 하나씩 지정할 때 사용한다. 변수값의 지정에는 공백를 포함하여 대부분의 문자가 사용 가능하며, 최대 120바이트의 문자를 사용할 수 있다. [변수 보기] 탭의 [값] 열의 설정은 범주형 변수에 대하여 적용할 때 매우 유용하다고 할 수 있다.

[표 1.3.1]의 자료를 입력할 때, 변수 {교육}은 응답자들을 학력 수준에 따라 세 개의 집단으로 범주화하여 입력하였다. 이와 같이 조사 대상자들을 복수의 집단으로 분류한 변수를 범주형 변수라고 한다. [표 1.3.1]의 자료에서는 {성별} 변수를 비롯하여 {교육}, {흡연}, {운동}, {결혼} 변수가 범주형 변수라고 할 수 있다. 이 중에서 {성별} 변수는 'M', 'F'의 문자열 형태로 입력하였기 때문에 차후 통계분석 과정에서 혼동을 주지 않지만, 나머지 범주형 변수들의 값은 응답자 중에서 어떤 집단을 의미하는지 알 수가 없을 것이다. 예를 들어 [그림 1.6.6]에 표시된 {교육} 변수의 빈도분석표만을 참고할 때, 변수값 0, 1, 2가 응답자의 어떤 범주인지 알 수가 없다. 이 변수값을 사용자가 인식하기 쉬운 문자열로 지정해 두면 통계분석을 시행할 때 언제든지 각 집단들을 쉽게 구별할 수 있을 것이다.

이제 변수 {교육}의 변수값을 [변수 보기] 탭의 [값] 열에서 각각 문자열로 지정하는 방법에 대하여 알아보자. 먼저 변수 {교육}에 해당하는 [값] 열의 내부를 마우스로 클릭하면 [그림 1.6.7]의 "변수값 설명" 대화상자가 열린다.

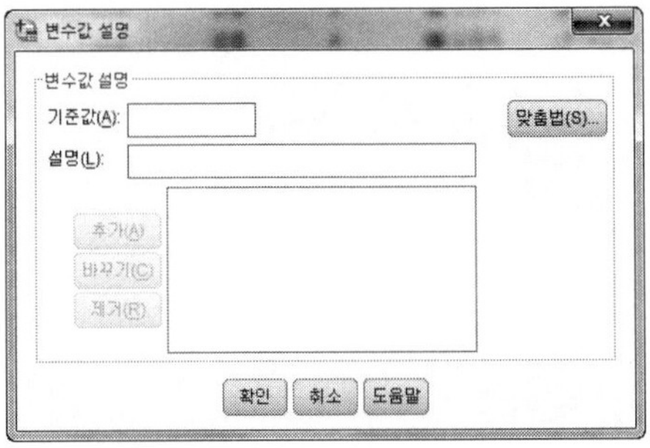

[그림 1.6.7] 변수값 설명 대화상자

다음으로 [그림 1.6.7]의 [기준값(A)] 란에 {교육} 변수의 값 0을 입력하고 [설명(L)] 란에 문자열 "고졸이하"를 입력한 후 [추가(A)] 단추를 클릭한다. 이어서 변수값 1에 대하여 문자열 "고졸"을 추가하고 변수값 2에 대한 문자열 "대학원이상"을 입력하면 [그림 1.6.8]과 같은 대화상자를 얻을 수 있다.

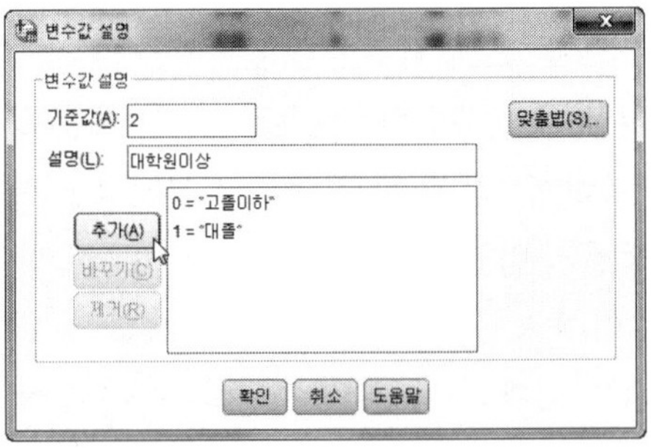

[그림 1.6.8] {교육} 변수의 변수값 설명 설정

[그림 1.6.9]는 위와 같은 방법으로 {결혼} 변수의 모든 변수값을 사용자 편의의 문자열로 모두 설정한 변수값 설명 대화상자이다. 모든 변수값을 지정한 후 [확인] 버튼을 클릭하면 [그림 1.6.10]의 [변수 보기] 창에서 그 결과를 확인할 수 있다. 참고로 이 그림에서 확인할 수 있는 바와 같이 {흡연} 변수와 {운동} 변수도 변수값 설명 지정을 다음 형식으로 이미 수행하였다.

{흡연} : 0=금연, 1=하루1갑미만, 2=하루1갑이상

{운동} : 0=전혀안함, 1=일주일 1~2일, 2=일주일 3일이상

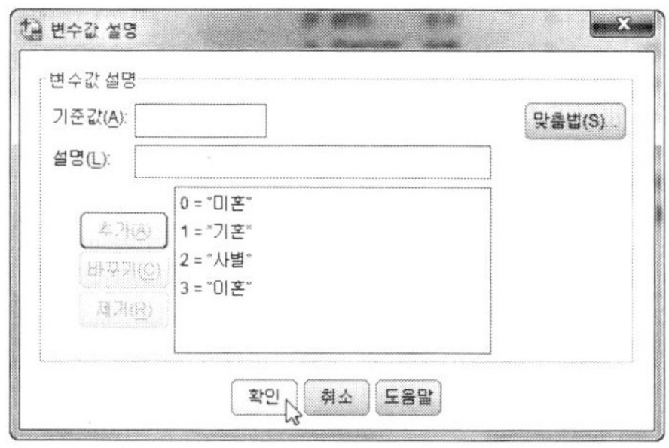

[그림 1.6.9] {결혼} 변수의 변수값 설명 설정

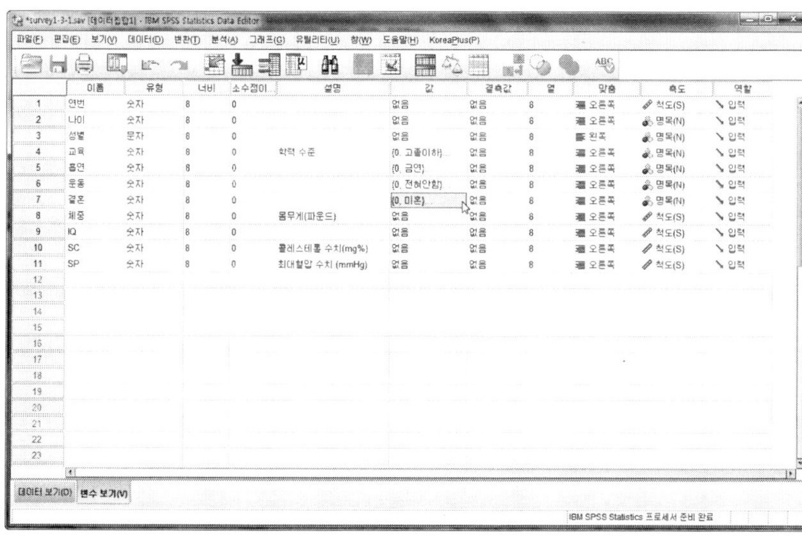

[그림 1.6.10] [변수 보기] 창의 [값] 열이 설정된 모습

변수값 설명을 지정한 이후 [데이터 보기] 탭에 입력된 실제 자료는 입력한 형태 그대로 변함이 없지만 [그림 1.6.11]과 같이 데이터 편집기 윈도우의 [보기(V)]의 [변수값 설명(V)] 메뉴를 클릭하면 [데이터 보기] 탭에 입력된 숫자 자료가 [변수 보기] 탭의 변수값 설명에서 지정한 문자열로 바뀌어 표시된다(대신 표시될 뿐이지 실제 입력 데이터는 숫자 자료로서 변함이 없다). 데이터 편집기 윈도우의 [보기(V)]의 [변수값 설명(V)] 메뉴를 한 번 더 클릭하여 ∨ 표시를 해제하면 다시 원래의 숫자 자료가 표시될 것이다.

[변수 보기] 탭의 [값] 열에 변수의 각 변수값을 문자열로 지정된 이후 통계분석의 모든 출력물에 변수값 대신 이 변수값을 설명하는 문자열이 표시된다. 예를 들어 {교육} 변수의 각 변수값에 대하여 [그림 1.6.8]과 같이 변수값 설명을 지정한 이후 {교육} 변수에 대한 빈도분석을 수행하면 {교육} 변수의 빈도분석표에 각 변수값(0, 1, 2) 대신 이 값을 각각 설명하는 문자열이 표시됨을 [그림 1.6.12]에서 확인할 수 있다.

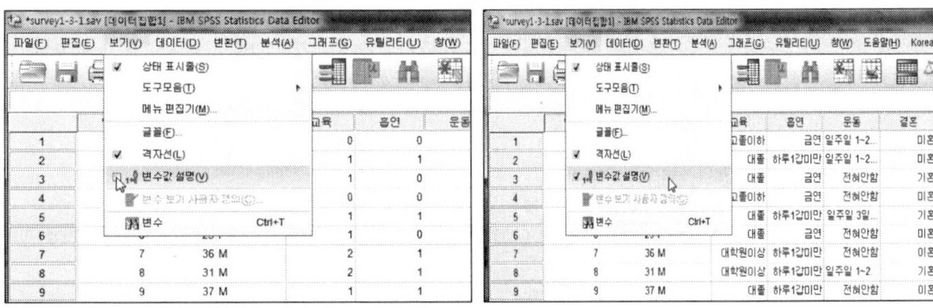

[그림 1.6.11] [데이터 보기] 창의 [변수값 설명] 메뉴

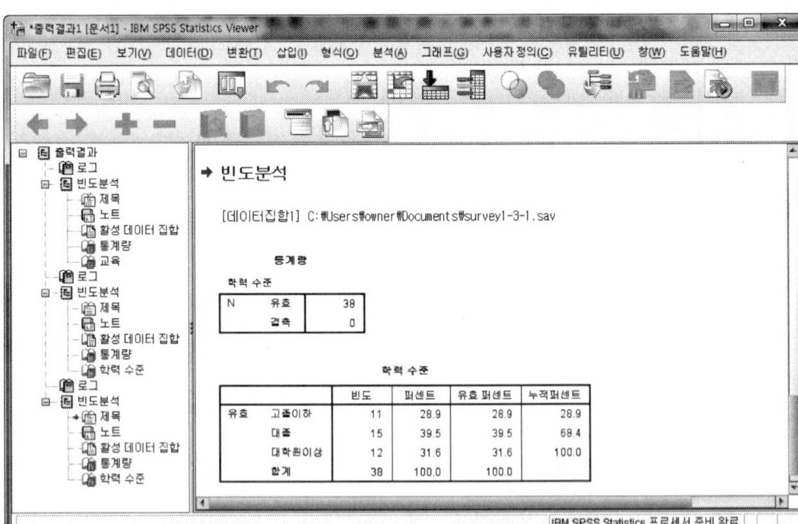

[그림 1.6.12] 변수값 설명 설정 이후 빈도분석 출력결과

참고로 [변수 보기] 탭의 [설명] 열과 [값] 열에 입력되는 문자열이 길어서 프러시저 실행 후 얻어지는 출력물에 이 문자열이 한 줄로 표시할 수 없을 경우 자동으로 여러 줄에 걸쳐서 표시된다. 이때 사용자가 수동으로 줄을 바꾸고 싶다면 문자열의 줄을 바꾸고자 하는 위치에 ₩n을 입력하면 된다.

1.6.3 : [변수 보기] 탭의 [결측값] 열 설정

[변수 보기] 탭의 [결측값] 열은 자료를 조사할 때 발생하는 결측값(missing value)을 특정한 값으로 지정하고자 할 때 사용한다. 일반적으로 변수의 특정 케이스에 결측값이 발생하면 해당 셀에 자료를 입력하지 않으면 된다. 이 경우 마침표(.)가 자동으로 표시되며, 이를 SPSS 시스템은 결측값으로 처리한다.

먼저 [표 1.3.1]의 자료를 입력한 [그림 1.3.6]의 [데이터 보기] 탭을 살펴보면, 변수 {IQ}의 34번과 35번 케이스의 자료가 결측되어 있음을 알 수 있다. 이 자료를 이용하여 변수 {IQ} 변수의 평균을 구해 보자. 조사된 변수의 평균과 표준편차 등의 간단한 기술통계량을 구하고자 할 경우에는 [기술통계(D)] 프러시저를 실행한다([그림 1.6.13]).

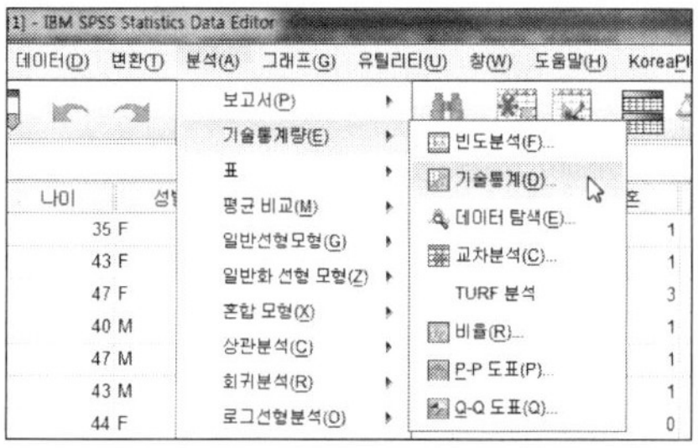

[그림 1.6.13] 기술통계 프러시저

기술통계 프러시저를 클릭하면 [그림 1.6.14]와 같이 기술통계를 구하고자 하는 변수와 기술통계량을 지정하기 위한 옵션을 선택할 수 있는 대화상자가 표시된다. 이 대화상자에서 {IQ}를 선택한 이후 활성화된 [확인] 버튼을 누르면 기술통계 프러시저가 실행되고 그 결과가 [뷰어] 윈도우에 표시될 것이다([그림 1.6.15]).

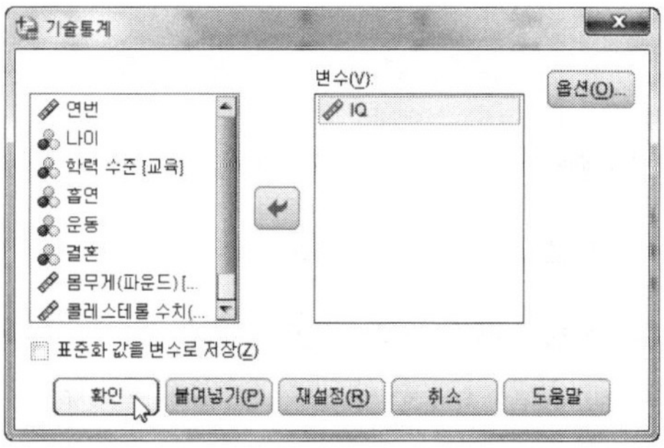

[그림 1.6.14] 기술통계를 위한 변수 선택 대화상자

[그림 1.6.15]에 표시된 기술통계 프러시저의 결과를 보면 기술통계량 분석에 사용된 유효 케이스 N의 값은 36임을 알 수 있다. 즉 {IQ} 변수의 평균인 111.50과 표준편차 8.657은 유효수 36개로 분석된 통계량이다.

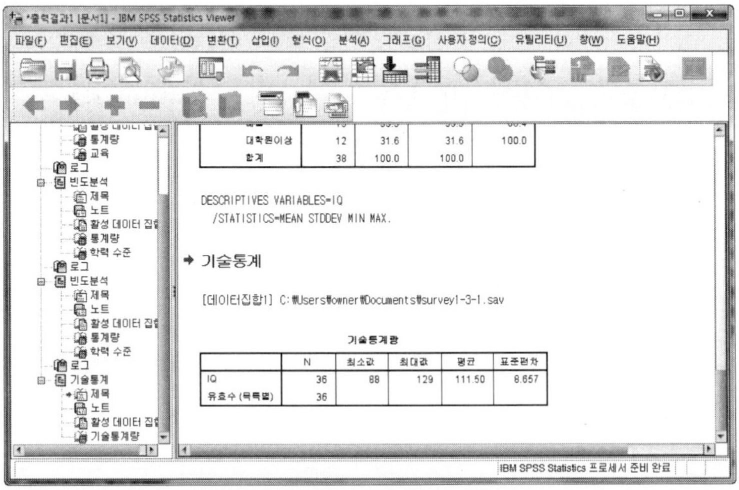

[그림 1.6.15] {IQ} 변수의 기술통계 결과

때로는 조사된 자료로부터 결측값이 생기는 원인을 분석하고자 할 경우가 있다. 예를 들어 설문을 통하여 자료를 조사할 때 설문 문항이 응답자가 답하기 어렵거나 개인 정보를 침해당하고 싶지 않은 경우, 또는 뜻하지 않은 사고로 일부 자료를 분실할 경우가 이에 해당할 것이다. 이때 분실된 원인을 조사하여 분석하면 차후에 비슷한 프로젝트를 수행함에 있어서 도움을 줄 수 있을 것이다.

결측값의 분석은 먼저 마침표(.) 대신 특별한 자료를 입력함으로써 시작한다. 예를 들어 [표 1.3.1]의 {IQ} 변수의 결측의 경우 지능지수의 측정을 거부한 경우가 있을 것이며, 혹은 사소한 실수로 응답자의 지능지수 자료가 분실되었을 수도 있다. 조사 거부한 경우 −1을 대신 입력하고, 자료 분실인 경우 −2를 입력하기로 하자([그림 1.6.16]). 이때 결측값 표시를 위한 특정 자료는 이 변수의 다른 자료들과 확연히 구분될 수 있도록 입력하는 것이 좋다.

결측을 나타내는 마침표(.) 대신 다른 특정 숫자로 결측값을 표시하였다고 하지만 아직 SPSS 시스템이 이 특정값들을 결측값으로 인식한 것은 아니다. 이 상태로 기술통계 프러시저를 수행하면 유효수 38개의 통계량이 분석되어 출력될 것이기 때문이다. 따라서 사용자가 결측값으로 지정한 자료들을 SPSS 시스템이 결측값으로 이해하도록 하기 위해서는 [변수 보기] 탭에서 [결측값] 열을 사용자의 목적에 맞도록 설정하여야 한다.

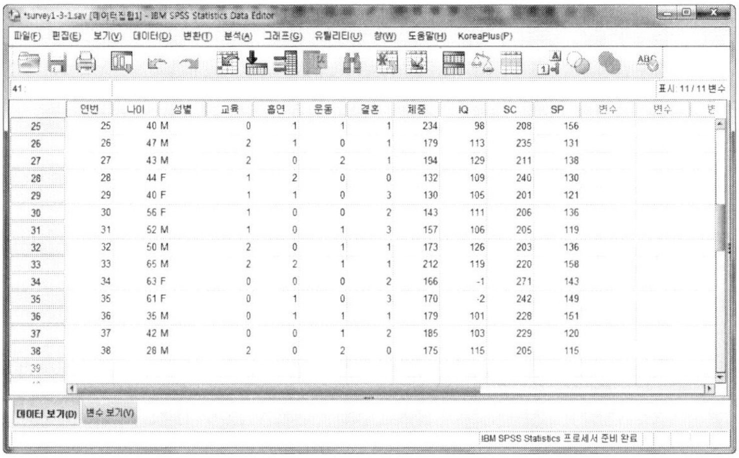

[그림 1.6.16] {IQ} 변수의 결측값 자료 입력

[변수 보기] 탭에서 [결측값] 열을 클릭하면 [그림 1.6.17]의 대화상자가 나타나며, 이곳에서 지정한 결측값은 사용자가 지정한 자료를 사용자-결측값으로 정의한다. 즉 사용자-결측값으로 지정된 데이터 값은 특수 처리로 표시되고 일반적인 계산에서 제외된다.

- 결측값 지정은 최대 세 개의 이산형(개별) 결측값을 지정하는 옵션과 결측값 범위 또는 범위와 이산형 변수값 한 개를 지정할 수 있는 옵션이 있다. 예를 들어 두 번째 옵션은 91에서 99까지의 범위에 있는 모든 자료와 이 범위를 벗어난 999를 결측값으로 지정할 수 있다. 단, 범위는 숫자변수에만 지정할 수 있다.
- 문자변수의 결측값을 정의하는 경우 자릿수에 대한 제한은 없지만 정의된 결측값이 8바이트를 초과할 수 없다.

다음 [그림 1.6.17]은 [변수 보기] 탭의 [결측값] 열을 설정하기 위한 대화상자이며, [그림 1.6.18]은 결측의 원인을 설명하기 위하여 [값]을 설정하는 대화상자이다.

이 작업을 수행한 이후부터 SPSS 시스템은 {IQ} 변수의 자료 -1과 -2를 결측값으로 인식할 것이다. 즉 {IQ} 변수의 결측값을 지정한 이후 기술통계 프러시저를 수행하면 [그림 1.6.15]와 같은 결과를 얻을 수 있다.

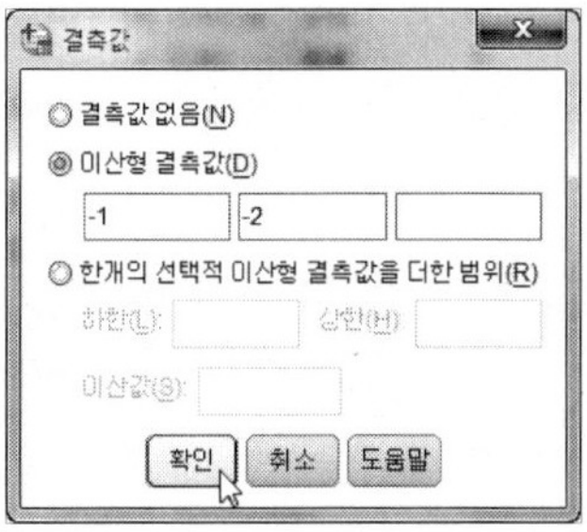

[그림 1.6.17] 결측값 설정

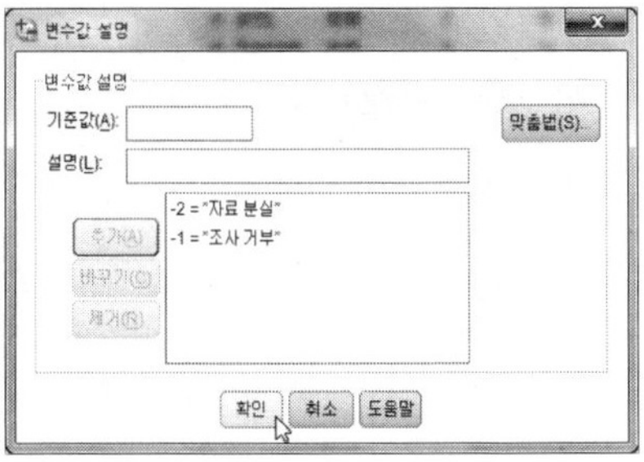

[그림 1.6.18] 변수값 설정

1.6.4 : [변수 보기] 탭의 [측도] 열 설정

다양한 연구 목적에 따라 수집된 통계자료는 이 자료를 측정한 방법에 따라 분류할 수 있다. 측정(measurement)이란 관측하고자 하는 속성의 추상적 개념을 구체적이고 경험적인 개념으로 표현하여 값을 지정하는 과정이라고 할 수 있다. 또한 측정 방법은 연구 목적에 부합하는 자료의 분석 방법을 결정하는 데 중요한 역할을 한다. 통계자료 또는 변수의 측정 측도는 측정 수준(level)에 따라 보통 다음과 같이 네 가지로 분류한다.

- **명목척도(nominal scale)**: 변수의 값이 고유한 순위가 없는 범주를 나타내는 경우로서 성별, 종교, 회사의 부서, 우편번호, 직업 등과 같이 관심 변수의 수준에 따라 단순히 분류되는 척도이다. 예를 들어 [표 1.3.1]의 자료의 경우 'M', 'F'로 분류된 {성별} 변수는 조사 집단을 두 집단으로 단순히 분류하는 명목척도로 측정된 변수이다. 또한 {결혼} 변수도 명목척도로 측정된 변수라고 할 수 있다.
- **순서척도(ordinal scale)**: 변수의 값이 고유한 순위가 있는 범주를 나타내는 경우로서 학점, 등급, 만족도 등과 같이 논리적 순서의 속성을 갖는 척도이다. 예를 들어 "구입한 새 차에 대한 당신의 전반적인 의견에 가장 근접한 답변은?"라는 문항에 대하여 다음의 5점 척도로

  1(매우 불만족), 2(다소 불만족), 3(만족),
  4(매우 만족), 5(완전히 만족)

  와 같이 측정하였다면 이 자료는 순서척도에 의하여 측정되었다고 볼 수 있다. 순서척도에 의해 얻어지는 자료의 값은 대소 관계보다 순서에 의미를

부여하므로 비 수량적인 특성을 갖는다. 즉 측정 자료들이 작은 값에서 큰 값으로의 순위는 순서의 의미를 갖고 있으나, 1과 2 사이의 간격과 2와 3 사이의 간격이 동일하다고 볼 수 없기 때문이다. [표 1.3.1]의 자료 중에서 {교육}, {흡연}, {운동} 변수들도 순서척도에 의하여 측정된 자료로 볼 수 있다. 예를 들어 {교육}의 자료값 0보다 1이, 1보다 2가 더 많은 교육을 받았다는 순위를 부여한 의미를 분석에 적용할 수 있다. 그러나 숫자 간의 차이는 분석에 의미를 부여할 수 없다.

- **구간척도(interval scale)**: 이 척도는 측정된 자료의 값에 대한 순서와 두 관측값의 차에 대한 상대적인 비교가 가능하다. 즉 구간척도에서 숫자 간의 차이에 대한 분석은 의미를 부여할 수 있다. 예를 들어 온도(℃)의 관측값은 구간척도로 얻어지는데 0℃와 10℃의 온도의 차이는 20℃와 30℃의 온도의 차이와 같다는 특성을 갖고 있다. 그러나 20℃의 온도가 10℃의 온도보다 2배 더 뜨겁다는 의미는 아니다. [표 1.3.1]의 자료 중에서 {IQ} 변수는 구간척도로서 측정된 변수이다.
- **비율척도(ratio scale)**: 수학적 속성(비율 등 산술연산 가능)을 갖는 척도로서 무게, 길이, 시간, 부피, 점수 등과 같이 값 사이의 대소 관계와 등간 간격, 더불어 두 값 사이의 비율이 의미를 갖는 척도이다. 자, 저울 등 측정 도구를 이용하여 측정한 자료 대부분이 비율척도로 수집된다고 볼 수 있다. [표 1.3.1]의 자료 중에서 {나이}, {체중}, {SC}, {SP}의 변수는 구간척도로서 측정된 변수이다.

이와 같이 다양한 척도로 수집된 자료들은 그 척도에 따라 서로 다른 통계적 방법으로 분석이 필요하다. 보통 크게 이산자료(discrete data)와 연속자료(continuous data)로 분류되어 분석되는데, 이산자료는 범주형 자료(명목척도, 순서척도에 의해 측정된 자료)와 계수자료(직원 수, 기계 수 등과 같이 셀 수 있는 자료)를 통칭하며, 연속자료(연속적인 값을 갖는 자료)는 구간척도와 비율척도에 의해 측정된 자료를 통칭한다.

SPSS 시스템에서는 자료의 측정 수준을 명목, 순서, 그리고 척도(구간척도인 숫자 데이터 또는 비율척도)로 사용자가 지정할 수 있다. 명목과 순서는 {성별} 변수와 같이 문자열도 가능하다. [그림 1.6.10]을 살펴보면 SPSS 시스템에 자료를 입력할 경우 자동으로 측도를 설정하고 있음을 알 수 있다. SPSS가 자동으로 설정된 측도를 사용자가 차후 수정할 수 있다. 예를 들어 [그림 1.6.19]는 입력 자료 중에서 {교육}, {흡연}, 그리고 {운동} 변수의 측도를 명목에서 순서로 수정한 모습이다. 참고로 측도 유형의 구분은 차트작성이나 의사결정나무분석을 수행할 때 주로 사용된다.

[그림 1.6.19] 변수의 측도 설정

1.6.5 : [뷰어] 윈도우에서 출력결과 내보내기

[뷰어] 윈도우에 표시된 출력결과를 엑셀이나 HTML 또는 MS 워드, PDF 등의 응용 소프트웨어의 파일로 [내보내기]하여 그 결과를 저장할 수 있다.

다음 [그림 1.6.20]은 [뷰어] 윈도우의 [파일(F)]−[내보내기(E)] 메뉴를 클릭한 모습을 표시한 것이며, 이 메뉴를 클릭하면 [그림 1.6.21]과 같이 내보내기 출력결과 대화상자가 나타난다. 먼저 내보낼 개체를 선택하고 이 개체가 저장될 파일의 유형을 선택한다. 이어서 저장될 파일의 이름과 저장 위치를 입력하면 된다. [그림 1.6.21]의 대화상자에서 [확인] 버튼을 누르면 출력결과가 'C:₩Users₩owner₩Documents₩' 폴더에 "OUTPUT.xlsx"의 이름으로 저장될 것이다.

엑셀 파일로 저장된 출력결과는 엑셀 소프트웨어를 통하여 편집할 수 있으며, 그 결과를 복사하여 한글과컴퓨터 HWP 보고서 파일에 붙여넣기를 하면 표나 그래프를 추가할 수 있다. 엑셀의 경우에는 표나 도표 등의 출력 개체를 직접 복사와 붙여넣기를 함으로써 엑셀 프로그램에 직접 삽입할 수 있다.

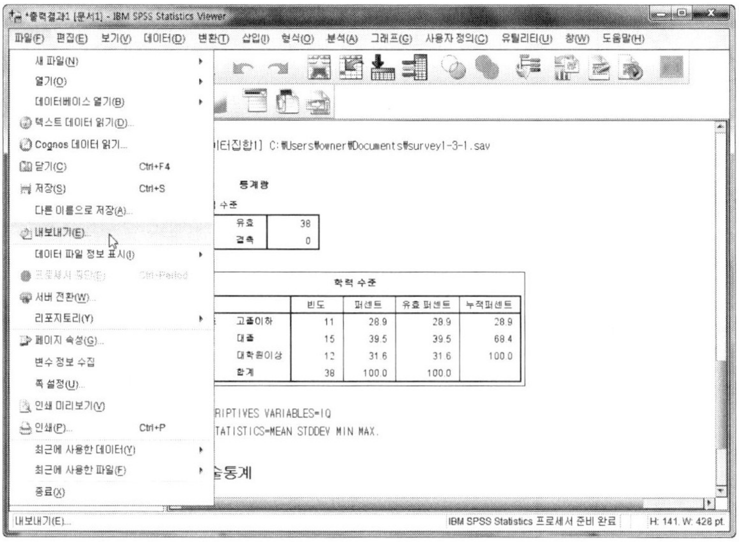

[그림 1.6.20] 출력결과 내보내기

[그림 1.6.21] Excel 2007 이상(*.xlsx)으로 내보내기

1.7 기타

1.7.1 : 데이터 편집기 윈도우의 메뉴

데이터 편집기 윈도우(window)는 SPSS 시스템의 가장 기본적인 윈도우로서 데이터 파일의 내용을 표시하고 이를 바탕으로 자료 변환을 수행할 수 있으며, 데이터 파일 통합 등의 작업도 쉽게 할 수 있는 메뉴를 갖추고 있다. 또한 데이터 편집기를 사용하여 새 데이터 파일을 작성하거나 기존의 데이터 파일을 수정할 수 있으며, 앞에서 간단히 예를 보인 바와 같이 각종 통계분석 프러시저를 실행할 수 있도록 도와준다.

여러 개의 데이터 파일을 열어 둔 경우 각각의 데이터 파일에 대해 별도의 데이터 편집기 윈도우가 열리지만 SPSS 명령문 편집기 윈도우의 명령문은 현재 활성화되어 있는 데이터 편집기 윈도우의 데이터를 이용하여 실행된다.

다음 [그림 1.7.1]은 데이터 편집기 윈도우의 주메뉴 부분을 표시한 것이다.

[그림 1.7.1] 데이터 편집기 윈도우의 메뉴

데이터 편집기 윈도우의 주메뉴를 간단히 설명하면 다음과 같다.

- 파일(F): 이 메뉴는 SPSS 데이터를 새로 만들거나 기존의 데이터 파일을 읽어 들이고자 할 때 사용한다. 또한 데이터베이스 파일을 바로 읽어 들일 수 있으며, 텍스트로 저장된 데이터 파일도 마법사를 통해 쉽게 읽어 들일 수 있다. 이밖에 Cognos Business Intelligence 데이터 패키지 및 목록 보고서도 읽어 들일 수 있도록 메뉴가 설정되어 있다. SPSS 분석 작업이 끝났을 경우 데이터의 저장과 인쇄를 할 수 있으며, 마지막으로 SPSS 시스템을 종료하는 메뉴가 있다.
- 편집(E): 입력된 자료의 복사, 삭제, 찾기 등의 편집을 위한 메뉴가 있으며, 변수와 케이스의 삽입을 위한 메뉴와 데이터 편집기 윈도우의 옵션을 변경할 수 있도록 도와주는 메뉴로 구성되어 있다.
- 보기(V): 글자의 폰트를 조정하거나 도구 모음을 변경할 수 있으며, 변수값을 설정한 이후 변수값 대신 설정된 문자열을 대신 보여 주는 [변수값 설명]

메뉴 등이 있다.

- 데이터(D): SPSS 데이터 파일의 특정 부분의 케이스를 선택하거나 케이스 정렬을 수행할 수 있다. 또한 둘 이상의 SPSS 데이터 파일을 합칠 수 있으며, 데이터 통합의 기능도 있다. 이 메뉴를 통하여 통계분석을 집단별로 분리하여 분석할 수 있도록 하는 파일 분할과 통계분석에 가중케이스를 적용할 수 있다.
- 변환(T): 기존의 변수를 가공하여 새로운 변수로 계산할 수 있으며, 코딩변경을 통하여 다른 유형의 변수를 생성할 수 있다. 또한 순위 변수와 시계열 변수의 생성과 결측값을 유효 자료로 대체할 수 있도록 결측값 대체 방법론을 제시한다.
- 분석(A): 보고서의 작성, 기술통계량의 계산을 시작으로 통계학의 대부분의 분야에 걸쳐 연구되어온 모든 통계분석 프러시저가 준비되어 있다.
- 그래프(G): [도표 작성기]와 [레거시 대화 상자] 메뉴 등을 통하여 통계학 분야에서 많이 사용되는 통계 그래프(막대그래프, 산점도, 선도표, 상자도표, 히스토그램 등)를 그릴 수 있다.
- 유틸리티(U): 변수의 정보를 알아보거나 변수군 정의 및 사용, 그리고 스크립트 실행 등의 메뉴로 구성되어 있다.
- 창(W): 데이터 편집기 윈도우 자체의 형태 등을 변경하거나 재배열하는 목적으로 사용할 수 있다.
- 도움말(H): 자습서 등 SPSS 관련 도움말을 얻을 수 있다.
- KoreaPlus(P): 특별히 실험계획법(Conjoint), 다변량분석(Multivariate Analysis), 고객생애가치(Customer Value Analysis) 분석을 할 수 있는 메뉴 등이 설정되어 있다.

1.7.2 : 기타 IBM SPSS Statistics에서 활용되는 윈도우

IBM SPSS Statistics에는 이미 설명했던 데이터 편집기 윈도우, [뷰어] 윈도우 외에 몇 종류의 윈도우가 있다. 이를 간단히 설명하면 다음과 같다.

- 피벗표: [뷰어] 윈도우에 나타나는 출력물 중에서 피벗표 형태로 표시된 출력 결과는 [뷰어] 윈도우에서 직접 수정하거나 새로운 [피벗표] 윈도우를 사용하여 수정할 수 있다. 텍스트의 편집, 행과 열의 데이터를 전환, 색상 추가, 다항표 작성 등을 할 수 있으며 선택적으로 결과를 감추거나 표시할 수 있다.

• 도표 편집기: [뷰어] 윈도우에 나타나는 출력물 중에서 특정 도표를 더블 클릭하면 [도표 편집기] 윈도우가 열리며, 이 윈도우에서 고해상도 도표를 수정할 수 있다. 즉 색상을 바꾸거나 다른 글꼴 유형이나 크기를 선택할 수 있으며 수평축과 수직축의 교환, 3차원 산점도의 회전 등 도표 유형 자체를 변경할 수 있다.
• 텍스트 출력: [뷰어] 윈도우에 나타나는 출력물 중에서 피벗표에 나타나지 않는 텍스트 출력결과는 [뷰어] 윈도우에서 직접 수정하거나 새로운 [텍스트 출력] 윈도우를 사용하여 편집하고 글꼴 특성(유형, 스타일, 색상, 크기) 등을 수정할 수 있다.
• 명령문 편집기: [뷰어] 윈도우에 나타나는 출력물 중에서 SPSS 명령문을 [명령문 편집기] 윈도우에 붙여 넣은 후, SPSS 프러시저를 수행할 수 있다. [명령문 편집기] 윈도우는 다음 [그림 1.7.2]와 같이 데이터 편집기 윈도우의 [파일(F)] 메뉴에서 새로 열 수 있다.

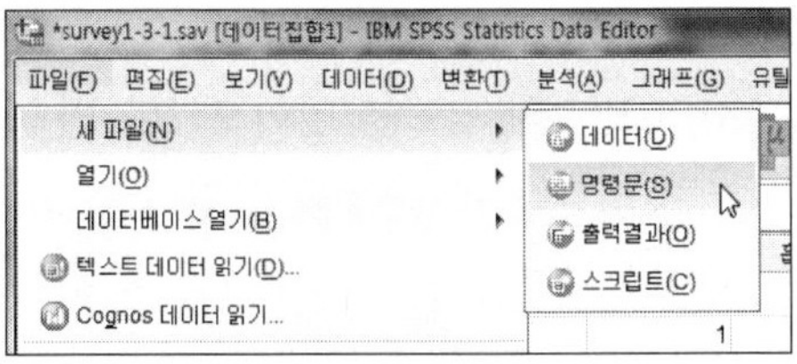

[그림 1.7.2] [명령문 편집기] 윈도우 열기

다음 [그림 1.7.3]은 [명령문 편집기] 윈도우에 통계분석의 일종인 교차분석 CROSSTABS 명령문을 부명령문과 함께 편집하고 이를 실행하고자 하는 메뉴를 선택한 모습이다. 즉 [명령문 편집기] 윈도우에 입력된 모든 명령문을 한꺼번에 순차적으로 모두 실행할 수 있으며, 특정 부분의 명령문만을 선택한 선택영역만을 실행할 수 있다. 단, [명령문 편집기] 윈도우에서 데이터 통계분석을 위해 실행되는 명령문은 현재 활성화된 데이터 편집기 윈도우의 데이터를 대상으로 한다. [명령문 편집기] 윈도우를 이용하여 명령문 파일을 작성하고 이를 실행하는 자세한 방법은 4.4절을 참고하자.

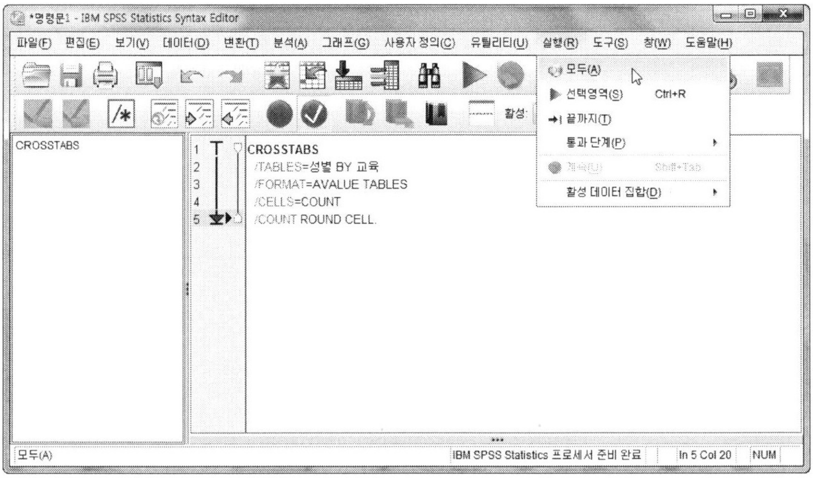

[그림 1.7.3] 통계분석 명령문의 실행

제 2 장

데이터 자료 불러오기

2.1 SPSS에서 다룰 수 있는 자료

IBM SPSS Statistics에서 읽어 들이거나 입력된 자료를 저장할 때 다룰 수 있는 파일은 다양하다. 예를 들어 [데이터 편집기] 윈도우에서 [그림 1.5.4]와 같이 [파일(F)]의 [새 파일(F)]－[데이터(D)] 메뉴를 통하여 SPSS 시스템으로 읽어 들일 수 있는 파일의 유형을 간단히 표시하면 다음과 같다.

- SPSS Statistics(*.sav)
- SPSS Statistics 압축 파일(*.zsav)
- SPSS/PC+(*.sys): Windows 운영 체제에서만 사용 가능
- Systat(*.syd, *.sys)
- Portable(*.por): SPSS Statistics 포터블 형식으로 저장된 데이터 파일
- Excel(*.xls, *.xlsx, *.xlsm)
- Lotus(*.w*)
- Sylk(*.slk): SYLK(기호 연결) 형식으로 저장한 데이터 파일
- dBase(*.dbf)
- SAS(*.sas7bdat, *.sd7, *.sd2, *.ssd01, *.ssd04, *.xpt)
- Stata(*.dta)
- 텍스트(*.txt, *.dat, *.csv)
- Cognos 데이터: IBM® Cognos® 데이터 읽기

이 중에서 *.sav는 데이터 편집기 윈도우를 통하여 입력된 데이터를 저장할 때 생성되는 기본적인 파일의 유형이다. 이외에 SPSS 시스템의 여러 윈도우를 통하여 저장하고 이를 차후에 읽어 올 수 있는 파일의 종류는 다음과 같다.

- 뷰어 파일(*.spv): [뷰어] 윈도우에 표시된 통계 결과물을 저장한 파일(이전 버전의 확장자는 *.spo)이며, 이 윈도우에 표시된 피벗표는 이전 버전과 달

리 [뷰어] 윈도우에서 편집할 수 있다.

- Templates(*.sgt): [뷰어] 윈도우에 표시된 통계 결과물 중 도표를 [도표 편집기] 윈도우를 통하여 편집할 경우 도표 양식을 저장할 수 있는 파일이다.
- 명령문(*.sps): [명령문 편집기] 윈도우를 통하여 편집되는 명령문을 저장할 경우 처리되는 파일의 확장자이다.

다음은 데이터 편집기를 통하여 입력된 데이터를 기본 저장 유형(*.sav) 이외의 다른 유형의 파일로 저장하고자 할 경우 지정할 수 있는 파일의 종류이다.

- SPSS Statistics 압축 파일(*.zsav)
- SPSS 7.0(*.sav)
- SPSS/PC+(*.sys)
- Portable(*.por)
- 탭으로 구분(*.dat)
- 쉼표로 구분(*.csv)
- 고정 ASCII(*.dat)
- Excel 2.1(*.xls)
- Excel 2007 ~ 2010(*.xlsx)
- 1-2-3 Rel 3.0(*.wk3)
- 1-2-3 Rel 2.0(*.wk1)
- 1-2-3 Rel 1.0(*.wks)
- SYLK(*.slk)
- dBase IV(*.dbf)
- dBase III(*.dbf)
- dBase II(*.dbf)
- SAS v6 for Windows(*.sd2)
- SAS v6 for UNIX(*.ssd01)
- SAS for Alpha/OSF(*.ssd04)
- SAS v7-8 for Windows 짧은 확장자(*.sd7)
- SAS v7-8 for Windows 긴 확장자(*.sas7bdat)
- UNIX용 SAS v7-8(*.sas7bdat)
- SAS v9+ Windows(*.sas7bdat)

- UNIX용 SAS v9+(*.sas7bdat)
- SAS Transport(*.xpt)
- Stata Version 4-5(*.dta)
- Stata Version 6(*.dta)
- Stata Version 7 Intercooled(*.dta)
- Stata Version 7 SE(*.dta)
- Stata Version 8 Intercooled(*.dta)
- Stata Version 8 SE(*.dta)

2.2 ASCII 기반의 텍스트 자료 불러오기

사용자가 SPSS 시스템으로 읽어 들일 수 있는 파일의 유형에서 가장 많이 사용하는 것이 ASCII로 저장된 텍스트 파일과 Excel 소프트웨어로 저장된 엑셀 파일이다. 이 절에서는 ASCII 기반의 텍스트 데이터 읽기에 대하여 알아보자.

[그림 2.2.1]과 같이 자료와 자료 사이를 공백이나 쉼표, 탭 등의 구분자에 의하여 자료(변수)를 배열한 후, 이를 텍스트 유형으로 저장할 수 있다. 특히 구분자로 배열된 파일의 경우 값 사이의 구분자로 다른 문자를 사용하거나, 여러 개의 구분자를 사용하여도 SPSS에서 읽어 들일 수 있다. 단, 한 변수의 구분자는 모든 케이스에 동일하게 사용되어야 한다.

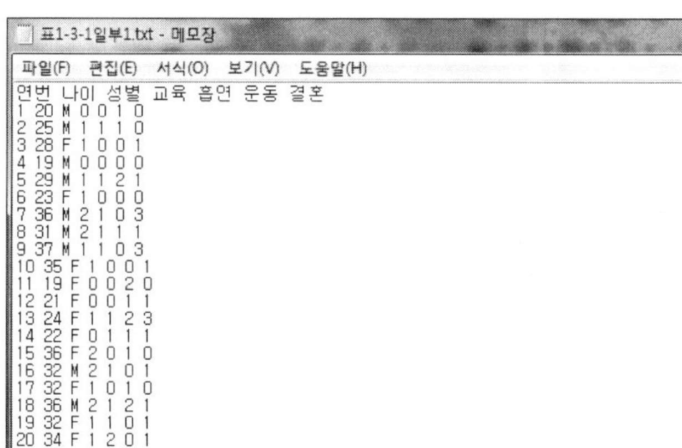
표1-3-1일부1.txt - 메모장
파일(F) 편집(E) 서식(O) 보기(V) 도움말(H)

```
연번 나이 성별 교육 흡연 운동 결혼
1 20 M 0 0 1 0
2 25 M 1 1 1 0
3 28 F 1 0 0 1
4 19 M 0 0 0 0
5 29 M 1 1 2 1
6 23 F 1 0 0 0
7 36 M 2 1 0 3
8 31 M 2 1 1 1
9 37 M 1 1 0 3
10 35 F 1 0 0 1
11 19 F 0 0 2 0
12 21 F 0 0 1 1
13 24 F 1 1 2 3
14 22 F 0 1 1 1
15 36 F 2 0 1 0
16 32 M 2 1 0 1
17 32 F 1 0 1 0
18 36 M 2 1 2 1
19 32 F 1 1 0 1
20 34 F 1 2 0 1
```

[그림 2.2.1] 구분자에 의해 변수 배열된 텍스트 파일

반면에 다음 [그림 2.2.2]와 같이 특정한 고정 너비 안에 같은 변수가 배열되도록 자료를 입력할 수 있다. 예를 들어 [그림 2.2.2]의 텍스트 파일에는 1-2열에 {연번}이 입력되어 있으며, 3-4열에 {나이}, 5열에 {성별}, 6열, 7열, 8열, 9열에 각각 {교육}, {흡연}, {운동}, {결혼} 변수가 차례대로 입력되어 있다. 이와 같이 특정 열에 모든 케이스의 같은 변수가 입력되어 있는 텍스트 파일을 고정 너비로 변수가 배열된 텍스트 파일이라고 한다.

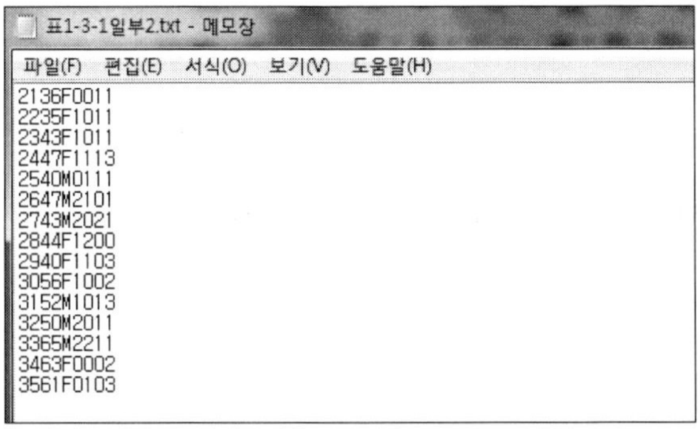

[그림 2.2.2] 고정 너비로 변수가 배열된 텍스트 파일

2.2.1 : 구분자에 의하여 변수가 배열된 텍스트 자료 읽어 오기

[그림 2.2.1]과 같이 공백이나 탭 등의 구분자에 의해 변수가 구별되도록 자료를 입력한 ACII 텍스트 파일을 SPSS를 통해 읽어 오기 위해서는 먼저 [그림 2.2.3]과 같이 데이터 편집기 윈도우의 [파일(F)]–[텍스트 데이터 읽기(D)] 메뉴를 클릭하거나 [그림 1.5.2]의 "데이터 열기" 대화상자에서 파일 유형을 '텍스트(*.txt, *.dat, *.csv)'로 지정하면 [그림 2.2.4]와 같이 텍스트로 저장된 파일들이 표시된다.

[그림 2.2.3] 텍스트 데이터 읽기

[그림 2.2.4]의 화면에 표시되는 텍스트 파일 중에서 구분자에 의하여 변수가 배열된 파일(여기서는 "표1-3-1일부1.txt")을 선택하면, 바로 "텍스트 가져오기 마법사" 대화상자가 열리면서 텍스트 파일을 읽어올 수 있는 6단계 중 1단계가 시작된다([그림 2.2.5]).

[그림 2.2.4] 데이터 열기 대화상자

- **텍스트 가져오기 마법사: 1단계**

텍스트 마법사 1단계에서는 텍스트 파일이 미리보기 창에 표시되며, 미리 정의되어 있는 형식(텍스트 마법사로 이전에 저장)을 적용할 수 있다.

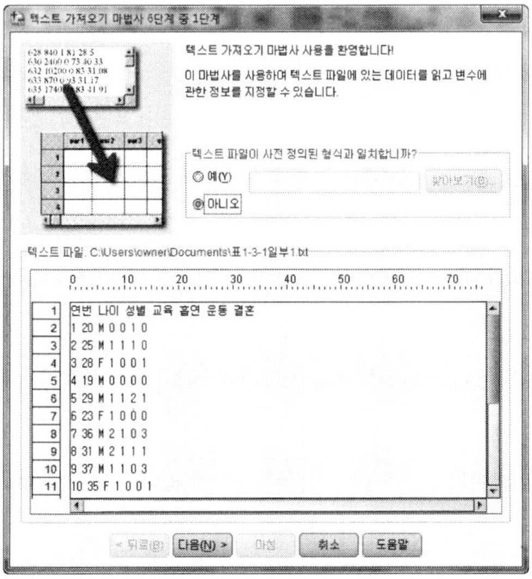

[그림 2.2.5] 텍스트 가져오기 마법사 6단계 중 1단계

- **텍스트 가져오기 마법사: 2단계**

텍스트 마법사 1단계에서 사전 정의된 형식이 준비되어 있지 않을 경우 [다음(N)] 버튼을 누르면 [그림 2.2.6]과 같이 텍스트 마법사 2단계의 대화상자가 표시된다.

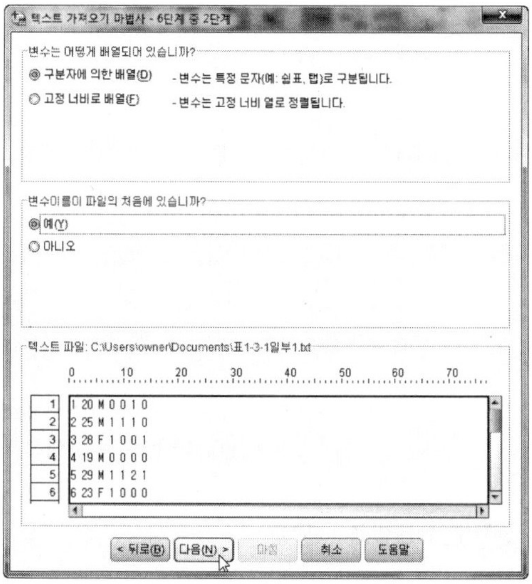

[그림 2.2.6] 텍스트 가져오기 마법사 6단계 중 2단계

텍스트 마법사 2단계에서 먼저 텍스트 파일에 저장된 변수가 구분자에 의하여 배열되었는지 또는 고정 너비로 배열되었는지를 지정한다.

◉ **구분자에 의한 배열**: 공백, 콤마, 탭이나 다른 문자를 사용하여 변수를 구분하고, 변수는 각 케이스마다 같은 순서로 코딩되어 있어야 한다(예: [그림 2.2.1]).

◉ **고정 너비로 배열**: 각 변수는 데이터 파일의 각 케이스에 대해 동일한 열 위치에 코딩되어야 하며, 변수 간에 구분자는 필요하지 않다(예: [그림 2.2.2]).

[그림 2.2.6]에 표시된 파일 "표1-3-1일부.txt"는 공백 구분자에 의하여 자료가 구별되어 있다. 텍스트 마법사 2단계에서 두 번째로 지정할 부분은 이 파일의 처음에 변수의 이름이 저장되어 있는지를 지정하는 것이다. 이 예와 같이 각 자료의 변수 이름을 미리 지정해 두는 것도 좋은 방법이다. [다음(N)] 버튼을 눌러

3단계로 이동한다.

- **텍스트 가져오기 마법사: 3단계(구분자에 의한 배열)**

텍스트 마법사 3단계는 입력되는 자료의 케이스 정보를 지정하는 단계이다. SPSS에서 케이스란 설문에 대한 각 응답자의 모든 자료를 지칭하는 용어이다. 데이터 파일의 위 부분에 데이터 값이 아닌 설명이나 다른 텍스트가 있는 경우 실제 데이터가 몇 번째 줄에서 시작하는지, 데이터 파일의 각각의 줄이 하나의 케이스인지, 그리고 SPSS 시스템으로 몇 개의 케이스를 읽어올 것인지를 3단계에서 지정한다.

특히 데이터 파일의 일부 케이스만을 사용자가 지정하여 읽어 올 수 있는데 이는 자료의 일부분을 이용하여 전체를 미리 추정하고자 할 경우 유용할 것이다. 자료의 일부분은 지정된 퍼센트의 무작위 추출 표본을 가져올 수 있는데, 무작위 표본추출 루틴이 각 케이스에 대해 독립 Pseudo 확률을 결정하므로 선택한 케이스 퍼센트는 지정한 퍼센트의 대략적인 값이다.

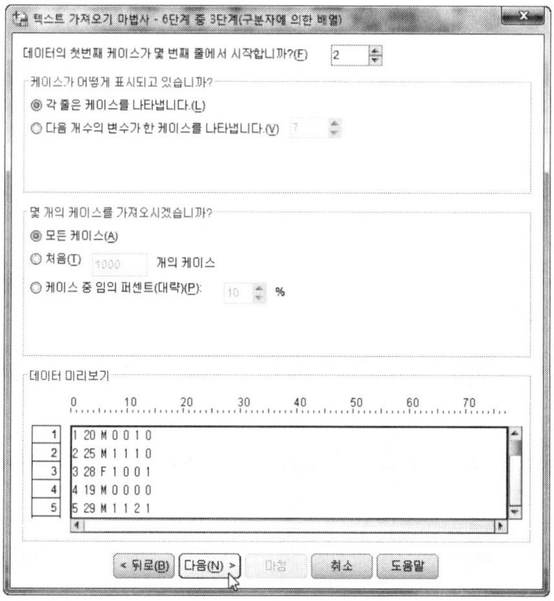

[그림 2.2.7] 텍스트 가져오기 마법사 6단계 중 3단계

- **텍스트 가져오기 마법사: 4단계(구분자에 의한 배열)**

[그림 2.2.8]에 표시된 바와 같이 텍스트 마법사 4단계에서는 자료를 구분하는 구분자와 한정자의 문자를 선택한다. 잘못된 구분자를 선택하면 자료를 잘못 읽어 들인 모습이 데이터 미리보기 창에 표시되므로 이를 참조하여 구분자를 정확히 지정하면 된다.

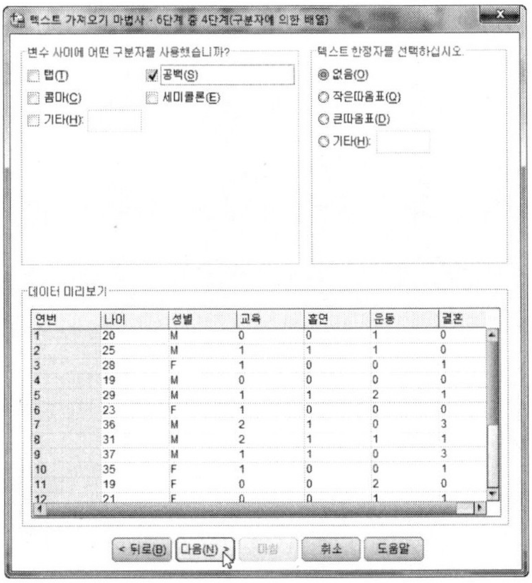

[그림 2.2.8] 텍스트 가져오기 마법사 6단계 중 4단계

구분자는 데이터 값을 구분하는 문자나 기호를 나타내는 것으로 공백, 콤마, 세미콜론, 탭 또는 기타 문자 조합을 선택할 수 있다. 중간에 데이터 값이 없는 여러 연속적인 구분자는 결측값으로 처리된다. 예를 들어 공백을 두 번 연속으로 표시하면 두 번째 공백은 새로운 변수의 결측값으로 처리된다.

텍스트 한정자는 구분자 문자를 포함하는 값을 묶는 데 사용되는 문자이다. 예를 들어 콤마가 구분자인 경우 값을 묶는 텍스트 한정자가 없으면 값에 있는 콤마가 값 사이의 구분자로 해석되지 않아 콤마가 포함된 값이 잘못 읽힐 수 있다. 또한 Excel에서 내보낸 CSV 형식 데이터 파일은 큰따옴표(")를 텍스트 한정자로 사용한다. 텍스트 한정자는 변수값의 시작과 끝에 표시되어 전체 값을 묶는다.

- **텍스트 가져오기 마법사: 5단계**

텍스트 마법사 5단계에서는 각 변수를 읽는 데 사용하는 데이터 형식과 변수 이름 및 최종 데이터 파일에 포함시킬 변수를 제어한다. [그림 2.2.9]에 표시된 데이터 미리보기에서 임의의 변수를 클릭하면 변수 이름, 데이터 형식을 변경할 수 있다(변수 이름은 차후에 데이터 편집기 윈도우의 [변수 보기] 탭에서 변경할 수 있다).

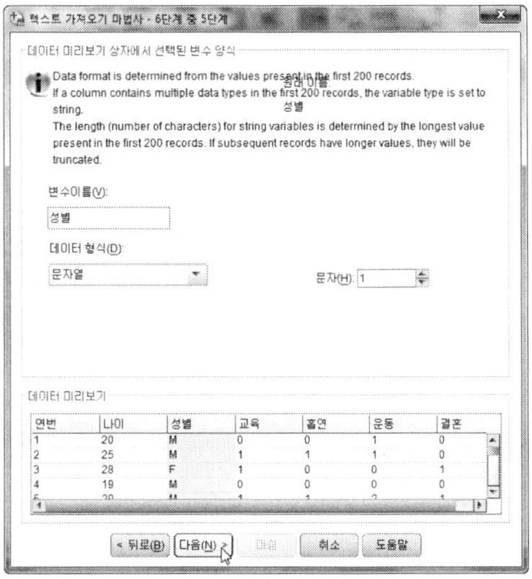

[그림 2.2.9] 텍스트 가져오기 마법사 6단계 중 5단계

참고로 SPSS가 설정한 변수의 데이터 형식은 처음 200개 케이스의 데이터 값으로 결정하며, 처음 200개 케이스에 데이터 형식이 둘 이상 있는 경우(예: 숫자, 날짜, 문자열) 이 변수의 데이터 형식은 문자열로 설정된다.

- **텍스트 가져오기 마법사: 6단계**

텍스트 마법사의 마지막 6단계로서 유사한 텍스트 데이터 파일을 가져올 때 사용할 수 있도록 지정 사항을 파일에 저장할 수 있으며, 텍스트 마법사로 작성한 명령문을 명령문 창에 붙여 넣을 수 있다.

읽어 들이고자 하는 자료가 데이터 미리 보기에 표시된 바와 같다면 [마침] 버튼을 눌러 텍스트 가져오기 마법사를 종료한다. 이때 구분자에 의하여 변수가 배열된 텍스트 파일의 자료가 SPSS의 데이터 편집기 윈도우에 [그림 2.2.11]과 같이 표시될 것이다. 이후 [변수 보기] 탭에서 변수의 변수값과 결측값 등을 설정하고 마지막으로 SPSS 파일 형식으로 이를 저장한다 (여기서는 "표1-3-1일부1.sav"의 이름으로 저장하자).

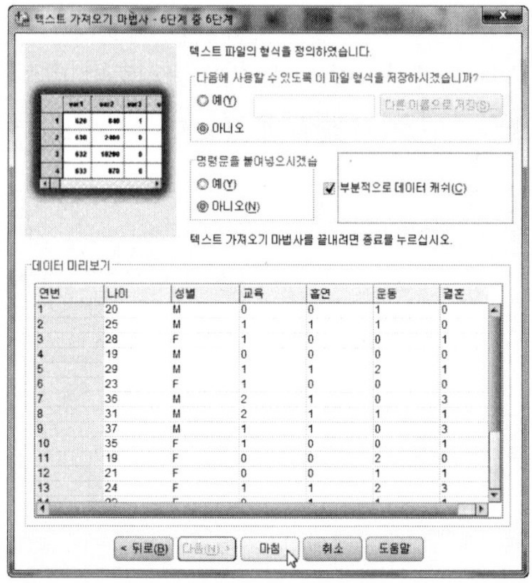

[그림 2.2.10] 텍스트 가져오기 마법사 6단계 중 6단계

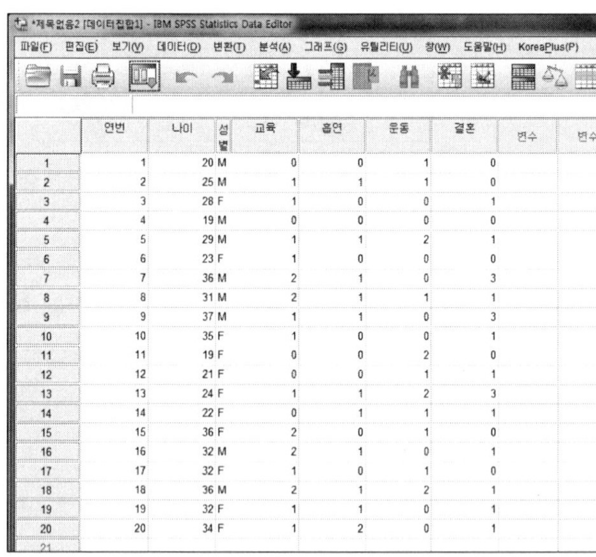

[그림 2.2.11] 구분자에 의하여 배열된 텍스트 파일 읽기

2.2.2 고정 너비로 변수가 배열된 텍스트 자료 읽어 오기

[그림 2.2.2]와 같이 고정 너비로 변수가 배열된 텍스트 파일을 SPSS 시스템으로 읽어 오기 위해서는 구분자에 의하여 변수가 배열된 텍스트 파일을 여는 방법과 마찬가지로 먼저 텍스트 데이터 읽기를 통한 [그림 2.2.4]의 대화상자에서 해당 ASCII 텍스트 파일을 [열기(O)]한다. 여기서는 텍스트 파일로 저장된 "표1-3-1

일부2.txt"를 선택한다. 이 경우에도 "텍스트 가져오기 마법사 6단계 중 1단계" 제목의 대화상자가 표시된다. 구분자와 배열된 텍스트 파일 열기와 비슷하므로 [다음(N)]으로 넘어간다.

• **텍스트 가져오기 마법사: 2단계**

텍스트 마법사 2단계에서 고정 너비로 배열되어 있음을 지정하고, 현재 텍스트 파일은 맨 처음에 변수 이름이 지정되어 있지 않으므로 변수 이름이 파일의 처음에 있지 않음을 지정한다.

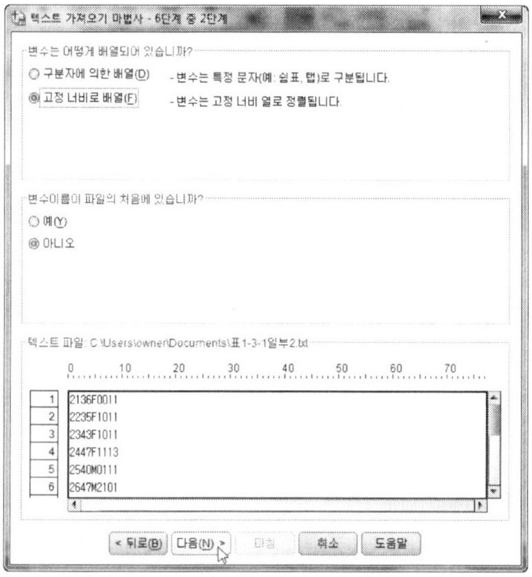

[그림 2.2.12] 텍스트 가져오기 마법사 6단계 중 2단계

• **텍스트 가져오기 마법사: 3단계(고정 너비로 배열)**

고정 너비로 배열된 텍스트 파일을 여는 텍스트 마법사 3단계의 설정도 구분자에 의한 배열의 경우와 유사하다. 즉 데이터의 첫 번째 케이스가 시작하는 줄의 번호 설정과 케이스가 어떤 형태로 배치되어 있는지의 여부, SPSS 시스템으로 가져올 케이스의 개수 설정이 텍스트 마법사 3단계에서 이루어진다.

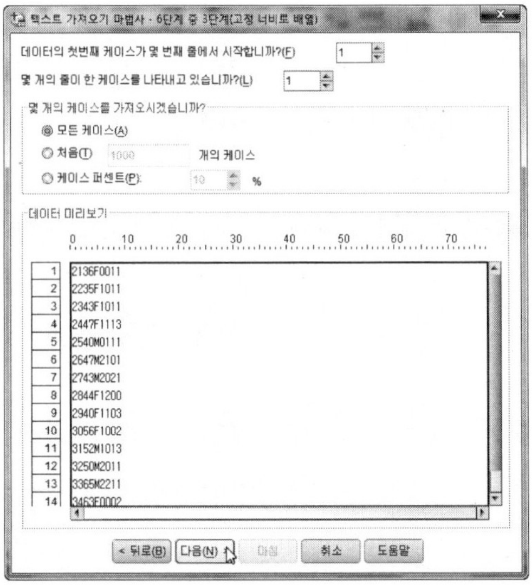

[그림 2.2.13] 텍스트 가져오기 마법사 6단계 중 3단계

- **텍스트 가져오기 마법사: 4단계(고정 너비로 배열)**

다음 [그림 2.2.14]의 대화상자가 텍스트 마법사 4단계의 모습이다. 고정 너비로 배열된 텍스트 파일을 읽어 들일 때 가장 중요한 단계가 4단계라고 할 수 있다. [그림 2.2.14]의 미리 보기 창에 고정 너비로 배열된 변수들을 구분하기 위하여 변수 구분선을 삽입한 모습을 표시하고 있다.

텍스트 마법사 4단계에서는 데이터 파일에서 변수를 읽는 방법을 변경할 수 있다. 즉 극단적으로 같은 데이터 파일로부터 다중의 SPSS 데이터 파일을 생성할 수 있다. 미리 보기 창에서 세로줄(변수 구분선)은 텍스트 마법사가 현재 파일에서 각 변수의 시작 위치를 나타내고 있다.

또한 필요한 경우에 변수 구분선을 삽입, 이동, 삭제하여 사용자의 의도에 따라 변수를 구분할 수 있다. 변수 구분선은 원하는 위치에 마우스를 클릭하면 쉽게 표시할 수 있으며, 원하는 위치의 열 번호를 이용하여 [구분 삽입(S)] 버튼을 사용할 수도 있다. 반대로 [구분 삭제(D)] 버튼을 사용하여 현재 지정된 열 번호의 변수 구분선을 삭제할 수 있다. 참고로 각 케이스에 다중 줄을 사용하는 경우 데이터는 각 케이스에 한 줄로 표시되며 그 다음 줄은 줄의 끝에 추가된다. 변수 구분선을 이용하여 변수 구분이 끝나면 [다음(N)]으로 넘어간다.

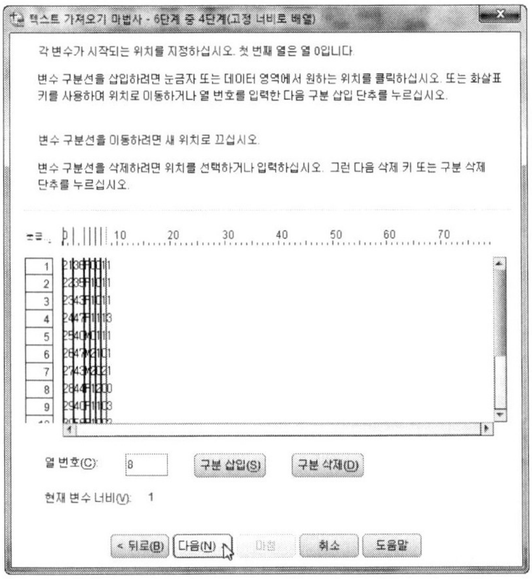

[그림 2.2.14] 텍스트 가져오기 마법사 6단계 중 4단계

- **텍스트 가져오기 마법사: 5단계**

텍스트 가져오기 5단계에서는 텍스트 마법사에서 각 변수를 읽는 데 사용하는 데이터 형식과 변수 이름 및 최종 데이터 파일에 포함시킬 변수를 제어한다. 텍스트 파일 "표1-3-1일부.txt"의 경우 첫 줄에 변수의 이름이 저장되어 있지 않게 때문에 디폴트로 V1, V2, V3의 순으로 변수 이름이 지정될 것이다. 차후 통계 분석을 할 때 변수의 착각으로 생기는 오류를 방지하기 위하여 이 단계에서 미리 변수 이름을 목적에 맞게 지정하도록 한다.

- **텍스트 가져오기 마법사: 6단계**

구분자에 의해 배열된 텍스트 가져오기 마법사의 6단계와 동일하다. 6단계까지 실행되는 동안 오류가 발생하지 않고 의도한 바에 따라 데이터가 생성되면 마법사를 종료하고 다음 [그림 2.2.16]과 같이 읽어 들인 SPSS 데이터를 저장한다 ("표1-3-1일부2.sav"로 저장).

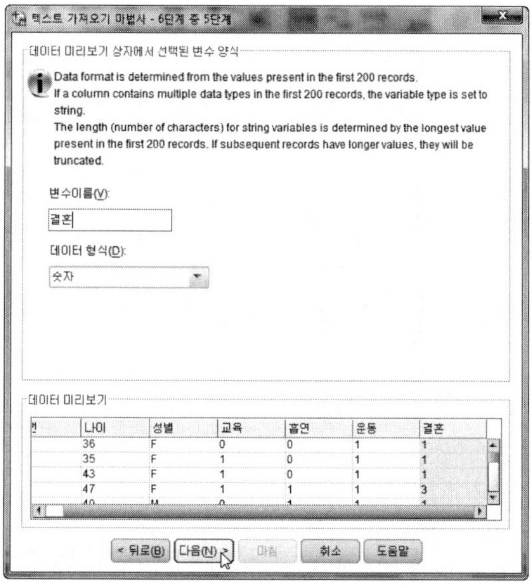

[그림 2.2.15] 텍스트 가져오기 마법사 6단계 중 5단계

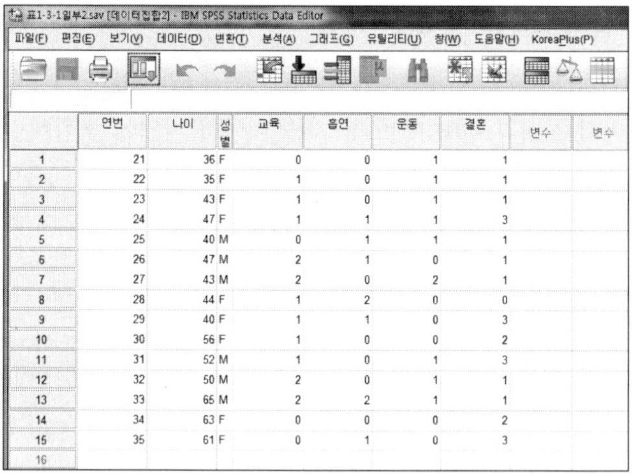

[그림 2.2.16] 고정 너비로 배열된 텍스트 파일 읽기

2.3 Excel 파일 불러오기

통계분석을 하기 위한 자료는 보통 텍스트 파일로 저장하거나 데이터 관리 상용 프로그램인 엑셀을 이용하여 저장한다. 요즘 많이 사용하고 있는 엑셀 파일로 자료를 저장할 경우 SPSS 시스템으로 쉽게 자료를 옮겨올 수 있다.

다음 [그림 2.3.1]은 [표 1.3.1]의 변수 중에서 {체중}, {IQ}, {SC}, {SP} 만을 따로 엑셀 파일("표1-3-1일부3.xlsx")로 저장한 모습이다. 결측값이 있음을 보여 주기 위하여 {IQ} 변수의 34번째와 35번째 케이스를 의도적으로 먼저 입력하였다. 또한 이 파일의 처음에 변수의 이름이 입력되어 있음을 알 수 있다.

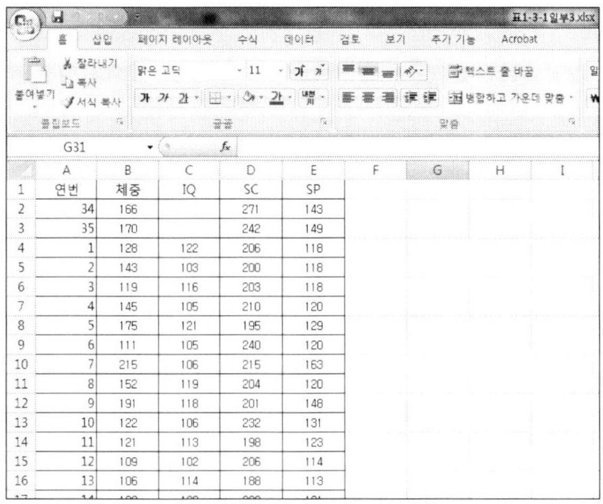

[그림 2.3.1] 엑셀 파일로 저장된 자료

SPSS 시스템으로 엑셀 파일 유형의 자료를 읽어 들이기 위해서는 먼저 SPSS 데이터 편집기 윈도우에서 [파일(F)]−[열기(O)]−[데이터(A)] 순서로 메뉴를 선택한다. 이때 표시되는 [그림 2.3.2]의 "데이터 열기" 대화상자에서 열고자 하는 데이터의 파일 유형을 Excel(*.xls, *.xlsx, *.xlsm)으로 지정하면, 지정된 폴더에 사전에 저장된 엑셀 파일이 나타난다([그림 2.3.3]).

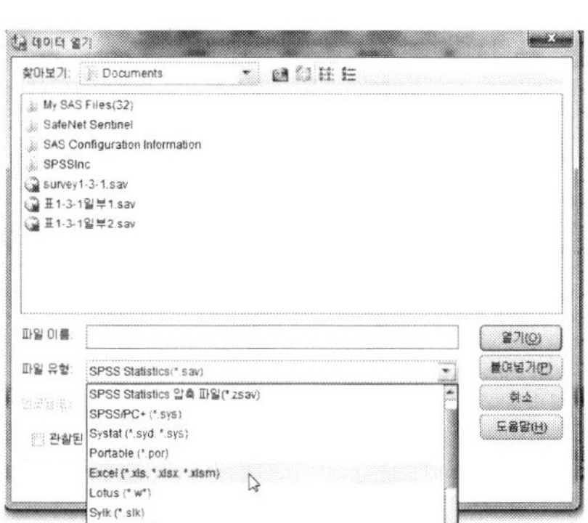

[그림 2.3.2] 엑셀 파일 유형 지정

[그림 2.3.3] 엑셀 파일 선택

사용자가 원하는 엑셀 파일을 선택(다른 폴더에 저장된 엑셀 파일은 해당 폴더로 변경하여 선택)하고 [열기(O)]하면, 표시된 [그림 2.3.4]의 "Excel 데이터 소스 열기" 제목의 대화상자를 적절히 설정하면 바로 SPSS 데이터 파일로 변환할 수 있다.

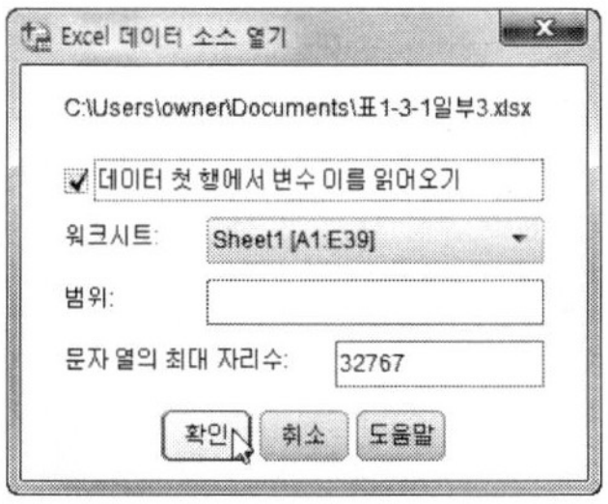

[그림 2.3.4] 엑셀 파일 열기

[그림 2.3.4]의 대화상자에서 엑셀 파일을 읽어 들이는 데 필요한 설정을 간단히 설명하면 다음과 같다.

- 데이터 첫 행에서 변수 이름 읽어오기: 파일의 첫 번째 행이나 정의한 범위의 첫 번째 행에 각 변수의 이름을 지정할 수 있다. 변수 이름 규칙에 맞지 않는 문자열은 유효한 변수 이름으로 변환되고 원래 지정한 변수 이름은 변수 설명으로 사용된다. 변수 이름이 지정된 경우에는 앞의 ㅁ에 체크하면 된다.
- 워크시트: 여러 개의 워크시트가 포함된 엑셀 파일의 경우 해당 워크시트를 선택하면 된다.
- 범위: 디폴트로 지정된 데이터의 범위가 다르면 엑셀에서 셀의 범위를 지정하는 것과 같은 방법으로 데이터의 범위를 지정할 수 있다.

대부분의 경우 SPSS 시스템이 엑셀 파일을 분석하여 디폴트로 설정해 주기 때문에 단순히 [확인]만 하면 쉽게 SPSS 데이터 파일을 얻을 수 있다(이번에 얻어지는 데이터 파일을 [그림 2.3.5]와 같이 "표1-3-1일부3.sav"로 저장하자).

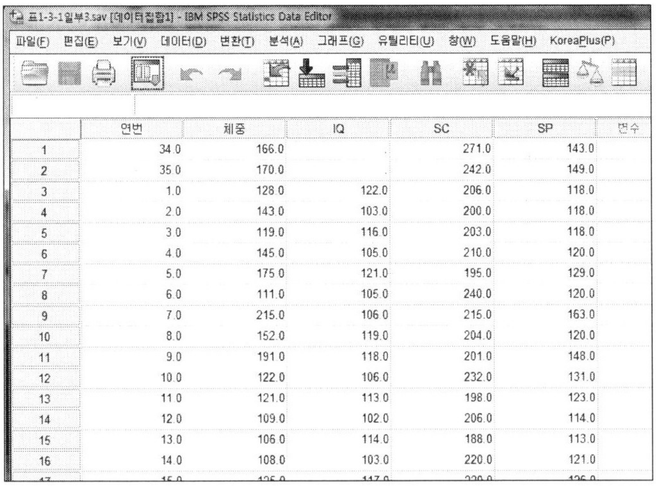

[그림 2.3.5] 엑셀 파일 데이터를 SPSS 시스템으로 가져오기

엑셀 파일 유형의 자료 이외에 dBASE의 데이터베이스 파일이나 Stata 파일 유형 등을 엑셀 파일 유형과 거의 비슷한 과정을 통하여 읽어올 수 있다. 이들에 대한 자세한 내용은 SPSS의 [도움말(H)] 메뉴를 참고하자.

연습문제

2.1 다음과 같이 공백 구분자에 의하여 자료가 배열되어 있는 ASCII 기반 텍스트 파일을 SPSS 시스템으로 읽어 들여라.

```
id addr age x1 x2 x3 x4 x5
 1 1135 44 4 5 5 3 4
 2 2135 42 3 4 4 3 5
13 1124 45 2 4 5 4 4
14 2135 33 3 5 4 2 3
25 1135 38 3 3 4 2 3
```

2.2 다음과 같이 자료가 고정 너비로 배열되어 있는 ASCII 기반 텍스트 파일을 SPSS 시스템으로 읽어 들여라. 단, 입력되는 변수의 이름은 name(문자열, 12칸), id(2칸), gender(문자열, 1칸), age(2칸), income(2칸)의 순서대로 한다.

```
HONG KILDONG 1M3417
LEE DORYUNG 17M4014
SUNG WON    33F4516
LEE YOUNG   49F2414
LEE SUNSHIN 50M5526
```

2.3 어떤 약품A의 효과가 있는지를 확인하기 위하여 11마리의 쥐에게 실험을 하여 이 약품A를 사용하기 전과 사용한 이후의 반응시간을 다음과 같이 조사하였다. 적절한 변수를 정하고 SPSS 시스템으로 이 자료를 입력하여라.

	1	2	3	4	5	6	7	8	9	10	11
사용 전	1.0	2.1	2.5	1.2	1.7	1.0	1.3	2.4	2.0	3.0	3.0
사용 후	1.4	2.5	2.6	0.8	1.4	1.1	1.5	2.2	2.4	2.0	3.1

2.4 다음은 신생아 40명(남아 20명, 여아 20명)의 혈당치를 조사한 자료이다. 적절한 변수를 정하고 이 자료를 SPSS 시스템으로 입력하여라.

남아	33	36	79	59	93	67	46	54	38	99
	46	105	47	65	67	43	45	108	53	68
여아	90	65	63	82	83	53	29	70	36	67
	63	78	56	39	78	81	71	62	50	97

2.5 다음과 같이 엑셀로 저장되어 있는 자료 "연습2-5.xlsx"를 SPSS 시스템으로 읽어 들여 "연습2-5.sav"로 저장하여라.

	A	B	C	D	E	F	G	H	I
1	id	gender	residence	age	q11	q12	q13	q14	
2	201	1	2	1	4	3	2	3	
3	203	1	2	1	4	5	2	1	
4	205	1	2	2	4	3	3	4	
5	207	1	2	2	4	2	4	4	
6	209	1	2	3	5	3	3	4	
7	211	1	2	2	4	4	4	3	
8	213	1	2	3	5	4	5	5	
9	215	1	2	1	5	4	5	4	
10	217	1	2	1	5	2	3	4	
11	219	1	2	2	4	3	3	3	
12									

2.6 다음과 같이 엑셀로 저장되어 있는 자료 "예3-7.xlsx"를 SPSS 시스템으로 읽어 들여 "예3-7.sav"로 저장하여라.

	A	B	C	D	E	F	G
1	응답자	가일보	나일보	다신문	라신문	마경제	
2	A	1	1	1	2	3	
3	B	1	2	2	3	2	
4	C	1	1	1	1	1	
5	D	3	2	1	1	1	
6	E	1	1	2	3	3	
7	F	3	1	1	1	2	
8	G	3	3	1	1	1	
9	H	3	1	1	1	3	
10	I	2	2	2	1	1	
11	J	1	3	2	1	1	
12							

제3장 자료의 변환

3.1 변수 계산

SPSS의 데이터 편집기 윈도우의 [변환(T)] 메뉴를 통하여 새로운 변수를 계산할 수 있으며, 코딩변경이나 순위변수 또는 빈도변수를 생성할 수 있다. 다음 [그림 3.1.1]은 데이터 편집기 윈도우의 [변환(T)] 메뉴 중에서 [변수 계산(C)] 메뉴를 선택한 모습을 표시한 것이다.

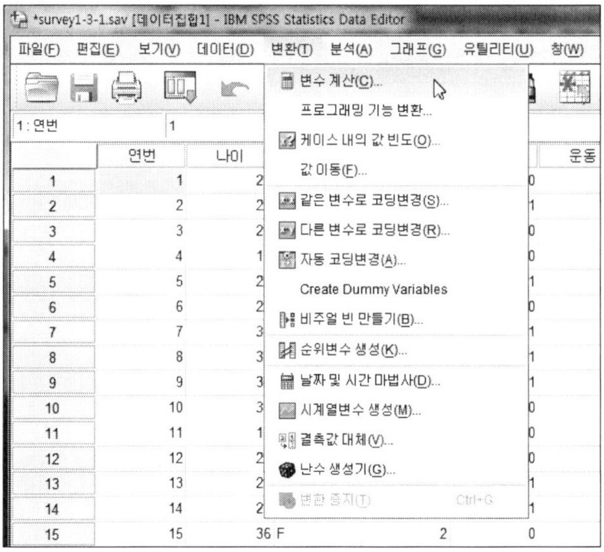

[그림 3.1.1] 데이터 편집기의 [변환] 메뉴

새로운 변수 수식의 계산을 위하여 연산자를 사용할 수도 있으며, 다양한 기능을 갖는 SPSS의 내장된 함수를 연산시킬 수 있다. 다음 [그림 3.1.2]에 있는 기호는 변수 계산을 위해 사용할 수 있는 연산자이다.

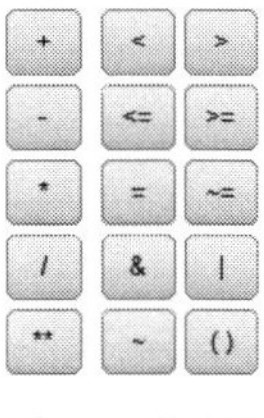

[그림 3.1.2] 연산자

이 연산자를 간단히 구분해 보면 다음과 같다. 각 연산자의 적용 규칙은 대부분의 프로그래밍 언어에서 소개하고 있는 바와 동일하므로, 예제를 통해 변수 계산에 사용되는 연산자의 쓰임을 간단히 살펴보자.

- 산술 연산자: +, -, *, /, **
- 비교 연산자: 〈, 〉, 〈=, 〉=, =, ~=
- 논리 연산자: &, |, ~

예제 3.1.1 다음 자료는 어느 회사에 설치된 7대의 복사기의 사용연수와 월 유지비를 조사한 자료이다.

사용연수, x (년)	1	2	2	3	4	4	6
월유지비, y (천원)	68.3	86.5	77.1	78.9	99.4	87.3	113.4

다음 [그림 3.1.3]과 같이 이 자료를 SPSS 데이터 파일 "예3-1.sav"으로 저장하자(단, [변수 보기] 탭에서 적절히 변수의 [소수점이하자리] 열에 대한 설정을 먼저 시행한다).

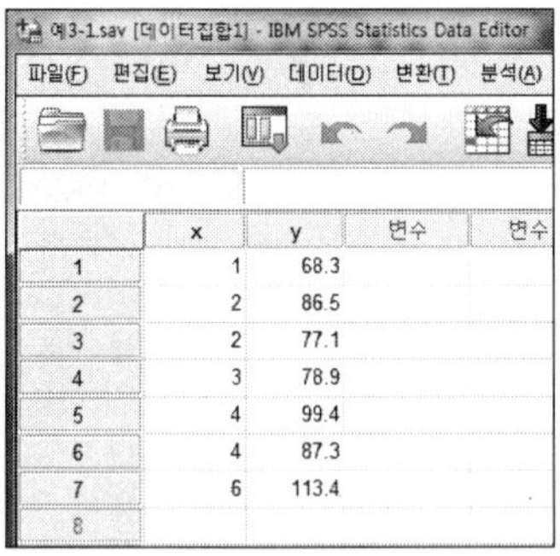

[그림 3.1.3] 복사기의 월 유지비 자료

기존의 변수로부터 사칙 연산자를 사용하여 새로운 변수를 생성할 수 있다. 예를 들어 복사기 사용연수 (x) 자료를 바탕으로 복사기의 월 유지비를 다음 식과 같이 예측할 수 있다고 할 때, 이 식을 이용하여 새로운 변수 (yp)를 생성할 수 있다.

$$yp = 61.28 + 8.27\,x$$

또한 변수 {yp}가 생성된 이후 다음과 같이 두 변수 {y}와 {yp} 변수의 차의 제곱의 값을 새로운 변수 {errsq}로 계산할 수 있다.

$$errsq = (y - yp)^2$$

SPSS에서는 "변수 계산" 대화상자를 사용하여 다른 변수를 숫자로 변환하고 이를 기반으로 숫자변수나 문자변수에 대한 값을 계산할 수 있다. 단, 수식에 사용되는 문자상수는 따옴표("" 또는 '')로 묶어 주어야 한다. 다음 [그림 3.1.4]는 "변수 계산" 대화상자를 표시한 것이다.

"변수 계산" 대화상자의 대상변수(T) 란에는 새로 생성하고자 하는 변수의 이름을 지정하고, 숫자표현식(E) 란에는 변수 계산 수식을 지정한다. 수식은 직접 키보드를 통해 입력할 수 있지만 마우스를 이용하여 대화상자의 가운데에 표시되어 있는 숫자와 연산 기호들을 각각 클릭해도 된다. 수식에 들어가는 변수 이름은 직접 입력하거나 왼쪽 목록에서 선택한 후 화살표를 클릭하면 된다.

[그림 3.1.4] 변수 계산 대화상자

예제 3.1.2 (데이터 파일 "예3-1.sav") 복사기 사용연수 {x} 자료를 바탕으로 복사기의 예측 월 유지비를 새로운 변수 {yp}로 생성하기 위한 "변수 계산" 대화상자를 [그림 3.1.5]와 같이 설정해 보자. ($yp = 61.28 + 8.27\ x$)

[그림 3.1.5] {yp} 생성을 위한 변수 계산 대화상자 설정

[그림 3.1.5]의 대화상자에서 하단의 [조건(I)] 버튼을 이용하면 선택적으로 케이스를 선택하여 변수를 생성할 수 있다. 즉 논리 조건에 따라 데이터 집단군에 대해 선택적으로 값을 계산할 수 있으며, 선택되지 않은 케이스에 해당하는 생성 변수의 값은 결측값으로 처리된다.

예제 3.1.3 (데이터 파일 "예3-1.sav") 복사기 사용연수가 3년 이상인 경우에만 변수 {errsq}의 값을 생성하도록 변수 계산 대화상자의 조건을 설정하여라.

- 변수 계산 대화상자에서 [조건(I)] 버튼을 클릭하면 [그림 3.1.6]과 같이 "변수 계산: 케이스 조건" 제목의 대화상자가 새로이 열리면 이 대화상자의

- 다음 조건을 만족하는 케이스 포함(I)

  행을 선택한다. 이어서 구체적인 케이스 조건을 설정하기 위하여 밑의 공란에 조건식 x >= 3을 입력하고 [계속]한다.

- 모든 케이스 포함(A)은 디폴트이지만 조건식을 설정한 이후 모든 케이스를 다시 포함하고자 할 경우 이 행을 클릭한다.

- 조건식의 표현에 산술함수, 통계함수, 분포함수, 문자함수 등 다양한 내장된

함수를 사용할 수 있다.

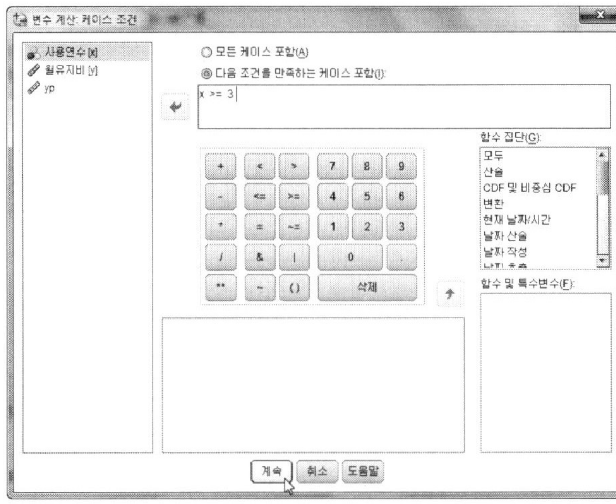

[그림 3.1.6] [조건] 케이스 선택 설정

[그림 3.1.7] {errsq} 생성을 위한 변수 계산-조건 추가 설정

참고로 [그림 3.1.7]의 숫자표현식에 표시된 연산자 **은 거듭제곱을 구하고자 할 때 사용한다. [그림 3.1.8]은 새로운 두 개의 변수 {yp}와 {errsq}가 변수 계산을 통해 생성된 모습을 표시한 것이다. 변수 {yp}는 모든 케이스가 생성되어 있지만, 변수 {errsq}는 변수 {x}의 값이 3 이상인 케이스만 정상적으로 값을 계산하고 있으며, 나머지 2 이하의 케이스는 결측값으로 처리되고 있음을 알 수 있다.

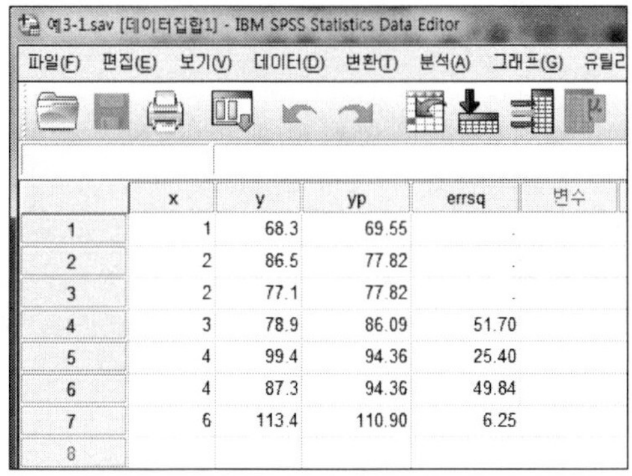

	x	y	yp	errsq	변수
1	1	68.3	69.55	.	
2	2	86.5	77.82	.	
3	2	77.1	77.82	.	
4	3	78.9	86.09	51.70	
5	4	99.4	94.36	25.40	
6	4	87.3	94.36	49.84	
7	6	113.4	110.90	6.25	
8					

[그림 3.1.8] 변수 {yp}와 {errsq} 생성

또한 산술함수, 통계함수, 분포함수, 문자함수 등 다양한 목적을 수행할 수 있도록 내장된 SPSS 함수를 숫자표현식에 포함시켜 새로운 변수를 만들 수 있다. SPSS 내장함수는 [그림 3.1.4]의 "변수 계산" 대화상자의 오른쪽 [함수 집단(G)]의 목록 상자에서 사용자가 원하는 목적의 함수를 선택할 수 있다. 함수의 사용법을 간단히 설명하면 다음과 같다.

- 함수 그룹 목록에서 그룹을 선택하면 이 그룹에 저장되어 있는 함수 및 특수변수가 목록에 표시된다. 이때 함수 또는 특수변수를 두 번 누르거나 함수 또는 변수를 선택한 다음, 함수 그룹 목록 옆에 있는 상향의 화살표를 눌러주면 함수 또는 일반적으로 사용되는 시스템 변수를 숫자표현식에 붙여 넣을 수 있다. 모두라는 설명이 있는 함수 그룹은 사용 가능한 모든 함수와 시스템 변수의 목록을 제공한다.
- 숫자표현식에 표시되는 함수의 인수 중에서 물음표로 표시된 모수를 모두 채우면 함수가 작동한다. 변수 계산 대화상자에서 연산자 기호 밑의 지정된 영역에 현재 선택한 함수나 변수에 대한 간략한 설명이 표시되므로 이를 참고로 모수를 적절히 설정하면 된다([그림 3.1.9]).

3.1.1 : SPSS 내장함수

함수란 사용자가 자주 사용하는 여러 가지 목적의 연산을 간편히 할 수 있도록 미리 만들어 놓은 일종의 독립된 알고리즘이다. 사용자는 SPSS 시스템에서 제공하는 내장 함수들의 정확한 형식과 기능을 숙지하고 있으면 변수 계산의 수식에서 함수를 쉽게 이용할 수 있다.

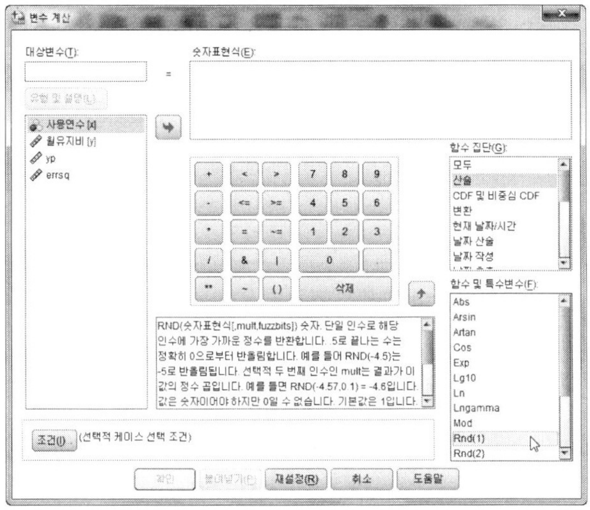

[그림 3.1.9] 함수의 사용 설명서

함수는 기초적인 산술함수들을 비롯하여 다음과 같이 다양한 유형의 함수가 지원된다. 이 중에서 자주 쓰이는 함수들 몇 가지만 간단히 소개하고, 특별히 확률변수 및 확률분포함수(Random variable and distribution functions)는 차후 좀 더 자세히 알아볼 것이다. 이 절에서 언급하지 못한 함수들의 쓰임새는 SPSS에서 제공하는 도움말에서 자세하게 정보를 얻을 수 있다.

• 산술함수(Arithmetic functions)

산술함수는 수학에서 기본적으로 사용되는 수리적인 함수를 말한다. 예를 들어 양의 실수의 제곱근을 구하고자 할 때 키보드만으로 이를 해결할 수 없을 것이다. 이를 위하여 SQRT()라는 산술함수가 필요한 것이다. 함수의 인수에 입력되는 숫자표현식은 숫자를 비롯하여 연산자가 포함된 수식이 가능하다.

- ABS(숫자표현식): 절댓값 반환

  예 ABS(-7.8) = 7.8

- RND(숫자표현식[, mult]): mult 인수가 생략되면 숫자표현식에 가장 가까운 정수를 반환하고 .5로 끝나는 숫자표현식의 경우는 0보다 먼 정수를 반환 (mult 인수는 반올림된 소숫점 이하의 자릿수 지정함)

  예 RND(-4.5) = -5, RND(-4.57, 0.1) = -4.6

- TRUNC(숫자표현식[, mult]): 내림값 반환

예 TRUNC(4.579,0.1) = 4.5

– MOD(숫자표현식, modulus): 숫자표현식을 modulus 값으로 나눈 나머지 반환

예 MOD(17, 4) = 1

– SQRT(숫자표현식): 양의 제곱근 반환(숫자표현식은 음이 아닌 숫자)

예 SQRT(9.0) = 3

– EXP(숫자표현식): e(자연로그의 밑)의 숫자표현식의 거듭제곱 반환

– LG10(숫자표현식): 숫자표현식의 상용로그 반환

– LN(숫자표현식): 숫자표현식의 자연로그를 반환

– LNGAMMA(숫자표현식): 숫자표현식의 완전 감마 함수 로그 반환

– ARSIN(숫자표현식): 숫자표현식의 arcsine 값(라디안) 반환

– ARTAN(숫자표현식): 숫자표현식의 arctangent 값(라디안) 반환

– SIN(라디안): 라디안 값의 sine 값 반환

– COS(라디안): 라디안 값의 cosine 값 반환

예제 3.1.4 다음 표에 표시되어 있는 각 각도에 대한 sine 값을 구해 보자.

degree	0°	30°	45°	60°	90°	180°	270°
radian							
sine							

주어진 각도(°)에 해당하는 sine 값을 얻기 위해서는 먼저 SIN() 함수의 인수의 유형을 어떻게 입력하여야 하는지 살펴봐야 한다. 내장함수 SIN() 함수는 1개의 인수가 필요하며, 그 형식은 라디안(radian)이어야 한다. 따라서 {degree}로 입력된 변수를 먼저 다음 식과 같이 {radian}으로 변수 계산한 후, 이를 SIN() 함수의 인수로 입력한다.

$$\text{radian} = 3.14159 * \text{degree} / 180$$

[그림 3.1.10]은 입력된 각도(degree)에 대한 sine 값을 구하기 위하여 "변수 계산" 대화상자에 SIN() 함수를 표시한 예이며, 이 대화상자에서 [확인]을 하면 [그림 3.1.11]과 같이 입력된 각도(degree)에 대응되는 sine 값을 각각 얻을 수 있다. ("예3-2.sav"의 이름으로 저장)

[그림 3.1.10] sine 함수 값 구하기

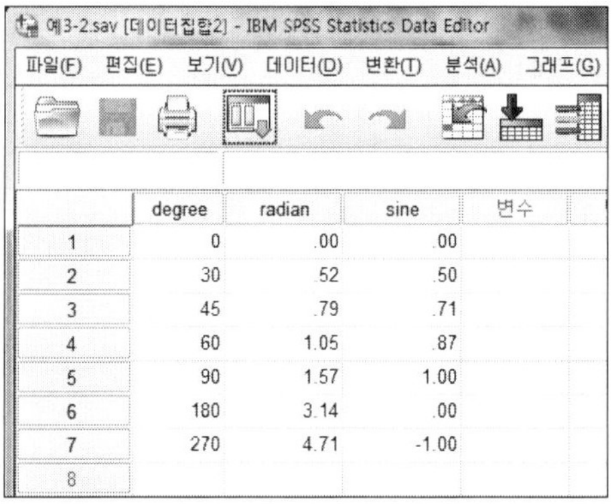

[그림 3.1.11] degree에 대응되는 sine 값

- **통계함수(Statistical functions)**

통계함수는 둘 이상의 인수가 필요하며, 각 케이스별로 입력된 인수들의 통계량을 구하여 이를 새로운 변수로 생성한다.

- SUM(숫자표현식, 숫자표현식[,..]): 인수들의 합계 반환
- MEAN(숫자표현식, 숫자표현식[,..]): 인수들의 산술 평균 반환
- MEDIAN(숫자표현식, 숫자표현식[,..]): 인수들의 중위수 반환
- SD(숫자표현식, 숫자표현식[,..]): 인수들의 표준편차 반환
- VARIANCE(숫자표현식, 숫자표현식[,..]): 인수들의 분산 반환

– CFVAR(숫자표현식, 숫자표현식[,...]): 인수들의 변동 계수 반환
– MIN(값, 값[,..]): 인수들의 최솟값 반환
– MAX(값, 값[,..]): 인수들의 최댓값 반환

예제 3.1.5 다음 표는 어느 통계학 강의를 수강한 7명의 학생들의 리포트 점수이다. 리포트는 총 5번 제출되었는데 처음 3번의 리포트 점수와 그 평균을 각각 {합계123} 변수와 {평균123} 변수로 생성해 보자.

학생	report1	report2	report3	report4	report5	합계123	평균123
A	4.2	4.4	6.2	3.5			
B	3.0	5.6	2.0	2.3	4.1		
C	5.5	2.2	3.1	2.7	6.6		
D	2.1	1.8	2.4				
E	3.2	5.0	3.1	2.6	3.6		
F	3.9	4.0	1.8		4.2		
G	4.5	3.8	3.6	4.0			

{합계123} 변수와 {평균123} 변수를 생성하기 위해서는 [그림 3.1.12]와 [그림 3.1.13]에 표시된 바와 같이 SUM() 함수와 MEAN() 함수를 이용한다. 물론 다음 식과 같이 직접 수식을 입력하여 구할 수 있지만, 결측값이 발생하는 경우 그 결과가 달라질 수 있다.

total = report1 + report2 + report3
average = (report1 + report2 + report3) / 3

[그림 3.1.12] SUM() 함수

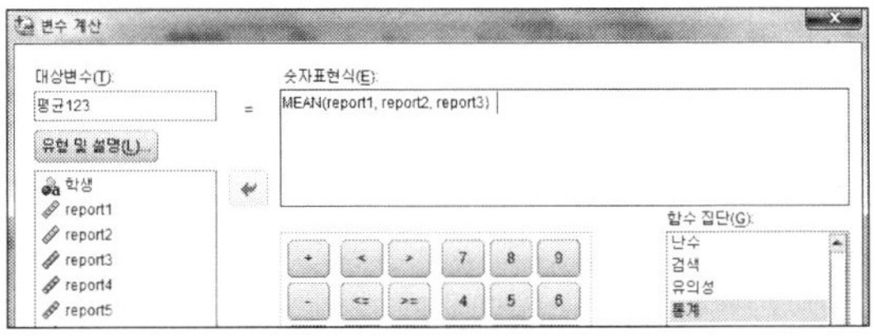

[그림 3.1.13] MEAN() 함수

[예제 3.1.5]의 자료를 입력한 이후, 두 함수 SUM()과 MEAN()를 계속하여 변수 계산에 사용하면 [그림 3.1.14]의 데이터를 얻을 수 있다. 이 자료를 SPSS 데이터 파일 "예3-3.sav"로 저장하자.

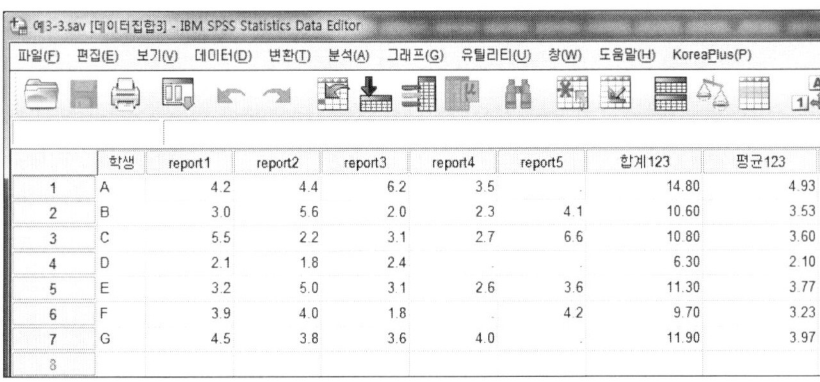

	학생	report1	report2	report3	report4	report5	합계123	평균123
1	A	4.2	4.4	6.2	3.5	.	14.80	4.93
2	B	3.0	5.6	2.0	2.3	4.1	10.60	3.53
3	C	5.5	2.2	3.1	2.7	6.6	10.80	3.60
4	D	2.1	1.8	2.4	.	.	6.30	2.10
5	E	3.2	5.0	3.1	2.6	3.6	11.30	3.77
6	F	3.9	4.0	1.8	.	4.2	9.70	3.23
7	G	4.5	3.8	3.6	4.0	.	11.90	3.97

[그림 3.1.14] SUM() 함수와 MEAN() 함수를 사용하여 합과 평균 구하기

• 난수 발생 및 분포함수(Random variable and distribution functions)

변수 계산에 필요한 난수 발생 및 분포함수는 prefix.suffix()의 형태로 사용된다. 여기서 prefix는 확률밀도함수를 구할 목적인지, 혹은 확률분포함수를 구하는 목적인지의 여부에 따라 [표 3.1.1]에 표시한 것 중의 하나를 지정하며, suffix는 [표 3.1.2]에 나열된 목록 중에서 확률변수의 특정 분포를 지정하면 된다.

[표 3.1.1] 난수 발생 및 분포함수의 prefix

prefix	내용
CDF	누적 분포함수(cumulative distribution function) 값 반환
IDF	역 분포함수(inverse distribution function) 값 반환
PDF	확률밀도함수(probability density function) 값 반환

prefix	내용
RV	확률변수 생성 함수
NCDF	Noncentral cumulative distribution function 값 반환
NPDF	Noncentral probability density function 값 반환
SIG	Tail probability function 값 반환, 1–CDF의 값과 같음

- NCDF와 NPDF는 베타분포, 카이제곱분포, F분포, t분포에만 적용한다.
- SIG는 카이제곱분포와 F분포에만 적용한다.
- CDFNORM(z값) : 특별히 평균이 0이고 표준편차가 1인 표준정규분포의 경우 인수로 주어진 z값에 대한 누적 분포함수의 값을 구하고자 할 때 CDFNORM() 함수를 사용할 수 있다. 참고로 일반적인 정규분포에 대한 suffix는 NORMAL(양, 평균, 표준편차)의 형식을 따른다.

다음 [표 3.1.2]는 prefix가 PDF 또는 CDF일 경우 통계학에서 자주 쓰이는 확률분포에 대한 suffix를 간단히 요약한 것이다. 각 분포함수의 인수에 입력해야 되는 모수의 의미나 인수의 적절한 위치는 수리통계학 관련 서적을 참고하자.

[표 3.1.2] 난수 발생 및 분포함수의 〈suffix〉

suffix()	내용
BERNOULLI(양, 확률)	성공확률이 '확률'인 베르누이분포
BETA(양, 형태1, 형태2)	모수가 '형태1', '형태2'인 베타분포
BINOM(양, n, 확률)	B(n, 확률)인 이항분포
CAUCHY(양, 위치, 척도)	모수가 '위치'와 '척도'인 코시분포
CHISQ(양, 자유도)	자유도가 '자유도'인 카이제곱분포
EXP(양, 척도)	'척도'를 모수로 갖는 지수분포
F(양, 자유도1, 자유도2)	두 개의 자유도를 갖는 F분포
GAMMA(양, 형태, 척도)	'형태'와 '척도' 모수를 갖는 감마분포
GEOM(양, 확률)	성공확률이 '확률'인 기하분포
HYPER(양, 전체수, 실패수, 추출수)	초기하분포
LNORMAL(양, a, b)	모수가 a, b인 로그–정규분포
LOGISTIC(양, 평균, 척도)	'평균'과 '척도'를 갖는 로지스틱분포
NEGBIN(양, 한계치, 확률)	성공확률이 '확률'인 '한계치'가 모수인 음이항분포
NORMAL(양, 평균, 표준편차)	'평균'과 '표준편차'를 갖는 정규분포
POISSON(양, 평균)	'평균'을 갖는 포아송분포

suffix()	내용
T(양, 자유도)	'자유도'를 갖는 t분포
UNIFORM(양, 최솟값, 최댓값)	'최솟값'과 '최댓값' 사이의 균일분포
WEIBULL(양, a, b)	모수 a, b를 갖는 와이블분포

– prefix가 IDF이면 [표 3.1.2]의 suffix()의 '양' 대신에 '확률'이 사용된다.

예를 들어 평균이 40이고 표준편차가 5인 정규분포를 갖는 확률변수 X의 확률밀도함수 $f(x)$의 값을 구하고자 할 때 분포함수의 prefix로 PDF를 지정하며 suffix()로 NORMAL(x, 40, 5)를 지정한다. 즉 "변수 계산" 대화상자의 숫자표현식란에 다음과 같이 표시한다. 여기서 '양'의 자리에 위치한 {x}는 구하고자 하는 확률변수의 값을 입력해 놓은 변수이다.

PDF.NORMAL(x, 40, 5)

또한 확률변수 X의 분포함수 $F(x) = P(X \le x)$의 값을 구하고자 하면 다음과 같이 prefix로 CDF를 지정한다.

CDF.NORMAL(x, 40, 5)

반면에 확률변수 X의 p-분위수를 구하고자 할 경우에는 prefix로 IDF를 지정하고, [표 3.1.2]에 표시된 suffix()의 '양' 대신에 확률 p가 지정된다. p-분위수란 확률 p $(0 \le p \le 1)$가 주어졌을 때, $F(x) \ge p$를 만족하는 x값 중에서 가장 작은 값을 의미한다. 예를 들어 평균이 40이고 표준편차가 5인 정규분포를 갖는 확률변수 X에 대하여 $P(X \le x) = 0.05$를 만족하는 x의 값을 구하고자 하면 다음과 같이 함수를 지정한다.

IDF.NORMAL(0.05, 40, 5)

– prefix가 RV이면 [표 3.1.2]의 suffix()의 '양'은 표시할 필요가 없다. 즉 RV는 특정 확률분포의 확률변수를 무작위 추출하는 목적이므로 suffix로 특정 확률분포의 이름과 모수만을 지정하면 된다.
– 모든 확률변수와 분포함수의 인수는 실수값이다.

이외에 문자 자료를 처리할 수 있는 문자 함수를 비롯하여 다음과 같이 많은 종류의 다양한 함수가 SPSS 시스템에 구비되어 있으므로 필요하면 [도움말(H)]

메뉴를 참조하자.

- 문자함수(String functions)
- 변환함수(String/numeric conversion functions)
- 날짜, 시간 함수(Date and time functions)
- 결측값 함수(Missing value functions)
- 검색함수(Logical functions)
- 점수화 함수(Scoring expressions)
- 기타(LAG function, VALUELABEL function)

3.1.2 : 함수의 결측값

[그림 3.1.14]에 표시된 SPSS 데이터 "예3-3.sav"의 {report4} 변수와 {report5} 변수에는 결측값이 포함되어 있다. 이와 같이 결측값이 포함된 변수를 이용하여 새로운 변수를 계산할 경우 연산자들로 이루어진 단순 산술 표현식과 함수는 결측값을 서로 다른 방법으로 처리한다.

실제로 산술 표현식을 이용하여 새로운 변수를 생성할 때, 사용되는 변수 중 어느 하나라도 케이스에 결측값이 있으면 새로운 변수의 해당 케이스 역시 결측이 된다. 반면에 함수를 이용하여 새로운 변수를 생성하면 한 케이스의 모든 변수가 결측인 경우에만 결측이 된다. 즉 인수로 입력되는 변수 모두 결측이 아니면 결측이 아닌 유효 자료를 이용하여 값을 구해 준다.

예제 3.1.6 (데이터 파일 "예3-3.sav") [예제 3.1.5] 자료의 두 변수 {report4}와 {report5}의 평균을 두 방식(단순 산술 표현식과 함수 이용)으로 각각 변수 변환해 보자.

대상변수(T)		숫자표현식(E)
단순45	=	(report4 + report5)/2

대상변수(T)		숫자표현식(E)
함수45	=	MEAN(report4, report5)

[그림 3.1.15]는 서로 다른 두 방식을 이용하여 두 변수의 평균을 구한 결과를 SPSS 데이터 파일로 저장한 것이다.

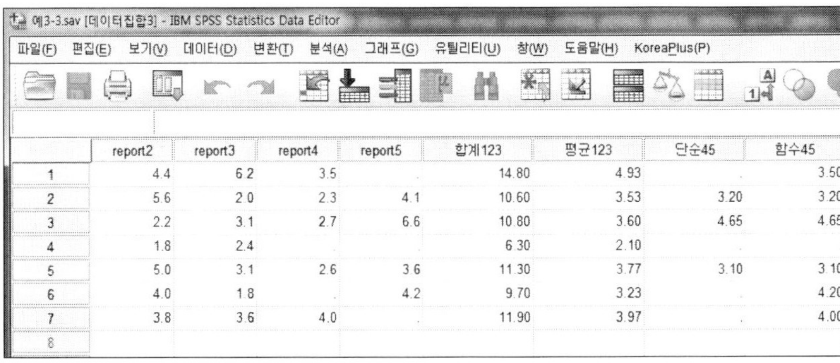

	report2	report3	report4	report5	합계123	평균123	단순45	함수45
1	4.4	6.2	3.5	.	14.80	4.93	.	3.50
2	5.6	2.0	2.3	4.1	10.60	3.53	3.20	3.20
3	2.2	3.1	2.7	6.6	10.80	3.60	4.65	4.65
4	1.8	2.4			6.30	2.10		.
5	5.0	3.1	2.6	3.6	11.30	3.77	3.10	3.10
6	4.0	1.8	.	4.2	9.70	3.23	.	4.20
7	3.8	3.6	4.0	.	11.90	3.97	.	4.00
8								

[그림 3.1.15] 평균을 구하는 두 방식의 차이

이 결과로부터 새로운 변수를 생성하는 두 방식의 차이를 알 수 있다. 즉 단순 산술 표현식으로 변수 (단순45)를 생성하면 두 변수 중 어느 하나라도 결측이면 그 결과도 결측값으로 나타나지만, 함수를 이용하여 생성된 변수 (함수45)는 두 변수의 케이스가 모두 결측일 경우에만 결측이 되는 차이점이 있다.

통계함수의 경우 결측되지 않은 인수가 한 개라도 있으면 최종 생성되는 변수의 해당 케이스는 유효한 값을 산출한다. 그러나 [예제 3.1.6]의 경우 5개의 리포트 중 2개 이상 제출되지 않은 학생은 리포트 성적을 받지 못한다고 할 때, 즉 'D' 학생의 리포트 성적만을 결측값으로 처리하고자 한다면 어떻게 변수 계산을 하여야 할 것인가?

통계함수는 결측되지 않은 값이 있는 최소 인수 수를 지정할 수 있다. 예를 들어 5개의 입력 인수 중 4개 이상 결측이 아닌 케이스만 변수 계산할 수 있도록 하려면 다음 [그림 3.1.16]과 같이 함수 이름 다음에 마침표와 결측이 아닌 최소 인수 수를 입력하면 된다.

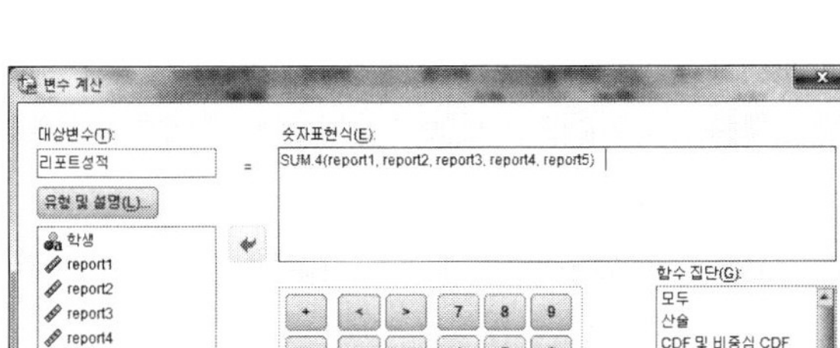

[그림 3.1.16] 통계함수에 결측이 아닌 최소 인수 수 지정

다음 [그림 3.1.17]은 SUM.4() 함수의 실행으로 생성된 {리포트성적} 변수의 각 케이스 결과를 표시한 것이다. 즉 하나의 결측값을 갖는 'A', 'F', 'G' 학생은 리포트 성적을 받을 수 있지만, 리포트 제출을 두 번 하지 못한 'D' 학생의 리포트 성적은 결측되고 있음을 알 수 있다.

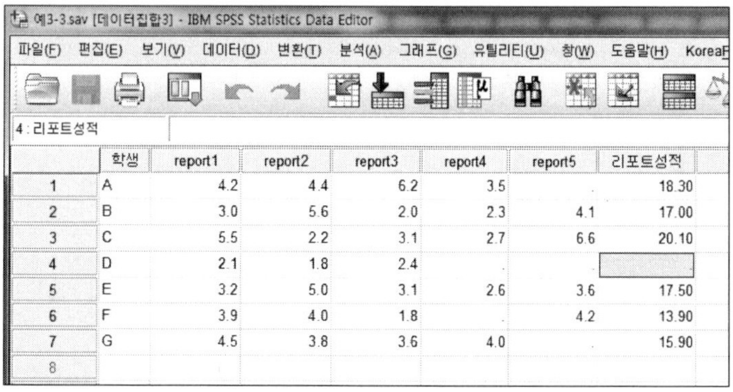

	학생	report1	report2	report3	report4	report5	리포트성적
1	A	4.2	4.4	6.2	3.5	.	18.30
2	B	3.0	5.6	2.0	2.3	4.1	17.00
3	C	5.5	2.2	3.1	2.7	6.6	20.10
4	D	2.1	1.8	2.4	.	.	
5	E	3.2	5.0	3.1	2.6	3.6	17.50
6	F	3.9	4.0	1.8	.	4.2	13.90
7	G	4.5	3.8	3.6	4.0	.	15.90
8							

[그림 3.1.17] 통계함수 SUM.4()의 실행 결과로 생성된 변수 {리포트성적}

3.2 코딩변경

범주형 자료를 수집하여 정리하였을 때 이 자료의 특정 범주에 속한 자료의 수가 통계분석을 수행하기에 부족한 경우가 발생할 수 있다. 극단적인 예를 들면 특정 범주에 속한 자료의 수가 1개일 때 이 범주에 대한 통계분석은 의미가 없다. 이런 경우에는 이 범주의 자료를 삭제하거나 다른 성질이 유사한 범주와 통합하여 분석하여야 한다. 이와 같이 특히 범주형 자료의 모든 집단에 대한 자료 분석이 의미를 가질 수 있도록 기존의 변수의 값을 새로운 값으로 재지정하는 작업을 코딩변경이라고 한다.

SPSS에서 특정 변수의 코딩변경은 새로운 값으로 재지정된 변수값을 같은 변수로 대체하는 방법과 다른 변수를 생성하여 새롭게 저장하는 방법이 있다.

3.2.1 : 같은 변수로 코딩변경

[그림 3.1.1]에 표시된 [변환(T)] 메뉴 중에서 [같은 변수로 코딩변경(S)] 메뉴를 클릭할 경우 나타나는 [그림 3.2.1]의 "같은 변수로 코딩변경" 대화상자를 사용하면 기존 변수의 값을 다시 할당하거나 기존 값의 범위를 새 값으로 합칠 수 있다.

그러나 새롭게 코딩변경된 자료는 같은 변수로 저장된다. 예를 들어 "survey1-3-1.sav" 데이터 파일의 {교육} 변수는 0, 1, 2의 변수값으로 코딩되어 있는데 이 값을 각각 1, 2, 3으로 변경할 수 있다.

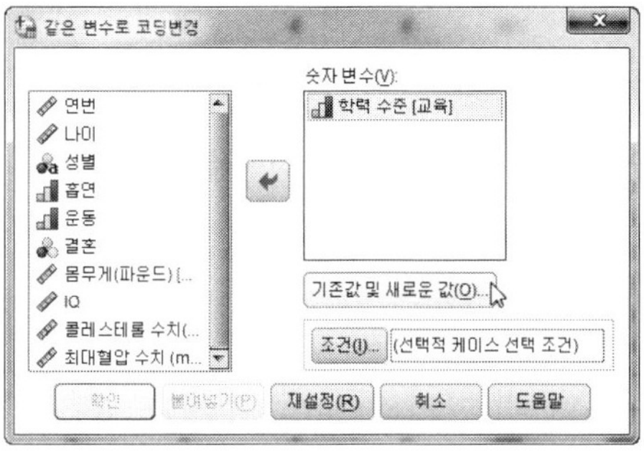

[그림 3.2.1] 같은 변수로 코딩변경 대화상자

숫자변수뿐만 아니라 문자변수도 코딩을 변경할 수 있다. 또한 같은 변수값을 갖는 여러 변수를 한꺼번에 코딩변경할 수 있지만, 숫자변수와 문자변수는 같은 변수값을 갖지 않기 때문에 함께 코딩변경할 수 없다.

설정하는 기존값의 모든 범위에 포함되지 않거나 사용자가 설정한 특정 조건에 부합되지 않는 기존의 변수값은 그 값을 그대로 유지한다.

- **[기존값 및 새로운 값(O)] 설정하기**

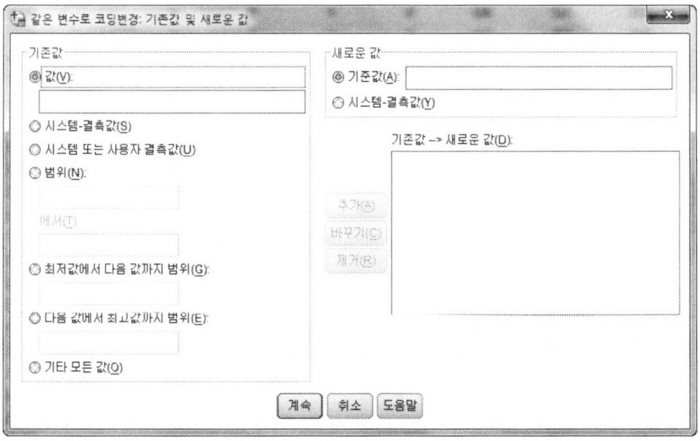

[그림 3.2.2] 같은 변수 코딩변경: 기존값 및 새로운 값

– 기존값: 코딩변경하고자 하는 변수의 기존값 지정 방식 선택

◉ 값(V): 변수값을 하나씩 지정
◉ 시스템-결측값(S): 시스템 결측값(.)을 코딩변경하고자 할 경우
◉ 시스템 또는 사용자 결측값(U): 결측값을 모두 코딩변경할 경우
◉ 범위(N): 이 범위에 속한 모든 값을 새로운 하나의 값으로 지정
◉ 최저값에서 다음 값까지 범위(G): 변수의 최솟값에서 지정한 범위에 속한 모든 값을 새로운 하나의 값으로 지정
◉ 다음 값에서 최고값까지 범위(E): 변수의 최댓값에서 지정한 범위에 속한 모든 값을 새로운 하나의 값으로 지정
◉ 기타 모든 값(O): 앞에서 지정하지 않은 모든 값을 지정

– 새로운 값: 변경하고자 하는 새로운 값 지정 방식 선택
◉ 기준값(A): 새로운 하나의 값을 지정
◉ 시스템-결측값(Y): 시스템 결측값(.)으로 새로운 값으로 지정

기존값과 새로운 값의 지정이 각각 이루어지면 [추가] 버튼이 활성화된다. 이때 [추가]하면 [기존값→새로운 값(O)] 상자에 하나의 목록으로 추가될 것이다. [그림 3.2.2]의 대화상자가 끝나기 전에 추가된 목록을 [바꾸기]하거나 [제거]할 수 있다. 기존값과 새로운 값의 지정이 모두 완료되어 [계속]하면, [그림 3.2.1]의 대화상자로 돌아간다.

- **[조건(I)] 설정하기**

[그림 3.2.1]의 대화상자에서 특정한 조건을 만족하는 케이스의 경우만 코딩변경을 하고자 하면 [조건(I)] 버튼을 눌러 활성화되는 "같은 변수로 코딩변경: 케이스 조건" 대화상자에서

◉ 다음 조건을 만족하는 케이스 포함(I):

를 선택하고, 특정 조건을 빈칸에 기입한다.

예제 3.2.1 (데이터 파일 "survey1-3-1.sav") 이 데이터 파일에 저장된 {교육} 변수를 같은 변수로 하여 기존의 변수값인 0, 1, 2를 각각 1, 2, 3으로 코딩변경하자. 최종 변경된 데이터 파일을 "예3-4.sav"로 저장하자.

이 작업을 수행하기 위해서 먼저 "같은 변수로 코딩변경" 대화상자인 [그림 3.2.1]의 왼쪽에 나열된 변수 목록에서 코딩변경하고자 하는 변수 {교육}을 선택한다. 이어서 [기존값 및 새로운 값(O)] 버튼을 클릭하면 활성화되는 다음 [그림 3.2.3]의 대화상자에서 기존값과 새로운 값을 각각 설정한다.

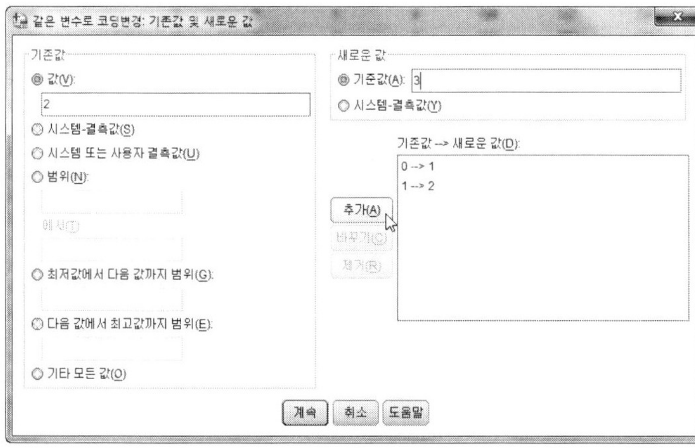

[그림 3.2.3] 0 → 1, 1 → 2, 2 → 3으로 설정한 후 추가

기존값과 새로운 값의 지정이 완료되면 [계속]을 누르고, 이어서 표시되는 [그림 3.2.1]의 대화상자에서 활성화된 [확인]을 누르면 코딩변경이 완료된다. 같은 변수로 코딩변경하였지만 변수의 값의 설명은 변하지 않았으므로 [변수 보기] 탭으로 이동하여 [그림 3.2.4]와 같이 변수값의 설명을 [바꾸기]한다.

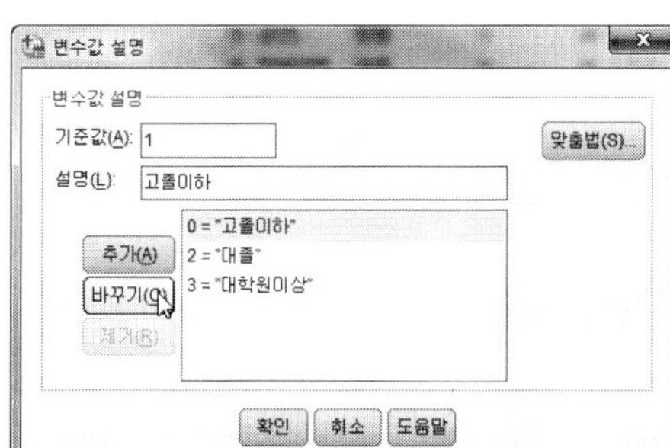

[그림 3.2.4] 변수값 설명 변경하기

[그림 3.2.5]는 {교육} 변수의 값이 0, 1, 2에서 1, 2, 3으로 코딩변경된 데이터 파일의 모습을 표시한 것이다. [그림 1.5.3]의 {교육} 변수와 비교해 보면 우리가 원하는 목적에 따라 코딩변경되어 있음을 확인할 수 있다.

	연번	나이	성별	교육	흡연	운동	결혼	체중	IQ	SC	SP	변수
1	1	20	M	1	0	1	0	128	122	206	118	
2	2	25	M	2	1	1	0	143	103	200	118	
3	3	28	F	2	0	0	1	119	116	203	118	
4	4	19	M	1	0	0	0	145	105	210	120	
5	5	29	M	3	1	2	1	175	121	195	129	
6	6	23	F	2	0	0	0	111	105	240	120	
7	7	36	M	3	1	0	3	215	106	215	163	
8	8	31	M	3	1	1	1	152	119	204	120	
9	9	37	M	2	1	0	3	191	118	201	148	
10	10	35	F	2	0	0	1	122	106	232	131	

[그림 3.2.5] 같은 변수로 코딩변경된 {교육} 변수

3.2.2 : 다른 변수로 코딩변경

[그림 3.1.1]에 표시된 [변환(T)] 메뉴 중에서 [다른 변수로 코딩변경(R)] 메뉴를 클릭하면 “새로운 변수로 코딩변경” 대화상자가 나타난다 ([그림 3.2.6]). 이 대화상자를 통하여 기존 변수의 값을 다시 할당하거나 기존 값의 범위에 속한 모든 값을 새로운 변수의 특정한 값으로 지정할 수 있다. 예를 들어 "예3-4.sav" 데이터 파일의 {IQ} 변수를 그 값의 범위에 따라 3개의 범주로 나누고 각 범주의 값이 각각 1, 2, 3이 되는 새로운 변수로 코딩변경할 수 있다.

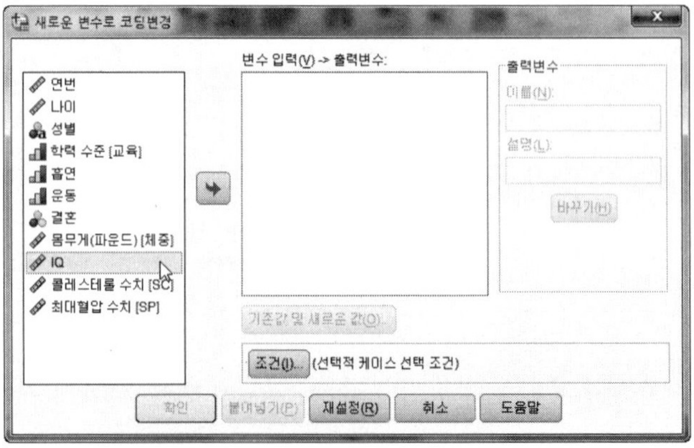

[그림 3.2.6] 새로운 변수로 코딩변경 대화상자

새로운 변수로의 코딩변경을 통해 숫자변수뿐만 아니라 문자변수도 새로운 변수로 코딩변경할 수 있다. 또한 숫자변수를 문자변수로 또는 반대로 문자변수를 숫자변수로 코딩변경할 수 있다. 간단하게 같은 변수값을 갖는 여러 변수를 같은 방식으로 동시에 코딩변경할 수 있지만, 숫자변수와 문자변수를 동시에 코딩변경할 수는 없다.

새로운 변수를 새로 생성하여 이 변수에 코딩변경된 값을 저장하는 것이기 때문에 설정되지 않았거나 사용자가 설정한 특정 조건에 부합되지 않는 케이스의 경우 새로운 변수의 값은 시스템 결측값이 된다.

- **[변수입력(V) -> 출력변수]**

코딩변경하고자 하는 변수를 변수 목록에서 선택한다.

- **[출력변수]**

코딩변경된 값을 저장하려는 새로운 변수의 이름을 입력하며, 필요할 경우 변수 설명을 입력하고 [바꾸기(H)]한다.

- **[기존값 및 새로운 값(O)]**

기존값 및 새로운 값의 설정은 같은 변수로 코딩변경하는 경우의 설정 방식과 동일하다. 단, 새로운 변수가 문자변수일 경우와 문자형 숫자를 숫자로 변환할 경우에는 다음 중에서 하나를 클릭한다.

□ 출력변수가 문자열임(B)
□ 숫자형 문자를 숫자로 변환('5'->5)(M)

- **[조건(I)]**

코딩변경을 수행하고자 하는 케이스의 선택 조건을 지정한다.

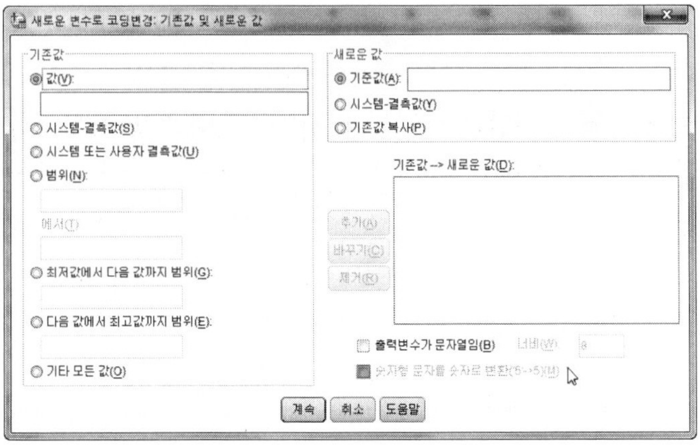

[그림 3.2.7] 새로운 변수로 코딩변경: 기존값 및 새로운 값 설정

예제 3.2.2 (데이터 파일 "예3-4.sav") {IQ} 변수의 평균(m)과 표준편차(s)를 각각 구한 후, 다음 범위에 따라 {IQ} 변수의 값을 새로운 변수 {지능급별}로 코딩변경하여라.

> 시스템 또는 사용자 결측값 → 시스템-결측값
> 최솟값에서 m−s까지 범위의 값 → 1
> m−s에서 m+s까지 범위의 값 → 2
> m+s부터 최댓값까지 범위의 값 → 3

풀이 3.2.2 {IQ} 변수의 평균과 표준편차를 구하기 위해 [기술통계(D)] 프러시저를 실행하여 그 결과를 [그림 1.6.15]에 표시하였다. 이 결과로부터 $m = 111.50$, $s = 8.657$임을 알 수 있다. [변환(T)] 메뉴 중에서 [다른 변수로 코딩변경(R)] 메뉴를 클릭하여 활성화된 대화상자에 {IQ} 변수를 입력하고, [출력변수]에 새로운 변수 이름으로 {지능급별}을 입력하고 [바꾸기(H)]한다 ([그림 3.2.8]).

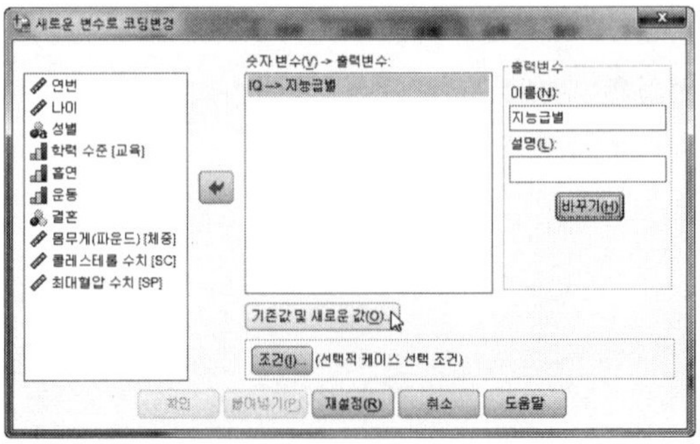

[그림 3.2.8] 새로운 변수 {지능급별} 생성하기

다음으로 [기존값 및 새로운 값(O)] 버튼을 클릭하여 [그림 3.2.9]와 같이 문제에서 제시하는 기존값의 범위와 이에 대응하는 특정 값을 지정한다. 모든 지정이 완료되면 [계속]을 눌러 [그림 3.2.8]의 대화상자로 다시 돌아와서 [확인]하면 모든 작업이 완료된다.

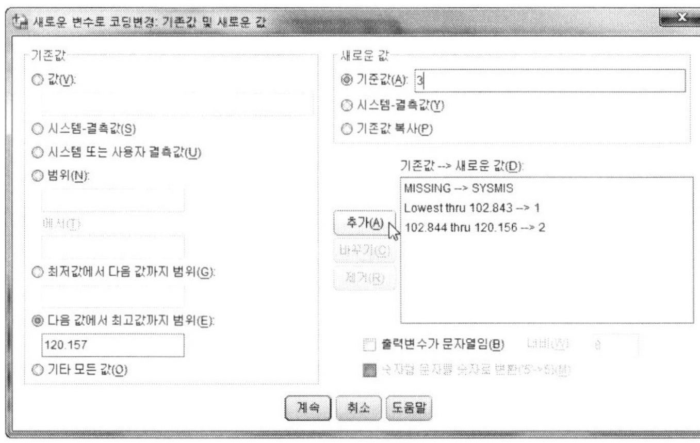

[그림 3.2.9] 기존값과 대응되는 새로운 값의 지정

이상의 작업을 거치면 [그림 3.2.10]에 표시한 바와 같이 데이터 파일에 변수 {지능급별}이 새로 생성된다. {IQ} 변수는 연속변수이지만 {지능급별} 변수는 범주형인 이산변수이다. 따라서 데이터 편집기 윈도우의 [변수보기] 탭에서 [그림 3.2.11]과 같이 변수값 설명을 적절히 지정한다.

[그림 3.2.10] 코딩변경으로 {지능급별} 변수 생성

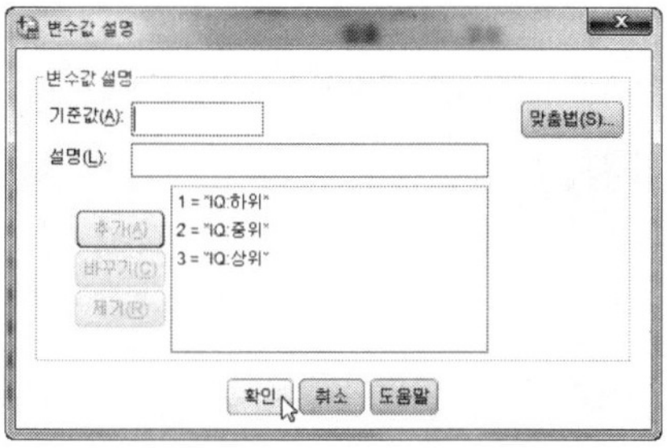

[그림 3.2.11] 변수값 설명

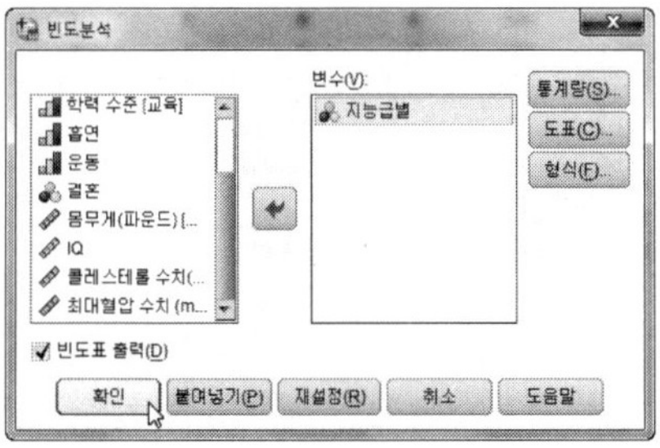

[그림 3.2.12] 빈도분석 대화상자

{IQ} 변수를 3개의 범주로 코딩변경한 이후 생성된 {지능급별} 변수에 대하여 빈도분석을 [그림 3.2.12]의 “빈도분석” 대화상자에서 수행할 수 있다.

[그림 3.2.13]은 [뷰어] 윈도우에 출력된 빈도분석의 결과인 빈도표를 표시한 것이다. 그 결과를 보면 {IQ} 변수의 값이 (평균－표준편차) 보다 작은 하위 그룹의 빈도수(4)와 (평균＋표준편차) 보다 큰 상위 그룹의 빈도수(6)가 거의 비슷함을 알 수 있다.

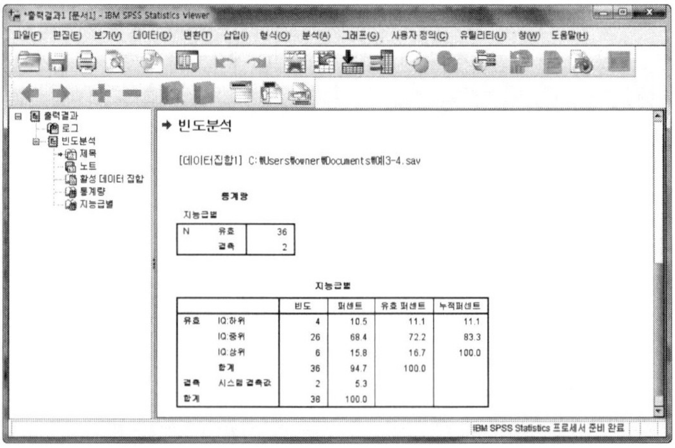

[그림 3.2.13] [지능급별} 변수에 대한 빈도분석 결과

3.2.3 : 자동 코딩변경

[그림 3.1.1]에 표시된 데이터 편집기 윈도우의 메뉴 [변환(T)] 중에서 [자동 코딩변경(A)]를 클릭하면 [그림 3.2.14]와 같이 “자동 코딩변경” 대화상자가 나타난다. 특히 자동 코딩변경 대화상자를 사용하면 문자변수의 문자 변수값을 연속 정수로 변환할 수 있다. 예를 들어 "예3-4.sav" 데이터 파일의 {성별} 변수는 문자변

수이며, 그 변수값은 'M' 또는 'F'이다. 이 문자를 자동으로 연속 정수인 1과 2로 코딩변경할 수 있다.

범주형 코드가 순차적이 아닐 때 나타나는 빈 셀은 성능을 감소시킬 수 있다. 또한 일부 통계분석 프러시저는 문자변수를 사용할 수 없을 뿐만 아니라, 몇몇 프러시저의 경우에는 요인 수준에 연속 정수값이 필요하다. 이러한 이유로 연속적인 코드를 자동 생성해 주는 자동 코딩변경이 유용하다고 할 수 있다.

다음은 [그림 3.2.14]의 대화상자의 설정에 대한 간단한 설명이다.

- **[변수 → 새 이름(V)]**

자동 코딩변경하고자 하는 변수를 변수 목록에서 선택한다.

- **[새 이름(N)]**

자동 코딩변경된 값을 저장하고자 하는 새로운 변수의 이름을 입력하고, [새 이름 추가(A)]한다.

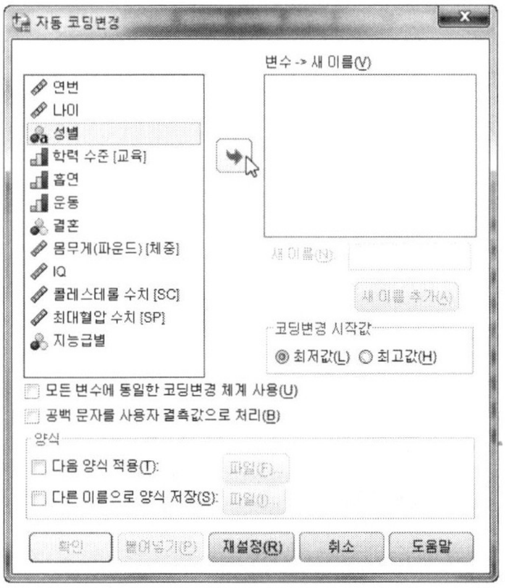

[그림 3.2.14] 자동 코딩변경

자동 코딩변경으로 생성된 새로운 변수의 변수값 설명은 기존 변수와 동일하게 유지한다. 기존 변수에서 정의한 변수값 설명이 없는 경우 원래 값이 코딩변경 값의 설명으로 사용된다.

참고로 [뷰어] 윈도우에 자동 코딩변경의 결과인 기존값(Old Value)과 새 값(New Value), 변수값 설명(Value Label) 등이 표시된다.

- **[코딩변경 시작값]**

◉ 최저값(L): 기존 변수의 가장 작은 값을 1로 코딩변경

◉ 최고값(H): 기존 변수의 가장 큰 값을 1로 코딩변경

문자값은 ASCII 코드의 번호순으로 코딩변경된다. 예를 들어 {성별} 변수의 경우 'F'가 1로, 'M'이 2로 자동 코딩변경된다.

시스템-결측값은 시스템-결측값으로 코딩변경되지만, 사용자 결측값은 결측되지 않은 값보다 높은 값으로 코딩변경된다. 예를 들어 원래 변수에 10개의 결측되지 않은 값이 있을 때 사용자 결측값은 작은 값부터 11로 코딩변경되고, 새로 생성된 변수에서 11 이후의 값은 사용자 결측값으로 자동 지정된다.

□ 모든 변수에 동일한 코딩변경 체계 사용(U)

자동 코딩변경 도표 하나를 선택된 모든 변수에 적용하여 모든 새 변수에 대한 일관된 코딩 도표를 작성할 경우 클릭한다.

□ 공백 문자를 사용자 결측값으로 처리(B)

문자변수는 빈(공백) 값이나 null 값을 시스템-결측값으로 취급한다. 공백 문자를 유효 변수값의 최댓값보다 더 큰 값을 갖는 사용자 결측값으로 자동 코딩변경하고자 할 경우 클릭한다.

- **양식**

□ 다음 양식 적용(T)

□ 다른 이름으로 양식 저장(S)

자동 코딩변경 도표를 양식 파일에 저장한 다음 이를 다른 변수나 다른 데이터 파일에 적용할 수 있다. 예를 들어 매우 많은 수의 문자자료인 제품 코드를 정수로 자동 코딩변경한다고 하자. 그러나 코딩을 자동 변경한 이후에 새로운 제품 코드가 추가되면 원래 자동 코딩변경 도표는 변경되어야 할 것이다. 이런 상황에

서 원래 도표를 양식으로 저장한 다음, 이를 새 코드 집합이 포함된 새 데이터에 적용하면 데이터에서 발견되는 모든 새 코드가 양식의 마지막 값보다 더 높은 값으로 자동 코딩변경되어 원래 제품 코드의 자동 코딩변경 도표를 유지할 수 있다.

예제 3.2.3 (데이터 파일 "예3-4.sav") {성별} 변수의 값 'F'를 1로, 'M'를 2로 자동 코딩변경하고, 코딩변경된 변수 이름을 {gender}로 설정하여라.

풀이 3.2.3 [그림 3.2.14]의 대화상자에서 {성별} 변수를 선택하고 이 변수를 [변수→새 이름(V)] 란으로 옮긴다. 다음으로 [새 이름(N)]에 gender를 입력한 후 [새 이름 추가(A)]하면 [확인] 버튼이 활성화되고 이를 [확인]하면 자동 코딩변경이 완료된다(새로 변경된 데이터 파일을 "예3-5.sav"로 저장하자).

다음 [그림 3.2.15]는 자동 코딩변경이 완료된 이후 출력되는 [뷰어] 윈도우의 모습이다. 이 윈도우에 표시된 메시지를 살펴보면 {성별} 변수가 {gender} 변수로 자동 코딩되고 있음을 알 수 있으며, {gender} 변수의 변수값 1에 대응하는 설명 문자열로 'F'가 자동 설정되어 있음을 알 수 있다. 또한 변수값 2에는 문자열 'M'이 자동 설정되어 있다. 이러한 변수값의 설명은 데이터 편집기 윈도우의 [변수 보기] 탭에서 확인할 수 있다.

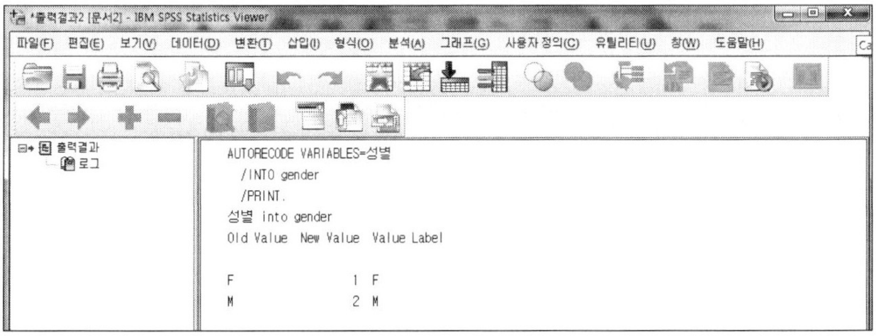

[그림 3.2.15] 자동 코딩변경 "성별 into gender"

3.3 순위변수 생성하기

자료의 표본수가 작거나 정규분포를 가정할 수 없을 때, 분석 변수의 실제 값 대신 이 변수의 순위 자료를 이용하여 통계분석을 할 수 있다. 이와 같이 비모수 통계분석 프러시저를 수행할 때 SPSS를 이용하면 특정 숫자변수의 순위를 구할 수 있다.

변수의 순위를 구하기 위해서는 [그림 3.1.1]에 표시된 [변환(T)] 메뉴의 [순위변수 생성(K)] 메뉴를 클릭한다. 이때 나타나는 [그림 3.3.1]의 "순위변수 생성" 대화상자를 사용하면 숫자변수에 대한 순위, 정규 및 Savage 점수, 백분위수 값 등을 저장할 수 있는 새 변수를 생성할 수 있다. 문자변수는 순위변수를 생성할 수 없기 때문에 [그림 3.3.1]의 대화상자 변수 목록에서 제외된다.

순위변수로서 생성될 새 변수의 이름과 구체적인 변수설명은 순위를 구하고자 하는 원 변수의 이름과 측도에 따라 자동으로 작성된다. 순위변수 생성이 성공적으로 완료됐을 경우 출력되는 [뷰어] 윈도우의 요약 표에는 소스 변수와 함수, 새롭게 생성된 변수, 변수설명 등이 목록으로 작성된다. 단, 자동으로 생성된 새 변수 이름의 최대 길이는 8바이트로 제한된다. 또한 동률의 처리 방법과 오름차순의 순위인지의 여부 등이 요약 표에 기록된다.

다음은 [그림 3.3.1]의 "순위변수 생성" 대화상자를 설정하는 데 필요한 부분을 요약한 것이다.

- **[변수(V)]**

순위변수를 생성하고자 하는 소스 변수를 선택한다.

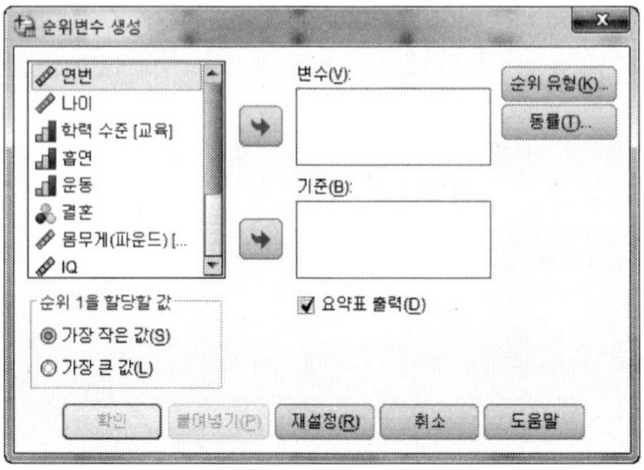

[그림 3.3.1] 순위변수 생성 대화상자

• **[기준(B)]**

기준 목록에 여러 집단변수를 선택하여 부집단으로 순위를 조정한다. 순위는 각 집단 내에서 계산되며 집단은 집단변수의 값 조합으로 정의된다. 예를 들어 {교육}과 {gender}의 2개 변수를 집단변수로 선택하면 {교육}과 {gender} 변수의 조합인 6개 집단 각각에 대하여 순위가 계산된다.

• **[순위 1을 할당할 값]**

◉ 가장 작은 값(S): 기존 변수의 가장 작은 값을 순위 1로 할당
◉ 가장 큰 값(L): 기존 변수의 가장 큰 값을 순위 1로 할당

• **[순위 유형(K)]**

순위변수를 생성할 경우 [그림 3.3.2]의 순위 유형 옵션에서 디폴트인 단순 순위 외에 Savage 점수 등 순위를 생성하는 유형을 하나 이상 선택할 수 있다. 각 순위 유형 옵션을 선택할 때마다 대응되는 개별 순위 변수가 자동으로 생성된다. 예를 들어 소스 변수 {IQ}에 대하여 순위 유형 옵션으로 단순 순위와 Savage 점수 순위를 선택하면 순위 변수로 {RIQ}와 {SIQ}가 각각 자동 생성된다.

• **[동률(T)]**

소스 변수의 값이 같을 경우 순위변수에 순위를 할당하는 방법을 선택한다. ([그림 3.3.3])

[그림 3.3.2] 순위변수 생성: 유형

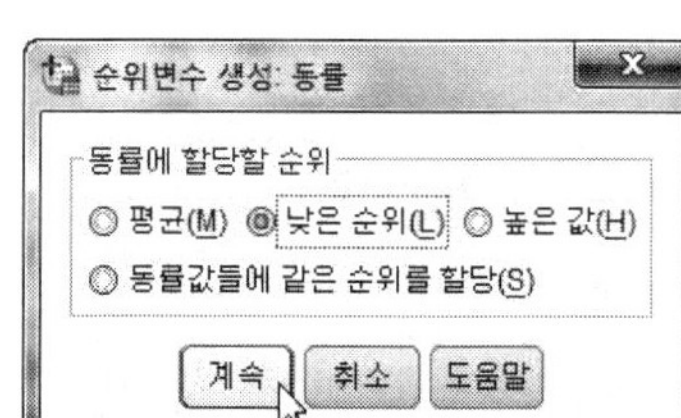

[그림 3.3.3] 순위변수 생성: 동률

다음은 순위변수 생성할 때 선택할 수 있는 순위의 유형이다.

□ 순위(R): 단순 순위를 순위변수로 생성
□ Savage 점수(S): 지수분포를 기준으로 하는 Savage 점수가 생성
□ 분수순위(F): 순위를 유효 케이스의 합계로 나눈 값을 순위변수로 생성
□ 분수순위를 %로 표시(%): 분수순위에 100을 곱한 값을 순위변수로 생성
□ 케이스 가중값 합(C): 집단의 케이스 가중값의 합계를 순위변수로 생성
□ N 분위수(N): 백분위수 집단을 기반으로 하여 순위변수 생성

특히 N 분위수를 선택하고 분위수를 4로 입력하면 제25백분위수보다 작은 자료는 순위 1을, 제25백분위수와 제50백분위수 사이의 자료는 2를, 제50백분위수와 제75백분위수 사이의 자료는 3을, 제75백분위수보다 큰 자료는 4를 할당한다.

- 비율 추정값(E): 특정 순위에 해당하는 분포의 누적 비율을 추정
- 정규점수(O): 추정 누적 비율에 해당하는 z 점수

여기서 비율 추정값과 정규점수를 선택하는 경우에 [비율 추정 공식]으로 Blom, Tukey, Rankit, Van der Waerden 중 하나를 선택할 수 있다. 이들에 대한 간단한 식은 SPSS 도움말을 참고하기 바란다.

다음은 순위변수를 생성하고자 하는 소스변수의 값이 동률일 경우 순위를 정하는 하나의 방법을 선택할 수 있는 옵션을 간단히 표시한 것이다. 예를 들어 10개의 관측값 3, 5, 6, 6, 6, 7, 9, 11, 12, 15를 얻었다고 하자.

◉ 평균(M): 관측값 6에 대한 순위가 3, 4, 5이므로 평균 4로 순위를 정함
◉ 낮은 순위(L): 6의 순위 중에서 가장 낮은 순위 3으로 그 순위를 정함
◉ 높은 값(H): 6의 순위 중에서 가장 높은 순위 5로 그 순위를 정함
◉ 동률값들에 같은 순위를 할당(S): 관측값 6의 순위로 3을 할당하지만, 관측값 7의 순위가 6이 아닌 순위 4임

예제 3.3.1 (데이터 파일 "예3-5.sav") {IQ} 변수의 오름차순의 순위를 {gender} 변수로 구분하여 생성하여라. 단, 동률일 경우 낮은 순위를 채택한다. 마지막으로 순위변수가 생성된 최종 SPSS 데이터 파일을 "예3-6.sav"로 저장하자.

풀이 3.3.1 다음 [그림 3.3.4]는 {IQ} 변수의 순위변수로 {RIQ}를 생성하는 단계를 표시한 것이다. 순위 생성의 기준 목록으로 {gender} 변수를 입력하였으며, 동률일 경우 낮은 순위를 순위로 갖도록 지정하였다.

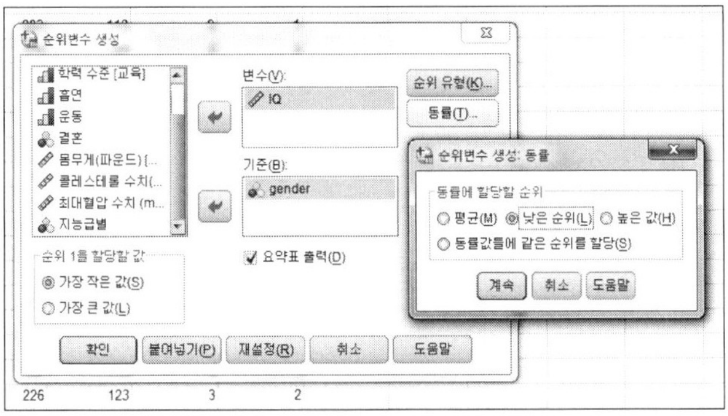

[그림 3.3.4] {IQ} 변수의 순위변수 생성 설정하기

다음 표는 순위변수를 생성할 때 [뷰어] 윈도우에 출력된 소스변수와 함수, 새롭게 생성된 변수, 변수설명 등의 요약표이다.

생성된 변수[a]

소스변수	함수	새로운 변수	설명
IQ[b]	순위	RIQ	Rank of IQ by gender

a. 동률값의 최저순위가 동률에 사용됩니다.

b. 순위는 오름차순으로 표시됩니다.

[그림 3.3.5]는 순위변수 {RIQ}가 생성된 SPSS 데이터 파일을 새로운 이름인 "예3-6.sav"로 저장된 모습을 표시한 것이다. 결측값은 순위 생성에서 제외되고 있으며, 각 집단별로 가장 작은 값을 순위 1로 할당되어 있음을 알 수 있다. 또한 'F' 집단의 동일한 IQ 값 105가 동률 순위 4로 할당되어 있다. 참고로 [그림 3.3.5]의 그림은 두 변수 {gender}, {IQ}에 의해 케이스 정렬된 모습이다 (4.1절 케이스의 정렬 참조).

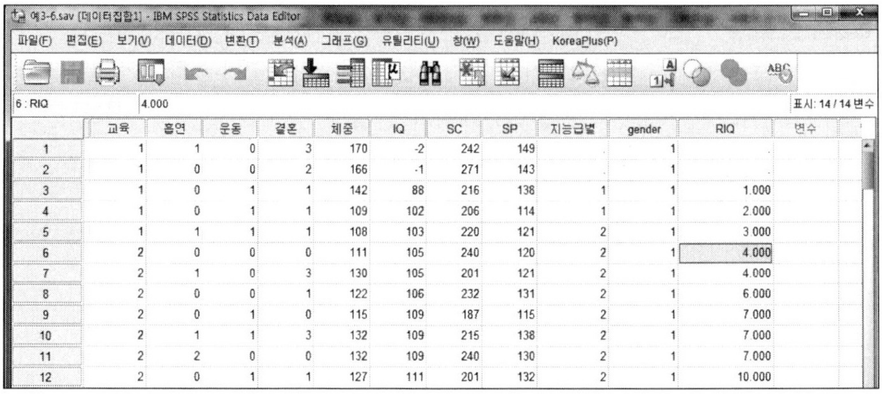

[그림 3.3.5] {IQ} 변수에 대한 순위변수 {RIQ} 생성

3.4 빈도변수 생성하기

[그림 3.1.1]에 표시된 데이터 편집기 윈도우의 주메뉴 [변환(T)]의 [케이스 내의 값 빈도(O)]는 지정된 변수에서 케이스 내의 특정 값에 대한 빈도수를 구하여 이를 새로운 변수로 생성할 수 있게 한다. 예를 들어 5개 잡지(변수)의 선호도 여론 조사에서 응답자가 읽는 잡지를 "예(1)/아니오(0)"로 표시하도록 할 때 [케이스 내의 값 빈도(O)]를 이용하면 각 응답자에 대해 5개의 변수 중 1(예)의 빈도수를 구하여 이를 새로운 변수로 저장할 수 있다.

예제 3.4.1 (연습문제 [2.6] 자료) 5개의 주요 일간지의 구독 여부를 조사한 자료가 다음 표와 같다. 이 자료를 SPSS 시스템으로 읽어 들인 후, 현재 구독 중이거나 과거 구독 경험이 있는 일간지의 개수를 변수 {구독경험}으로 생성하여라. 현재 일간지를 구독하거나 구독 경험이 가장 많은 응답자는 누구이며, 최대 몇 개의 일간지를 구독하는가? 최종적인 자료를 "예3-7.sav" 데이터 파일로 저장하자.

풀이 3.4.1 다음 표에 주어진 자료를 SPSS 데이터 편집기 윈도우에 직접 입력하거나 연습문제 [2.6]에서 주어진 엑셀 파일 "예3-7.xlsx"을 읽어오면 된다.

응답자	가일보	나일보	다신문	라신문	마경제
A	1	1	1	2	3
B	1	2	2	3	2
C	1	1	1	1	1
D	3	2	1	1	1
E	1	1	2	3	3
F	3	1	1	1	2
G	3	3	1	1	1
H	3	1	1	1	3
I	2	2	2	1	1
J	1	3	2	1	1

〈1: 구독해 본적 없음, 2: 구독해 본적 있음, 3: 현재 구독중임〉

참고로 이와 같이 5개 일간지 구독 여부를 조사한 자료를 다중응답 자료라고 한다. SPSS에서는 다중응답 빈도분석과 교차분석을 통해 다중응답 자료를 분석할 수 있다(자세한 분석 방법은 5.3절 참조).

[그림 3.1.1]의 주메뉴 [변환(T)]의 [케이스 내의 값 빈도(O)]를 클릭하면 [그림 3.4.1]의 "빈도변수 생성" 대화상자가 표시된다. [대상변수(T)] 란에 새롭게 생성되는 빈도변수의 이름을 정해주고, 필요할 경우 이 빈도변수의 설명을 [대상변수 설명(L)] 란에 기입한다. 변수들의 목록에서 빈도변수를 생성하는 데 필요한 숫자변수를 오른쪽 공란으로 옮긴다. 단, 문자변수는 허용되지 않는다.

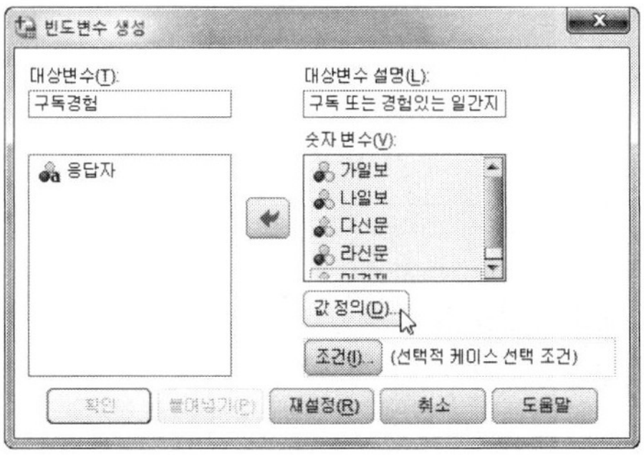

[그림 3.4.1] 빈도변수 생성 대화상자

다음으로 빈도화 값을 지정하기 위하여 [값 정의(D)]를 클릭한다.

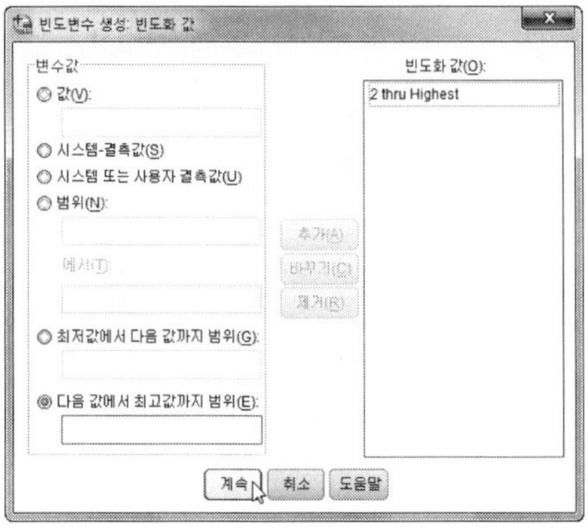

[그림 3.4.2] 빈도변수 생성: 빈도화 값 지정하기

- **[값 정의(D)]**

변수값 란의 빈도화 값을 지정하는 방식을 선택하고 [추가(A)]한다.

◉ 값(V): 빈도화 값을 하나씩 지정
◉ 시스템－결측값(S): 시스템 결측값(.)을 빈도화 값으로 지정
◉ 시스템 또는 사용자 결측값(U): 결측값을 빈도화 값으로 지정
◉ 범위(N): 이 범위에 속한 모든 값을 빈도화 값으로 지정
◉ 최저값에서 다음 값까지 범위(G): 지정된 값 이하의 모든 값을 빈도화 값으로 지정
◉ 다음 값에서 최고값까지 범위(E): 지정된 값 이상의 모든 값을 빈도화 값으로 지정

- **[조건(I)]**

케이스 조건 대화상자에서 조건 표현식을 사용하여 선택한 케이스 집단군에 대해서만 빈도화 값의 발생빈도를 계산할 수 있다. 조건 표현식은 각 케이스에 대해 참, 거짓 또는 결측을 반환하며, 조건 표현식의 결과가 참인 선택군의 케이스에 대해서만 빈도변수의 값이 계산된다.

[그림 3.4.2]와 같이 [값 정의(D)]를 설정하고 빈도변수를 생성하면 {구독경험} 변수가 새롭게 생성되어 있음을 알 수 있다. 이 자료를 저장한 [그림 3.4.3]에 표시된 {구독경험} 변수를 살펴보면 응답자 'B'가 4개의 일간지를 구독해 본적이

있거나 현재 구독 중인 것으로 조사되었다. 반면에 응답자 'C'는 {구독경험} 변수의 값이 0이므로 5개의 일간지 중 하나도 구독한 적이 없음을 알 수 있다.

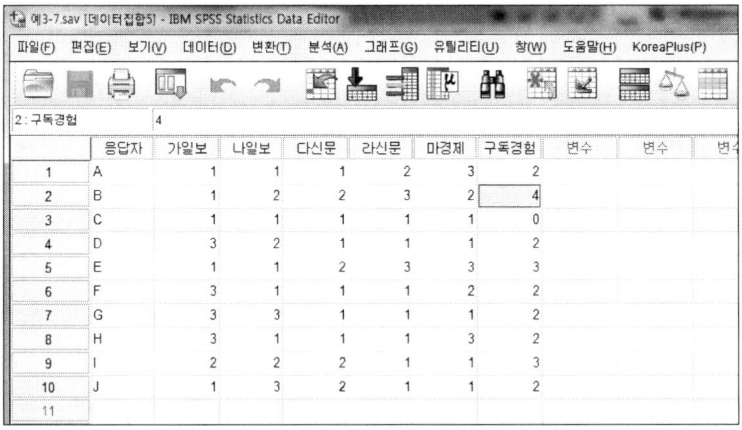

	응답자	가일보	나일보	다신문	라신문	마경제	구독경험	변수	변수	변수
1	A	1	1	1	2	3	2			
2	B	1	2	2	3	2	4			
3	C	1	1	1	1	1	0			
4	D	3	2	1	1	1	2			
5	E	1	1	2	3	3	3			
6	F	3	1	1	1	2	2			
7	G	3	3	1	1	1	2			
8	H	3	1	1	1	3	2			
9	I	2	2	2	1	1	3			
10	J	1	3	2	1	1	2			
11										

[그림 3.4.3] 빈도변수 {구독경험} 생성

연습문제

3.1 (데이터 파일 "survey1-3-1.sav") 체중의 단위인 1 파운드는 약 0.45464kg이다. 파운드로 입력된 {체중} 변수의 자료를 킬로그램(kg)으로 변수 계산하여 {weight} 변수로 저장하여라.

3.2 (데이터 파일 "survey1-3-1.sav") {운동} 변수의 값을 다음 조건에 따라 같은 변수로 코딩변경하고, {운동} 변수에 대한 빈도표를 출력하여라.

> 전혀안함 → 0
> 기타 다른 모든 값 → 1

3.3 (데이터 파일 "survey1-3-1.sav") {나이} 변수의 값을 다음 조건에 따라 {age} 변수로 코딩변경하고, {age} 변수에 대한 빈도표를 출력하여라.

> 20대 이하 → 2
> 30대 → 3
> 40대 → 4
> 50대 → 5
> 60대 → 6

3.4 (데이터 파일 "survey1-3-1.sav") {체중} 변수에 대한 순위변수 생성의 유형에 따라 각각 생성할 때 다음 표를 완성하여라.

{연번}	순위	Savage 점수	분수순위	N 분위수
5				
10				
15				
20				
25				
30				
35				

3.5 (데이터 파일 "survey1-3-1.sav") {나이} 변수에 대한 순위변수 생성의 유형을 '순위'로 설정한 후, 동률에 할당할 순위를 각각 생성할 때 다음 표를 완성하여라.

{연번}	평균	낮은 순위	높은 값	동률값들에 같은 순위를 할당
5				
10				
15				
20				
25				
30				
35				

3.6 (데이터 파일 "예3-7.sav") 5개 주요 일간지 중 현재 구독하고 있는 일간지의 개수를 {구독중}이란 변수명으로 저장하여라. 현재 가장 많이 구독하고 있는 응답자는 누구이며, 반대로 가장 적게 구독하고 있는 응답자는 누구인지 분석하여라.

제 4 장 데이터 관리

4.1 케이스 정렬

다음 [그림 4.1.1]은 데이터 편집기 윈도우의 주메뉴 [데이터(D)] 중에서 부메뉴인 [케이스 정렬(O)]을 클릭한 모습을 표시한 것이다.

[그림 4.1.1] 데이터 편집기 윈도우의 [데이터(D)] 메뉴

[그림 4.1.2]의 대화상자를 사용하여 현재 활성화되어 있는 데이터 집합의 케이스(행)를 사용자가 지정한 정렬변수들의 값에 따라 오름차순 또는 내림차순으로 정렬할 수 있다.

• **정렬기준(S):**

2개 이상의 변수가 지정되면 먼저 지정된 변수의 범주 내에서 이어 지정된 변수별로 정렬된다. 예를 들어 [그림 3.3.5]에 표시된 SPSS 데이터 파일 "예3-6.sav"는 케이스 정렬기준으로 두 변수 {성별}, {IQ}을 차례대로 지정한 이후 케이스가 정렬된 모습이다. 문자변수는 ASCII 코드 값에 따라 보통 정렬하므로 대문자가 소문자보다 먼저 정렬되며, 영문자는 알파벳 순서에 따라 정렬된다. 따라서 오름차순으로 정렬할 경우 {성별} 변수값 중 'F'가 'M' 보다 먼저 정렬되며, 같은 'F' 집단에서는 {IQ} 값의 크기순으로 케이스가 정렬되고 있다.

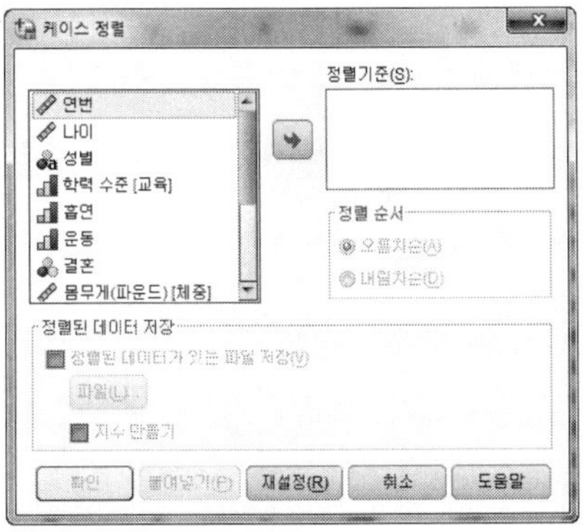

[그림 4.1.2] 케이스 정렬 대화상자

• **정렬 순서**

◉ 오름차순(A): 변수값이 작은 값에서 큰 값의 순으로 정렬

◉ 내림차순(D): 변수값이 큰 값에서 작은 값의 순으로 정렬

• **정렬된 데이터 저장**

정렬기준 목록에 있는 변수별로 케이스 정렬을 할 경우 이렇게 정렬된 데이터 파일은 이 대화상자에서 특별히 다른 이름으로 저장할 수 있다.

예제 4.1.1 (데이터 파일 "예3-6.sav") {연번} 변수를 정렬기준으로 하여 이 데이터 파일에 내림차순을 적용하여 케이스 정렬하여라.

풀이 4.1.1 [그림 4.1.3]과 같이 "케이스 정렬" 대화상자에서 내림차순을 정렬 순서로 설정한다.

[그림 4.1.3] 정렬 순서 설정

다음 [그림 4.1.4]는 데이터 파일 "예3-6.sav"을 {연번}의 내림차순으로 정렬하여 저장한 모습을 표시한 것이다.

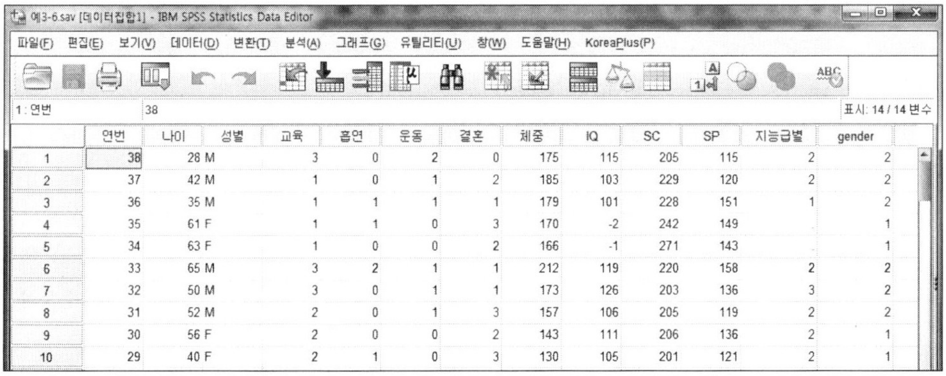

	연번	나이	성별	교육	흡연	운동	결혼	체중	IQ	SC	SP	지능급별	gender
1	38	28	M	3	0	2	0	175	115	205	115	2	2
2	37	42	M	1	0	1	2	185	103	229	120	2	2
3	36	35	M	1	1	1	1	179	101	228	151	1	2
4	35	61	F	1	1	0	3	170	-2	242	149		1
5	34	63	F	1	0	0	2	166	-1	271	143	.	1
6	33	65	M	3	2	1	1	212	119	220	158	2	2
7	32	50	M	3	0	1	1	173	126	203	136	3	2
8	31	52	M	2	0	1	3	157	106	205	119	2	2
9	30	56	F	2	0	0	2	143	111	206	136	2	1
10	29	40	F	2	1	0	3	130	105	201	121	2	1

[그림 4.1.4] {연번} 변수를 기준으로 내림차순 케이스 정렬

4.2 파일 합치기

하나의 자료를 둘 이상의 SPSS 데이터 파일로 나누어 입력할 경우 이 파일들을 하나로 합쳐야 올바른 통계분석을 할 수 있다. 예를 들어 서로 다른 두 지역에서 지역당 1,000가구씩 2쪽 분량의 설문지 조사가 실시되었다고 하자. 이렇게 조사

된 설문 자료를 두 사람이 지역별로 나누어 따로 SPSS 데이터 파일을 만들었을 경우 각 지역별 통계분석은 가능하지만 두 지역의 비교 분석은 힘들 것이다. 더구나 두 사람이 설문지의 한쪽만 각각 입력하여 SPSS 데이터 파일을 생성할 경우에는 더욱 더 전체적인 통계분석이 이루어지지 않을 것이다. 즉 어떤 식으로 입력하든 두 부분으로 나누어 입력하였다면 정확한 통계분석을 위해 입력된 두 파일을 반드시 하나로 합쳐야 한다.

두 개의 SPSS 데이터 파일을 하나로 합치는 방법은 원 자료(source data)를 나누어 입력한 방식에 따라 달라진다. 만일 두 사람이 지역별로 1,000가구씩 나눠 자료를 입력했다면 똑같은 2쪽의 설문지 응답을 입력한 것이므로 두 사람이 생성한 SPSS 데이터 파일에는 똑같은 변수들이 들어 있을 것이다. 이 경우에는 한 데이터 파일에 다른 데이터 파일의 케이스를 덧붙이는 것이므로 [케이스 추가] 방식을 이용하여 [파일 합치기]를 시행한다.

반면에 총 2,000가구의 자료를 쪽수에 따라 나눠 입력한 경우라면 두 데이터 파일에 서로 다른 변수들이 저장되어 있을 것이므로 한 데이터 파일에 다른 데이터 파일의 변수를 추가하게 된다. 즉 [변수 추가] 방식을 이용하여 [파일 합치기]를 시행하여야 한다.

4.2.1 : 케이스를 추가하여 파일 합치기

데이터 편집기 윈도우의 [데이터(D)] 메뉴 중 [그림 4.2.1]에 표시된 [파일 합치기(G)]의 [케이스 추가(C)] 메뉴를 선택하면 활성 데이터 파일에 외부 SPSS 데이터 파일 또는 현재 열려 있는 다른 데이터 파일을 케이스 추가로 합칠 수 있다. 당연히 합치고자 하는 두 데이터 파일에는 케이스는 다르지만 동일한 변수가 포함되어 있어야 한다.

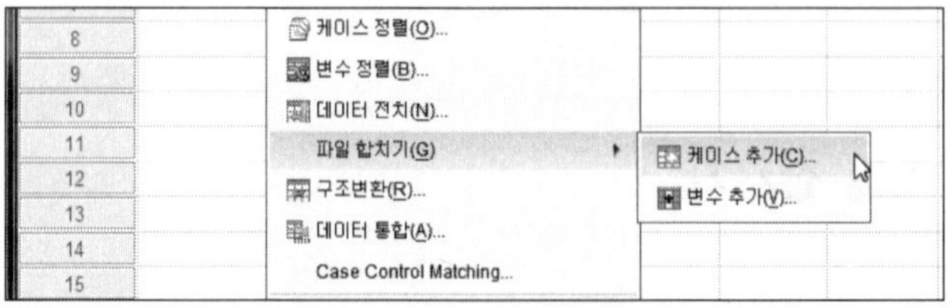

[그림 4.2.1] 파일 합치기 메뉴

예제 4.2.1 다음 두 SPSS 데이터 파일을 [케이스 추가] 방식으로 [파일 합치기]를 하여라. 참고로 [그림 4.2.2]의 "예4-1.sav" 자료는 지역 1에서 조사된 자료 중 5개의 케이스를 입력한 자료이며, [그림 4.2.3]의 "예4-2.sav" 자료는 지역 2에서 조사된 자료 중 5개의 케이스를 입력한 자료이다.

풀이 4.2.1 현재 활성 데이터 파일은 "예4-1.sav"이며, "예4-2.sav"가 케이스 추가하고자 하는 다른 데이터 파일이라고 하자. 두 파일에서 5개의 변수는 동일한 이름으로 저장되어 있지만, {지역} 변수는 "예4-2.sav" 데이터 파일에 포함되어 있지 않다.

[파일 합치기] 과정을 통하여 이 {지역} 변수를 최종 데이터 파일에 포함시켜 보자. 먼저 두 데이터 파일에 5개의 변수가 공통으로 들어 있기 때문에 [케이스 추가]를 통하여 두 파일을 합칠 것이다. 그러나 "예4-2.sav"에 {지역} 변수가 없기 때문에 두 파일을 합친 최종적인 파일에는 "예4-2.sav"의 케이스에 해당하는 {지역} 변수의 값은 결측이 된다.

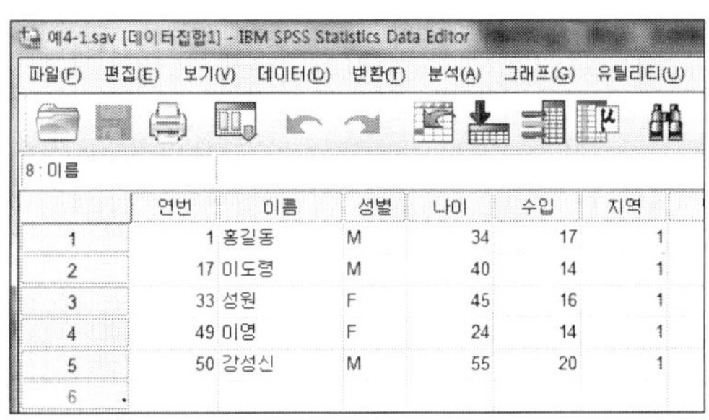

[그림 4.2.2] 지역=1 자료

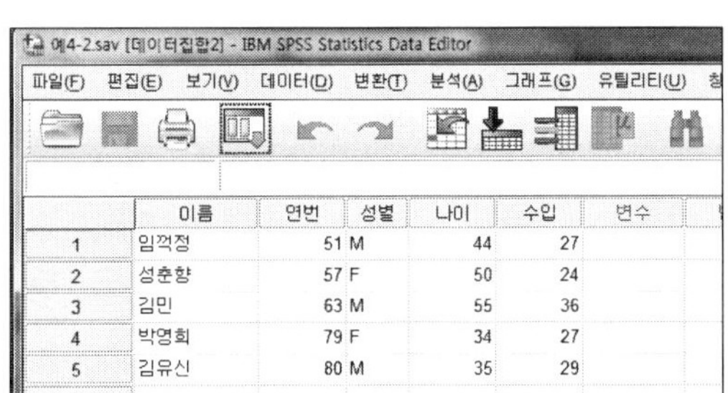

[그림 4.2.3] {지역} 변수 결측됨

다음 [그림 4.2.4]는 [파일 합치기(G)]의 [케이스 추가(C)] 메뉴를 선택한 이후 표시되는 "케이스 추가"를 위한 데이터 파일 선택 대화상자이다.

[그림 4.2.4] 케이스 추가 – 합치기 할 데이터 파일 선택

현재 활성 데이터 파일이 "예4-1.sav"이고, [데이터집합2] 데이터 편집기 윈도우에 "예4-2.sav" 데이터 파일이 열려 있으므로 "예4-2.sav[데이터집합2]"를 선택하고 [계속]한다. 만약 두 번째 합칠 파일이 열려 있지 않을 경우에는

◉ 외부 SPSS Statistics 데이터 파일

를 클릭한 후, [찾아보기(B)] 버튼을 눌러 해당 데이터 파일을 찾아 [열기]하고 [계속]한다.

[그림 4.2.5]는 케이스를 추가함으로써 두 파일을 합치기 할 경우 새롭게 생성되는 활성 데이터 파일에 포함될 변수 목록을 설정하는 초기 화면이다.

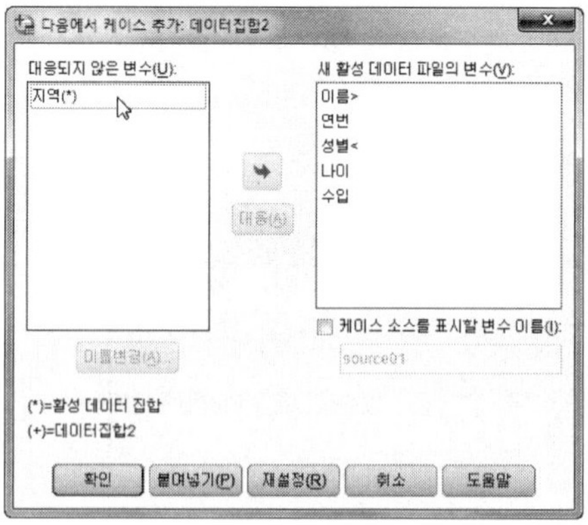

[그림 4.2.5] 케이스 추가

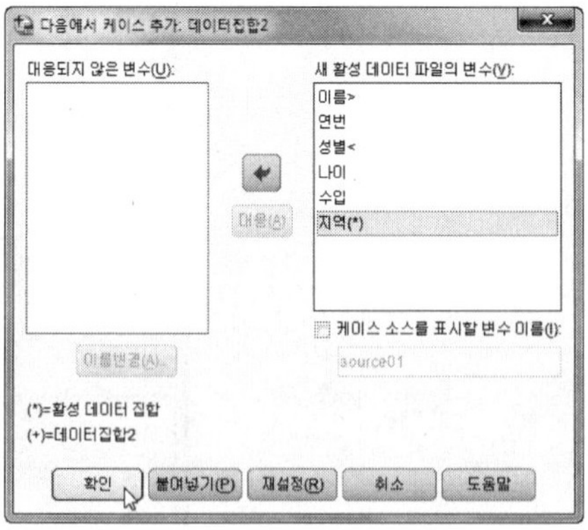

[그림 4.2.6] 대응되지 않은 변수 추가

두 파일에 공통으로 포함되지 않은 변수가 왼쪽 목록 창 [대응되지 않은 변수(U)]에 표시되는데, 기본적으로 새롭게 합친 데이터 파일에서 제외된다. 이 목록 창에서 활성 데이터 파일의 변수는 별표(*)로, 다른 데이터 파일의 변수는 덧셈

부호(+)로 구별한다. 예를 들어 {지역} 변수에 별표(*)가 붙어 있으므로 이 변수는 활성 데이터 파일의 변수임을 알 수 있다.

오른쪽 [새로운 활성 데이터 파일의 변수(V)] 목록 창에는 새로 합친 데이터 파일에 포함될 변수들이 나열되어 있다. 특정한 변수를 합친 파일에 포함시키지 않으려면 목록에서 그 변수를 삭제할 수 있으며, 합친 파일에 있는 대응되지 않은 변수일 경우 해당 변수가 없는 파일의 대응 케이스는 결측값이 된다.

[그림 4.2.6]은 대응되지 않은 변수 {지역}을 새로운 활성 데이터 파일에 추가한 모습을 표시한 것이다. {지역} 변수는 활성 데이터 파일에만 포함된 변수이기 때문에 두 파일을 합친 이후의 새로운 활성 데이터 파일에서 추가 데이터 파일에 속한 케이스의 {지역} 변수의 값은 결측값이 된다.

각 케이스의 소스 데이터 파일을 나타내는 변수를 새로운 활성 데이터 파일에 생성할 수 있다. [그림 4.2.6]의 오른쪽 하단에 위치한

□ 케이스 소스를 표시할 변수 이름(I)

를 체크하면 케이스 소스를 표시할 변수 이름을 입력하는 상자가 활성화되며 이 상자에 변수 이름을 입력한다(기본적으로 입력되어 있는 {source01} 변수 이름을 그대로 사용해도 된다). 작업 데이터 파일로부터 추출한 케이스에 0 값을, 외부 데이터 파일로부터 추출한 케이스에 대해 1 값을 이 변수에 부여한다.

다음 [그림 4.2.7]은 활성 데이터 파일 "예4-1.sav"에 "예4-2.sav" 데이터 파일을 케이스 추가로 합친 모습을 "예4-12.sav"의 데이터 파일로 저장한 모습이다. {지역} 변수를 포함시켰기 때문에 {지역} 변수가 없는 추가 케이스의 {지역} 변수값이 결측값으로 표시되었다.

반면에 [그림 4.2.8]의 데이터 파일 "예4-21.sav"은 현재 작업 중인 활성 데이터 파일이 "예4-2.sav"일 때 추가 케이스로 "예4-1.sav" 데이터 파일을 합치기한 것이다. 최종적으로 합쳐진 데이터 파일의 변수 순서는 작업 활성 데이터 파일인 "예4-2.sav"의 배열 순서를 따르고 있음을 알 수 있으며, 특히 케이스 소스 변수의 값으로부터 각 파일의 상황을 해석할 수 있다.

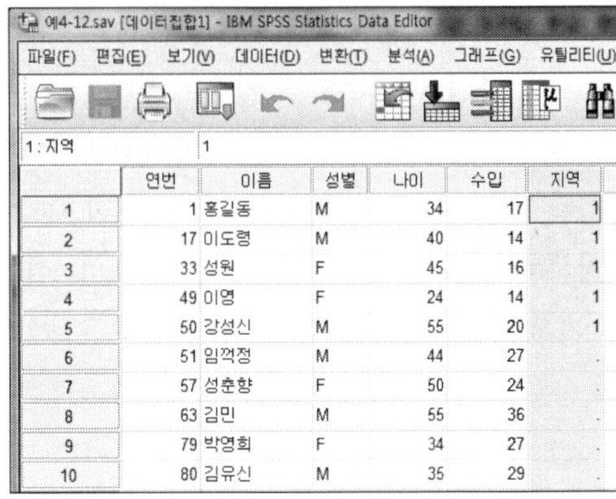

	연번	이름	성별	나이	수입	지역
1	1	홍길동	M	34	17	1
2	17	이도령	M	40	14	1
3	33	성원	F	45	16	1
4	49	이영	F	24	14	1
5	50	강성신	M	55	20	1
6	51	임꺽정	M	44	27	.
7	57	성춘향	F	50	24	.
8	63	김민	M	55	36	.
9	79	박영희	F	34	27	.
10	80	김유신	M	35	29	.

[그림 4.2.7] {지역} 변수 포함

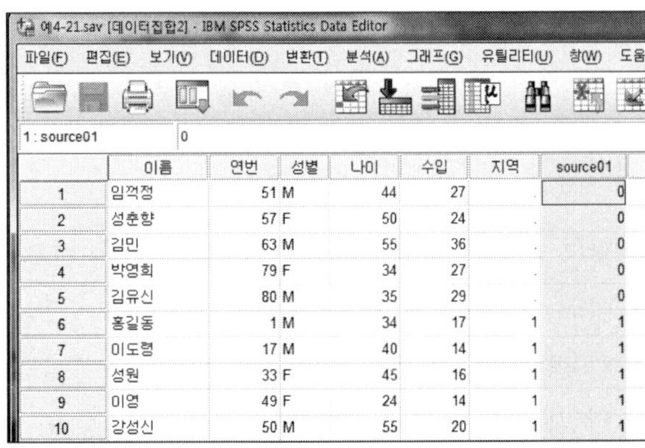

	이름	연번	성별	나이	수입	지역	source01
1	임꺽정	51	M	44	27	.	0
2	성춘향	57	F	50	24	.	0
3	김민	63	M	55	36	.	0
4	박영희	79	F	34	27	.	0
5	김유신	80	M	35	29	.	0
6	홍길동	1	M	34	17	1	1
7	이도령	17	M	40	14	1	1
8	성원	33	F	45	16	1	1
9	이영	49	F	24	14	1	1
10	강성신	50	M	55	20	1	1

[그림 4.2.8] 케이스 소스 표시 변수 {source01}

4.2.2 : 변수를 추가하여 파일 합치기

데이터 편집기 윈도우의 [데이터(D)] 메뉴 중 [그림 4.2.1]에 표시된 [파일 합치기(G)]의 [변수 추가(V)] 메뉴를 선택하면 활성 데이터 파일에 외부 SPSS 데이터 파일 또는 현재 열려 있는 다른 데이터 파일을 합칠 수 있다. 당연히 합치고자 하는 두 데이터 파일에는 기본적으로 서로 다른 변수가 저장되어 있어야 한다.

예제 4.2.2 SPSS 데이터 파일 "예4-1.sav"에 "예4-2.sav"의 케이스가 추가된 SPSS 데이터 파일 "예4-12.sav"에 다음 데이터 파일 "예4-3.sav"를 [변수 추가] 방식으로 [파일 합치기]를 하여라.

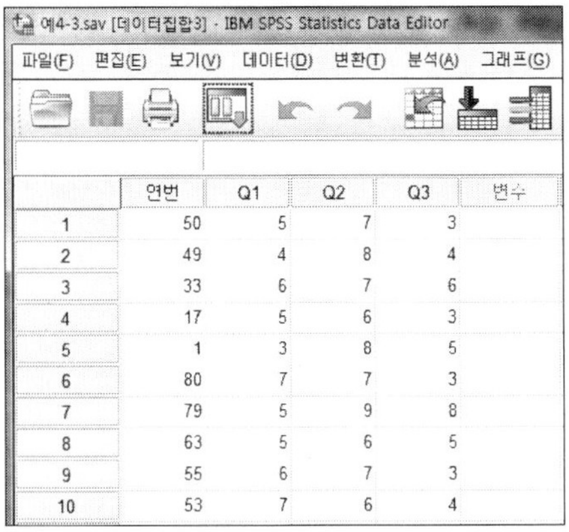

[그림 4.2.9] 변수 추가될 데이터 파일

풀이 4.2.2 다음 [그림 4.2.10]은 [파일 합치기(G)]의 [변수 추가(V)] 메뉴를 선택한 이후 표시되는 “변수 추가”를 위한 데이터 파일 선택 대화상자이다.

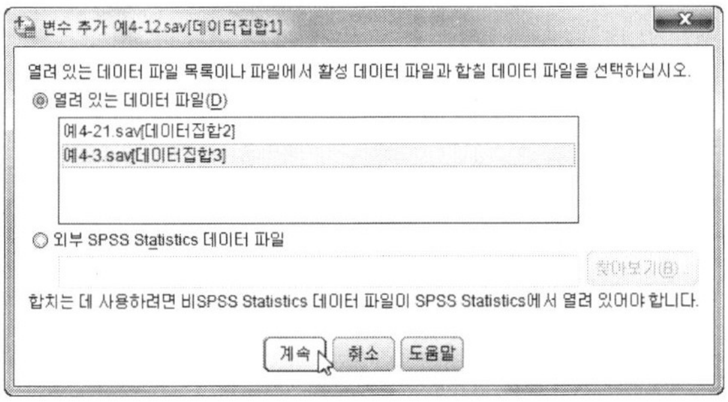

[그림 4.2.10] 변수 추가 – 합치기 할 데이터 파일 선택

현재 활성 데이터 파일이 "예4-12.sav"이고, [데이터집합3] 데이터 편집기 윈도우에 열려 있는 "예4-3.sav" 데이터 파일을 선택한 후 [계속]한다. 케이스 추가의 경우와 마찬가지로 필요하면 외부 SPSS 데이터 파일을 열어 합치기 할 수 있다.

[그림 4.2.11]은 변수 추가하여 두 파일을 합치기 할 경우 새롭게 생성되는 활성 데이터 파일에 포함될 변수 목록이 표시된 초기 화면이다. 기본적으로 양쪽 파일에 공통으로 들어 있는 변수 중에서 활성 데이터 파일에 포함된 변수만 목록에 들어 있고, 이 변수와 중복된 두 번째 데이터 파일의 변수는 [제외된 변수(E)] 목록에 들어 있게 된다. 활성 데이터 파일의 변수는 별표(*)로, 다른 데이터 파일의 변수는 덧셈 부호(+)로 구분한다. 합칠 새 활성 데이터 파일에 중복된 이름을 가진 제외된 변수를 포함시키려면 이름을 바꾸고 변수 목록에 추가하면 된다.

[그림 4.2.11] 변수 추가 – 기준변수 사용하지 않음

다음 [그림 4.2.12]의 데이터 파일 "예4-123f.sav"은 [그림 4.2.11]의 대화상자에서 단순히 [확인]하여 얻어진 SPSS 데이터이다.

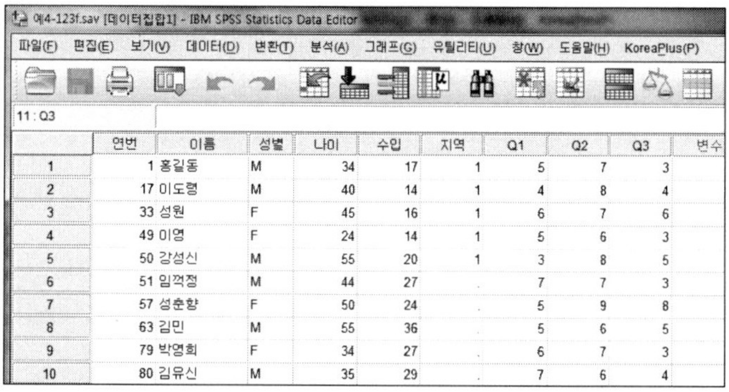

	연번	이름	성별	나이	수입	지역	Q1	Q2	Q3	변수
1	1	홍길동	M	34	17	1	5	7	3	
2	17	이도령	M	40	14	1	4	8	4	
3	33	성원	F	45	16	1	6	7	6	
4	49	이영	F	24	14	1	5	6	3	
5	50	강성신	M	55	20	1	3	8	5	
6	51	임꺽정	M	44	27	.	7	7	3	
7	57	성춘향	F	50	24	.	5	9	8	
8	63	김민	M	55	36	.	5	6	5	
9	79	박영희	F	34	27	.	6	7	3	
10	80	김유신	M	35	29	.	7	6	4	

[그림 4.2.12] 잘못된 변수 추가 파일 합치기

그러나 "예4-3.sav"의 첫 번째 케이스는 {연번} 변수의 값이 50인 응답자의 것인데, "예4-123f.sav"에서는 {연번}의 값이 1인 응답자의 것으로 잘못 연결되어 있다. 이는 두 파일에 중복으로 들어 있는 기준변수 값에 기반하지 않는 변수 추가 파일 합치기는 단순히 두 파일의 케이스 순으로 작업이 이루어지기 때문이다. 따라서 두 파일의 응답자를 정확하게 연결하는 방법은 기준변수를 이용하는 것이다.

기준변수는 두 데이터 파일에서 모두 같은 이름을 가져야 한다. 이름이 같지 않을 경우 이름변경을 사용하여 기준변수 이름을 같게 되도록 한다. 기준변수는 하나 이상일 수 있으며, 변수 추가 파일 합치기를 하고자 하는 두 파일은 기준변수의 오름차순에 따라 정렬되어야 한다(4.1절 케이스 정렬 참조하여 먼저 "예4-3.sav" 데이터 파일을 기준변수 {연번}으로 오름차순 정렬하고 그 결과를 "예4-3s.sav"으로 저장하자).

다음 [그림 4.2.13]의 대화상자는 활성 데이터 파일 "예4-12.sav"에 기준변수 {연번}을 기준으로 "예4-3s.sav" 데이터 파일을 변수 추가 파일 합치기의 설정 장면이다.

[그림 4.2.13] 기준변수를 통한 변수 추가 파일 합치기

케이스 추가의 경우와 비슷한 방법으로 각 케이스의 소스 데이터 파일을 나타내는 변수를 새로운 활성 데이터 파일에 생성할 수 있다. 이 변수에는 작업 데이터 파일로부터 추출한 케이스에 0 값이, 외부 데이터 파일로부터 추출한 케이스에 대해 1 값이 저장된다.

[그림 4.2.14]는 두 데이터 파일을 변수 추가로 하여 파일 합치기 작업이 성공적으로 이루어진 모습을 표시한 것이다("예4-123.sav"의 이름으로 저장하자).

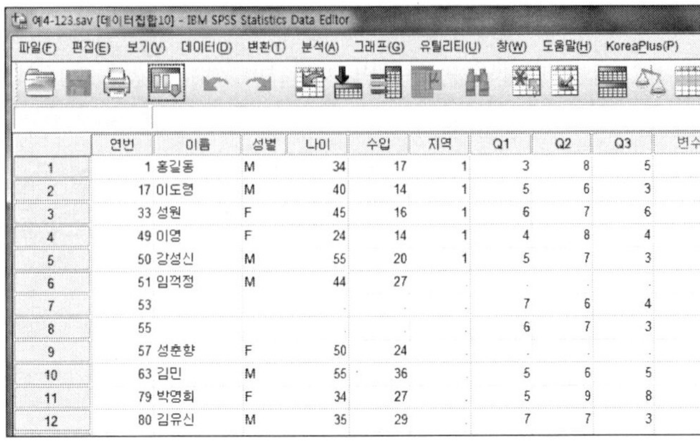

	연번	이름	성별	나이	수입	지역	Q1	Q2	Q3	변수
1	1	홍길동	M	34	17	1	3	8	5	
2	17	이도령	M	40	14	1	5	6	3	
3	33	성원	F	45	16	1	6	7	6	
4	49	이영	F	24	14	1	4	8	4	
5	50	강성신	M	55	20	1	5	7	3	
6	51	임꺽정	M	44	27	.	.	.	.	
7	53			.	.	.	7	6	4	
8	55			.	.	.	6	7	3	
9	57	성춘향	F	50	24	.	.	.	.	
10	63	김민	M	55	36	.	5	6	5	
11	79	박영희	F	34	27	.	5	9	8	
12	80	김유신	M	35	29	.	7	7	3	

[그림 4.2.14] 정상적으로 이루어진 변수 추가 파일 합치기

4.3 데이터 통합

[예제 3.2.2]에서 "예3-4.sav" 데이터 파일에 저장된 {IQ} 변수의 평균(m)과 표준편차(s)에 따른 범위에 따라 {IQ} 변수의 값을 새로운 변수 {지능급별}로 코딩변경하였다. 그러나 기술통계량의 기술통계 프러시저를 실행하여 {IQ} 변수의 평균 m과 표준편차 s를 구한 후, 이를 확인하여 코딩변경을 시행해야 한다는 불편이 있다. 데이터 통합을 이용하면 기본 통계량을 먼저 확인해야 하는 불편을 간단히 해결할 수 있다.

데이터 통합이란 구분변수들의 값에 따라 데이터를 여러 집단으로 나누고 특정변수에 대한 함수값(평균, 표준편차 등)을 각 집단별로 계산하여 새로운 변수로 저장하는 것을 말한다.

데이터 통합을 수행하려면 먼저 [그림 4.1.1]의 [데이터(D)] 메뉴 중에서 [데이터 통합(A)]을 선택한다. 데이터 통합을 통해 활성 데이터 파일의 케이스 집단을 단순 케이스로 통합하고 그 결과로서 얻어진 통합된 자료를 활성 데이터 파일에 직접 새로운 변수로 저장하거나 새로 통합된 파일을 만들어 저장할 수 있다. 구분변수를 지정하면 구분변수의 값을 기준으로 통합되지만 구분변수를 지정하지 않으면 전체 데이터를 대상으로 통합된다.

다음은 데이터 통합을 수행하기 위하여 [그림 4.3.1]의 "데이터 통합" 대화상자를 설정하는 몇 가지 사항을 간단히 설명한 것이다.

• **통합변수**

왼쪽 변수 목록에서 새 통합변수를 생성하는 데 필요한 소스 변수를 선택하면 통합변수 이름과 통합함수 MEAN()이 기본적으로 적용된다. 기본 통합변수 이름은 소스 변수에 함수이름을 밑줄로 연결한다. 필요할 경우 다른 변수 이름으로 통합변수 이름을 새로 변경하거나 구체적인 변수설명을 표시할 수 있다. 또한 각 구분 집합의 케이스 수를 나타내는 변수 {N_BREAK}를 생성할 수 있다(이 변수의 이름도 변경할 수 있다).

[그림 4.3.1] 데이터 통합 대화상자

[함수(F)] 버튼을 통하여 통합 데이터 값 계산에 사용된 디폴트 평균 함수를 다른 함수로 바꿀 수 있다. 데이터 통합에는 다음과 같이 몇 가지 종류의 통합함수가 준비되어 있다 ([그림 4.3.2]).

- 평균, 중위수, 합계, 표준편차의 숫자변수에 대한 요약통계량
- 처음, 마지막, 최솟값, 최댓값의 특정값
- 가중되지 않은 값, 가중 값, 결측되지 않은 값, 결측값 등의 케이스 수
- 지정 값 위 또는 아래에 있는 값의 분수나 퍼센트
- 지정한 범위 내외에 있는 값의 분수나 퍼센트

- **구분변수(B)**

케이스들은 구분변수의 값을 기준으로 각 집단으로 분류되며, 통합된 새 데이터 파일을 작성하는 경우 구분변수는 기존의 해당 이름 및 사전 정보를 그대로 유지한 채 새 파일에 저장된다. 예를 들어 구분변수의 값이 두 개인 경우 새 데이터 파일에는 두 개의 케이스만 포함되며, 구분변수를 지정하지 않을 경우 새 데이터 파일에는 하나의 케이스만 포함된다. 숫자변수뿐만 아니라 문자변수도 구분변수로 지정할 수 있다.

[그림 4.3.2] 통합함수

- **저장**

통합변수를 활성 데이터 파일에 추가하거나 통합된 새 데이터 파일을 새로운 데이터 집합으로 작성하거나 하드디스크 폴더에 저장할 수 있다.

◉ 활성 데이터 파일에 통합변수 추가(D): 새 통합변수가 활성 데이터 파일에 추가되지만, 데이터 파일 자체는 통합되지 않는다. 구분변수의 값이 동일한 각 케이스는 새 통합변수에 대한 값도 서로 같게 설정된다. 예를 들어 소스변수로 {IQ}, 구분변수로 {성별}을 지정하였을 때 {성별} 변수의 값이 'F'인 모든 케이스에 대한 새 통합변수의 값은 동일하다. 구분변수를 지정하지 않으면 새 통합변수의 모든 케이스의 값이 IQ의 평균값으로 동일하게 된다.

◉ 통합변수만 포함된 새 데이터 파일 만들기(E): 통합된 데이터를 현재 세션에서 통합 케이스를 정의하는 구분변수와 통합함수로 정의된 모든 통합변수가 포함된 새로운 데이터 파일을 생성한다.

◉ 통합변수만 포함된 새 데이터 파일 쓰기(E): 통합된 데이터를 통합 케이스를 정의하는 구분변수와 통합함수로 정의된 모든 통합변수가 포함된 "aggr.sav" 이름의 외부 데이터 파일로 저장한다.

예제 4.3.1 (데이터 파일 "예3-6.sav") {IQ} 변수를 {z_IQ} 변수로 표준화하여라. {z_IQ} 변수를 이용하여 [예제 3.2.2]에서 수행했던 코딩변경 작업을 수행하여라.

풀이 4.3.1 {x} 변수의 값을 다음 식에 의하여 {z} 변수로 변환하는 것을 표준화라고 하며, z를 x의 표준점수(standard score) 또는 z 점수(z score)라고 한다.

$$z = \frac{x-m}{s} \quad (m: \ x\text{의 평균}, \ s: \ x\text{의 표준편차})$$

{IQ} 변수를 표준화한 새로운 변수 {z_IQ}를 생성하기 전에 먼저 데이터 통합을 이용하여 두 변수 {m_IQ}와 {s_IQ} 변수를 생성해 보자. [그림 4.3.3]과 같이 {IQ} 변수를 소스 변수로 하여 함수를 두 번 이용하면 평균과 표준편차를 의미하는 통합변수를 활성 데이터 파일에 추가할 수 있다. 이때 통합변수의 이름을 {m_IQ}와 {s_IQ}로 변경하자.

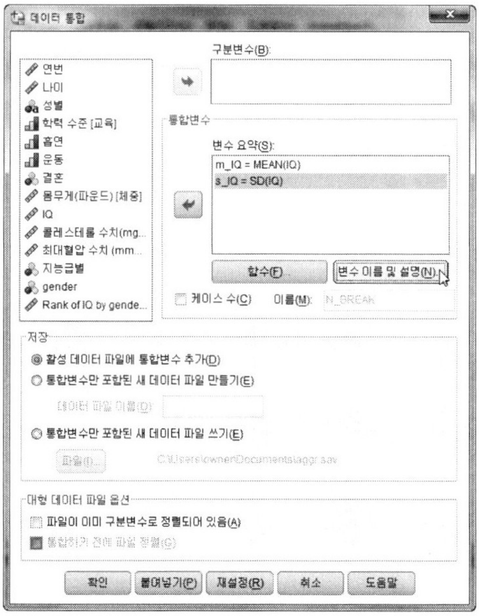

[그림 4.3.3] 통합함수로 평균과 표준편차 지정하고 변수 이름 변경

이제 "예3-6.sav" 데이터 파일에 생성된 두 변수 {m_IQ}와 {s_IQ}로부터 변수계산을 이용하여 {IQ} 변수를 표준화하자. 3.1절에서 설명한 방법에 의하여 변수계산 대화상자의 [대상변수(T)]와 [숫자표현식(E)] 란을 다음과 같이 표시한 후 [확인]한다.

대상변수(T)		숫자표현식(E)
z_IQ	=	(IQ − m_IQ) / s_IQ

지금까지의 작업이 성공적이면 "예3-6.sav" 데이터 파일에 세 개의 변수 {m_IQ}, {s_IQ}, {z_IQ}가 생성되었을 것이다. 마지막으로 [예제 3.2.2]의 코딩변경 수행 조건을 살펴보자. {IQ} 변수의 값이 m-s에서 m+s까지 범위의 값이란 {z_IQ} 변수의 값이 −1에서 +1까지의 범위의 값이란 사실과 동일하다. 즉 코딩변경 조건을 다음과 같이 변경할 수 있을 것이다.

시스템 또는 사용자 결측값 → 시스템-결측값
최솟값에서 −1까지 범위의 값 → 1
−1에서 +1까지 범위의 값 → 2
+1부터 최댓값까지 범위의 값 → 3

다음 [그림 4.3.4]는 코딩변경 조건을 다르게 하여 {IQ} 변수를 코딩변경하기 위해 {z_IQ} 변수의 코딩변경에 대한 기존값 및 새로운 값을 설정하는 대화상자이다.

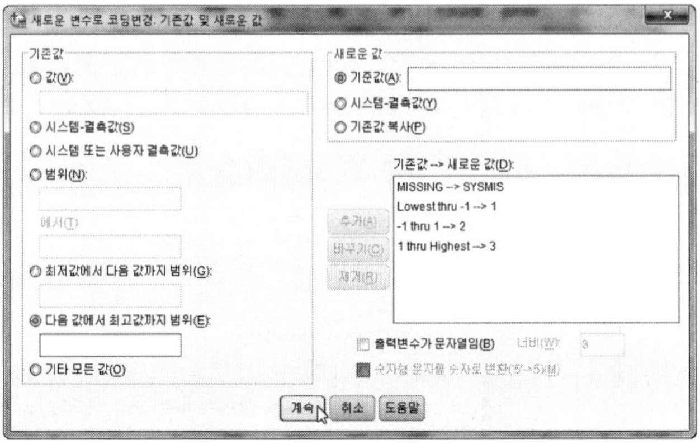

[그림 4.3.4] {re_IQ} 변수로 코딩변경

다음 [그림 4.3.5]는 코딩변경까지 이루어진 SPSS 데이터 파일을 "예4-4.sav"의 이름으로 새롭게 저장한 모습을 10개의 케이스만 표시한 것이다(이 데이터 파일은 {연번} 변수를 기준으로 내림차순 정렬되어 있다).

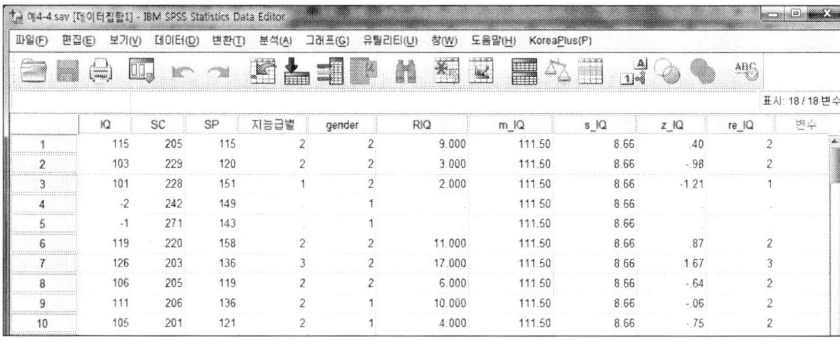

	IQ	SC	SP	지능급별	gender	RIQ	m_IQ	s_IQ	z_IQ	re_IQ	변수
1	115	205	115	2	2	9.000	111.50	8.66	.40	2	
2	103	229	120	2	2	3.000	111.50	8.66	-.98	2	
3	101	228	151	1	2	2.000	111.50	8.66	-1.21	1	
4	-2	242	149	.	1	.	111.50	8.66	.	.	
5	-1	271	143	.	1	.	111.50	8.66	.	.	
6	119	220	158	2	2	11.000	111.50	8.66	.87	2	
7	126	203	136	3	2	17.000	111.50	8.66	1.67	3	
8	106	205	119	2	2	6.000	111.50	8.66	-.64	2	
9	111	206	136	2	1	10.000	111.50	8.66	-.06	2	
10	105	201	121	2	1	4.000	111.50	8.66	-.75	2	

[그림 4.3.5] {지능급별} 변수와 동일한 {re_IQ} 변수 생성

[그림 4.3.5]의 데이터 파일 "예4-4.sav"을 살펴보면 이전에 코딩변경을 생성되었던 {지능급별} 변수의 값과 {re_IQ} 변수의 값이 모든 케이스에 대하여 동일함을 알 수 있다.

예제 4.3.2 (데이터 파일 "예4-4.sav") {운동} 변수 값의 집단에 대하여 {체중} 변수의 평균과 표준편차를 각각 구하여 "aggr.sav" 데이터 파일로 저장하여라.

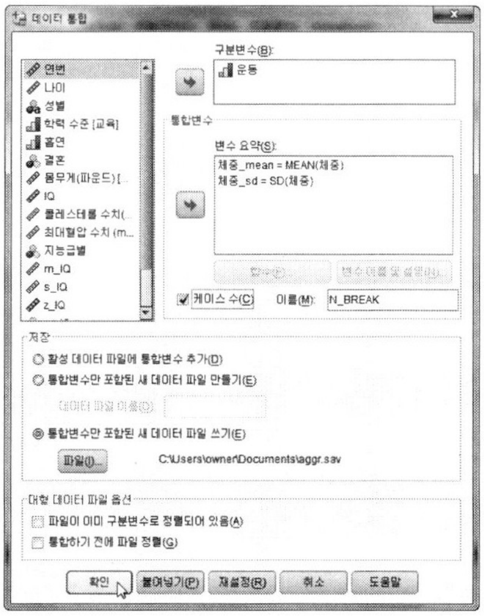

[그림 4.3.6] 구분변수로 {운동} 변수 지정한 데이터 통합

앞의 [그림 4.3.6]과 같이 데이터 통합 대화상자를 설정하면 그 결과가 다음과 같이 "aggr.sav" 데이터 파일로 저장된다. 또한 이 데이터 파일에 {운동} 변수의 각 범주에 대한 관측값의 개수가 {N_BREAK} 변수로 저장되고 있음을 알 수 있다.

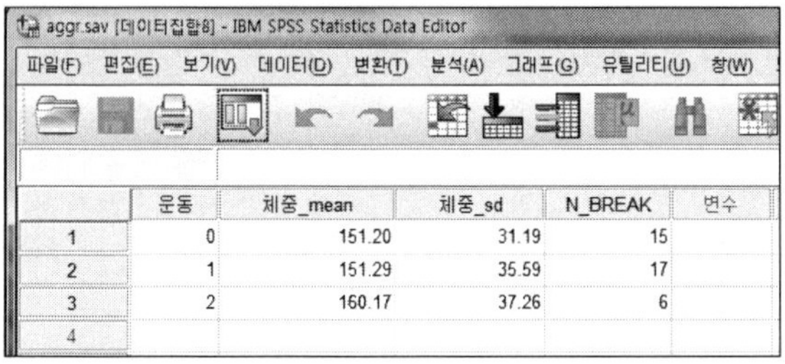

[그림 4.3.7] "aggr.sav" 데이터 파일

4.4 명령문 작업

[예제 4.3.1]의 작업을 한 번에 실행하기 위한 명령문 파일을 작성할 수 있다. 명령문 파일을 작성하여 저장하면 차후에 똑같은 SPSS 분석을 수행할 수 있으며, 이 명령문에 들어 있는 변수를 다른 변수로 일부 수정하여 다른 변수에도 비슷한 유형의 분석을 실시할 수 있다.

예를 들어 데이터 파일 "예3-5.sav"를 열고 [예제 4.3.1]의 작업을 다음 단계에 따라 명령문으로 작성하여 보자.

〈step1. 명령문 파일을 편집하기 위하여 [명령문 편집기] 윈도우 열기

먼저 [새 파일(N)] 메뉴의 [명령문(S)]를 선택하여 [그림 4.4.2]와 같이 [명령문 편집기] 윈도우를 새로운 창으로 열도록 한다.

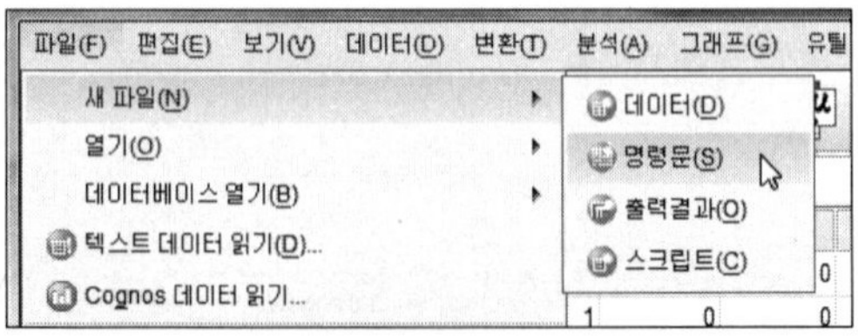

[그림 4.4.1] 새 파일로 [명령문 편집기] 윈도우 열기

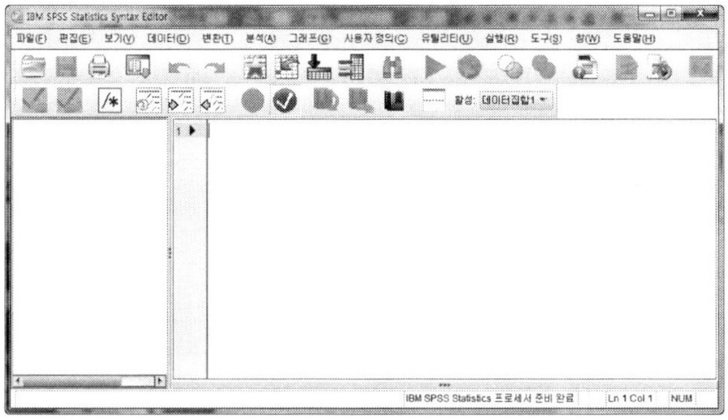

[그림 4.4.2] [명령문 편집기] 윈도우

〈step2. 데이터 통합하기

통합변수 {m_IQ}, {s_IQ}를 생성하기 위한 데이터 통합 작업 중 [그림 4.3.3]의 장면에서 [확인] 대신 [붙여넣기(P)]를 하면, step1의 [명령문 편집기] 윈도우에 AGGREGATE로 시작하는 명령문이 추가되어 있음을 알 수 있다. [명령문 편집기] 윈도우에 입력된 명령문은 [그림 1.6.24]에 표시한 바와 같이 [모두(A)] 실행하거나 또는 [선택영역(S)]만 실행할 수 있다. 지금은 [모두(A)]를 선택하여 모든 명령문을 실행하자.

〈step3. 표준화 변수 생성하기

{IQ} 변수를 표준화한 {z_IQ} 변수를 생성하기 위하여 [변환(T)]의 [변수 계산(C)]를 클릭하여 표시되는 [그림 4.4.3]의 대화상자에서 숫자표현식을 입력한 후, [확인] 대신 [붙여넣기(P)] 버튼을 누른다.

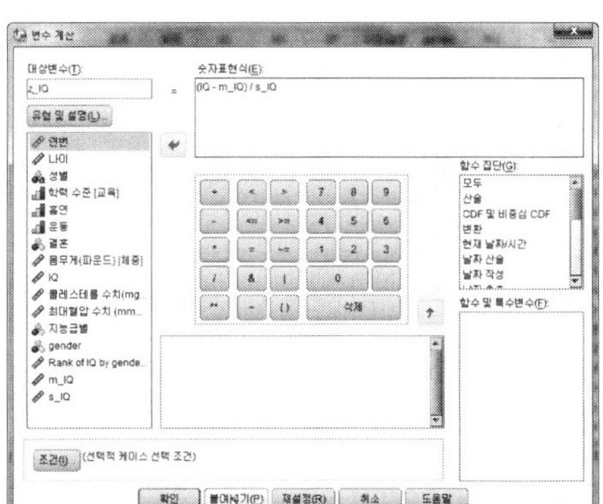

[그림 4.4.3] 변수 계산 명령문 추가

[그림 4.4.2]의 [명령문 편집기] 윈도우에 추가로 입력되는 2개의 명령문인 DATASET ACTIVATE과 COMPUTE 명령문 영역을 마우스로 선택한 후, [선택영역(S)]만 실행하자. 데이터 파일 "예3-5.sav"에 {z_IQ} 변수가 생성될 것이다. 참고로 DATASET ACTIVATE 명령문의 실행은 생략할 수 있다. 이 명령문이 생략되면 현재 활성화되어 있는 SPSS 데이터 파일에 명령문의 실행이 적용된다.

‹step4. 다른 변수로 코딩변경하기

{z_IQ} 변수로부터 [예제 4.3.1]의 조건([그림 4.3.4])에 맞도록 [기존값 및 새로운 값(O)]을 설정한 후, 출력변수를 {re_IQ}로 지정한다. 이 대화상자 [그림 4.4.4]에서 [확인] 대신 [붙여넣기(P)]를 한다. 그 결과 얻어진 [명령문 편집기] 윈도우의 RECODE 명령문 영역(2개의 문장)을 [선택영역(S)]으로 실행하면 {re_IQ} 변수가 생성된다.

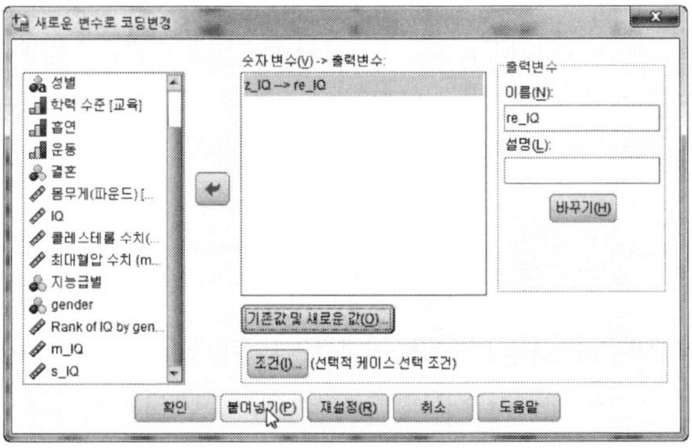

[그림 4.4.4] 코딩변경 명령문 추가

‹step5. 명령문을 파일로 저장하기

모든 명령문이 추가된 [명령문 편집기] 윈도우를 [그림 4.4.5]와 같이 저장한다. 명령문 파일의 확장자 이름은 ".sps"이다. 예를 들어 현재까지 추가된 명령문을 "코딩변경"으로 저장하면 "코딩변경.sps"의 명령문 파일이 생성된다.

이렇게 저장된 명령문 파일은 언제든지 똑같은 명령을 수행하거나 필요할 경우 적당히 수정을 한 후 다른 변수를 분석하는 용도로 이용할 수 있다.

[그림 4.4.5] 명령문 파일의 저장

예제 4.4.1 (데이터 파일 "예3-5.sav") 명령문 파일 "코딩변경.sps"에 포함된 “IQ” 단어를 “체중”으로 수정한 후, 이를 실행하여 변수 {체중}을 다음 조건에 따라 코딩변경한 {re_체중} 변수를 생성하여라.

> 시스템 또는 사용자 결측값 → 시스템-결측값
> 최솟값에서 (평균-표준편차)까지 범위의 값 → 1
> (평균-표준편차)에서 (평균+표준편차)까지 범위의 값 → 2
> (평균+표준편차)부터 최댓값까지 범위의 값 → 3

풀이 4.4.1 먼저 [명령문 편집기] 윈도우에서 명령문 파일 "코딩변경.sps"의 문자열 “IQ”를 “체중”으로 모두 [바꾸기(R)]하자 ([그림 4.4.6]). 총 10개의 문자열이 모두 바꾸기 되었음을 알리는 메시지 창이 나타나면 [실행(R)]의 [모두(A)] 메뉴를 선택하여 전체 명령문을 실행하자.

[그림 4.4.6] 문자열 바꾸기

다음 "예4-5.sav" 데이터 파일은 {IQ} 변수에 적용했던 코딩변경 작업을 {체중} 변수에 그대로 적용한 이후 얻어진 {re_체중} 변수를 표시한 것이다. 이와 같이 특정 변수에 적용된 통계분석 방법을 명령문 편집기를 이용하면 쉽게 다른 변수에 적용할 수 있다.

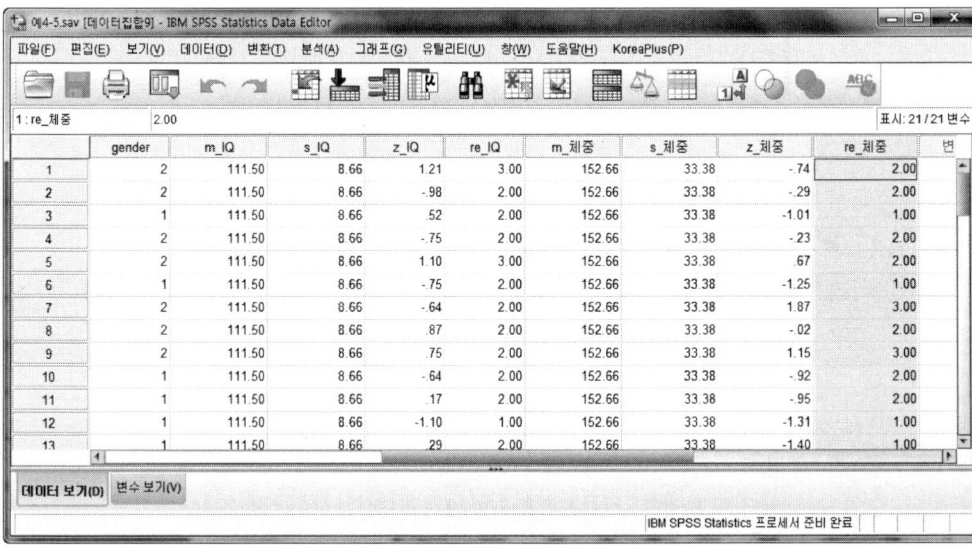

	gender	m_IQ	s_IQ	z_IQ	re_IQ	m_체중	s_체중	z_체중	re_체중	변
1	2	111.50	8.66	1.21	3.00	152.66	33.38	-.74	2.00	
2	2	111.50	8.66	-.98	2.00	152.66	33.38	-.29	2.00	
3	1	111.50	8.66	.52	2.00	152.66	33.38	-1.01	1.00	
4	2	111.50	8.66	-.75	2.00	152.66	33.38	-.23	2.00	
5	2	111.50	8.66	1.10	3.00	152.66	33.38	.67	2.00	
6	1	111.50	8.66	-.75	2.00	152.66	33.38	-1.25	1.00	
7	2	111.50	8.66	-.64	2.00	152.66	33.38	1.87	3.00	
8	2	111.50	8.66	.87	2.00	152.66	33.38	-.02	2.00	
9	2	111.50	8.66	.75	2.00	152.66	33.38	1.15	3.00	
10	1	111.50	8.66	-.64	2.00	152.66	33.38	-.92	2.00	
11	1	111.50	8.66	.17	2.00	152.66	33.38	-.95	2.00	
12	1	111.50	8.66	-1.10	1.00	152.66	33.38	-1.31	1.00	
13	1	111.50	8.66	.29	2.00	152.66	33.38	-1.40	1.00	

[그림 4.4.7] 명령문 실행으로 생성된 {re_체중} 변수

4.5 파일분할

SPSS 시스템에서 파일분할이란 활성 데이터 파일을 주어진 집단변수 값에 따라 다수의 집단으로 가상 분할하는 것이다. 파일분할이 이루어진 이후 통계 프러시저를 실행하면 파일 분할의 집단변수의 값에 따라 가상 분할된 집단 각각에 대하여 통계분석이 이루어진다.

[그림 4.1.1]에서 [파일분할(F)] 메뉴를 선택하면 [그림 4.5.1]의 "파일분할" 대화상자가 나타난다. 변수 목록에서 분할 집단변수를 선택하기 위해서는 먼저 다음 두 선택사항 중 하나를 선택하여야 한다.

◉ 집단들 비교(C)
◉ 각 집단별로 출력결과를 나타냄(O)

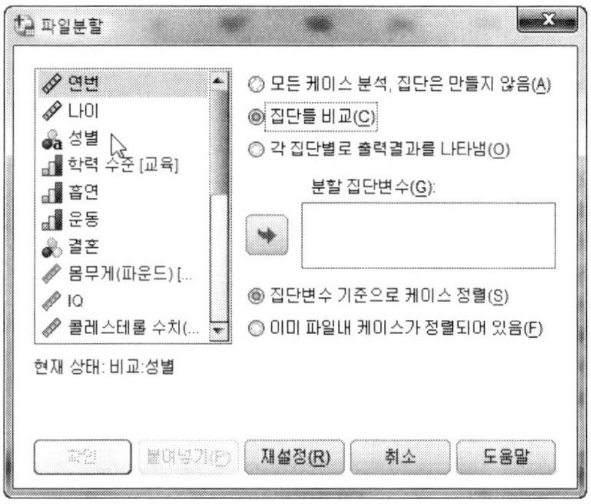

[그림 4.5.1] 파일분할 대화상자

- **분할 집단변수(G):**

분할변수로 여러 집단변수를 선택할 경우 분할 집단변수 목록에서 먼저 표시된 변수의 범주 내에서 뒤에 표시된 변수의 범주별로 케이스들이 분할된다. 예를 들어 {성별}을 첫 번째 집단변수로 선택하고 {결혼}을 두 번째 집단변수로 선택하면 각 성별 범주 내에서 {결혼} 변수의 각 범주별로 케이스들이 분할된다.

분할 집단변수는 최대 8개까지 지정할 수 있으며, 케이스를 분할 집단변수에 나열된 변수와 동일한 순서로 집단변수의 값에 따라 정렬해야 한다. 데이터 파일이 아직 정렬되지 않은 경우에는

◉ 집단변수 기준으로 케이스 정렬(S)

을 선택한다.

◉ 집단들 비교(C)

통계 결과의 비교를 위해 분할된 집단의 결과가 피벗표의 경우에는 단일 피벗표로 작성되지만, 도표는 각 분할된 집단에 대해 별도의 도표가 작성된다.

◉ 각 집단별로 출력결과를 나타냄(O)

가상으로 분할된 집단에 따라 통계분석의 결과가 별도로 표시된다.

예제 4.5.1 (데이터 파일 "예4-4.sav") {성별}의 값에 따라 분할된 각 집단에 대하여 {교육} 변수의 빈도표를 하나의 피벗표로 표시하여라.

풀이 4.5.1 다음 [그림 4.5.2]는 {성별} 변수를 분할 집단변수로 지정하고, 분할 설정 이후 실행되는 모든 프러시저의 출력물 중 표를 하나의 피벗표로 표시하기 위해 [○ 집단들 비교(C)]를 선택한 모습이다.

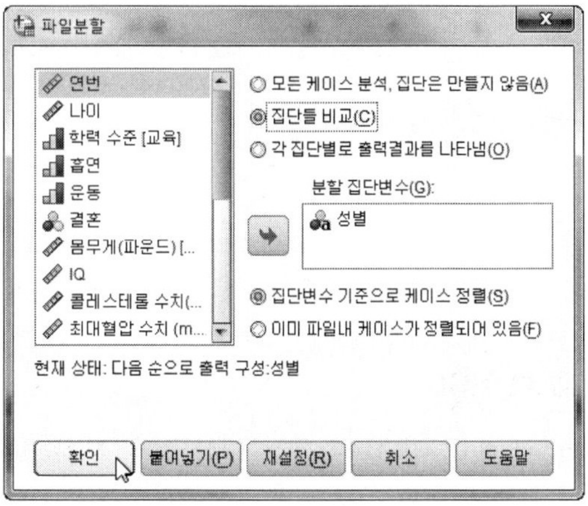

[그림 4.5.2] {성별} 변수로 파일분할 설정

[그림 4.5.2]의 대화상자에서 파일분할 설정을 마친 후 [확인]을 하면 시스템 내부적으로 파일분할이 이루어질 것이다. 그러나 데이터 편집기 윈도우의 변화는 잘 눈에 띄지 않을 것이다. 현재 파일분할이 시행되고 있음을 알려주는 "분할 기준 성별"이란 메시지가 [그림 4.5.3]과 같이 데이터 편집기 윈도우의 오른쪽 하단에 표시된다.

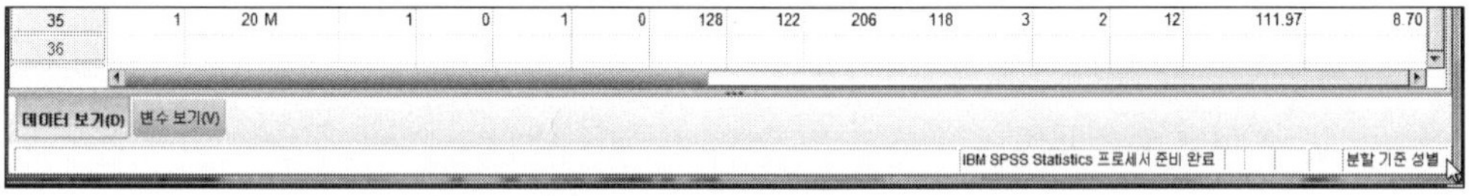

[그림 4.5.3] 현재 {성별} 변수로 파일분할 설정 중임을 표시하는 메시지

이제 {교육} 변수의 빈도표를 출력하기 위하여 [그림 4.5.4]와 같이 [빈도분석(F)] 프러시저를 실행한다.

[그림 4.5.4] 빈도분석

다음 [그림 4.5.5]는 파일 분할된 두 집단의 {교육} 빈도표를 하나의 피벗표로 출력한 [뷰어] 윈도우의 모습이다.

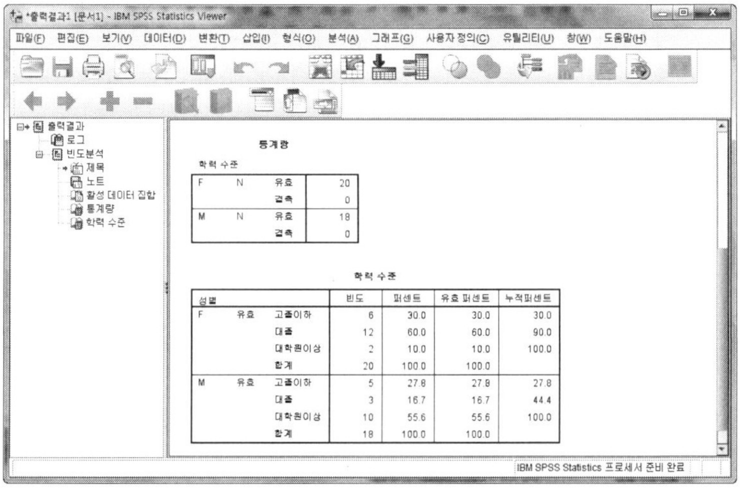

[그림 4.5.5] 파일분할된 이후 출력된 빈도분석 피벗표

예제 4.5.2 (데이터 파일 "예4-4.sav") {성별}이 'M'인 응답자 중 {결혼}의 값이 1("기혼")인 집단의 {IQ} 변수에 대한 평균과 표준편차를 각각 구하여라.

풀이 4.5.2 {성별}이 'M'인 응답자 중 {결혼}의 값이 1("기혼")인 집단만을 통계분석하고자 할 경우에는 다음 절에서 설명할 케이스 선택을 실행하면 된다. 그러나 여기에서는 두 변수를 분할 집단변수로 지정하여 답을 구해 보자.

먼저 [그림 4.5.6]과 같이 변수 목록에서 분할 집단변수 란으로 {성별}과 {결혼}을 옮기고, 각 피벗표를 별도로 표시하기 위하여 [○ 각 집단별로 출력결과를 나타냄(O)]을 선택한 후, [확인]하자. 그러면 데이터 편집기 윈도우 오른쪽 하단에

"분할 기준 성별 결혼"이란 메시지가 표시될 것이다.

다음으로 {IQ} 변수의 평균과 표준편차를 출력하기 위하여 [기술통계량(E)]의 [기술통계(D)] 프러시저를 실행한다 ([그림 4.5.7]).

[그림 4.5.8]은 두 변수로 파일 분할된 여러 집단(최대 8개 집단)의 {IQ}에 대한 기술통계량 결과를 분할 집단 각각의 피벗표로 표시한 [뷰어] 윈도우의 모습이다.

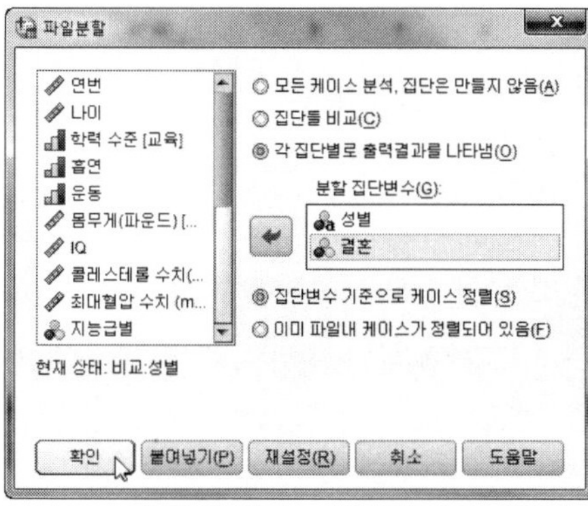

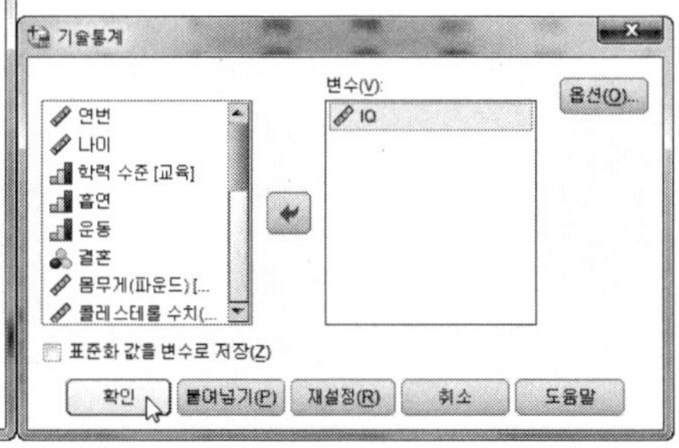

[그림 4.5.6] 파일분할 설정　　　　[그림 4.5.7] 기술통계

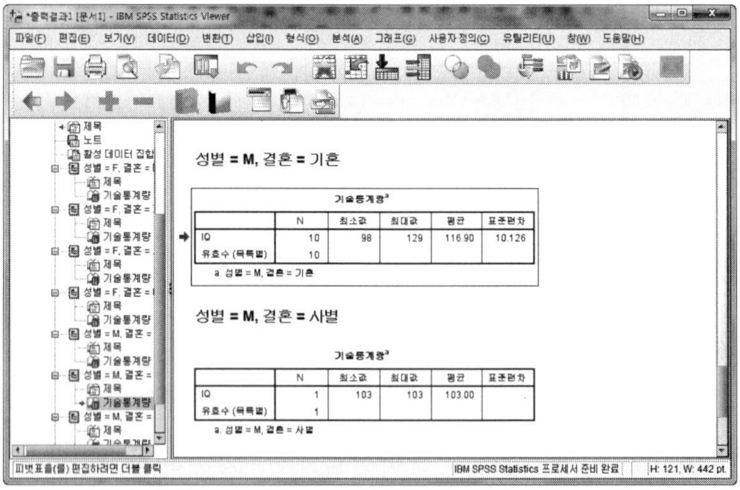

[그림 4.5.8] 파일분할된 이후 출력된 기술통계량 피벗표

[그림 4.5.8]의 피벗표 결과를 보면 {성별}이 'M'인 응답자 중 {결혼}의 값이 1 ("기혼")인 집단 10명의 {IQ} 변수에 대한 평균은 116.90이고 표준편차는 10.126 임을 알 수 있다.

4.6 케이스 선택

파일분할을 이용하면 분할 집단변수의 각 값에 따른 집단별로 통계분석을 수행할 수 있다. 예를 들어 데이터 파일 "예4-4.sav"의 {결혼} 변수를 분할 집단변수로 지정하여 파일 분할한 후, {체중} 변수의 기술통계 프러시저를 수행하면 {결혼} 변수의 값에 따른 4개의 집단 각각에 대하여 {체중} 변수의 평균과 표준편차 통계량을 구할 수 있다.

그러면 {결혼} 변수의 값이 2 이하인 집단("미혼" 집단과 "기혼" 집단을 합한 집단)에 대하여 파일 분할을 이용하여 {체중} 변수의 평균과 표준편차 통계량을 구할 수 있을까? 코딩변경 등 조금 복잡한 작업을 통하면 파일분할을 이용할 수도 있지만, 케이스 선택을 이용하면 쉽게 그 해답을 구할 수 있다.

케이스 선택은 특정 조건을 만족하는 집단만을 대상으로 통계분석을 하고자 할 경우에 유용하다. 또한 많은 케이스의 데이터 중에서 랜덤하게 표본을 추출하고자 할 경우에도 케이스 선택을 이용한다.

[그림 4.1.1]의 [데이터(D)] 메뉴에서 [케이스 선택(S)]을 클릭하면 변수와 식을 포함하는 기준에 따라 케이스의 부집단을 선택하거나 랜덤하게 표본을 추출할 수 있는 "케이스 선택" 대화상자가 나타난다.

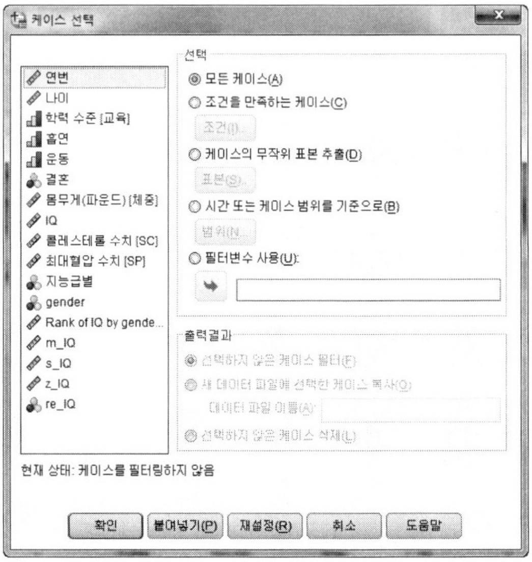

[그림 4.6.1] 케이스 선택 대화상자

주의할 점은 이전에 파일분할이나 가중 케이스를 실행했다면 특별한 의도가 아닐 경우 그 설정을 해제해 준다. 참고로 모든 대화상자는 이전에 설정했던 옵션들이 그대로 다시 표시되는데 [재설정(R)] 단추를 이용하면 처음 상태로 초기화할 수 있다([그림 4.6.2]).

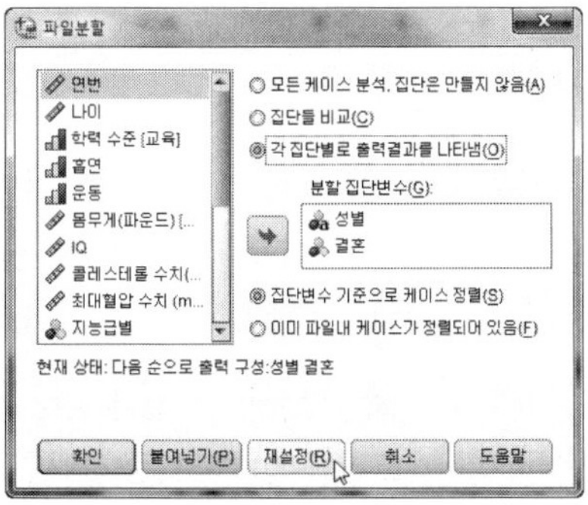

[그림 4.6.2] [재설정]한 후 [확인]

다음은 [그림 4.6.1]의 "케이스 선택" 대화상자를 설정하는 데 필요한 여러 선택 사항을 간단히 설명한 것이다.

- **선택**

◉ 조건을 만족하는 케이스(C)

[조건(I)]을 눌러 나타나는 "케이스 선택: 조건" 대화상자에서 조건 표현식을 사용하여 케이스 선택 조건을 입력한다. 조건 표현식의 결과가 참인 케이스는 선택된 집단군에 포함된다. 조건식 작성은 [변수 계산(C)] 등 [조건(I)]을 필요로 하는 대부분의 프러시저와 동일하다. 즉 조건 표현식은 6가지 관계 연산자(〈, 〉, 〈=, 〉=, =, ~=) 중 하나 이상과 변수 이름, 상수, 산술 연산자, 논리 연산자, 숫자 및 기타 함수 등으로 표현할 수 있다.

예를 들어 {결혼} 변수의 값이 1 이하인 집단("미혼" 집단과 "기혼" 집단을 합한 집단)을 케이스 선택하기 위한 조건 표현식은 다음과 같다. 여기서 기호 '|'는 합집합을 의미하는 논리 연산자이다. 참고로 교집합을 의미하는 논리 연산자는 '&'이다.

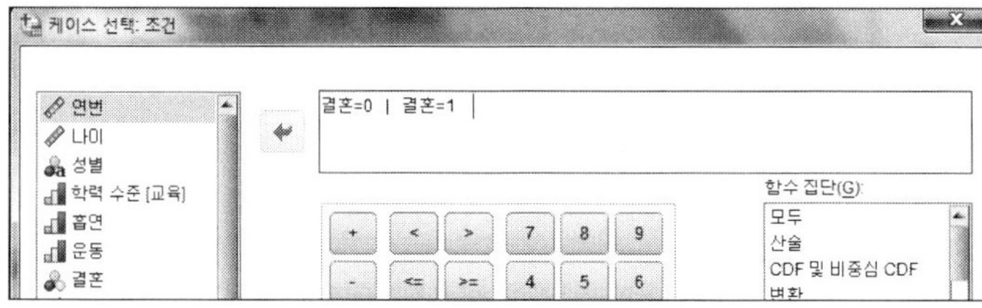

[그림 4.6.3] 케이스 선택: 조건 표현식

◉ 케이스의 무작위 표본추출(D)

[표본(S)]를 누르면 대략적인 퍼센트나 정확한 케이스 수의 표본크기를 갖는 무작위 비복원 표본추출을 할 수 있다. 전체 케이스가 아주 큰 빅데이터일 경우 전체를 분석하기에 오랜 시간이 걸릴 수 있다. 이때 케이스의 무작위 표본추출을 이용하면 간단히 사전 추론 분석을 할 수 있다.

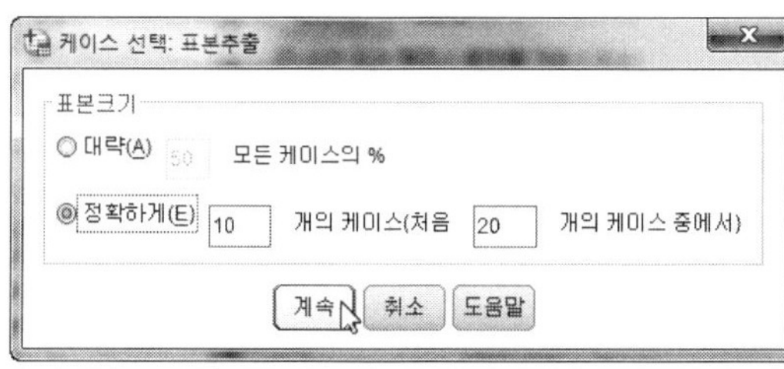

[그림 4.6.4] 케이스 선택: 표본추출

▸ 대략: 대략적으로 지정한 퍼센트만큼 케이스를 선택한다. 예를 들어 데이터 파일의 케이스의 개수가 35일 때 대략으로 50%를 지정하면 18개의 표본이 추출될 수 있으며, 그보다 더 많은 표본이 추출될 수도 있다. 데이터 파일에 케이스가 많을수록 선택된 표본추출 케이스의 퍼센트는 지정 퍼센트에 가까워진다.

▸ 정확하게: 랜덤하게 추출되는 표본의 수를 정확하게 지정하고자 할 때 선택한다. 예를 들어 [그림 4.6.4]에 표시한 바와 같이 [◉ 정확하게(E)]를 선택하면 활성 데이터 파일의 처음 20개의 케이스 중에서 정확히 10개의 표본을 랜덤하게 추출한다.

◉ 시간 또는 케이스 범위를 기준으로(B)

[범위(N)]을 눌러 첫 번째 케이스와 마지막 케이스를 지정하면 이 범위에 해당하는 데이터 편집기 윈도우에 표시된 행 번호의 케이스가 선택된다.

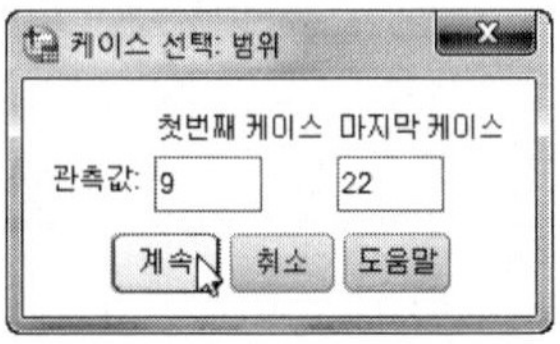

[그림 4.6.5] 케이스 선택: 범위

◉ 필터변수 사용(U)

변수 목록에서 선택한 숫자변수를 필터변수로 사용한다. 필터변수의 값이 0 또는 결측된 값을 가지는 케이스는 선택에서 제외되고, 나머지 케이스가 선택된다. 예를 들어 필터변수로 {결혼} 변수를 선택하면 {결혼} 변수의 값이 0("미혼")인 케이스는 케이스 선택에서 제외되지만, {결혼} 변수의 나머지 값 1, 2, 3에 해당하는 케이스는 선택된다.

- **출력결과**

[그림 4.6.1]의 케이스 선택 대화상자의 [출력결과]는 선택되지 않은 케이스를 취급하는 옵션을 선택하는 것으로 다음 중 하나를 선택하면 된다.

◉ 선택하지 않은 케이스 필터(F)

선택되지 않은 케이스가 분석에 포함되지 않지만 데이터 파일에는 행을 표시하는 번호에 사선이 그어진 채로 계속 남아 있다. 차후에 케이스 선택을 해제(○ 모든 케이스(A) 선택)하면 선택되지 않은 케이스를 사용할 수 있다. [조건(I)] 또는 [표본(S)]을 선택하는 경우 이 옵션을 사용하면 선택된 케이스의 값은 1, 선택되지 않은 케이스의 값은 0인 {filter_$}라는 변수가 생성된다.

◉ 새 데이터 파일에 선택한 케이스 복사(O)

선택된 케이스가 새로운 데이터 파일에 복사되고 원래 데이터 파일은 그대로 유지된다.

◉ 선택하지 않은 케이스 삭제(L)

선택되지 않은 케이스가 데이터 파일에서 삭제되므로, 케이스 선택 작업이 수행된 이후 데이터 파일의 변경 내용을 저장하면 삭제된 케이스를 복구할 수 없다.

예제 4.6.1 (데이터 파일 "예4-4.sav") {결혼} 변수의 값이 2 이하인 집단("미혼" 집단과 "기혼" 집단을 합한 집단)에 대하여 {체중} 변수의 평균과 표준편차 통계량을 각각 구하여라.

풀이 4.6.1 파일분할은 특정변수의 값에 따라 전체 집단을 분할하여 각 분할 집단에서 SPSS 프러시저를 수행하는 작업이기 때문에 {결혼} 변수를 분할 집단변수로 지정할 경우 "미혼" 집단과 "기혼" 집단을 따로 분할하여 분석이 이루어진다. 따라서 파일분할을 이용하여 이 예제의 답을 구할 수 없다. 이 경우에는 두 집단을 따로 케이스 선택한 후, 선택된 집단에 대하여 통계분석을 수행하여야 한다 ([그림 4.6.3]의 조건 표현식 참조).

[그림 4.6.6]은 조건 표현식을 [결혼=0 | 결혼=1]로 설정하여 케이스 선택을 실행한 이후 얻어진 데이터 파일의 모습이다.

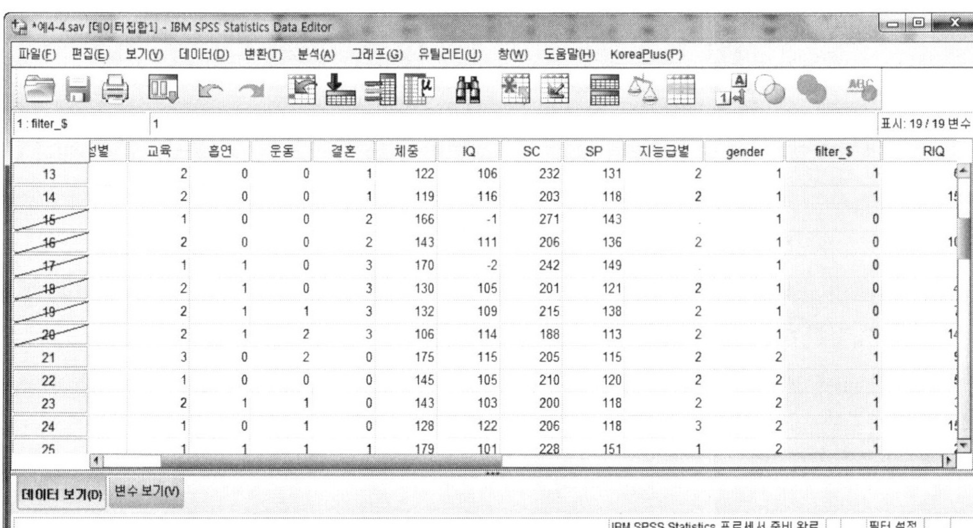

[그림 4.6.6] 케이스 선택: 조건 표현식 [결혼=0 | 결혼=1] 실행

[그림 4.6.6]을 살펴보면 이전 데이터 파일의 모습과 비교하여 몇 가지 달라진 점을 찾아볼 수 있다. 먼저 케이스 선택이 되지 않은 케이스는 해당 행의 번호 위에 사선이 그어져 있으며, 이에 대응되어 {filter_$} 변수의 값은 0으로 저장되어 있다. 두 번째는 케이스 선택이 실행되고 있음을 알려주는 메시지 "필터 설정"이 오른쪽 하단에 표시된다는 것이다.

이 메시지가 표시된 이후 {체중} 변수의 기술통계 프러시저를 시행하면 두 집단을 합한 새로운 집단(N=28)에 대하여 다음과 같은 결과를 얻을 수 있다.

기술통계량

	N	최솟값	최댓값	평균	표준편차
몸무게(파운드)	28	108	234	150.21	33.860
유효수 (목록별)	28				

참고로 위와 같이 [뷰어] 윈도우의 출력 결과를 "한글과컴퓨터 혼글" 소프트웨어에 삽입하는 방법은 다양하지만, 다음 단계와 같이 엑셀 프로그램을 중간에 거치는 방법이 편집과 삽입을 가장 간단히 수행할 수 있는 방법이다. 앞으로 [뷰어] 윈도우에 출력된 대부분의 피벗표와 도표는 이 방법을 이용하여 편집할 것이다.

〈step1. [뷰어] 윈도우의 출력 결과를 클릭한 후, [편집(E)]→[복사(C)]한다.
〈step2. "엑셀" 소프트웨어의 새 창에 [붙여넣기(P)]한다.
〈step3. 출력 결과를 편집한 후, [복사]한다.
〈step4. "한글과컴퓨터 혼글" 소프트웨어를 열고 [편집(E)]→[붙이기(P)]하고 사용자의 편집 방향에 맞도록 수정한다.

마지막으로 새로 생성된 변수 "filter_$"를 포함한 데이터 파일을 "예4-6.sav"로 저장하자. 단, 데이터 파일을 저장하기 전에 케이스 선택에서 [○ 모든 케이스(A)]를 선택한 후 [확인]하자.

4.7 가중 케이스

SPSS 데이터 파일에 저장된 하나의 케이스는 한 개체를 관측한 자료임을 의미한다. 한 변수의 값의 반복 개수인 도수를 다른 변수로 입력하여 두 변수를 가중 케이스로 연결할 수 있다. 예를 들어 다음과 같이 자료를 수집하였다고 하자(이 자료의 변수 이름을 {x}라고 하자).

1	1	1	2	2	3	3	3	3	4

{x} 변수의 총합이 23이므로 평균은 2.3이다. 이 자료를 {x} 변수값의 도수를 이용하여 [그림 4.7.1]과 같이 입력할 수 있다. 여기서 변수 {wgt}는 {x} 변수의 빈도수를 의미하는 빈도변수이다.

그러나 이렇게 저장된 데이터 파일의 케이스는 4개이기 때문에 {x} 변수의 평균을 구하면 2.5일 것이다. 즉 [그림 4.7.1]의 상황에서는 실제 {x} 변수의 자료와 입력 자료가 상이하다. 이를 해결하기 위하여 가중 케이스란 도구가 필요한 것이다.

	x	wgt	변수
1	1	3	
2	2	2	
3	3	4	
4	4	1	
5			

[그림 4.7.1] 빈도변수 {wgt}

한 케이스의 도수를 변수 {wgt}로 입력하였으므로 이를 이용하여 실제 데이터의 케이스 수가 10이 되도록 한다. 예를 들어 변수 {wgt}를 이용한 {x} 변수의 평균은 다음과 같다.

$$\frac{1\times3+2\times2+3\times4+4\times1}{10}=\frac{23}{10}=2.3$$

[그림 4.1.1]의 주메뉴 [데이터(D)]에서 [가중 케이스(W)]를 선택하면 특정 빈도변수를 가중 케이스로 지정할 수 있다. [그림 4.7.2]의 "가중 케이스" 대화상자의 변수목록에서 빈도변수를 가중 케이스로 지정한다. 주의할 점은 빈도변수의 값이 0, 음수, 결측값인 케이스는 분석 시 제외된다는 점이다.

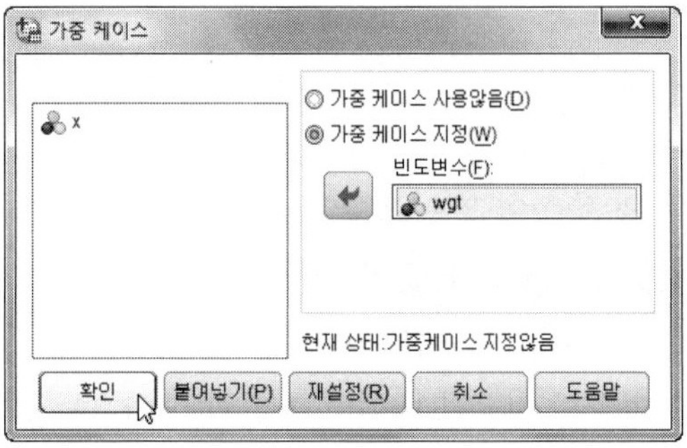

[그림 4.7.2] 가중 케이스 지정

[그림 4.7.3]은 [그림 4.7.1]의 변수 중에서 {wgt}를 가중 케이스로 설정된 이후 데이터 편집기 윈도우 하단에 "가중 설정" 메시지가 표시된 모습이다. 가중 케이스를 적용하면 가중 케이스 작업을 해제할 때까지 계속 적용되므로 가중 케이스가 없는 다른 변수를 분석할 때 주의하여야 한다. 또한 가중된 데이터 파일을 저장하면 가중 정보가 데이터 파일에 함께 저장된다.

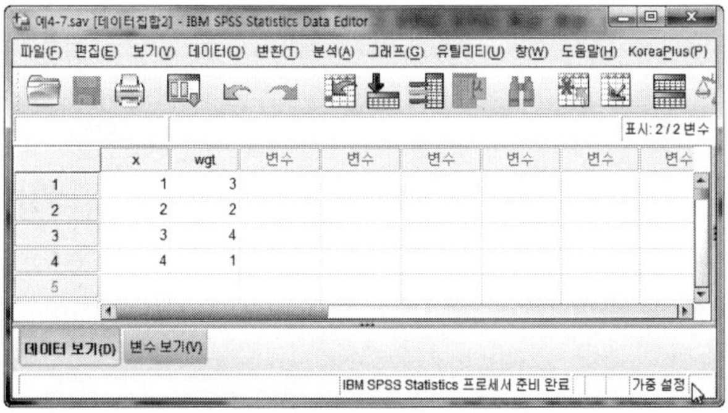

[그림 4.7.3] "가중 설정" 메시지 표시됨

다음은 {wgt} 변수를 가중 케이스로 지정한 이후 {x} 변수의 기술통계 프러시저를 실행한 결과이다.

기술통계량

	N	최솟값	최댓값	평균	표준편차
x	10	1	4	2.30	1.059
유효수(목록별)	10				

연습문제

4.1 (데이터 파일 "예4-6..sav") {성별}, {지능급별}의 순으로 오름차순으로 정렬한 집단에 대하여 {체중} 변수를 내림차순으로 정렬하여라.

4.2 2.2.1절에서 생성된 데이터 파일 "표1-3-1일부1.sav"와 2.2.2절에서 생성된 데이터 파일 "표1-3-1일부2.sav"를 케이스를 추가함으로써 파일 합치기를 수행하여라. 최종적으로 합쳐진 데이터 파일을 "표1-3-1일부12.sav"로 저장하여라.

4.3 연습문제 [4.2]에서 저장된 데이터 파일 "표1-3-1일부12.sav"와 2.3절에서 생성된 데이터 파일 "표1-3-1일부3.sav"을 {연번} 변수를 기준변수로 변수를 추가하는 파일 합치기를 수행하여라. 최종적으로 합쳐진 데이터 파일을 "표1-3-1일부123.sav"로 저장하여라. 이 데이터 파일과 [표 1.3.1]의 자료를 비교하여 잘못 입력된 자료를 찾아 수정하여라.

4.4 (데이터 파일 "예4-6..sav") 데이터 통합을 이용하여 {성별} 변수의 각 집단별로 {체중} 변수를 표준화하여라.

4.5 (데이터 파일 "예4-6..sav") 파일분할을 이용하여 다음 표를 완성하여라.

{SC}의 기술통계량

교육	성별	N	최솟값	최댓값	평균	표준편차
고졸 이하	F					
	M					
대졸	F					
	M					
대학원 이상	F					
	M					

4.6 (데이터 파일 "예4-6..sav") {교육}의 변수값이 2 이상이고 흡연을 하는 집단의 {SP} 변수의 평균과 표준편차를 구하여라.

제 II 부

IBM SPSS Statistics를 이용한 통계분석

제 5 장 빈도분석과 그래프 그리기

5.1 빈도분석

본격적인 통계분석을 하기에 앞서 자료(표본)가 추출된 모집단의 분포에 대한 특성을 먼저 파악하는 것이 중요하다. 모집단의 분포의 특성이란 모집단의 구성원들이 분포되어 있는 정도(중심 경향, 산포 정도 등)를 의미하는 것으로 모집단 분포의 특성을 추정할 수 있는 수치적 측도로 대푯값, 산포도, 형상 측도가 있다. 그러나 범주형 자료의 경우에는 수치적 측도가 모집단 분포의 특성을 잘 설명해 주지 못하므로 수치적 측도 대신 도수분포표나 막대도표 등을 활용하여 모집단 분포를 추정한다.

빈도분석(Frequency Analysis)은 도수분포표나 막대도표 등을 활용하여 모집단 분포를 추정하는 분석법이다. 이를 위해 [그림 5.1.1]과 같이 빈도분석 프러시저를 실행하면 변수를 설명하는 데 유용한 빈도표와 도표, 통계량 등을 얻을 수 있다.

[그림 5.1.1] [빈도분석(F)] 프러시저 실행

5.1.1 : 빈도표 작성

[빈도분석(F)] 프러시저를 통하여 특정 변수의 빈도표(도수분포표)를 작성할 수 있다. 이때 빈도분석이 필요한 변수는 명목 수준이나 순위 수준으로 측정된 범주형 변수이다. 그러나 개별값이 많은 연속형 변수는 빈도분석의 빈도표 분석이 적합하지 않다.

예를 들어 [그림 5.1.2]의 "빈도분석" 대화상자에 나열된 변수 중에서 분석하고자 하는 변수 {흡연}을 선택하고 [확인]하면 {흡연} 변수의 빈도표가 [뷰어] 윈도우에 출력된다.

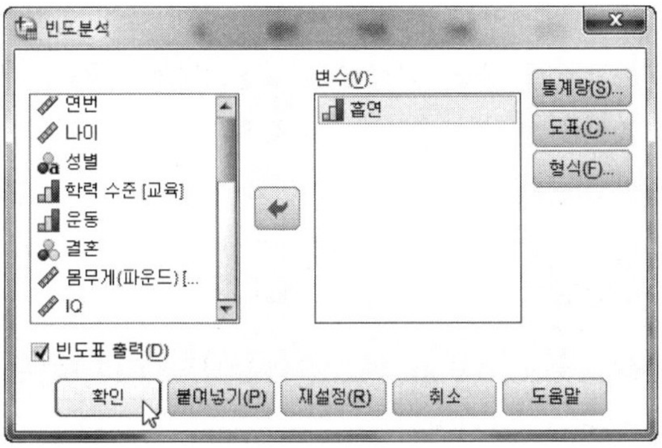

[그림 5.1.2] 빈도분석 대화상자: {흡연} 선택

흡연

		빈도	퍼센트	유효퍼센트	누적퍼센트
유효	금연	19	50.0	50.0	50.0
	하루 1갑 미만	16	42.1	42.1	92.1
	하루 1갑 이상	3	7.9	7.9	100.0
	합계	38	100.0	100.0	

이 출력결과에서 살펴보면 흡연에 대한 응답자 38명의 분포는 "금연"이 50.0%로 가장 많고, "하루 1갑 미만"이 42.1%, "하루 1갑 이상"이 7.9%로 이루어져 있다. 그러나 응답자 중의 흡연 비율과 금연 비율이 동일함을 알 수 있다.

빈도표의 "퍼센트" 열은 전체 응답자 중에서 각 집단(열)의 점유 비율을 뜻한다. 반면에 "유효퍼센트" 열은 결측값을 제외한 유효 응답자 중에서 각 집단의 점유 비율을 의미한다. 즉 비율을 계산하는 분모의 값이 달라진다. {흡연} 변수는 결측값이 없기 때문에 퍼센트와 유효퍼센트의 값이 같다. "누적퍼센트"는 변수의 값의 증가에 따른 누적 백분율을 의미한다.

- **[통계량(S)]**

빈도분석의 빈도표의 출력과 함께 빈도분석 프러시저는 옵션으로 사용자의 선택을 통해 출력할 수 있는 다양한 통계량을 제공하고 있다. 다음은 빈도분석 프러시저에서 선택할 수 있는 통계량을 간단히 나열한 것이다.

- **중심경향**: 평균, 중위수, 최빈값, 합계
- **산포도**: 표준편차, 분산, 범위, 최솟값, 최댓값, 평균의 표준오차
- **분포**: 왜도와 첨도(표준오차 포함)
- **백분위수 값**: 사분위수, 절단점, 백분위수

- **[도표(C)]**

빈도분석 프러시저를 이용하면 막대도표, 원도표, 히스토그램 중 하나를 선택하여 도표를 작성할 수 있다. 각 도표를 작성하는 방법을 5.2.1절에서 몇 가지 예를 통하여 설명하였다.

- **[형식(F)]**

[그림 5.1.3]의 "빈도분석: 형식" 대화상자를 이용하면 빈도표의 출력순서를 변수값이나 빈도값에 따라 내림차순 또는 오름차순으로 정렬할 수 있다.

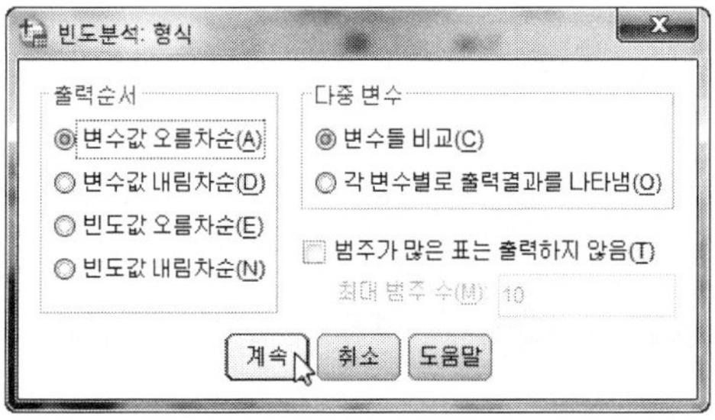

[그림 5.1.3] 빈도분석: 형식

- **다중 변수**: 빈도분석을 하기 위해 복수의 변수를 선택하는 경우 [통계량(S)] 버튼에 의해 선택되는 통계량들이 비교를 위해 단일 표에 표시된다(디폴

트). 그러나 각 변수에 대하여 개별 통계표를 얻고자 한다면 다음 선택사항을 체크한다.

◉ 각 변수별로 출력결과를 나타냄(O)

□ 범주가 많은 표는 출력하지 않음: 이 옵션을 체크하면 사용자가 지정한 최대 범주 수보다 많은 범주를 갖는 변수의 빈도표가 출력되지 않는다.

예제 5.1.1 (데이터 파일 "예4-6.sav") 빈도분석 프러시저를 이용하여 다음 표를 완성하여라.

(빈도수(%))

교육 \ 성별	남('M')	여('F')	계
고졸 이하	5 (27.8)		
대졸	3 (16.7)		15 (39.5)
대학원 이상	10 (55.6)		
계	18 (100.0)		38 (100.0)

풀이 5.1.1 먼저 [그림 4.5.2]와 같이 {성별} 변수를 분할 집단변수로 지정하여 데이터 파일을 파일 분할한다. 이어서 [기술통계량(E)]→[빈도분석(F)] 프러시저를 실행한 후, "빈도분석" 대화상자에 {교육} 변수를 지정하면 다음과 같이 {교육} 변수의 빈도표를 구할 수 있다.

학력 수준

성별			빈도	퍼센트	유효퍼센트	누적퍼센트
F	유효	고졸 이하	6	30.0	30.0	30.0
		대졸	12	60.0	60.0	90.0
		대학원 이상	2	10.0	10.0	100.0
		합계	20	100.0	100.0	
M	유효	고졸 이하	5	27.8	27.8	27.8
		대졸	3	16.7	16.7	44.4
		대학원 이상	10	55.6	55.6	100.0
		합계	18	100.0	100.0	

이 빈도표를 이용하여 {성별}의 값이 'F'인 집단의 빈 칸을 해결할 수 있을 것이다. 그러나 전체 응답자에 대한 {교육} 변수의 각 값의 빈도가 표시되지 않았기 때문에 파일 분할 설정을 해제한 후, 다시 {교육} 변수에 대하여 [기술통계량(E)] →[빈도분석(F)] 프러시저를 실행한다.

다음 표는 {교육} 변수에 대한 빈도표이다. 이 표를 살펴보면 전체 38명의 응답자 중 '대졸'의 학력을 가진 응답자가 15명으로 전체의 39.5%를 차지하고 있다. 이와 같이 두 개의 빈도표를 이용하면 [예제 5.1.1]의 표가 완성될 것이다.

학력 수준

		빈도	퍼센트	유효퍼센트	누적퍼센트
유효	고졸 이하	11	28.9	28.9	28.9
	대졸	15	39.5	39.5	68.4
	대학원 이상	12	31.6	31.6	100.0
	합계	38	100.0	100.0	

5.1.2 : 교차표 작성

[예제 5.1.1]의 표와 같이 두 개의 변수를 행과 열에 배치한 표를 교차표(이원배치표)라고 한다. 선택적으로 또 다른 변수를 제어변수로 선택하여 다원배치표를 작성할 수 있다. 빈도분석 프러시저를 통하여 교차표를 작성할 수 있으나 [예제 5.1.1]의 해결 과정에서 알 수 있듯이 조금 복잡한 작업을 해야 한다.

SPSS 시스템에서는 교차분석 프러시저를 사용하여 이원배치표를 비롯하여 다원배치표의 교차표를 만들 수 있으며, 특히 이원배치표에 대한 다양한 검정과 결합 측도를 사용할 수 있다. 이때 표의 구조와 범주 정렬 여부에 따라 사용할 검정이나 측도가 결정되는데 자세한 검정 방법은 11장에서 다룰 것이다.

교차표의 작성은 [그림 5.1.1]의 [기술통계량(E)]→[교차분석(C)] 프러시저를 이용한다.

이원배치표의 교차표를 작성하는 방법은 먼저 [그림 5.1.4]의 "교차분석" 대화상자에서 행(W)과 열(C)에 교차표를 작성하고자 하는 변수를 각각 지정한다. 레이어에 변수를 지정하면 그 값에 따라 제어되는 삼원배치표가 출력된다.

[그림 5.1.4] 교차분석 대화상자

- **[통계량(S)]**

Pearson 카이제곱 통계량 등 교차분석에 필요한 각종 통계량을 얻을 수 있다(11장 참조).

- **[셀(E)]**

행과 열에 지정한 변수의 각 교차 셀에 대하여 관측된 케이스 수와 전체 응답자의 비율, 각 행 또는 각 열에 대한 비율을 표시할 수 있다.

예제 5.1.2 (데이터 파일 "예4-6.sav") 교차분석 프러시저를 이용하여 다음 표를 완성하여라.

(빈도수 (열 %, 전체 %))

변인	구분 \ 성별	남('M')	여('F')	계
운동	전혀 안 함	5 (33.3, 14.3)	10 (50.0, 28.6)	15 (42.9)
	일주일 1~2일	7 (46.7, 20.0)		
	일주일 3일 이상	3 (20.0, 8.6)		
	계	15 (100.0, 42.9)	20 (100.0, 57.1)	
결혼	미혼			
	기혼			
	이혼			
	사별			
	계	15 (100.0, 42.9)	20 (100.0, 57.1)	

교차표를 완성하기 위하여 다음 [그림 5.1.5]와 같이 "교차분석" 대화상자의 열에 변수 {성별}을 입력하고, 행에 {운동} 변수와 {결혼} 변수를 입력한다. 행이나 열에 복수의 변수를 입력할 경우 순서에 상관없이 모든 '행*열' 교차표가 출력된다. 따라서 [그림 5.1.5]와 같이 설정하면 '운동*성별' 교차표와 '결혼*성별' 교차표가 출력될 것이다.

행과 열에 변수를 입력한 후 [셀(E)] 버튼을 눌러 교차표의 각 셀에 표시될 빈도와 퍼센트를 지정한다. [그림 5.1.6]의 "교차분석: 셀 출력" 대화상자에서는 각 셀의 출력 퍼센트로 열({성별} 변수)에 대한 %와 전체 %를 선택하였다.

[그림 5.1.5] 행 변수와 열 변수 지정

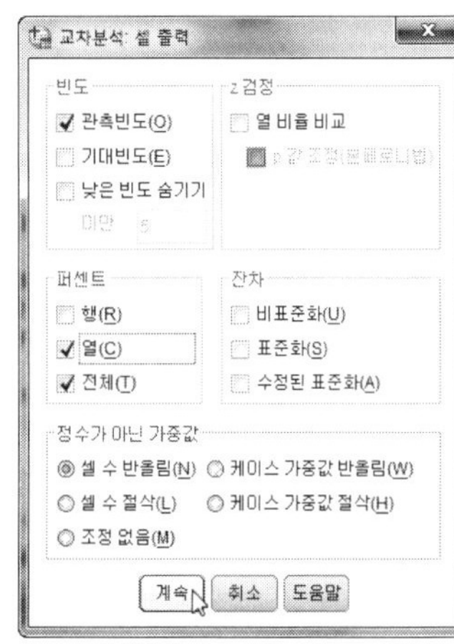

[그림 5.1.6] 셀 출력 지정

다음 표는 [그림 5.1.6]의 설정으로 [계속]한 후 돌아온 [그림 5.1.5]에서 [확인] 버튼을 눌러 실행된 교차분석의 출력결과이다. 이 두 개의 교차표를 이용하면 [예제 5.1.2]의 표를 완성할 수 있다.

'운동*성별' 교차표를 보면 각 셀은 빈도수, 열 백분율, 전체 백분율의 순으로 표시되고 있음을 알 수 있다. 각 행의 오른쪽 끝에는 행 변수의 각 값에 대한 합계가 표시되며, 각 열의 마지막 행에는 열 변수의 각 값에 대한 합계가 표시된다. 예를 들어 운동을 전혀 하지 않는 'F' 집단의 빈도수는 10이며, 이 집단의 총 수는 20이므로 이 집단의 열에 대한 %는 50.0%이다. 또한 전체 응답자 수가 38명이므로 운동을 전혀 하지 않는 'F' 집단의 전체 %는 10/38을 백분율로 계산한 26.3%이다.

운동 * 성별 교차표

			성별		전체
			F	M	
운동	전혀 안 함	빈도	10	5	15
		성별 중 %	50.0%	27.8%	39.5%
		전체 %	26.3%	13.2%	39.5%
	일주일 1~2일	빈도	8	9	17
		성별 중 %	40.0%	50.0%	44.7%
		전체 %	21.1%	23.7%	44.7%
	일주일 3일 이상	빈도	2	4	6
		성별 중 %	10.0%	22.2%	15.8%
		전체 %	5.3%	10.5%	15.8%
전체		빈도	20	18	38
		성별 중 %	100.0%	100.0%	100.0%
		전체 %	52.6%	47.4%	100.0%

결혼 * 성별 교차표

			성별		전체
			F	M	
결혼	미혼	빈도	5	4	9
		성별 중 %	25.0%	22.2%	23.7%
		전체 %	13.2%	10.5%	23.7%
	기혼	빈도	9	10	19
		성별 중 %	45.0%	55.6%	50.0%
		전체 %	23.7%	26.3%	50.0%
	사별	빈도	2	1	3
		성별 중 %	10.0%	5.6%	7.9%
		전체 %	5.3%	2.6%	7.9%
	이혼	빈도	4	3	7
		성별 중 %	20.0%	16.7%	18.4%
		전체 %	10.5%	7.9%	18.4%
전체		빈도	20	18	38
		성별 중 %	100.0%	100.0%	100.0%
		전체 %	52.6%	47.4%	100.0%

5.1.3 : 피벗표의 수정

보통 보고서를 작성할 때 통계분석 프러시저를 실행하여 얻어진 피벗표나 도표를 보고서의 용도에 맞추어 수정할 경우가 발생한다. 예를 들어 피벗표의 열이나 행의 위치를 바꾸거나 표 모양 변경하기, 그리고 레이어 변수 삽입 등의 요구사항이 발생하면 출력된 피벗표를 수정하여야 한다.

피벗표는 [뷰어] 윈도우에서 피벗표를 더블 클릭함으로써 직접 편집할 수 있다. 또 다른 방법은 별도의 [피벗표 편집기] 윈도우를 새로 생성하여 편집하는 것이다. [피벗표 편집기] 윈도우의 메뉴는 피벗표를 편집하는 데 필요한 것들로 구성되어 있기 때문에 피벗표 편집이 용이하다.

5.1.3.1 피벗트레이를 이용한 변수 배열 바꾸기

다음 [그림 5.1.7]은 삼원배치표를 출력하기 위한 교차분석 대화상자의 모습이다. 이 대화상자에서 [셀(E)]의 설정을 따로 하지 않고 바로 교차분석 프러시저를 실행하면 교차표의 각 셀에는 빈도수만 출력된다.

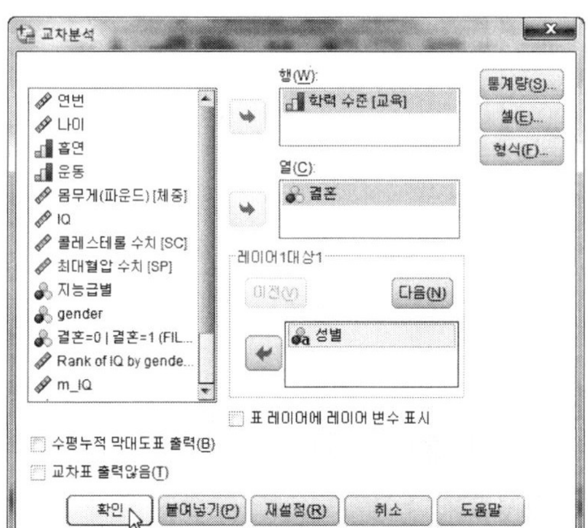

[그림 5.1.7] 레이어 변수로 {성별} 변수 지정

다음 [그림 5.1.8]은 [그림 5.1.7]의 교차분석을 [확인]함으로써 [뷰어] 윈도우에 출력된 '교육*결혼*성별' 교차표의 모습이다.

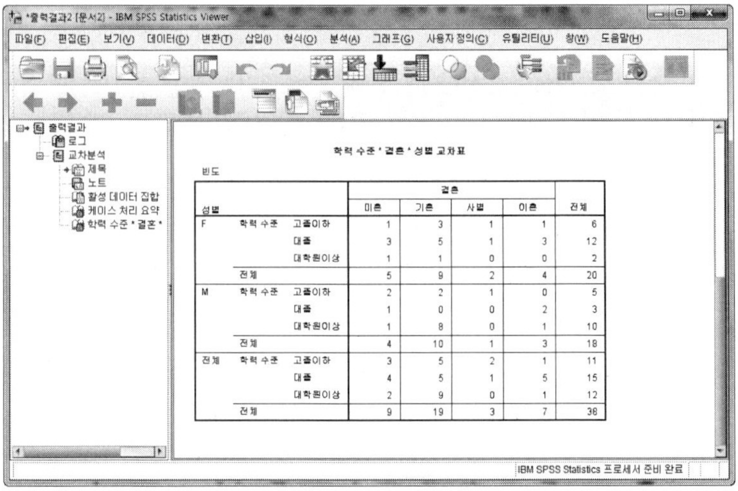

학력 수준 * 결혼 * 성별 교차표

빈도

성별			결혼: 미혼	기혼	사별	이혼	전체
F	학력 수준	고졸이하	1	3	1	1	6
		대졸	3	5	1	3	12
		대학원이상	1	1	0	0	2
	전체		5	9	2	4	20
M	학력 수준	고졸이하	2	2	1	0	5
		대졸	1	0	0	2	3
		대학원이상	1	8	0	1	10
	전체		4	10	1	3	18
전체	학력 수준	고졸이하	3	5	2	1	11
		대졸	4	5	1	5	15
		대학원이상	2	9	0	1	12
	전체		9	19	3	7	38

[그림 5.1.8] 학력 수준*결혼*성별의 교차표

[그림 5.1.8]의 교차표를 살펴보면 레이어로 지정된 {성별} 변수가 행으로 지정된 {교육} 변수 앞에 표시되어 있다. 표 레이어에 {성별} 변수를 표시하고자 할 경우에는 [그림 5.1.7]의 대화상자에 표시되어 있는

□ 표 레이어에 레이어 변수 표시

를 체크한다.

이제 {결혼} 변수를 {성별} 변수의 위치에, {교육} 변수를 열의 위치에, {성별} 변수를 행의 위치에 오도록 [그림 5.1.8]의 피벗표를 다음 단계에 따라 바꾸어 보자.

〈step1. [그림 5.1.9]와 같이 수정하고자 하는 피벗표를 선택한 후, 마우스 오른쪽 버튼을 눌러 [내용 편집(O)] → [별도의 창에서(W)] 메뉴를 순서대로 선택한다.

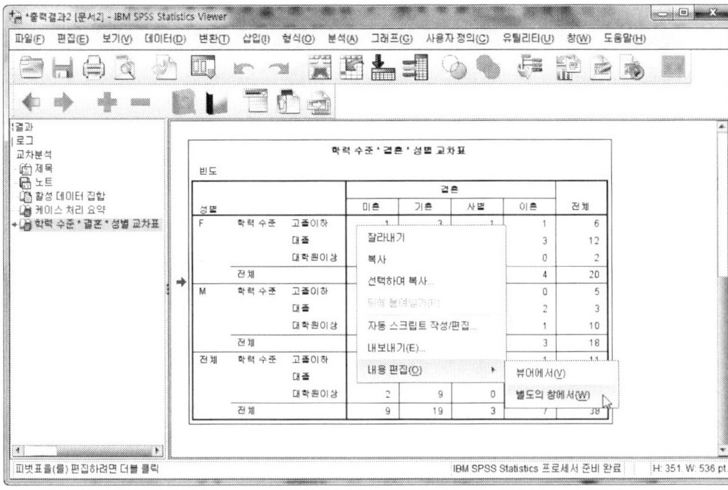

[그림 5.1.9] 피벗표를 클릭한 후 내용편집 옵션 선택

〈step2. [피벗표 편집기] 윈도우에 [그림 5.1.10]과 같이 선택된 피벗표가 자동으로 표시된다. 이때 [피벗]→[피벗 트레이(P)] 메뉴를 선택하여 나타난 피벗 트레이에서 마우스를 이용하여 [그림 5.1.11]과 같이 변수들을 목적하는 위치에 각각 이동시킨다.

〈step3. 변수들을 이동시킨 피벗 트레이 창을 닫아 준다. 이어서 [피벗표 편집기] 윈도우를 닫아 [뷰어] 윈도우로 돌아오면 [그림 5.1.8]의 교차표가 [그림 5.1.12]와 같이 수정되어 있음을 알 수 있다.

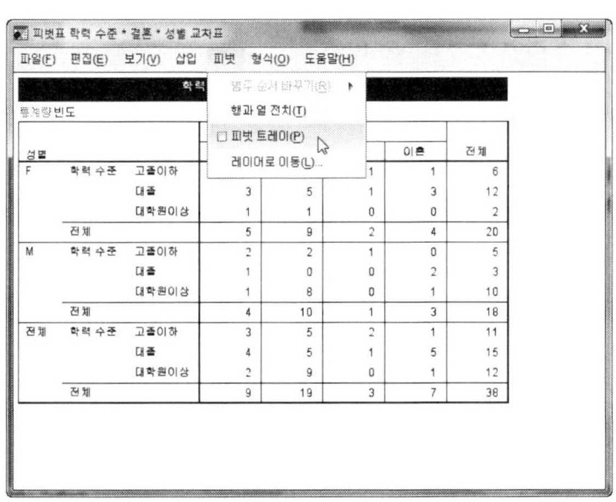

[그림 5.1.10] [피벗표 편집기] 윈도우

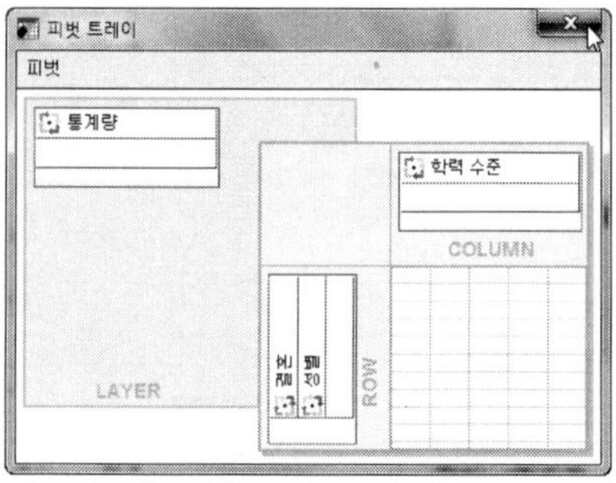

[그림 5.1.11] 피벗 트레이

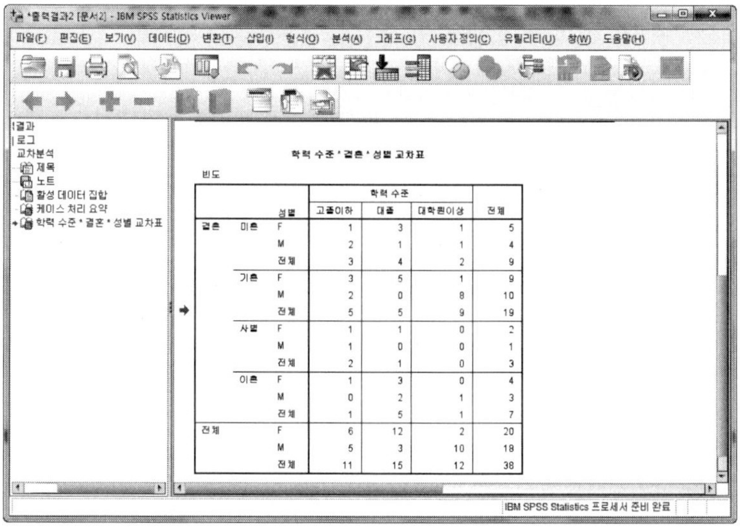

[그림 5.1.12] 수정된 '학력 수준 * 결혼 * 성별' 교차표

5.1.3.2 레이어 변수의 값 바꾸기

[그림 5.1.11]의 피벗 트레이에 있는 변수 중에서 {성별} 변수를 레이어 영역에 이동시키면 {성별} 변수가 레이어 변수로 작동한다. 예를 들어 [그림 5.1.13]과 같이 피벗 트레이에서 {성별} 변수를 레이어(LAYER) 영역으로 옮기면 [그림 5.1.14]와 같이 피벗표의 행에 표시되었던 {성별} 변수가 레이어 트레이로 이동하고 피벗표에 레이어가 생성된다. 레이어 트레이에 있는 ▼를 눌러 레이어 변수의 값을 다른 값으로 변경할 수 있다. 즉 레이어 트레이에 있는 ▼를 눌러 {성별} 변수의 값 'F'를 'M'으로 변경하면 {성별}의 값이 'M'인 집단의 '결혼*학력 수준' 교차표가 [그림 5.1.15]와 같이 출력된다.

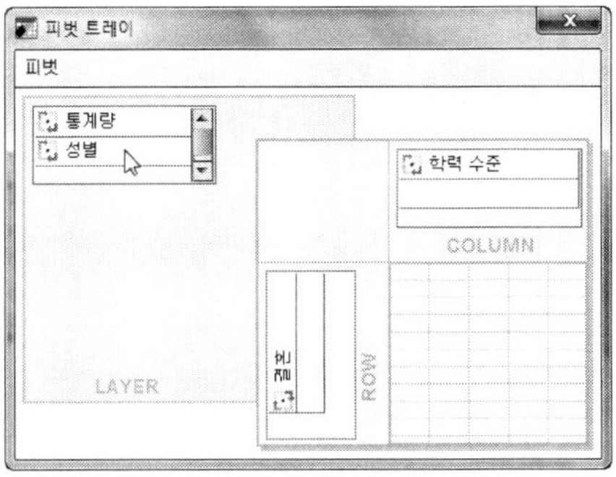

[그림 5.1.13] 레이어 변수 지정

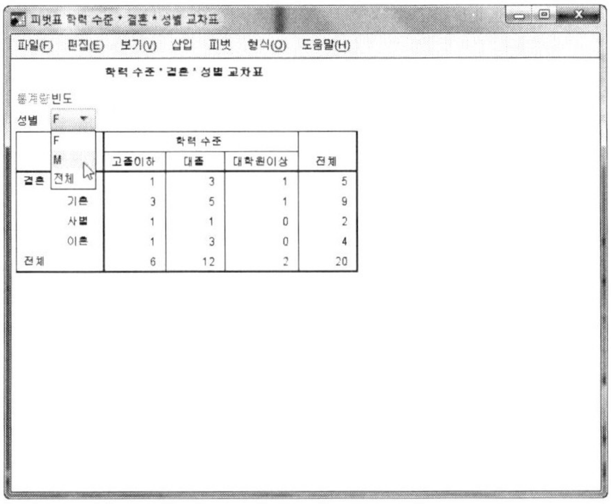

[그림 5.1.14] {성별} 변수의 레이어 값 변경하기

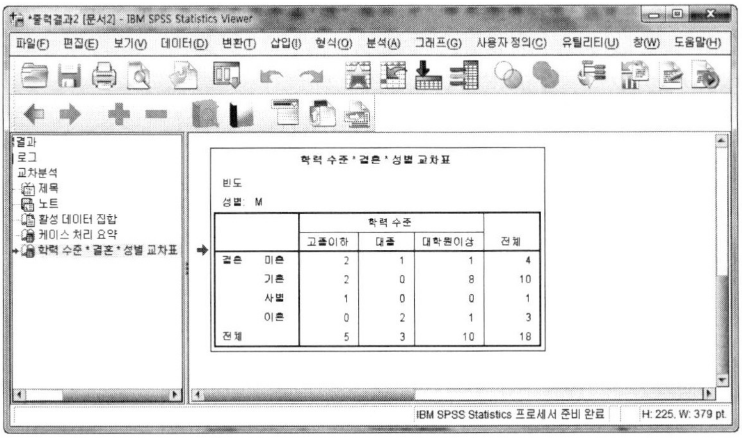

[그림 5.1.15] [뷰어] 윈도우에 출력된 'M' 집단의 '결혼*교육' 교차표

5.1.3.3 행과 열의 변수 바꾸기

[뷰어] 윈도우에 출력된 피벗표의 행과 열을 서로 맞바꿀 수 있다. 이 작업은 간단하므로 [피벗표 편집기] 윈도우를 이용하지 말고 [뷰어] 윈도우 창에서 직접 실행해 보자. [뷰어] 윈도우 창에서 피벗표를 편집하기 위해서는 피벗표를 선택한 후 더블 클릭하면 된다. 피벗표를 선택한 후 더블 클릭하면 [뷰어] 윈도우의 메뉴가 [피벗표 편집기] 윈도우 메뉴를 포함하는 것으로 살짝 바뀐다.

[그림 5.1.15]에 표시된 피벗표의 행과 열의 변수들을 서로 맞바꾸기 위해서 먼저 피벗표를 편집 상태로 만든 후 [피벗] 메뉴에서 [행과 열 전치(T)]를 선택하면 {교육} 변수가 행으로, {결혼} 변수가 열로 이동한다.

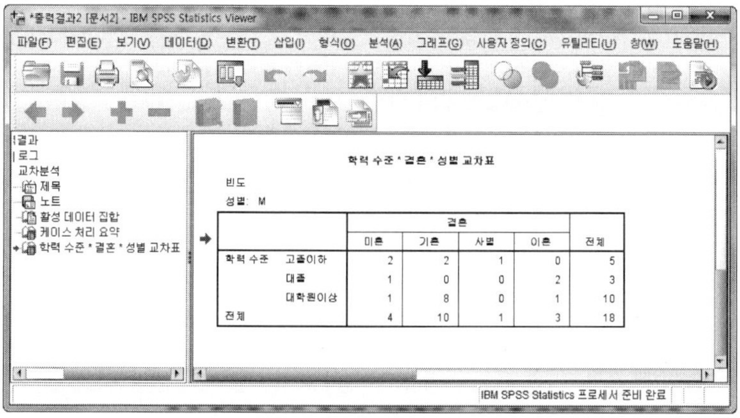

[그림 5.1.16] 행과 열이 전치된 'M' 집단의 '교육*결혼' 교차표

5.2 통계 그래프

통계분석을 위해 표집된 자료를 요약하는 방법으로 그래프를 통한 시각적인 분석법과 자료의 수치적 측도를 산출하는 방법이 있다. 빈도표와 더불어 막대도표나 히스토그램 등의 그래프를 그려보는 시각적인 방법은 모집단의 특성을 어느 정도 추측할 수 있는 기술통계학의 한 분야이다.

기술통계학에서 그래프를 통한 자료분석은 모집단의 특성을 시각적으로 파악할 수 있다는 장점이 있지만, 분석자에 의해 그래프가 왜곡될 수 있다는 단점도 동시에 수반되기 때문에 그래프를 통한 분석법과 함께 분포의 특성을 설명할 수 있는 수치적 측도로서의 기술통계량이 필요하다.

SPSS 시스템에서는 각종 통계분석 프러시저를 통해 분석과 관련된 간단한 도표를 출력할 수도 있지만, 데이터 편집기 윈도우의 [그래프(G)] 메뉴를 통하여 다양한 종류의 그래프를 산출할 수 있다([그림 5.2.1]).

[그림 5.2.1] [그래프(G)] 메뉴

5.2.1 : 빈도분석을 통한 도표 그리기

빈도표를 작성하기 위한 빈도분석 프러시저를 실행할 때 [도표(C)] 버튼을 이용하면 막대도표와 원도표, 그리고 히스토그램을 간단히 그릴 수 있다.

[그림 5.2.2] 빈도분석: 도표

• **도표 유형**

◉ 막대도표(B)

막대도표는 범주형 변수를 시각적으로 요약할 때 유용하다. 예를 들어 설문조사에 참여한 남자 및 여자 인원수를 표시하거나 각 집단의 전체에 대한 비율(%)를 막대도표로 표시할 수 있다.

[그림 5.2.3]은 빈도분석과 더불어 출력하고자 하는 막대도표의 축을 퍼센트로 표시하고자 할 때 [도표(C)]를 설정한 예를 표시한 것이다.

[그림 5.2.3] 빈도분석에서 막대도표 그리기

다음 도표는 빈도분석을 통해 {성별} 변수를 막대도표로 그린 것이다. 첫 번째 도표는 도표화 값으로 [◉ 빈도(F)]를 선택한 것이며, 두 번째 도표는 도표화 값으로 [◉ 퍼센트(C)]를 선택한 것이다.

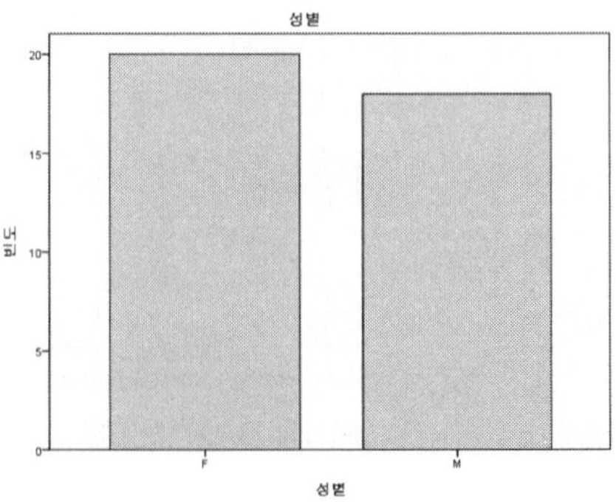

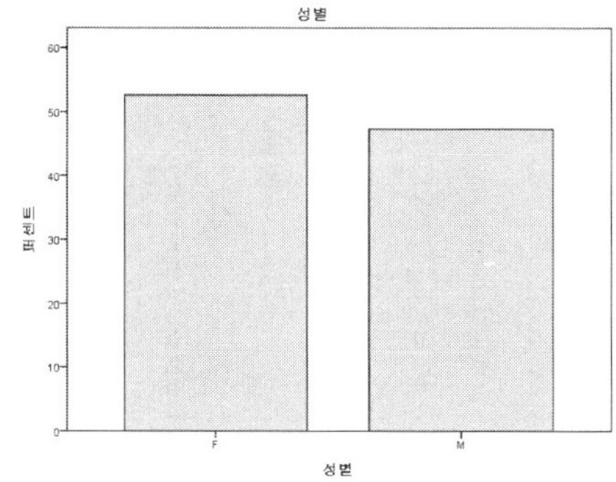

[뷰어] 윈도우에 출력된 두 번째 도표를 더블 클릭하면 이 도표가 [도표 편집기] 윈도우에 표시된다. 도표 편집기에서 [옵션(O)] → [도표 전치(R)] 메뉴를 막대도표에 적용하면 다음과 같이 수평 막대도표로 변경할 수 있다.

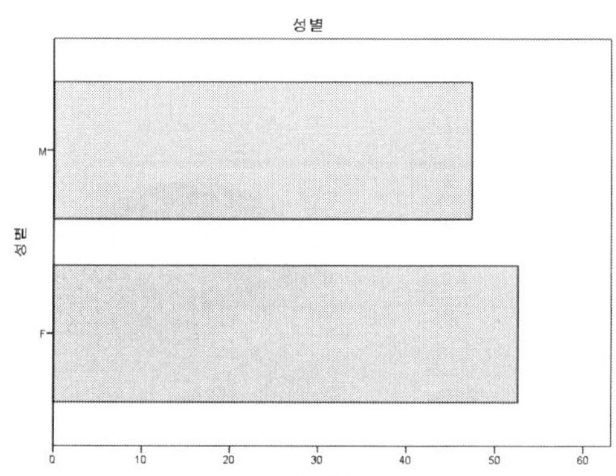

◉ 원도표(P)

전체에서 부분이 차지하는 정도를 원 모양으로 표시하고자 할 때 원도표를 사용한다. 원도표의 각 조각은 단일 집단변수로 정의한 집단으로 도수 또는 퍼센트로 설명할 수 있다.

[그림 5.2.4]는 빈도분석을 통하여 {결혼} 변수의 원도표를 출력하고자 [도표(C)]를 설정한 모습이다. 그러나 "빈도분석" 대화상자에서 [□ 빈도표 출력(D)]를 체크하지 않았기 때문에 {결혼} 변수의 빈도표는 출력되지 않을 것이다.

[그림 5.2.4] 빈도분석에서 원도표 그리기

다음은 빈도분석을 통해 {결혼} 변수를 원도표로 나타낸 것이다. 도표화 값으로 [◉ 빈도(F)]를 선택하였다. 그러나 이렇게 출력된 원도표는 각 조각의 크기만을 표시한 것으로 각 조각의 수치 표현 등 좀 더 상세한 설정이 필요하다.

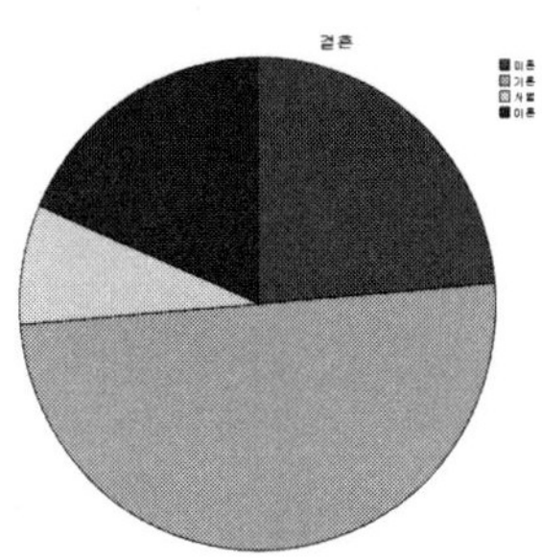

{결혼} 변수에 대한 원도표의 각 조각 안에 이 조각을 의미하는 해당 집단의 빈도수와 퍼센트를 삽입할 수 있다. 이를 단계별로 간단히 설명하면 다음과 같다.

〈step1. 먼저 [그림 5.2.4]의 실행 결과 얻어진 원도표를 더블 클릭하여 [도표 편집기] 윈도우에 수정하고자 하는 원도표를 표시한다.

〈step2. 다음으로 원도표의 원을 선택한 후 [요소(M)] 메뉴의 [데이터 설명 보이기(D)]를 실행하여 [그림 5.2.5]와 같이 "특성" 대화상자가 나타나도록 한다. 이어서 이 "특성" 대화상자의 [표시 안 함(P)] 상자 속에 들어 있는 "퍼센트"와 "빈도" 문자열을 선택하고 ↑를 클릭하여 두 문자열을 [표시(N)] 상자로 옮긴다.

〈step3. 마지막으로 [적용(A)] 버튼을 누르면 원도표의 각 집단의 조각 안에 빈도수와 백분율이 표시된다.

이와 같은 단계를 거쳐 [도표 편집기] 윈도우의 원도표를 편집하고 종료하면 [뷰어] 윈도우의 원도표가 수정된다.

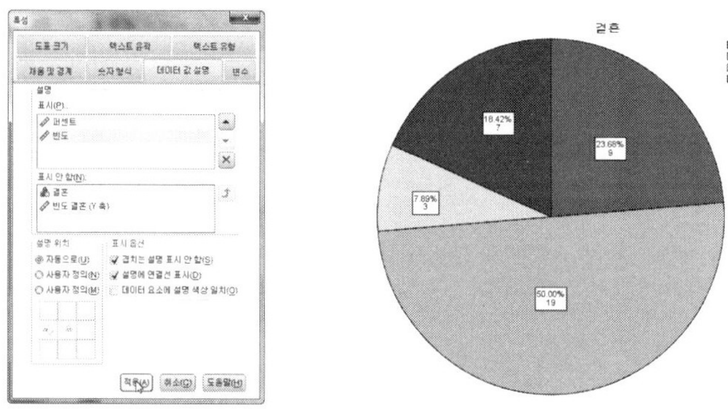

[그림 5.2.5] 특성

◉ 히스토그램(H)

히스토그램은 양적변수의 분포를 알아보기 위하여 서로 다른 등간격 안에 속해있는 데이터들의 상대적인 집중 상태를 그린 도표이다. 각 구간에 표시된 막대의 높이는 그 구간 내 포함된 양적변수 값의 빈도를 의미하며, 히스토그램을 통하여 전체 분포의 형태, 중심 위치, 산포 등을 시각적으로 추정할 수 있다. SPSS에서는 히스토그램에 정규곡선을 추가하여 데이터가 정규적으로 분포되었는지 확인할 수 있다.

[그림 5.2.6]은 빈도분석을 통하여 양적변수 {IQ} 변수의 히스토그램을 출력하고자 [도표(C)]를 설정한 모습이다. 또한 양적변수 {IQ} 변수의 데이터가 정규적으로 분포되었는지 확인하기 위하여 히스토그램에 정규곡선 표시를 하도록 설정하였다.

[그림 5.2.6] 빈도분석-히스토그램 그리기

다음은 [그림 5.2.6]의 설정으로 출력된 {IQ} 변수의 히스토그램이다.

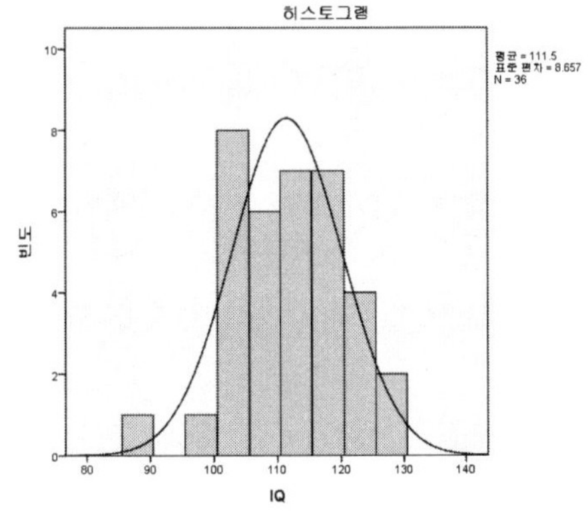

[뷰어] 윈도우에 출력된 {IQ} 변수의 히스토그램에서 x축의 시작점과 끝점의 값, 주눈금 증가분 등을 수정하고, y축의 빈도수 척도를 퍼센트로 바꿔보자. 이미 설명한 바와 같이 {IQ} 변수의 히스토그램을 더블 클릭하면 자동으로 {IQ} 변수의 히스토그램이 포함된 [도표 편집기] 윈도우가 나타난다([그림 5.2.7]).

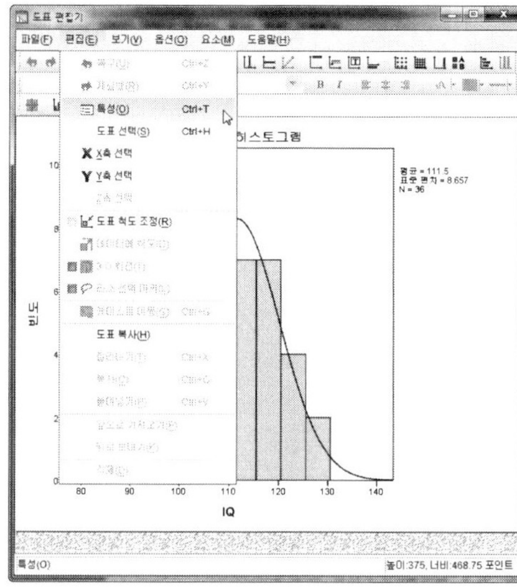

[그림 5.2.7] 도표 수정을 위한 [도표 편집기] 윈도우

도표의 구성요소(텍스트 유형, 도표의 크기, 막대의 채움 모양, 색상, 숫자 형식, 척도화 분석, 변수 등)를 변경하기 위하여 x축의 숫자부분을 먼저 클릭한 후 [편집(E)]→[특성(O)] 메뉴를 선택하거나 x축의 숫자부분에서 더블 클릭한다. 이때 나타나는 다음 특성 대화상자의 〈척도화 분석〉 탭에서 x축의 최솟값, 최댓값, 그리고 주눈금 증가분을 사용자 정의한다. 단 자동에 체크되어 있는 화살표는 해제해야 한다. 마지막으로 〈변수〉 탭에서 "퍼센트"를 y축으로 설정하고 [적용(A)]한다.

이제 "특성" 대화상자를 [닫기]하고 [도표 편집기] 윈도우를 끝내면 {IQ} 변수의 히스토그램이 수정되어 있음을 확인할 수 있다.

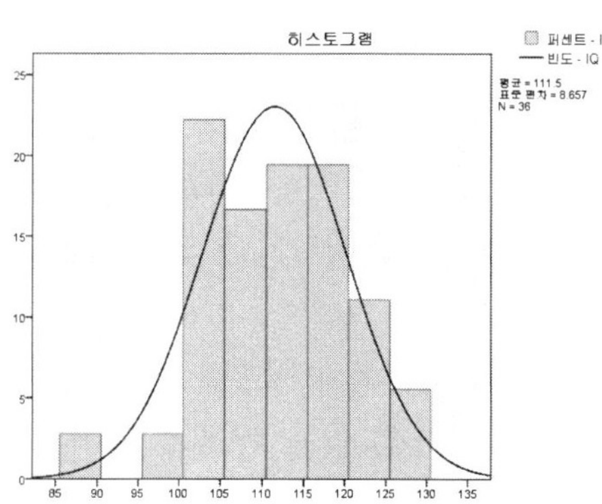

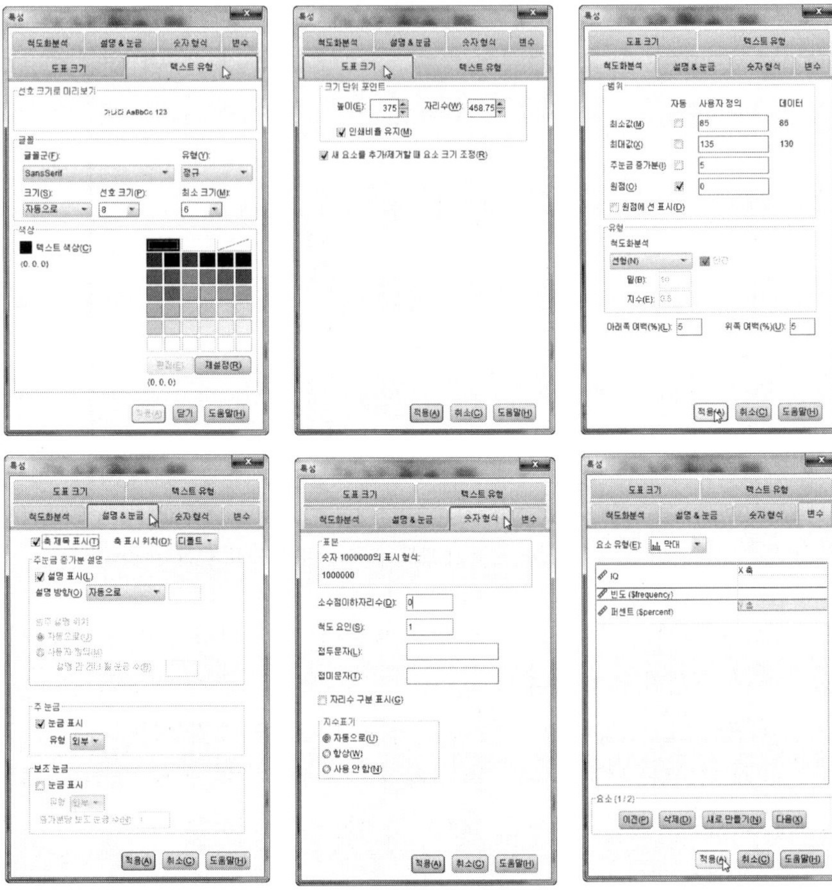

[그림 5.2.8] 특성

이와 같이 도표의 종류에 따라 “특성” 대화상자의 탭의 기능도 조금씩 차이가 있지만 도표의 성질을 이해하면 대부분의 도표를 쉽게 수정할 수 있을 것이다.

5.2.2 : 레거시 대화상자를 통한 그래프 그리기

[그림 5.2.1]에 표시된 [그래프(G)] 메뉴에서 [도표 작성기(C)]와 [그래프보드 양식 선택기(G)]를 이용하여 다양하고 복잡한 그래프를 얻을 수 있다. 그러나 기초 통계학에서 자주 사용하는 그래프들은 [레거시 대화상자(L)]에서 간단히 얻을 수 있으므로 이 메뉴를 이용하여 그래프를 그려 보자. 이 절에서 소개되는 대부분의 그래프는 데이터 파일 "예4-6.sav"의 자료를 이용하여 출력하였다.

5.2.2.1 막대도표

가장 단순한 도표 중의 하나가 막대도표이지만 그 형태와 도표에 표시할 데이터의 종류에 따라 다양한 막대도표를 그릴 수 있다. [그림 5.2.9]는 [레거시 대화상자(L)] 메뉴의 [막대도표(B)]를 선택할 경우 표시되는 "막대도표" 대화상자이다.

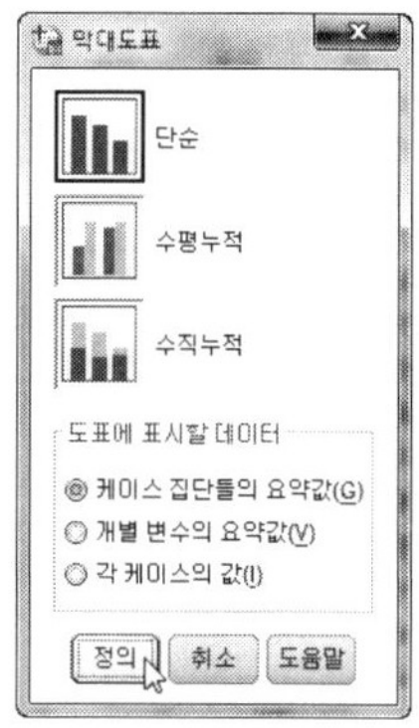

[그림 5.2.9] 막대도표

[그림 5.2.9]의 대화상자에서 그리고자 하는 막대도표의 유형을 "단순"으로 지정하고, 도표에 표시할 데이터 종류 각각에 대하여 [표 5.2.1]의 최소 지정 사항에 부합하도록 변수를 정의하면 세 종류의 단순 막대도표를 얻을 수 있다.

다양한 막대도표를 그리기 위해서는 [그림 5.2.9]의 대화상자에서 막대도표의 유형과 도표에 표시할 데이터 종류 중에서 하나를 각각 선택한 후 막대도표를 구체적으로 [정의]해야 한다. 막대도표의 [정의]에는 범주축의 변수를 지정하는 것 이외에 막대표시를 위한 변수의 요약통계량을 지정하는 것 등을 들 수 있다. 예를 들어 케이스 집단들의 요약값으로 단순 막대도표를 정의할 때, [그림 5.2.10]의 단순 막대도표 정의 대화상자에 [범주축(X)]의 변수에 {결혼}을 지정한 후, '케이스 수' 대신 다른 변수 {체중}의 평균 통계량으로 막대표시를 변경할 수 있다.

[그림 5.2.9]의 "막대도표" 대화상자에서 막대도표의 유형을 "수평누적"으로 지정하고, 도표에 표시할 데이터 종류의 각각에 대하여 [표 5.2.2]의 최소 지정 사항에 부합하도록 변수를 정의하면 서로 다른 유형의 수평누적 막대도표를 얻을 수 있다.

[표 5.2.1] 단순 막대도표

도표에 표시할 데이터	단순 막대도표	최소 지정 사항
케이스 집단들의 요약값	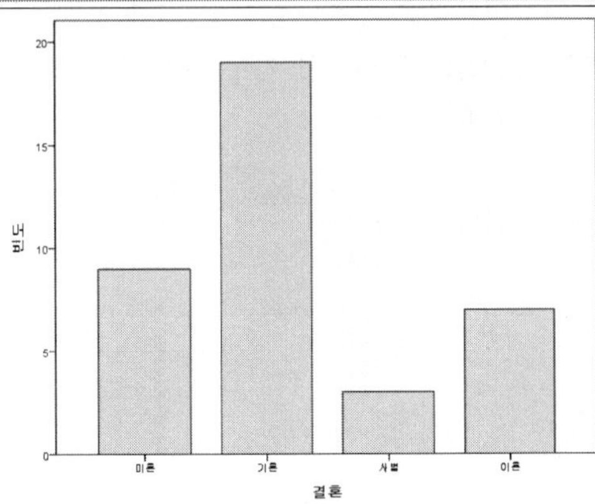	범주축 변수: {결혼}
개별 변수의 요약값	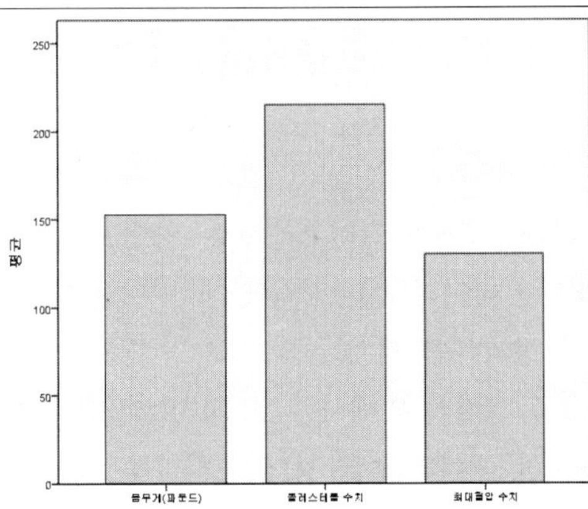	막대표시 변수 2개 이상: {체중}, {SC}, {SP}
각 케이스의 값	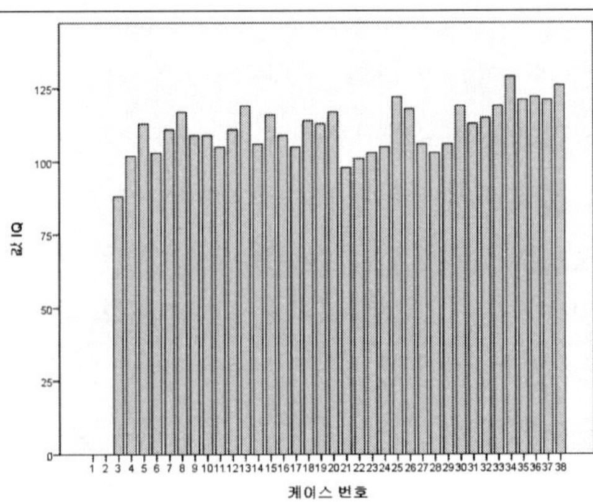	막대표시 변수 1개: {IQ}

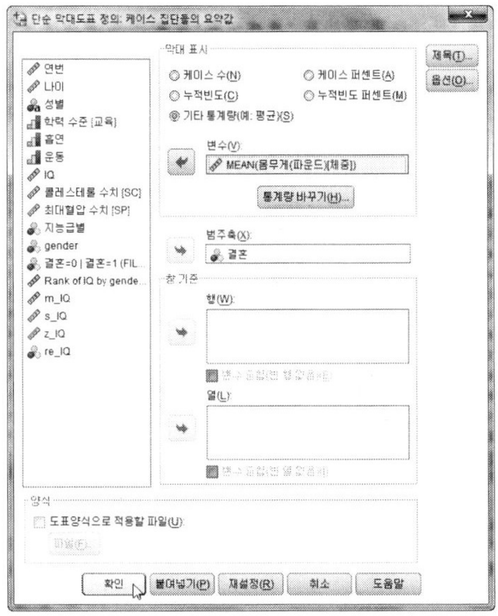

[그림 5.2.10] 단순 막대도표 정의

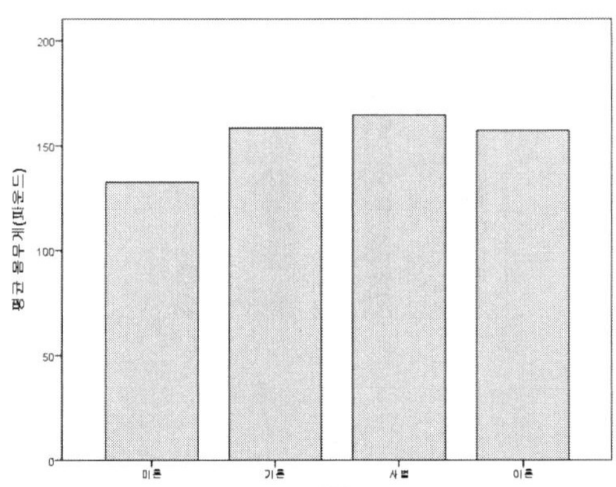

[표 5.2.2] 수평누적 막대도표

도표에 표시할 데이터	수평누적 막대도표	최소 지정 사항
케이스 집단들의 요약값	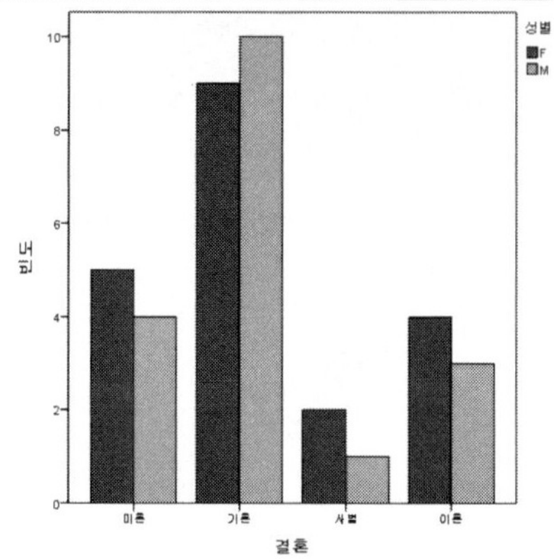	범주축 변수: {결혼} 수평누적 기준변수: {성별}
개별 변수의 요약값	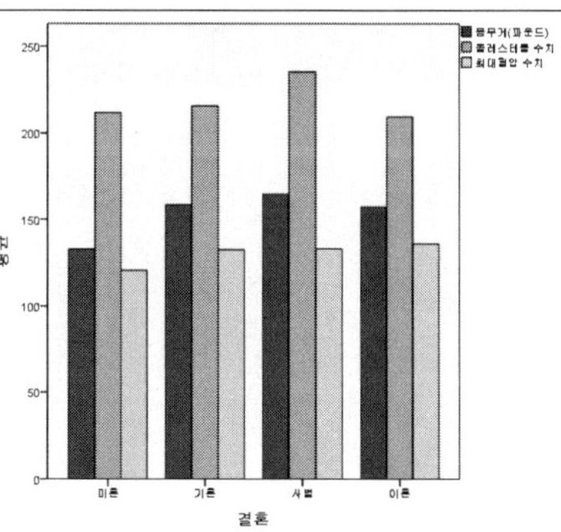	범주축 변수: {결혼} 막대표시 변수 2개 이상: {체중}, {SC}, {SP}
각 케이스의 값	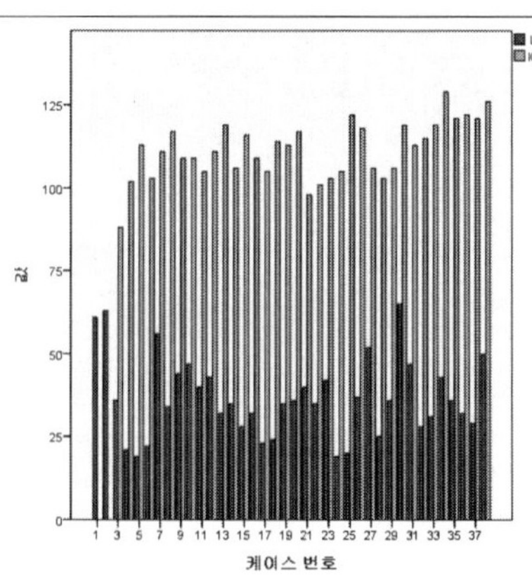	막대표시 변수 2개 이상: {나이}, {IQ}

[그림 5.2.9]의 대화상자에서 막대도표의 유형을 "수직누적"으로 지정하고, 도표에 표시할 데이터 종류의 각각에 대하여 최소 지정 사항에 부합하도록 변수를 정의하면 [표 5.2.3]과 같이 서로 다른 유형의 수직누적 막대도표를 얻을 수 있다.

[표 5.2.3] 수직누적 막대도표

도표에 표시할 데이터	수직누적 막대도표	최소 지정 사항
케이스 집단들의 요약값	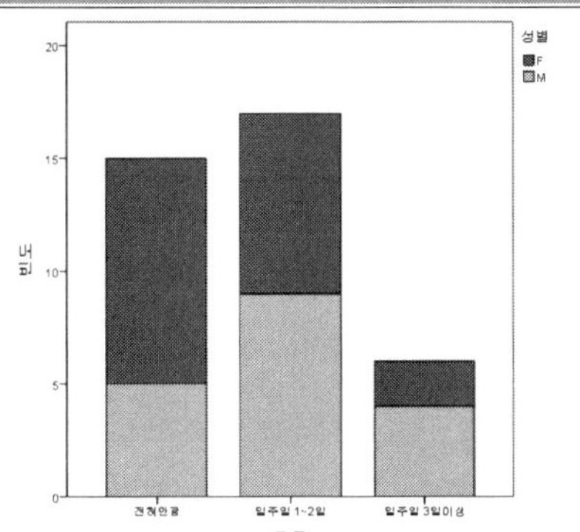	범주축 변수: {운동} 수직누적 기준변수: {성별}
개별 변수의 요약값	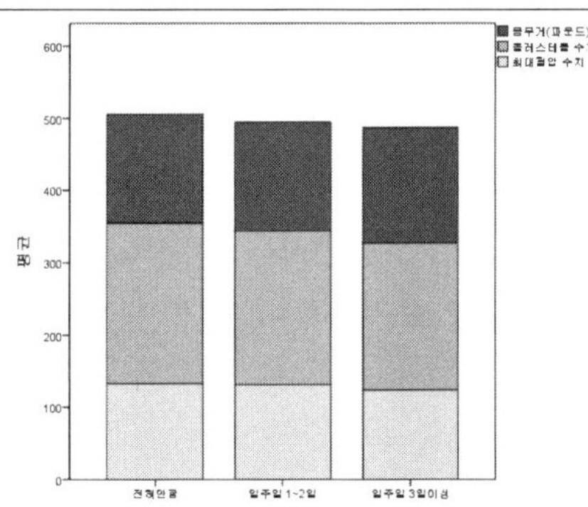	범주축 변수: {운동} 막대표시 변수 2개 이상: {체중}, {SC}, {SP}
각 케이스의 값	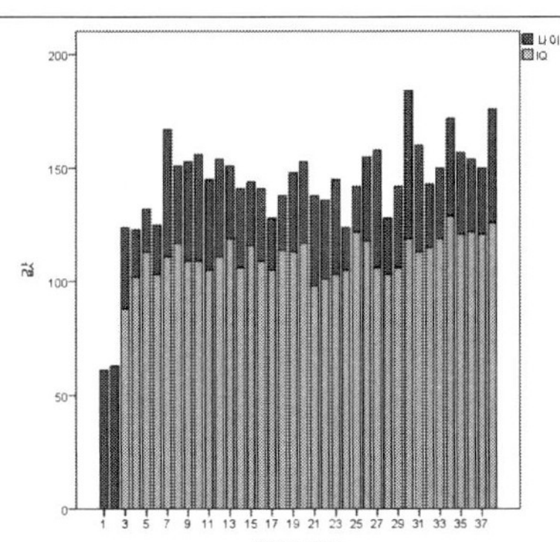	막대표시 변수 2개 이상: {나이}, {IQ}

5.2.2.2 3차원 막대도표

3차원 막대도표는 두 범주형 변수(명목변수 또는 순서변수)를 x축과 z축으로 배치하고 두 변수의 교집합에 대한 빈도수 등을 막대표시 값으로 하거나 제3의 변수의 요약통계량을 막대표시 값으로 하여 3차원 공간에 그린 막대도표이다.

다음 [그림 5.2.11]은 3차원 막대도표 대화상자의 모습이다. x축과 z축에 표시할 데이터의 종류(케이스 집단, 구분변수, 개별 케이스)를 각각 선택한 후, 변수 또는 막대표시 값의 지정 등 3차원 막대도표를 [정의]한다.

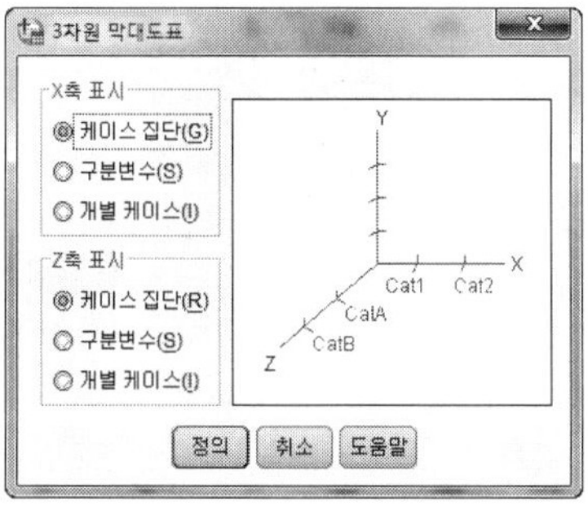

[그림 5.2.11] 3차원 막대도표

[그림 5.2.12]는 데이터의 종류를 "케이스 집단"으로 선택한 이후 x축과 z축에 들어갈 변수를 정의한 그림이다. 3차원 막대도표의 막대의 길이를 표시하는 값으로 "케이스 수"가 디폴트로 지정되어 있지만 ▼를 눌러서 다른 변수의 요약값으로 변경할 수 있다.

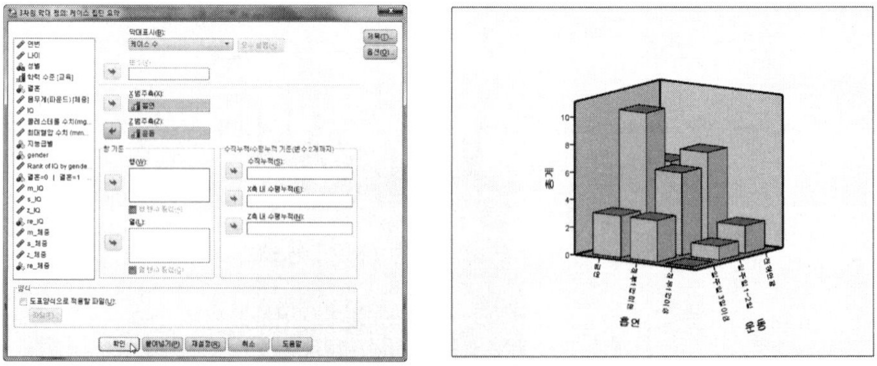

[그림 5.2.12] 3차원 막대도표의 정의

[그림 5.2.12]의 대화상자에서 [수직누적(S)] 란에 변수 {성별}을 지정하면 {성별}의 집단별로 수직누적의 막대가 그려진다. 또한 [제목(T)] 버튼을 이용하면 출력되는 3차원 막대도표의 제목을 정해줄 수 있다.

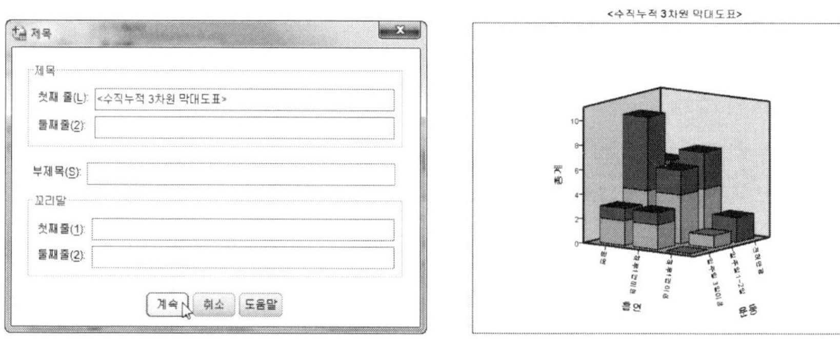

[그림 5.2.13] 도표의 제목 정하기

5.2.2.3 선도표

[그림 5.2.1]에 표시된 [레거시 대화상자(L)]의 [선도표(L)]를 이용하면 막대도표의 막대 대신 선을 이용하여 범주형 변수를 요약할 수 있다. 선도표는 특히 시계열 데이터 분석에 유용하다.

다음 [그림 5.2.14]는 선도표 대화상자를 표시한 것이다. 선도표의 유형(단순, 다중, 하락-선) 각각에 대하여 도표에 표시할 데이터의 종류(케이스 집단들의 요약값, 개별 변수의 요약값, 각 케이스의 값)를 선택한 후, 변수 또는 선표시의 지정 등의 선도표의 옵션을 [정의]한다.

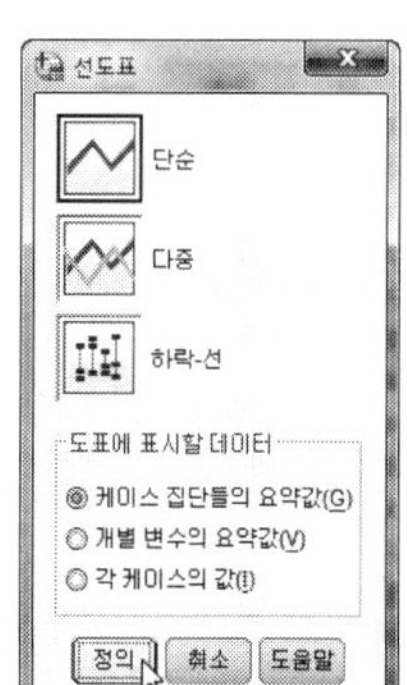

[그림 5.2.14] 선도표 대화상자

[그림 5.2.14]의 대화상자에서 선도표의 유형을 “단순”으로 지정하고, 도표에 표시할 데이터 종류의 각각에 대하여 최소 지정 사항에 부합하도록 변수를 정의하면 [표 5.2.4]의 단순 선도표를 얻을 수 있다. 단, 옵션에 표시되는 변수는 최소 지정 사항이 아니다. 선도표를 그리기 위하여 먼저 데이터 파일 "예4-6.sav"을 {연번} 변수를 대상으로 오름차순 케이스 정렬하였다.

[표 5.2.4] 단순 선도표

도표에 표시할 데이터	단순 선도표	최소 지정 사항
케이스 집단들의 요약값	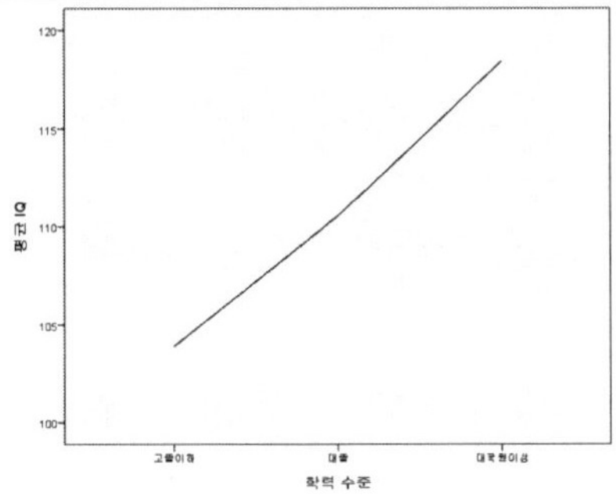	범주축 변수: {교육} 옵션–선표시 변수: {IQ}
개별 변수의 요약값	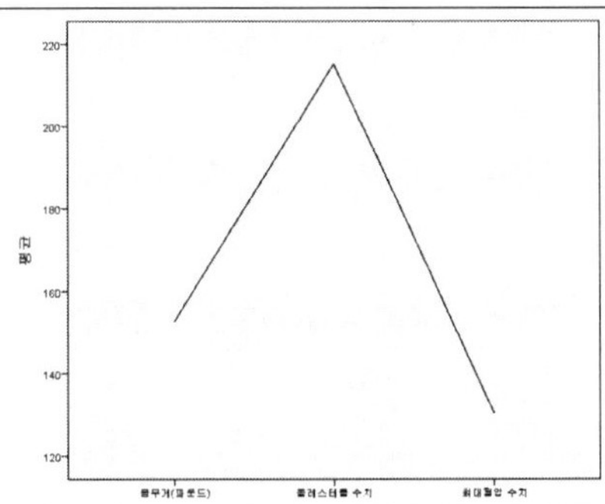	선표시 변수 2개 이상: {체중}, {SC}, {SP}
각 케이스의 값	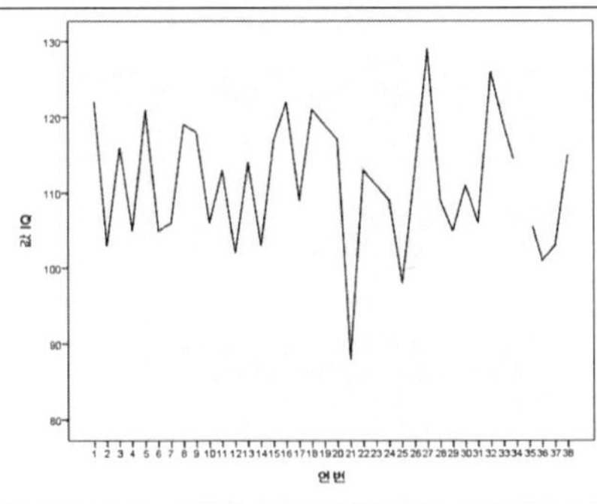	선표시 변수: {IQ} 옵션–범주 설명 변수: {연번}

다음 [표 5.2.5]는 선도표의 유형을 “다중”으로 지정하고, 도표에 표시할 데이터 종류 각각에 대하여 최소 지정 사항에 부합하도록 변수를 정의하여 실행한 다중 선도표이다. 마찬가지로 [표 5.2.5]의 옵션으로 표시된 변수는 최소 지정 사항이 아니다. 참고로 그래프의 선을 구별하기 위하여 [도표 편집기] 윈도우에서 [특성] →[선]을 통하여 직선의 색과 형태를 수정하였다.

[표 5.2.5] 다중 선도표

도표에 표시할 데이터	다중 선도표	최소 지정 사항
케이스 집단들의 요약값	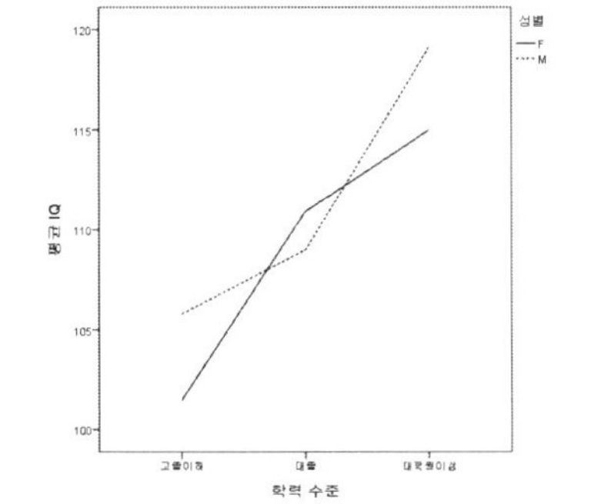	범주축 변수: {교육} 선기준 변수: {성별} 옵션–선표시 변수: {IQ} 편집: [특성]→[선]
개별 변수의 요약값	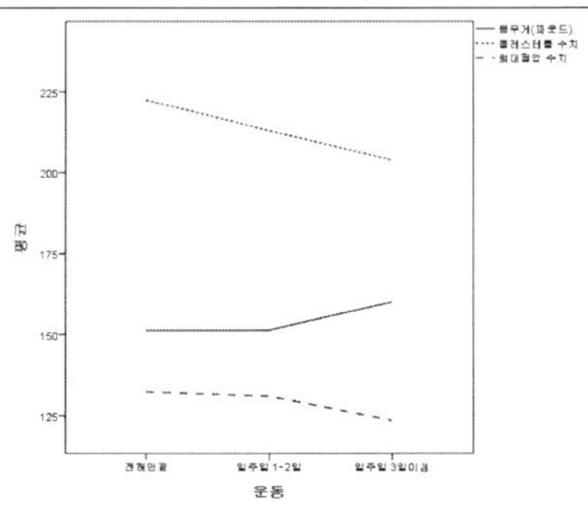	선표시 변수 2개 이상: {체중}, {SC}, {SP} 범주축 변수: {운동} 편집: [특성]→[선]
각 케이스의 값	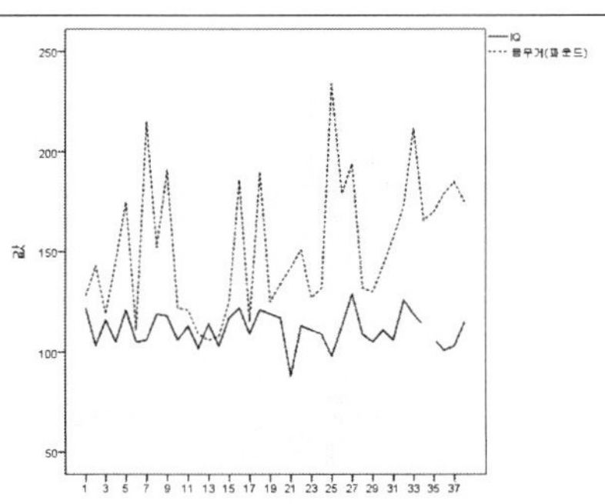	선표시 변수 2개 이상: {IQ}, {체중} 옵션–범주 설명 변수: {연번} 편집: [특성]→[선]

다음 [표 5.2.6]은 선도표의 유형을 "하락-선"으로 지정하고, 도표에 표시할 데이터 종류 각각에 대하여 최소 지정 사항에 부합하도록 변수를 정의하여 실행한 선도표이다. [표 5.2.6]의 옵션으로 지정된 변수는 최소 지정 사항이 아니며, 도표 편집기에서 점표시를 수정하였다.

[표 5.2.6] 하락-선 선도표

도표에 표시할 데이터	하락-선 선도표	최소 지정 사항
케이스 집단들의 요약값	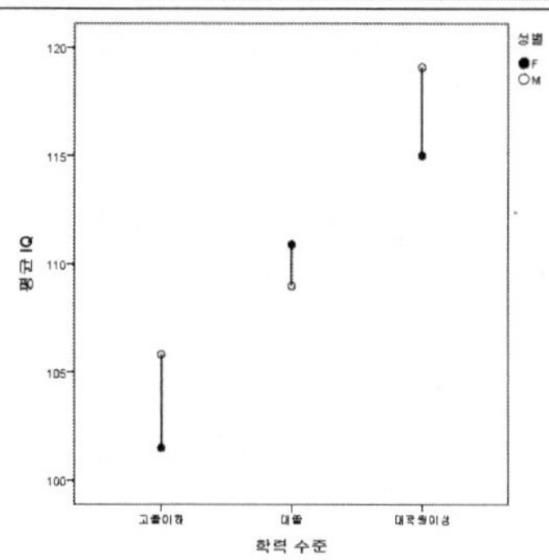	범주축 변수: {교육} 점기준 변수: {성별} 옵션-점표시 변수: {IQ} 편집: [특성]→[점표시]
개별 변수의 요약값	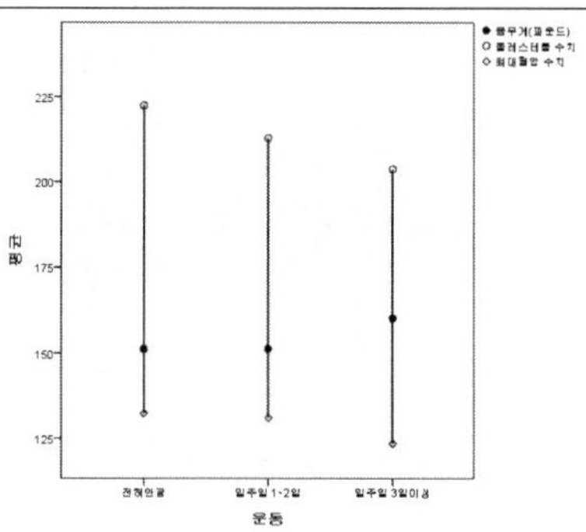	점표시 변수 2개 이상: {체중}, {SC}, {SP} 범주축 변수: {운동} 편집: [특성]→[점표시]
각 케이스의 값	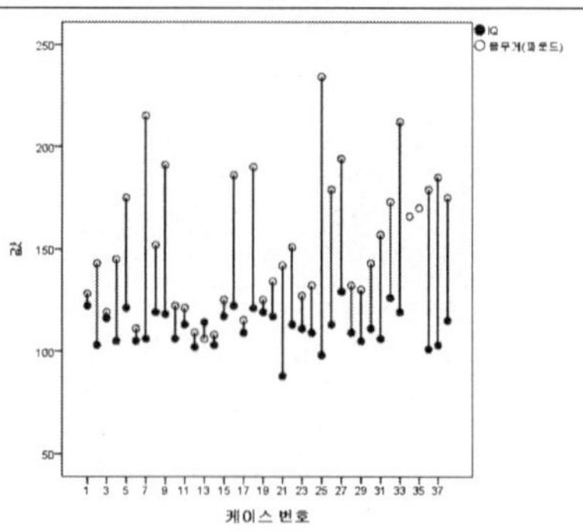	점표시 변수 2개 이상: {IQ}, {체중} 편집: [특성]→[점표시]

5.2.2.4 영역도표

영역도표는 막대도표처럼 범주형 자료를 요약하거나 선도표처럼 시계열 데이터를 표현하는 데 사용할 수 있다. 다음 [그림 5.2.15]에 표시된 영역도표 대화상자에서 원하는 도표 유형에 해당하는 아이콘을 선택하고 도표에 표시할 데이터 그룹에서 데이터에 가장 적절한 옵션을 선택한다. 이후 변수 또는 영역표시 값의 지정 등에 관하여 영역도표를 [정의]한다.

[그림 5.2.15] 영역도표 대화상자

[그림 5.2.15]의 대화상자에서 영역도표의 유형을 "단순"으로 지정하고, 도표에 표시할 데이터 종류의 각각에 대하여 최소 지정 사항에 적합하도록 변수를 정의하면 [표 5.2.7]의 단순 영역도표를 얻을 수 있다. 단, 옵션에 표시되는 변수는 최소 지정 사항이 아니며, 도표의 일부분은 [도표 편집기] 윈도우를 통하여 편집하였다.

[표 5.2.7] 단순 영역도표

도표에 표시할 데이터	단순 영역도표	최소 지정 사항
케이스 집단들의 요약값	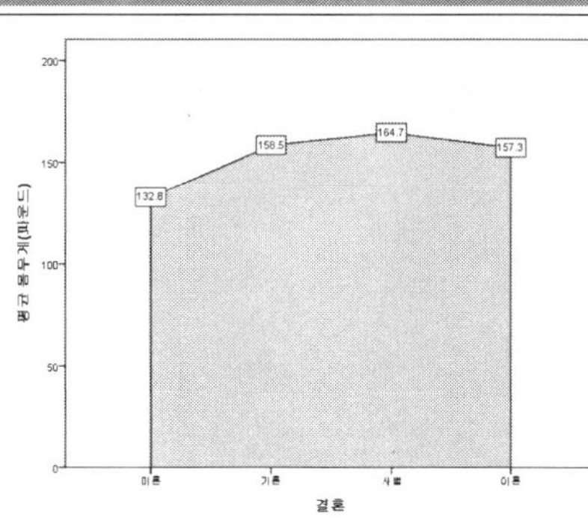	범주축 변수: {결혼} 옵션-영역표시 변수: {체중} 편집: [요소]→[데이터 설명 보이기]

도표에 표시할 데이터	단순 영역도표	최소 지정 사항
개별 변수의 요약값	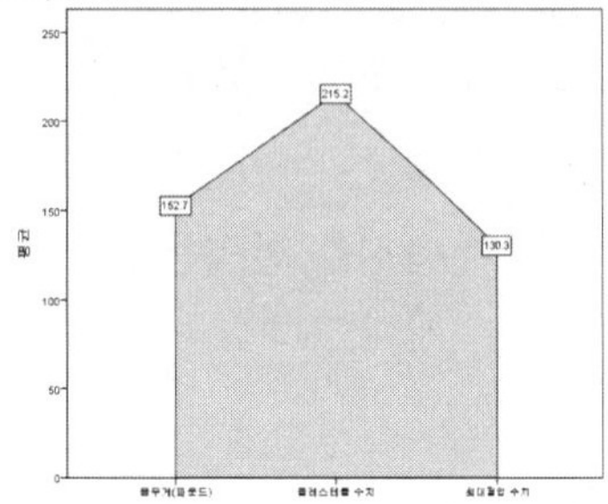	영역표시 변수 2개 이상: {체중}, {SC}, {SP} 편집: [요소]→[데이터 설명 보이기]
각 케이스의 값	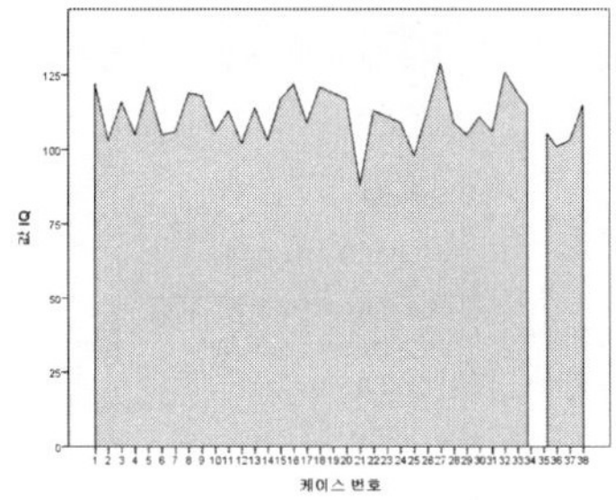	영역표시 변수: {IQ}

다음 [표 5.2.8]은 영역도표의 유형을 "수직누적"으로 지정하고, 도표에 표시할 데이터 종류 각각에 대하여 최소 지정 사항에 적합하도록 변수를 정의하여 실행한 수직누적 영역도표이다.

[표 5.2.8] 수직누적 영역도표

도표에 표시할 데이터	수직누적 영역도표	최소 지정 사항
케이스 집단들의 요약값	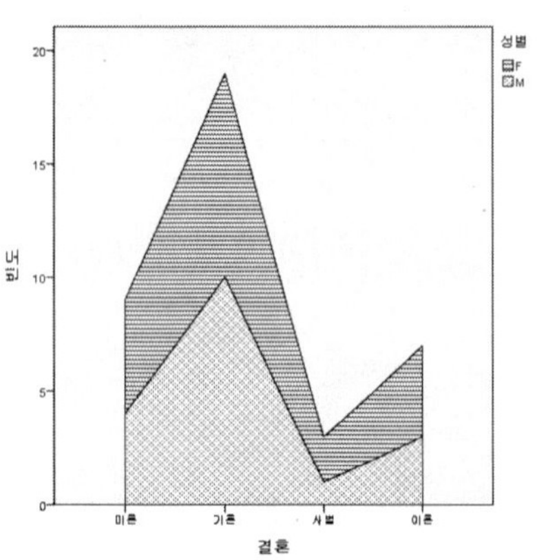	범주축 변수: {결혼} 영역기준 변수: {성별} 편집: [특성]→[채움 및 경계]

도표에 표시할 데이터	수직누적 영역도표	최소 지정 사항
개별 변수의 요약값	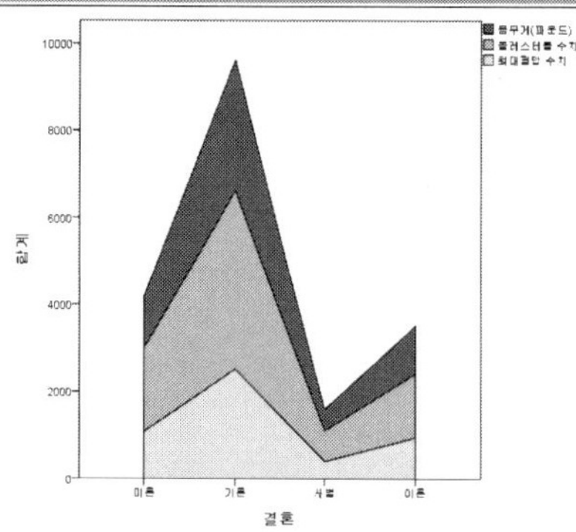	범주축 변수: {결혼} 영역표시 변수 2개 이상: {체중}, {SC}, {SP}
각 케이스의 값	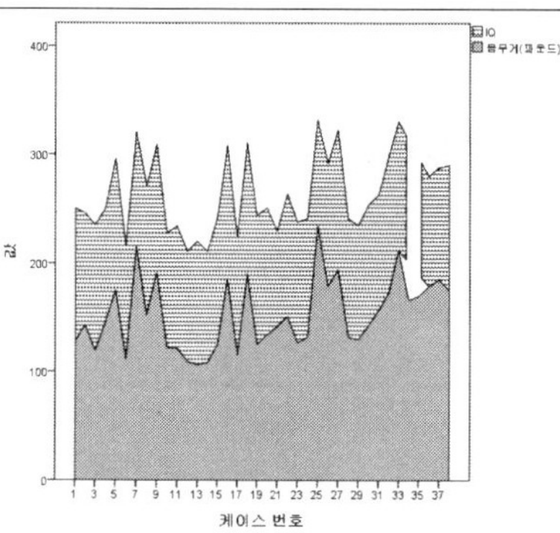	영역표시 변수 2개 이상: {IQ}, {체중} 편집: [특성]→[채움 및 경계]

5.2.2.5 원도표

원도표는 빈도분석 프러시저를 실행할 때 하나의 도표로 설정할 수 있었다([그림 5.2.4]). 이 절에서는 [그림 5.2.16]의 원도표 대화상자를 통하여 구할 수 있는 원도표의 유형을 하나의 표로 정리하였다([표 5.2.9]).

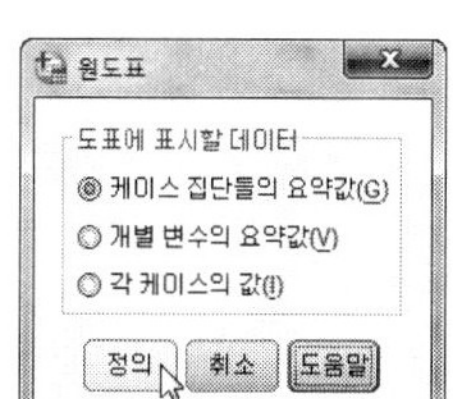

[그림 5.2.16] 원도표 대화상자

[표 5.2.9] 원도표

도표에 표시할 데이터	원도표	최소 지정 사항
케이스 집단들의 요약값	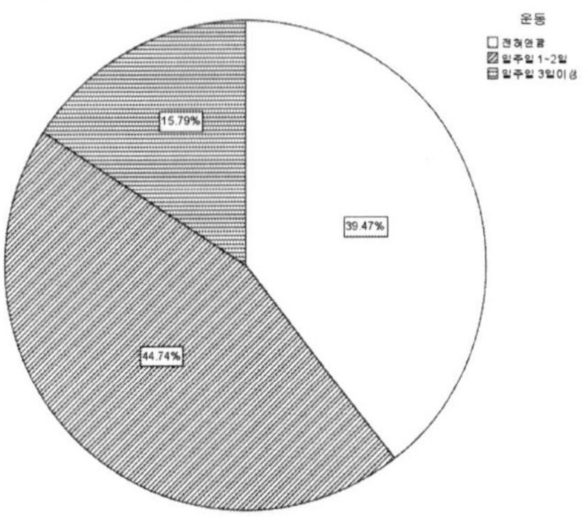	조각기준 변수: {운동} 편집: [특성]→[채움 및 경계] [요소]→[데이터 설명 보이기]
개별 변수의 요약값	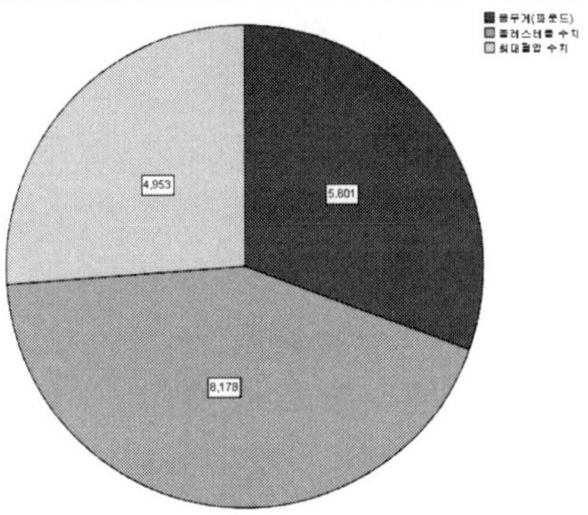	조각표시 변수 2개 이상: {체중}, {SC}, {SP} 편집: [요소]→[데이터 설명 보이기] ※ 조각표시 변수들의 특성이 유사해야 의미있음.
각 케이스의 값	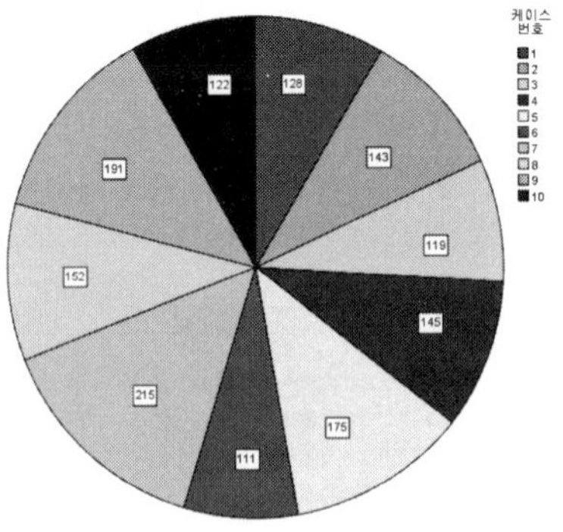	조각표시 변수: {체중} 편집: [요소]→[데이터 설명 보이기] ※ 케이스 선택 프러시저를 실행하여 10개의 케이스만 선택함

5.2.2.6 상한-하한 도표

상한-하한 도표를 사용하면 두 개의 값 사이에 표시되는 일정 범위의 데이터에 대한 도표를 그릴 수 있다. [그림 5.2.17]의 상한-하한 도표 대화상자에서 그리고자 하는 상한-하한 도표 유형에 해당하는 아이콘을 선택하고 도표에 표시할 데이터 그룹에서 데이터에 가장 적절한 옵션을 선택한 후, [정의] 버튼을 눌러 범주형 변수 또는 상한-하한-종료 변수, 제목 등을 설정한다.

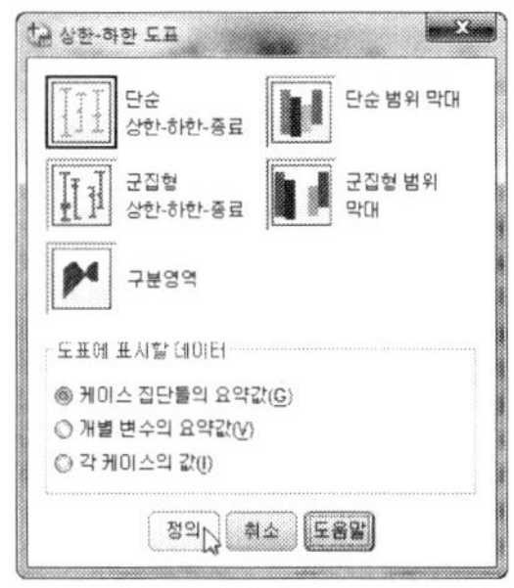

[그림 5.2.17] 상한-하한 도표 대화상자

- 범위 막대 및 상한-하한-종료 도표: 범위막대는 하한 및 상한 변수 사이에 막대를 그린 도표이며, 상한-하한-종료 도표는 하한 및 상한 변수 사이를 직선으로 연결한다. 상한-하한-종료 도표에서 종료 추가 값이 선택적으로 표시되므로 도표 편집기에서 범위 막대도표를 상한-하한-종료 도표로 전환할 수 있다.
- 구분영역도표: 범위 막대도표의 변형으로서 색상을 사용하여 어떠한 지점에서도 변수를 강조 표시하는 기능이 있다. 도표를 작성하는 경우 "하한" 또는 "상한"으로 명시적으로 정의된 변수를 제외한 두 개의 변수를 지정한다.

[그림 5.2.18]은 상한-하한 도표 대화상자에서 [단순 상한-하한-종료] 아이콘과 "케이스 집단들의 요약값"을 도표에 표시할 데이터의 종류로 선택한 이후 나타난 도표 정의 대화상자에서 {교육}을 범주축 변수로, {성별} 변수를 상한-하한-종료 기준변수로, 그리고 막대표시 요약변수로 {IQ} 변수를 지정한 모습을 표시한 것이다. 그 결과 얻어진 단순 상한-하한 도표를 오른쪽에 출력하였다.

5.2.2.7 상자도표

상자도표는 개별 변수의 중위수를 포함한 사분위수를 구하여 이 값들의 위치를 상자로 표시하고, 이 상자에 최솟값과 최댓값을 직선으로 이어 준 도표이다. 또한 사분위수 범위를 이용하여 이상값, 극단 케이스를 탐색한 후 이들이 존재하면 그 위치를 ○ 기호로 상자도표에 표시한다.

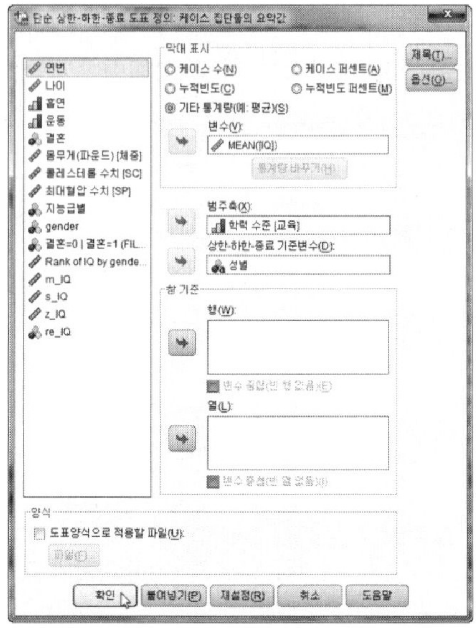

[그림 5.2.18] 단순 상한-하한 도표 정의

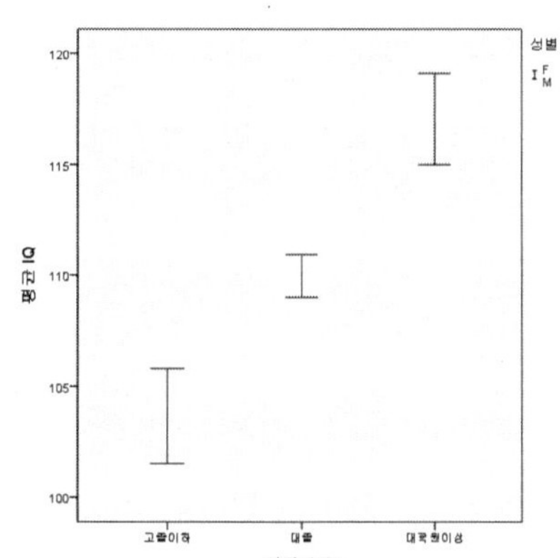

[그림 5.2.19]의 상자도표 대화상자에서 "단순" 또는 "수평누적" 아이콘을 선택하고 도표에 표시할 데이터 그룹에서 데이터에 가장 적절한 옵션을 선택한 후, [정의] 버튼을 눌러 범주형 변수 또는 상자표시 변수, 제목 등을 설정한다.

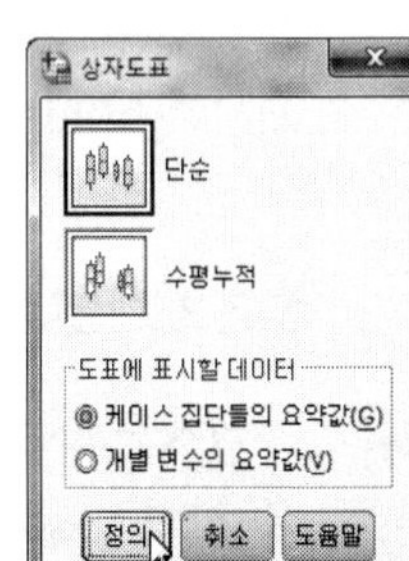

[그림 5.2.19] 상자도표 대화상자

다음 [표 5.2.10]은 상자도표의 유형으로 "단순" 아이콘을 선택하고, 도표에 표시할 데이터 종류 각각에 대하여 최소 지정 사항에 부합하도록 변수를 정의하여 실행한 상자도표이다. 특히 도표에 표시할 데이터 종류가 "개별 변수의 요약값"일 경우 상자 표시 변수를 한 개만 지정해도 상자도표가 출력된다.

상자도표는 연속형 변수의 탐색적 기술통계 분석에 있어서 하나의 유용한 시각적인 장점을 갖고 있기 때문에 SPSS 시스템에서는 [기술통계량(E)] → [데이터 탐색(E)] 프러시저의 실행 결과로 단순 상자도표를 디폴트로 출력해준다. 요인변수가 있는 종속변수의 데이터 탐색 분석 결과에는 "케이스 집단들의 요약값"에 해당하는 상자도표가 출력되며, 요인변수가 지정되지 않을 경우 "개별 변수의 요약값"에 해당하는 상자도표가 출력된다. 그러나 하나의 종속변수에 대한 분석이 이루어지므로 종속변수 한 개에 대한 상자도표만 출력된다는 것이 [표 5.2.10]의 결과와 다른 점이다.

[표 5.2.10] 단순 상자도표

도표에 표시할 데이터	단순 상자도표	최소 지정 사항
케이스 집단들의 요약값	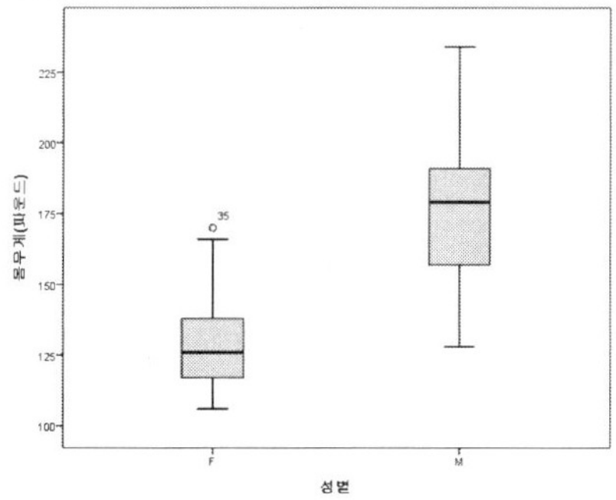	숫자요약 변수: {체중} 범주축 변수: {성별}
개별 변수의 요약값	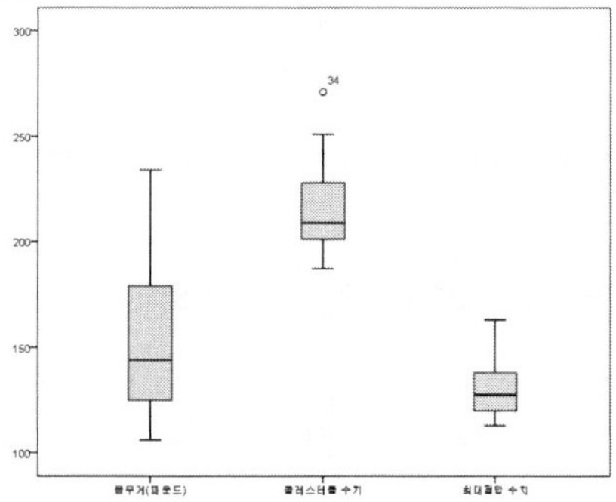	상자표시 변수 1개 이상: {체중}, {SC}, {SP}

다음 [표 5.2.11]은 수평누적 상자도표의 예를 간단히 정리한 것이다.

[표 5.2.11] 수평누적 상자도표

도표에 표시할 데이터	수평누적 상자도표	최소 지정 사항
케이스 집단들의 요약값	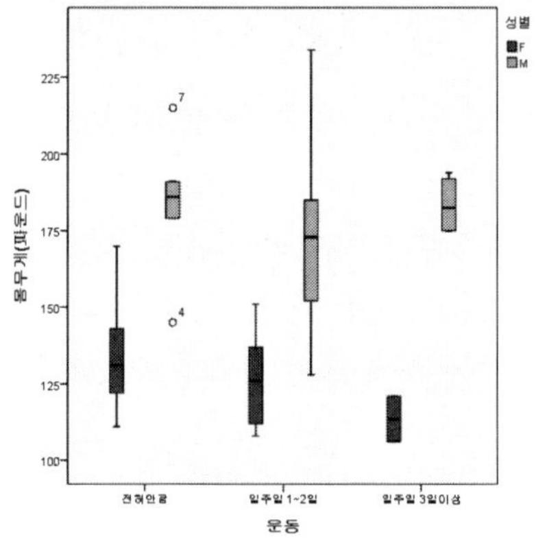	숫자요약 변수: {체중} 범주축 변수: {운동} 군집 정의 기준변수: {성별}
개별 변수의 요약값	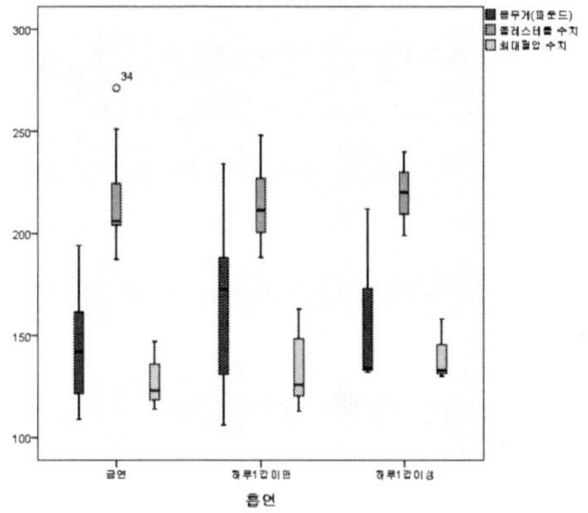	범주축 변수: {흡연} 상자표시 변수 2개 이상: {체중}, {SC}, {SP}

5.2.2.8 오차막대도표

오차막대도표는 분석하고자 하는 변수의 평균에 해당하는 위치를 ○ 기호로 표시하고, 막대표시의 상한과 하한의 위치를 직선으로 연결한 도표이다. 오차막대가 평균의 신뢰구간, 평균의 표준오차 또는 표준편차를 나타낼지에 대해 막대표시 그룹의 선택 사항 중 하나를 선택함으로써 결정할 수 있다.

– 막대표시로 평균의 신뢰구간을 선택하면 수준 입력란에 분석자가 원하는 신뢰수준(디폴트: 95%)을 입력할 수 있다.

– 평균의 표준오차 또는 표준편차를 막대표시로 선택하면 곱수(디폴트: 2)를 원하는 값으로 입력할 수 있다. 예를 들어 막대표시로 표준편차(s)를 선택하고 곱수를 3으로 지정하면 막대의 구간은 $[m-3s, m+3s]$이다. 여기서 m은 변수의 평균값이다.

다음 [그림 5.2.20]은 오차막대도표를 그리기 위한 상자도표이다.

다음 [표 5.2.12]는 도표에 표시할 데이터의 종류에 따른 단순 오차막대의 예를 최소 지정 사항에 맞도록 표시한 것이다.

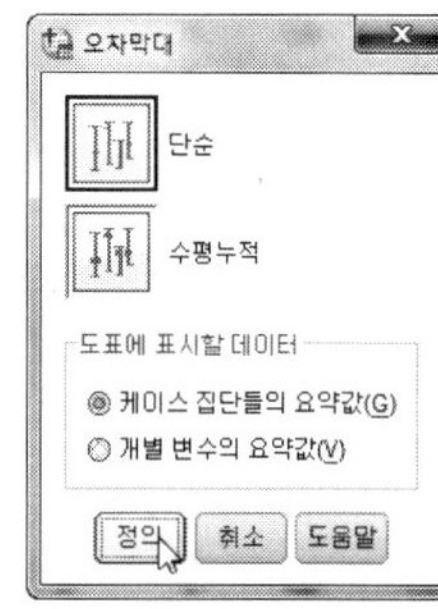

[그림 5.2.20] 오차막대 대화상자

[표 5.2.12] 단순 오차막대도표

도표에 표시할 데이터	단순 오차막대	최소 지정 사항
케이스 집단들의 요약값	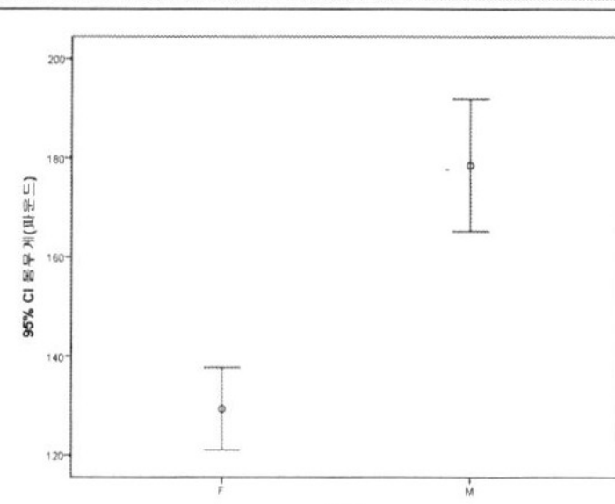	숫자요약 변수: {체중} 범주축 변수: {성별}
개별 변수의 요약값	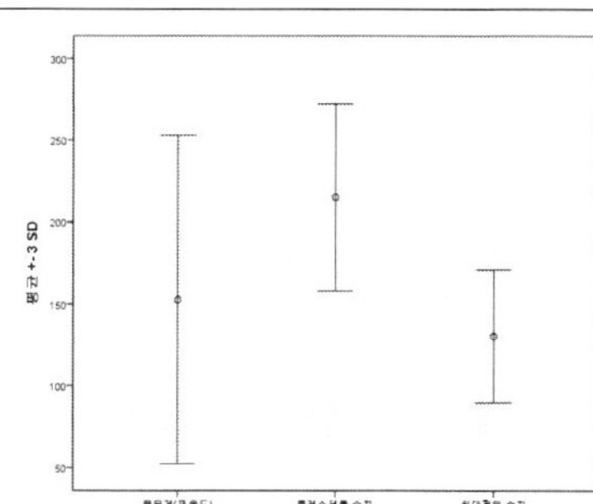	오차막대 변수 1개 이상: {체중}, {SC}, {SP} 옵션– 막대표시: 표준편차(SD), 곱수=3

다음 [표 5.2.13]은 도표에 표시할 데이터의 종류에 따른 수평누적 오차막대의 예를 최소 지정 사항에 맞도록 정리한 것이다.

[표 5.2.13] 수평누적 오차막대도표

도표에 표시할 데이터	수평누적 오차막대	최소 지정 사항
케이스 집단들의 요약값	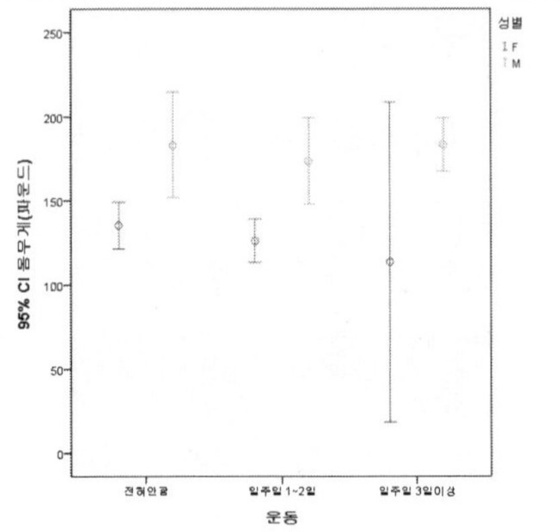	숫자요약 변수: {체중} 범주축 변수: {운동} 수평누적 기준변수: {성별}
개별 변수의 요약값	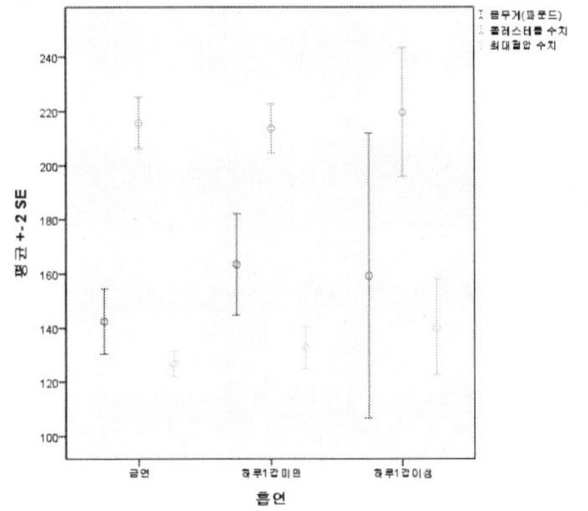	숫자요약 변수 2개 이상: {체중}, {SC}, {SP} 범주축 변수: {흡연} 옵션– 막대표시: 표준오차(SE), 곱수=2

5.2.2.9 모집단 피라미드도표

모집단 피라미드도표는 범주형 변수의 각 집단에 대하여 분석하고자 하는 변수의 분포를 의미하는 도표(히스토그램 또는 막대도표)의 막대가 수평으로 등을 맞대게 하여 표시된 도표를 말한다. 예를 들어 {성별} 변수의 각 남녀 집단에 대하여 {IQ} 변수의 분포(히스토그램; 연속형 변수) 또는 {결혼} 변수의 분포(막대도표; 이산형 변수)가 서로 등을 맞대고 있는 도표이다.

모집단 피라미드도표는 일반적으로 인구 통계학적 데이터에 많이 사용된다. 예를 들어 가장 어린 연령층을 맨 밑에 두는 방식으로 각 성별에 따라 연령 집단의 빈도를 표시하는 모집단 피라미드도표를 만들 수 있다. 이러한 모집단 피라미드도표를 통하여 성별 간에 연령 집단 사이의 차이를 쉽게 구별할 수 있다.

다음 [그림 5.2.21]은 모집단 피라미드도표를 작성하기 위한 “모집단 피라미드형 정의” 대화상자에 분할기준 변수로 {결혼}을, 분포 표시 변수로 {체중}을 지정한 모습을 표시한 것이다. 범주형 변수의 범주가 세 개 이상인 경우 범주 수에 따라 여러 개의 모집단 피라미드도표가 생성될 수 있다. 예를 들어 분할기준 변수로 지정된 {결혼} 변수와 같이 범주가 네 개일 경우 “미혼”과 “결혼” 그리고 “사별”과 “이혼”의 범주 쌍에 대해 하나씩 모두 두 개의 모집단 피라미드가 작성된다.

[그림 5.2.21] 모집단 피라미드형 정의

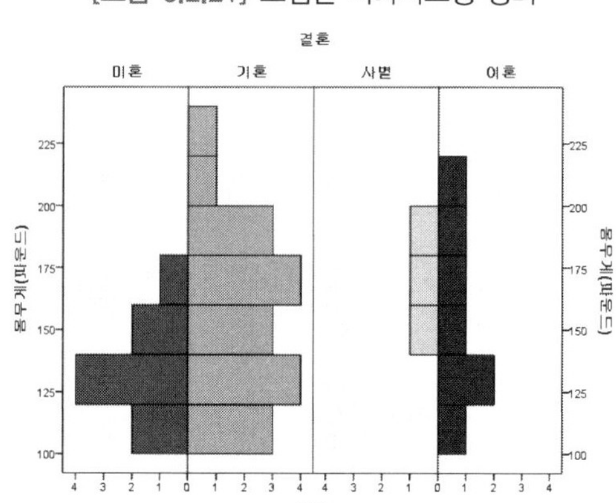

5.2.2.10 산점도/점도표

산점도를 이용하여 다변량 데이터를 도시해 보면 분석하고자 하는 다변량 자료의 특성을 이해하는 데 많은 도움을 얻을 수 있다. 예를 들어 두 척도변수의 산점도로부터 두 변수 간 선형적인 잠재적 관계가 성립하는지 예측할 수 있다. 점도표는 하나의 단일 숫자변수의 값으로 개별 관측값을 점으로 도표화한다.

산점도 또는 점도표는 [그림 5.2.1]의 [산점도/점도표(S)] 메뉴를 선택하여 나타나는 [그림 5.2.22]의 "산점도/선도표" 대화상자에서 산점도의 유형을 선택하고 각 유형에 대하여 변수의 선택 등 적절한 [정의]를 하면 된다.

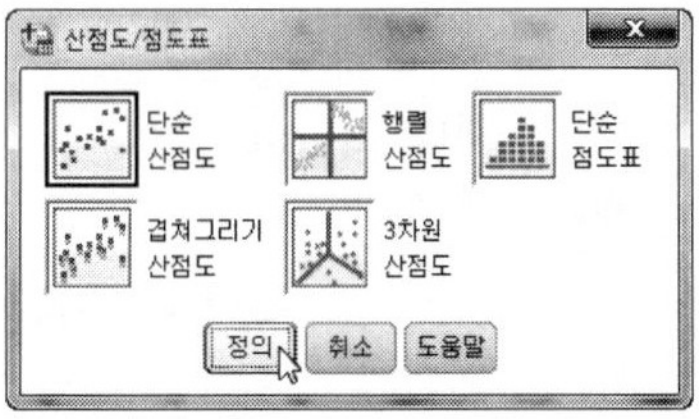

[그림 5.2.22] 산점도/점도표 대화상자

단순 산점도는 2차원 좌표계를 사용하여 두 개의 변수를 도표로 작성한 것이며, 3차원 산점도는 3차원 좌표계를 사용하여 세 개의 변수를 도표로 작성한 산점도이다. 3개 이상의 변수들의 모든 쌍을 산점도로 작성할 경우에는 행렬 산점도(SPLOM)를 이용하면 된다. 즉 행렬 산점도는 각 변수를 다른 모든 변수에 대해 도표로 작성한 2차원 산점도 행렬이다. 겹쳐그리기 산점도는 각 대응 변수를 색상 또는 모양별로 구분하여 x-y 변수의 겹쳐진 대응변수를 표시할 때 유용하다. 반면에 단순 점도표는 단일 변수에 대하여 x축 위에 변수 값의 빈도를 점으로 표시한 도표이다.

다음 첫 번째 도표는 변수 {SC}인 "콜레스테롤 수치"를 x축에, {SP}인 "최대혈압 수치"를 y축에 지정한 단순 산점도이다. 두 번째 도표는 첫 번째 단순 산점도에서 "점표시 기준변수"를 {성별}로 추가 지정한 산점도이다.

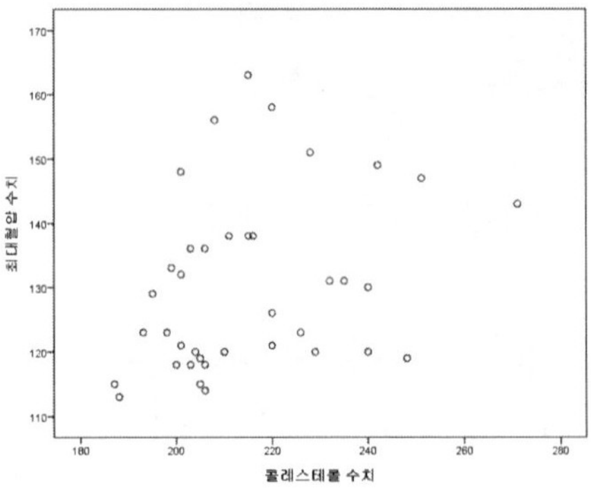

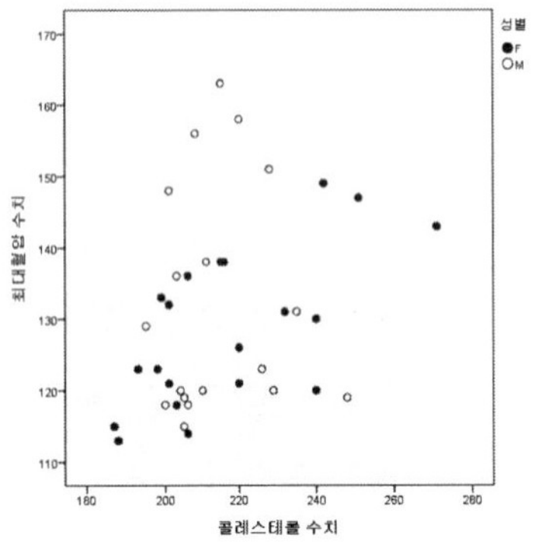

다음 도표는 변수 {SC}인 "콜레스테롤 수치"를 x축에, {SP}인 "최대혈압 수치"를 y축에, 그리고 {체중} 변수를 z축에 지정한 3차원 산점도의 예를 표시한 것이다.

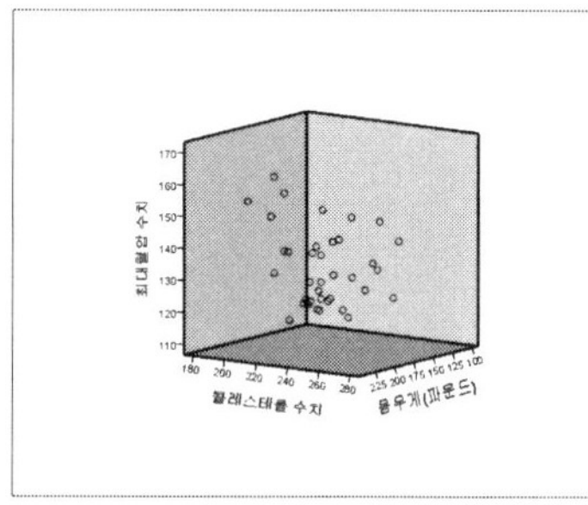

다음 도표는 4개의 변수({체중}, {SC}, {SP}, {IQ})를 행렬변수로 입력하여 그려진 행렬 산점도이다. 각 변수 쌍의 단순 산점도를 행렬 형태로 만든 것으로 변수들의 잠재적 관계를 어느 정도 짐작해 볼 수 있다.

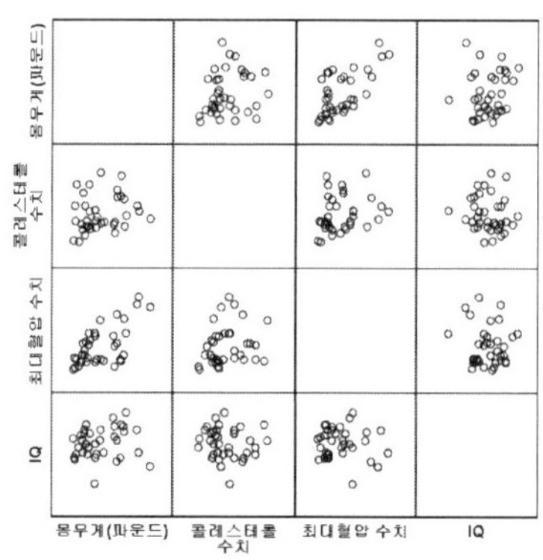

다음 산점도는 겹쳐그리기 산점도로서 x축 변수에 한 개의 변수인 {체중}을 지정하고, y축 변수에 두 개의 변수({SP}, {SC})를 지정함으로써 두 개의 산점도가 겹쳐진 효과를 보이게 하는 도표이다. 두 개의 y축 변수의 자료를 구별하기 위하여 [도표 편집기] 윈도우에서 [편집(E)] → [특성(O)] 메뉴의 [점표시]를 이용하여 점의 모양을 편집하였다.

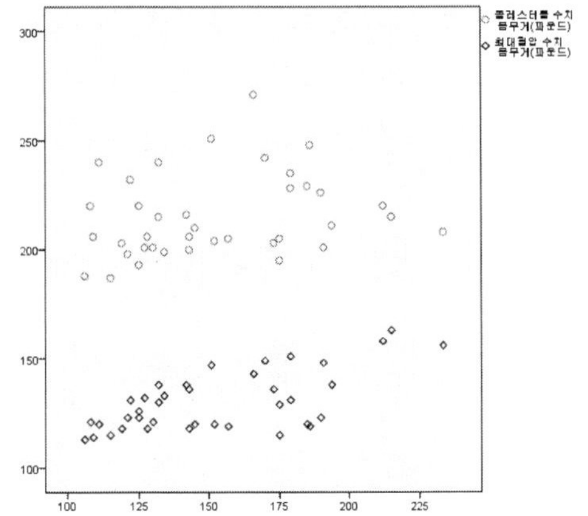

마지막으로 다음 도표는 {체중} 변수의 단순 점도표를 그린 것이다.

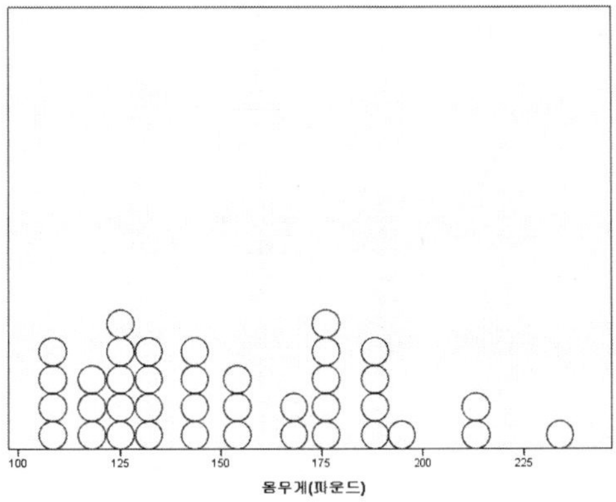

5.3 다중응답 자료의 빈도분석

3.4절에서 다루었던 자료("예3-7.sav")는 5개 일간지의 구독 여부를 조사한 여론조사 결과이다. 5개의 일간지 중 현재 구독 중인 일간지를 모두 선택하라는 설문에 대하여 응답자들이 복수로 응답하였으며, 그 값을 3으로 입력하였다. 3.4절의 빈도변수 생성을 통하여 각 응답자들에 대하여 현재 구독 중인 일간지의 개수를 변수로 저장할 수 있다.

이 절에서는 다중응답 자료의 빈도 분포를 구하고자 하는 것이다. 응답자들이 복수로 선택한 다중응답 자료는 다중 변수를 사용하여 응답을 기록한다. 차후에 다중응답 변수군을 정의한 후 범주형 변수처럼 처리할 수 있다. 통계표 등을 작성하기 위하여

[데이터(D)] → [다중응답 변수군 정의(M)]

또는

[분석(A)] → [표] → [다중응답 변수군(S)]

메뉴에서 다중응답 변수군을 정의할 수 있으나, 다중응답 빈도분석이나 교차분석을 수행하기 위해서는 다음 메뉴를 통하여 다중응답 변수군을 정의한다.

[분석(A)] → [다중응답(U)] → [변수군 정의(E)]

5.3.1 : 다중응답 변수군 정의

다중응답 자료에 대한 빈도분석과 교차분석을 설명하기 위하여 먼저 다음 [예제 5.3.1]의 다중응답 처리문항의 예를 살펴보자. 이 설문지에서 문항 3번의 경우 각 응답자당 최대 2개씩 복수로 응답이 선택될 것이다.

예제 5.3.1 다음은 직장인의 스트레스에 대한 해소 방법을 조사한 설문지 내용이다. 사회변인 변수로 배우자 유무와 종교의 유무를 동시에 조사하였다.

1. 배우자가 있습니까? (⓪ □ 없음, ① □ 있음)

2. 종교를 가지고 있습니까? (⓪ □ 없음, ① □ 있음)

3. 직장에서 스트레스를 받고 있을 때 이를 해소하는 방법은 무엇인지 다음 중에서 2개를 선택해주세요.

① □ 동료(상사 포함)와 대화　　② □ 배우자(가족 포함)와 대화
③ □ 취미 생활　　④ □ 음주, 흡연
⑤ □ 종교 활동　　⑥ □ 기타

다음 [표 5.3.1]은 이 설문지에 응답한 30명의 자료를 정리한 것이다.

[표 5.3.1] 스트레스 해소법에 대한 다중 응답자료

배우자	종교	해소1	해소2	해소3	해소4	해소5	해소6	해소 방법1	해소 방법2
1	1	0	0	1	1	0	0	3	4
1	0	1	0	1	0	0	0	1	3
1	0	0	0	0	1	0	1	4	6
1	0	0	0	1	1	0	0	3	4
1	0	1	0	1	0	0	0	1	3
1	1	0	0	0	1	0	1	4	6
0	1	1	0	0	0	1	0	1	5
1	1	1	1	0	0	0	0	1	2
1	1	0	1	1	0	0	0	2	3
1	1	1	0	0	0	1	0	1	5
1	0	0	0	0	1	0	1	4	6
0	1	1	0	1	0	0	0	1	3
0	1	0	0	0	1	0	1	4	6
1	0	0	1	1	0	0	0	2	3
1	0	1	0	1	0	0	0	1	3
1	0	1	0	0	1	0	0	1	4
1	1	0	0	1	0	1	0	3	5
0	0	1	0	1	0	0	0	1	3
1	0	0	0	0	1	0	1	4	6
1	0	0	1	1	0	0	0	2	3
1	0	1	1	0	0	0	0	1	2
1	0	1	0	1	0	0	0	1	3
1	0	0	0	1	1	0	0	3	4
0	0	1	0	0	1	0	0	1	4
0	1	0	0	1	1	0	0	3	4
1	1	1	0	0	0	1	0	1	5
1	0	0	1	0	1	0	0	2	4
1	1	1	0	0	0	1	0	1	5
0	0	1	0	0	0	0	1	1	6
1	0	0	1	0	1	0	0	2	4

[표 5.3.1]의 변수 {해소1}에서 {해소6} 까지는 0 또는 1의 자료로 구성되어 있다. 이와 같이 예(1)/아니오(0), 있음(1)/없음(0), 선택함(1)/선택안함(0) 등의 2가지 값으로 코딩 처리한 변수들을 다중 이분형 변수군이라고 한다. 3.4절의 구독 일간지 자료인 {가일보}부터 {마경제}의 변수들도 변수값 3과 그 외의 값으로 구분할 수 있기 때문에 다중 이분형 변수군이라고 할 수 있다.

반면에 질문지에서 제시한 6가지 해소법 중에서 2개를 복수로 선택할 경우 그 2개의 응답을 두 개의 변수 {해소방법1}과 {해소방법2}로 정리할 수 있다. 이와 같이 선택 가능한 6개의 응답 중에서 두 개를 선택할 경우 데이터 파일에 코딩된 두 개의 변수(각 변수의 범주는 6개)를 다중 범주형 변수군이라고 한다.

두 가지 응답처리 방법은 같은 결과를 얻는다. 따라서 선택 가능한 응답이 많지만 정확히 2~3개를 선택하는 설문의 자료는 다중 범주형 변수군으로 입력하는 것이 유리할 것이지만, 스트레스 해소 방법을 모두 선택하라는 설문의 응답 처리는 다중 이분형 변수군으로 입력하는 것이 편리할 것이다.

먼저 [표 5.3.1]의 자료를 SPSS 데이터 파일 "예5-1.sav"로 저장하자. 자료를 입력한 이후 [변수 보기] 탭에서 [그림 5.3.1]과 같이 {해소1}부터 {해소6}까지의 변수에 대하여 변수 설명을 설정하고, 모든 변수들의 값과 측도를 설정해 두자.

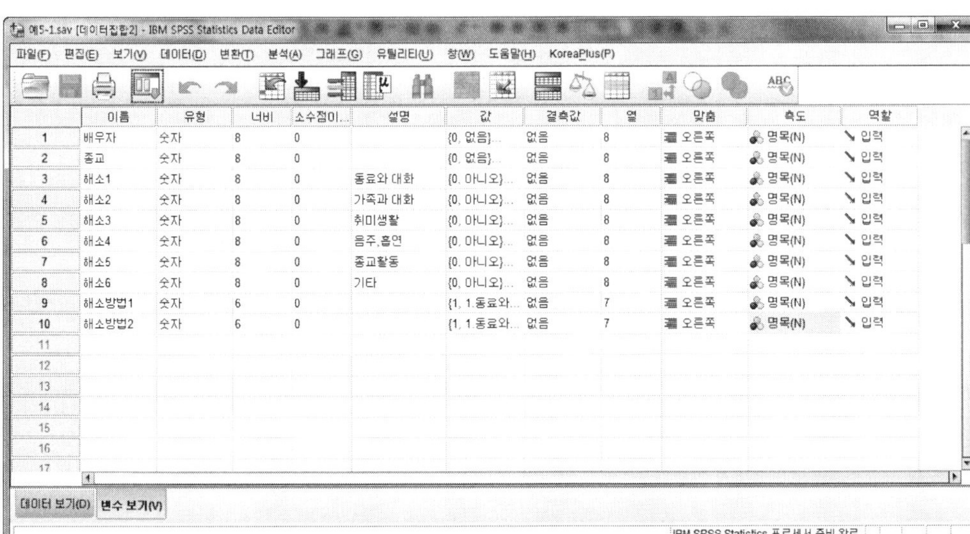

	이름	유형	너비	소수점이...	설명	값	결측값	열	맞춤	측도	역할
1	배우자	숫자	8	0		{0, 없음}...	없음	8	오른쪽	명목(N)	입력
2	종교	숫자	8	0		{0, 없음}...	없음	8	오른쪽	명목(N)	입력
3	해소1	숫자	8	0	동료와 대화	{0, 아니오}...	없음	8	오른쪽	명목(N)	입력
4	해소2	숫자	8	0	가족과 대화	{0, 아니오}...	없음	8	오른쪽	명목(N)	입력
5	해소3	숫자	8	0	취미생활	{0, 아니오}...	없음	8	오른쪽	명목(N)	입력
6	해소4	숫자	8	0	음주,흡연	{0, 아니오}...	없음	8	오른쪽	명목(N)	입력
7	해소5	숫자	8	0	종교활동	{0, 아니오}...	없음	8	오른쪽	명목(N)	입력
8	해소6	숫자	8	0	기타	{0, 아니오}...	없음	8	오른쪽	명목(N)	입력
9	해소방법1	숫자	6	0		{1, 1.동료와...	없음	7	오른쪽	명목(N)	입력
10	해소방법2	숫자	6	0		{1, 1.동료와...	없음	7	오른쪽	명목(N)	입력

[그림 5.3.1] 변수 설명과 변수값, 측도 설정

이제 다중응답 자료의 빈도표와 교차표를 구하기 위하여 다중응답 변수군을 정의해 보자. 주메뉴 [분석(A)]의 다중응답 변수군 정의 프러시저를 실행하여 성분 변수를 다중 이분형 변수군 또는 다중 범주형 변수군으로 정의할 수 있다.

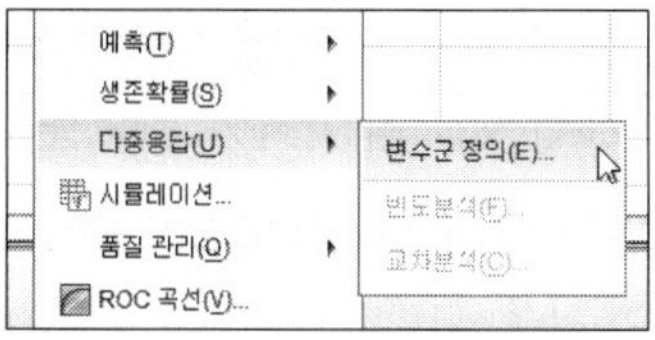

[그림 5.3.2] 다중응답 [변수군 정의(E)] 메뉴

다중응답 변수군은 20개까지 정의할 수 있으며, 각 변수군의 이름은 고유한 이름으로 할당할 수 있다. 프러시저에는 할당한 변수 이름 앞에 달러 부호($)가 붙는다. casenum, sysmis, jdate, date, time, length 및 width는 예약된 이름이므로 변수군의 이름으로 사용할 수 없다. 또한 다중응답 변수군의 이름은 다중응답 프러시저에서만 사용되므로 다른 프러시저에서는 참조할 수 없다.

다음 [그림 5.3.3]은 다중응답 변수군을 정의하기 위한 대화상자이다. 먼저 이분형으로 코딩된 변수들을 [변수군에 포함된 변수(V)] 상자에 이동한 후, 변수들의 코딩형식의 이분형 빈도화 값에 1을 입력한다. 예를 들어 다중 이분형 변수군의 이름을 "이분형"으로 지정(변수 설명은 옵션)하고 [추가(A)]하면 [그림 5.3.4]와 같이 [다중응답 변수군(S)] 란에 "$이분형"이란 이름의 다중 이분형 변수군이 생성된다.

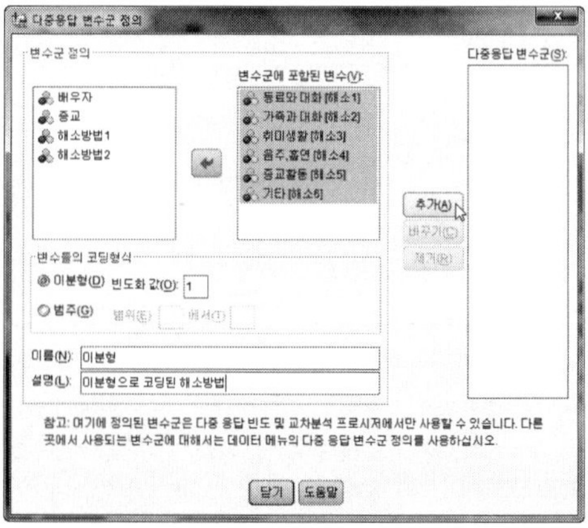

[그림 5.3.3] 다중 이분형 변수군 정의

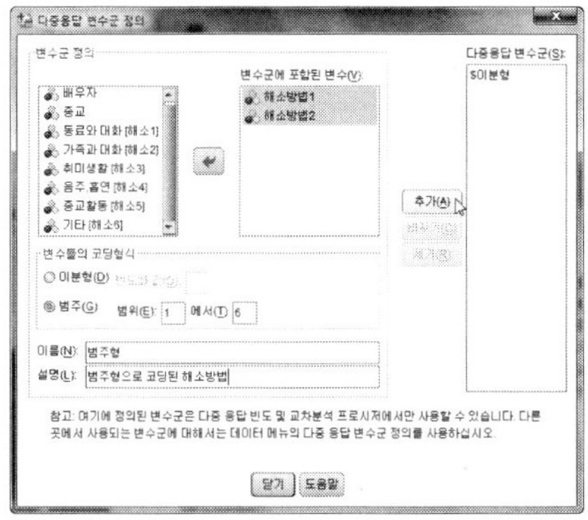

[그림 5.3.4] 다중 범주형 변수군 정의

다음으로 다중응답 범주형 변수군을 정의하기 위하여 [그림 5.3.4]의 대화상자에서 범주형으로 코딩된 변수들을 [변수군에 포함된 변수(V)] 상자에 이동한다. 변수들의 코딩형식의 범주 값의 범위에 최솟값(1)부터 최댓값(6)을 입력하고 다중 범주형 변수군의 이름을 "범주형"으로 지정(변수 설명은 옵션)하고 [추가(A)] 한다. 그러면 "$범주형"이란 이름의 다중 범주형 변수군이 [다중응답 변수군(S)] 란에 생성된다. 다중응답 프러시저는 지정된 범위 내에 있는 모든 성분 변수의 서로 다른 정수 값의 총계를 낸다.

5.3.2 : 다중응답 변수의 빈도표

이제 다중응답 변수군으로 정의된 두 변수군을 이용하여 각각 빈도분석표를 작성해 보자. [다중응답(U)] → [빈도분석(F)] 프러시저를 실행하면 다중응답 빈도분석의 결과를 얻을 수 있다.

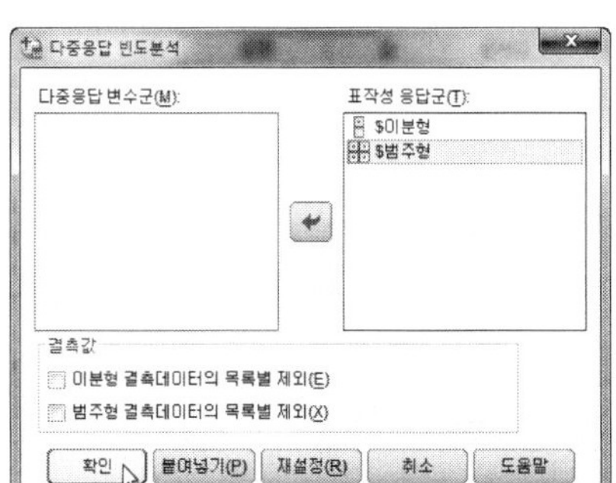

[그림 5.3.5] 다중응답 빈도분석

다음은 두 종류의 다중응답 변수군에 대한 빈도분석 결과로 서로 같은 결과임을 확인할 수 있다. 30명 응답자의 총 응답수가 60건이며, 이 중에서 스트레스를 동료와 대화하면서 해소한다는 응답이 15건으로 전체 응답의 25%를 차지하고 있다.

$이분형 빈도

		응답		케이스 퍼센트
		N	퍼센트	
이분형으로 코딩된 해소방법[a]	동료와 대화	15	25.0%	50.0%
	가족과 대화	7	11.7%	23.3%
	취미생활	14	23.3%	46.7%
	음주,흡연	13	21.7%	43.3%
	종교활동	5	8.3%	16.7%
	기타	6	10.0%	20.0%
합계		60	100.0%	200.0%

a. 값 1에서 표로 작성된 이분형 집단입니다.

$범주형 빈도

		응답		케이스 퍼센트
		N	퍼센트	
범주형으로 코딩된 해소방법[a]	1.동료와 대화	15	25.0%	50.0%
	2.가족과 대화	7	11.7%	23.3%
	3.취미생활	14	23.3%	46.7%
	4.음주, 흡연	13	21.7%	43.3%
	5.종교활동	5	8.3%	16.7%
	6.기타	6	10.0%	20.0%
합계		60	100.0%	200.0%

a. 집단 설정

5.3.3 : 다중응답 변수의 교차표

[다중응답(U)] → [교차분석(C)] 프러시저를 이용하여 다중응답 교차분석을 수행할 수 있다. 두 다중응답 변수군이 같은 결과를 정의한 것이기 때문에 {$범주형} 변수군을 교차분석에 사용하자.

예제 5.3.2 (데이터 파일 "예5-1.sav") 배우자 유무(또는 종교의 유무)에 따른 스트레스 해소법의 다음 교차표를 완성하여라. 단, 퍼센트는 각 집단별 총 응답자수에 대한 스트레스 해소법 응답자의 비율이다.

(빈도수 (%))

변인	구분	스트레스 해소법						계
		1	2	3	4	5	6	
배우자	없음	5 (35.7)	0 (0.0)	3 (21.4)	3 (21.4)	1 (7.1)	2 (14.2)	14
	있음	10 (21.7)						46
종교	없음	9 (25.0)						36
	있음	6 (25.0)						24
계		15						60

풀이 5.3.2 다음은 다중응답 교차분석을 수행하기 위하여 변수 지정 등을 설정한 그림이다. 옵션에서는 퍼센트 계산 기준으로 반응수 기준인 [응답(R)]을 선택하고 퍼센트 계산을 행의 합 기준으로 시행하도록 [행(W)] 하나만 선택하였다.

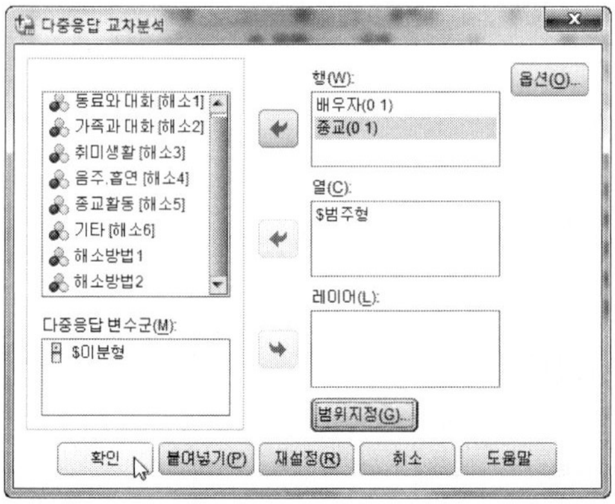

[그림 5.3.6] 다중응답 교차분석

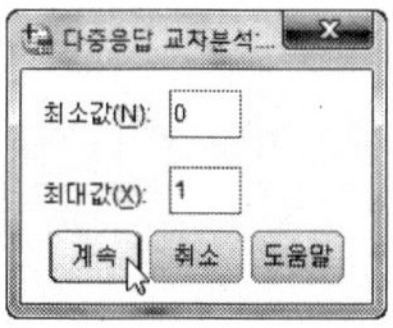

〈범위지정〉

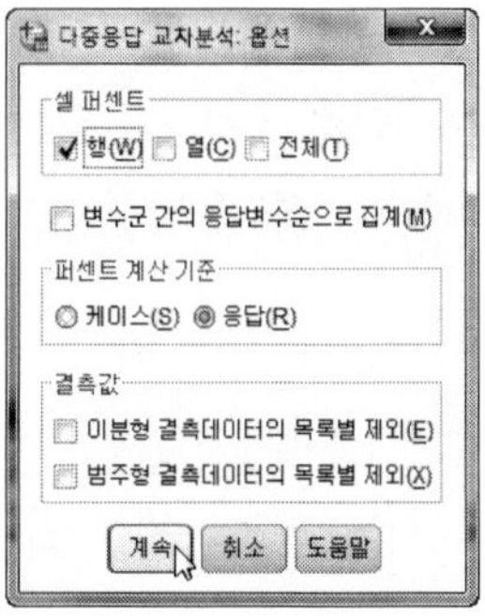

〈옵션〉

다음은 다중응답 교차분석의 실행 결과이다. 이 교차표들을 이용하여 [예제 5.3.2]의 표를 완성할 수 있다.

배우자*$범주형 교차표

			범주형으로 코딩된 해소방법a						합계
			1.동료와 대화	2.가족과 대화	3.취미 생활	4.음주, 흡연	5.종교 활동	6.기타	
배우자	없음	총계	5	0	3	3	1	2	14
		배우자 중 %	35.7%	0.0%	21.4%	21.4%	7.1%	14.3%	
	있음	총계	10	7	11	10	4	4	46
		배우자 중 %	21.7%	15.2%	23.9%	21.7%	8.7%	8.7%	
합계		총계	15	7	14	13	5	6	60

퍼센트 및 합계는 응답을 기준으로 합니다.

a. 집단설정

종교*$범주형 교차표

			범주형으로 코딩된 해소방법a						합계
			1.동료와 대화	2.가족과 대화	3.취미 생활	4.음주, 흡연	5.종교 활동	6.기타	
종교	없음	총계	9	5	9	9	0	4	36
		종교 중 %	25.0%	13.9%	25.0%	25.0%	0.0%	11.1%	
	있음	총계	6	2	5	4	5	2	24
		종교 중 %	25.0%	8.3%	20.8%	16.7%	20.8%	8.3%	
합계		총계	15	7	14	13	5	6	60

퍼센트 및 합계는 응답을 기준으로 합니다.

a. 집단설정

다중응답 교차표를 살펴보면 대화상자에서 지정한 바와 같이 각 셀은 빈도수와 행 백분율이 제시되고 있음을 알 수 있다. 모든 빈도수와 퍼센트는 응답을 기준으로 계산된다. 예를 들어 배우자가 없을 경우에는 "동료와 대화" 응답이 총 응답 14건 중 35.7%의 비율로 가장 많았으며, 종교가 없을 경우에 "가족과 대화" 응답건수가 종교가 있을 경우의 "가족과 대화" 응답건수보다 많음을 알 수 있다.

참고로 변수군 간의 응답 변수순으로 집계 옵션을 선택한 경우 다중응답 교차분석 프러시저는 응답자보다는 응답에 대한 셀 퍼센트를 기준으로 한다.

연습문제

※ 다음 자료는 A국의 국민과 결혼하여 A국에 거주하는 B국(국적=1)과 C국(국적=2)의 국적을 가진 45명에 대한 설문 결과이다 ("연습5장.xlsx").

국적	나이	교육수준	주거기간	생활만족도	가족헌신도	결혼책임감	결혼만족도
1	26	1	40	3	2.40	2.80	2.43
1	27	1	48	2	2.70	2.80	3.00
1	49	1	36	3	2.90	3.30	3.43
1	28	1	28	3	2.40	2.80	3.43
1	36	1	60	3	2.50	2.50	3.00
1	25	1	31	2	2.60	2.56	3.00
1	49	1	17	2	2.30	2.20	3.00
1	34	1	22	3	2.60	2.60	2.71
1	49	1	36	3	2.90	3.20	3.14
1	32	1	12	3	3.25	2.86	2.33
1	34	1	44	3	2.50	2.70	3.00
1	39	1	60	2	2.70	2.70	2.57
1	25	1	31	2	2.80	2.60	2.86
1	25	1	4	2	2.78	3.20	2.57
1	29	2	67	2	2.50	2.70	2.71
1	28	2	14	2	2.40	2.70	2.29
1	30	2	46	2	2.40	2.80	2.57
1	37	2	48	2	2.67	2.60	2.86
1	26	2	36	2	2.30	2.80	2.00
1	30	2	48	2	2.40	2.80	3.29
1	36	2	30	2	2.50	3.00	2.57
1	40	2	51	1	2.70	2.60	2.86
1	37	2	58	2	2.30	2.60	3.00
1	39	2	76	3	2.60	2.70	3.14
1	35	2	24	3	2.78	2.80	3.00
1	27	2	53	3	2.50	2.70	4.00
1	39	2	19	2	2.60	3.00	3.29
1	33	2	52	3	2.60	2.60	2.57
1	39	2	14	3	2.60	2.90	3.29
1	29	2	34	2	2.40	3.00	3.00
1	42	2	44	2	3.00	3.22	4.00
1	34	3	42	2	2.50	3.10	3.00
1	38	3	51	3	2.70	2.80	2.71
1	30	3	84	1	2.70	3.10	3.00
1	26	3	32	2	2.50	2.90	3.00
1	34	3	27	2	2.75	2.70	3.00
2	33	1	115	3	2.50	2.78	3.00
2	31	1	112	3	2.60	2.80	3.00
2	36	1	85	2	2.60	3.33	3.43
2	32	2	51	2	2.60	3.00	3.00
2	37	2	63	3	2.40	2.50	3.00
2	41	2	176	3	2.40	2.50	3.00
2	40	2	88	1	2.50	2.80	2.86
2	34	3	48	3	2.80	2.60	3.00
2	43	3	97	2	2.60	3.10	4.00

5.1 (데이터 "연습5장.xlsx") {교육수준}의 변수값이 다음과 같을 때, 빈도표를 작성하고, 막대도표를 그려라.

1=중졸 이하, 2=고졸, 3=대졸 이상

5.2 (데이터 "연습5장.xlsx") {생활만족도}의 변수값이 다음과 같을 때, 빈도표를 작성하고, 수평 막대도표를 그려라.

1=매우 불만, 2=불만, 3=만족, 4=매우 만족

5.3 (데이터 "연습5장.xlsx") {교육수준}과 {생활만족도}에 대한 교차표를 작성하여라. 또한 레이어 변수로 {국적}을 배치한 {교육수준}과 {생활만족도}에 대한 교차표를 작성하여라.

5.4 (데이터 "연습5장.xlsx") {가족헌신도}에 대한 히스토그램을 그려라.

5.5 (데이터 "연습5장.xlsx") 범주축 변수를 {교육수준}으로, 수평누적 기준변수를 {국적}으로 하는 케이스 집단들의 요약값을 갖는 수평누적 막대도표를 그려라.

5.6 (데이터 "연습5장.xlsx") {교육수준}과 {생활만족도}에 대한 3차원 막대도표를 그려라.

5.7 (데이터 "연습5장.xlsx") 범주축 변수를 {교육수준}, 선기준 변수를 {국적}, 선표시 변수를 {결혼책임감}으로 케이스 집단들의 요약값을 도표에 표시할 데이터로 하는 다중 선도표를 그려라.

5.8 (데이터 "연습5장.xlsx") 도표에 표시할 데이터가 개별 변수 {결혼책임감}, {결혼만족도}의 요약값으로 구성된 단순 상자도표를 그려라.

5.9 (데이터 "연습5장.xlsx") 막대의 구간이 표준편차의 3 곱수로 이루어진 수평누적 오차막대도표를 그려라. 단, 도표에 표시할 데이터는 케이스 집단들의 요약값으로 설정하며, 범주축 변수는 {교육수준}, 숫자요약 변수는 {나이}, 수평누적 기준변수는 {국적}으로 지정한다.

5.10 (데이터 "연습5장.xlsx") 분할기준 변수를 {국적}으로 하고 분포 표시 변수가 {주거기간}인 모집단 피라미드도표를 그려라.

5.11 (데이터 "연습5장.xlsx") {가족헌신도}와 {결혼책임감}에 대한 산점도를 그려라.

5.12 (데이터 "연습5장.xlsx") {가족헌신도}, {결혼책임감}, {결혼만족도}에 대한 행렬 산점도를 그려라.

5.13 (데이터 "연습5장.xlsx") x축 변수로 {주거기간}을, y축 변수로 {결혼책임감}, {결혼만족도}를 지정한 겹쳐그리기 산점도를 그려라.

5.14 (데이터 파일 "예3-7.sav") 5개 일간지 중 현재 구독 중인 일간지의 빈도분포를 알아보기 위하여 다중응답 빈도분석표를 작성하여라.

제6장

자료에 대한 기술통계

6.1 기술통계량

우리는 어떤 사회의 현상이나 집단의 특성에 대한 정보를 얻기 위하여 관측이나 설문조사, 실험을 실시한다. 그 결과 다양한 종류의 자료를 수집하여 데이터 파일로 저장할 수 있다. 그러나 수집된 개개의 데이터들로부터 전체 집단의 특성을 파악하는 것은 쉽지 않다. 예를 들어 어떤 선거에서 100명을 대상으로 전화 조사하였을 경우 어떤 한 사람이 A 후보를 지지한다는 사실이 이 집단 전체의 A 후보 지지율이 높다는 것을 의미하지 않는다. 이 집단의 특성(A 후보 지지율)에 대한 정보는 이렇게 조사된 100개의 자료로부터 계산된 특정한 측도를 이용하여 파악할 수 있다.

일반적으로 통계학에서는 수집된 자료로부터 몇 가지 객관적인 측도(통계량)를 통하여 자료를 요약함으로써 집단의 특성을 파악한다. 이러한 자료 요약 방법을 통계학에서는 기술통계(descriptive statistics)라고 한다. 기술통계는 빈도표와 교차표, 그리고 히스토그램 등 다양한 표와 그래프를 통한 표-그림 요약 방법(5장)과 평균, 표준편차 등 기술통계량을 통하여 자료를 요약하는 방법(6장)으로 나눌 수 있다.

6.1.1 : 중심경향

중심경향은 집단의 중심 위치를 설명하는 측도이며 이에 대한 통계량으로 평균, 중위수, 최빈값, 합계, 백분위수 등이 있다.

- 평균(mean, average): 합계를 총 자료의 수로 나눈 산술 평균 값을 주로 사용한다. 통계학에서 가장 많이 사용하는 자료의 중심을 나타내는 측도이다.
- 중위수(median): 자료를 크기순으로 배열했을 때 정 가운데에 위치한 값으로 제50백분위수이다. 총 자료의 수가 짝수이면 자료를 크기순으로 배열했을

때 중간에 있는 두 개의 케이스의 평균이다. 중위수는 평균과 달리 중심을 벗어난 극단값에 영향을 받지 않는 중심경향 측도이다.

- 최빈값(mode): 가장 자주 발생하는 값, 즉 빈도수가 가장 많은 값으로 경우에 따라 복수개의 최빈값이 존재한다. SPSS의 빈도분석 프러시저는 여러 최빈값 중에서 가장 작은 최빈값만 출력한다.
- $100\alpha\%$ 절삭평균(trimmed mean): 총 자료수가 N인 자료를 크기순으로 배열했을 때 양쪽 끝에서 $[N\alpha]$ 개씩의 자료를 제외한 나머지 자료들의 평균값이다 (여기서 $[x]$는 x보다 작거나 같은 최대 정수이며, $0 < \alpha < 0.5$ 이다). SPSS의 데이터 탐색 프러시저는 5% 절삭평균을 출력한다.
- 제$100p$ 백분위수(percentile): 총 자료수가 N인 자료를 크기순으로 배열했을 때 $(N+1)p = r + a$, $(0 \le a < 1, 0 < p < 1)$를 만족하는 정수 r과 소수 a에 대해서 $(1-a)x_{(r)} + a x_{(r+1)}$의 값을 제$100p$ 백분위수라고 한다(단, $x_{(r)}$은 r번째 순위에 있는 값이다). 예를 들어 총 자료수가 38일 때 $p = 0.2$에 대하여 $r = 7$, $a = 0.8$이므로 제20백분위수는 $0.2x_{(7)} + 0.8x_{(8)}$을 계산한 값이다.
- 사분위수(quartile): 제25백분위수를 제1사분위수라고 하며 보통 Q1으로 표시한다. 또한 제50백분위수를 제2사분위수(Q2), 제75백분위수를 제3사분위수(Q3)라고 한다. 사분위수(제 25, 50, 75 백분위수)를 사용하면 관측값을 동일한 크기의 네 집단으로 나눌 수 있다.

6.1.2 : 산포도

자료의 분포가 중심 위치로부터 퍼져 있는 경향을 나타내는 측도, 즉 데이터에 분포되어 있는 변동의 양을 측정하는 산포도 통계량으로 표준편차, 분산, 범위(최솟값, 최댓값), 사분위수 범위, 평균의 표준오차 등이 있다.

- 범위(range): 숫자변수의 가장 큰 값(최댓값)에서 가장 작은 값(최솟값)을 뺀 값으로 가장 간단한 형태의 산포도에 대한 측도이다.
- 사분위 범위(interquatile range, IQR): 제3사분위(Q3) 값에서 제1사분위(Q1) 값을 뺀 값으로 범위와 달리 극단값의 영향을 줄일 수 있다.
- 분산(variance): 평균에 대한 산포 측도값으로, 총 자료수가 N일 때 편차의 제곱에 대한 합계를 $N-1$로 나눈 값이다. 여기서 편차(deviation)란 각 관

측값(x_i)에서 평균($\bar{x}$)을 뺀 값($x_i - \bar{x}$)을 말하는 것으로 이 값의 절댓값이 큰 자료일수록 평균으로부터 멀리 떨어져 있음을 의미한다. 따라서 산포도의 측도인 분산은 변수 자체의 제곱 단위로 측정된다.

- 표준편차(standard deviation): 분산의 양의 제곱근을 의미하는 산포 측도이다. 일반적으로 정규분포에서 케이스의 68%는 평균의 표준편차 내에 있으며 케이스의 95%는 2배 표준편차 내에 있다. 예를 들어 어느 집단의 평균 연령이 45세이고 표준편차가 10인 경우 이 집단의 연령이 정규분포를 따른다고 가정할 때 이 집단에서 관측된 자료의 95%는 25세와 65세 사이에 있다고 분석할 수 있다.
- 변동계수(coefficient of variation, cv): 단위가 다른 두 종류의 자료에 대한 산포도를 비교할 경우 사용하는 상대적인 산포도의 측도로서 다음과 같이 보통 백분율로 정의한다. 여기서 $\bar{x}$는 평균이고 s는 표준편차이다.

$$cv = \frac{s}{\bar{x}} \times 100\,(\%)$$

6.1.3 : 분포의 대칭도

분포의 형상에 대한 측도, 즉 분포의 형태와 대칭을 설명하는 통계량으로 왜도와 첨도가 있다.

- 왜도(skewness): 자료들이 평균으로부터 얼마나 대칭적으로 분포되어 있는지 측정하는 분포의 비대칭성에 대한 측도이다. 정규분포와 같이 대칭인 분포의 경우 왜도 값은 0이며, 평균과 중위수, 최빈값이 거의 일치한다.
  양의 왜도가 많은 분포는 오른쪽으로 긴 꼬리를 갖는 우향왜곡 분포이며 이 경우 {최빈값 < 중위수 < 평균}의 순으로 위치할 가능성이 많다. 또한 유의한 음의 왜도를 가지는 분포는 왼쪽으로 긴 꼬리가 나타나는 좌향왜곡 분포로서 우향왜곡 분포와 반대로 {최빈값 > 중위수 > 평균}의 순으로 위치한다. 왜도 값이 표준오차의 두 배를 넘는 것은 대칭에서 많이 벗어나 있음을 의미한다.
- 첨도(kurtosis): 관측값이 중심에 군집하는 정도에 대한 측도로서 정규분포의 경우 첨도 통계량 값은 0이다. 양의 첨도는 정규분포에 비해 관측값이 분포 중심에 더 많이 군집되어 있고 분포 극단값까지의 꼬리가 더 얇다. 반면에 음의 첨도는 정규분포에 비해 관측값이 분포 중심에 덜 군집되어 있고 분포 극단값까지의 꼬리가 더 두껍다.

6.2 빈도분석 프러시저를 이용하여 기술통계량 구하기

범주형 자료의 경우 도수분포표나 막대도표 등 빈도분석을 이용하여 분석한다. 즉 범주형 변수와 같이 질적인 자료에는 특정 집단의 빈도수와 비율이 중요한 분석 척도가 된다. 그러나 질적인 자료일지라도 평균 등의 양적변수에 적합한 통계량이 쓰일 수 있다. 예를 들어 한 골프대회에서 가장 어렵게 플레이되는 홀을 조사한다고 할 때, 참가 선수들의 모든 홀에 대한 성적의 평균을 구하고 이를 토대로 홀의 난이도 순위를 매긴다. 즉 총 40명의 참가자에 대한 6번 홀과 12번 홀의 성적이 다음 표와 같다고 하자.

홀6 (평균: 4.35)

score	빈도	퍼센트
3	6	15.0
4	25	62.5
5	4	10.0
6	3	7.5
9	2	5.0
합계	40	100.0

홀12 (평균: 4.25)

score	빈도	퍼센트
3	7	17.5
4	22	55.0
5	5	12.5
6	6	15.0
합계	40	100.0

두 홀의 평균 스코어를 보면 12번 홀이 6번 홀보다 쉬운 홀이라고 판단할 수 있다. 그러나 6번 홀의 경우 다른 선수들보다 3타 이상 더 친 두 사람의 데이터가 극단값의 역할을 하고 있을 수 있으므로 범주형 자료를 평균의 개념만으로 해석하면 오류를 범할 수 있다. 실제로 9타를 친 두 사람의 데이터를 제거한 6번 홀의 평균값은 4.11로서 12번 홀보다 쉬운 홀이 된다.

빈도분석 프러시저의 [통계량(S)] 옵션을 이용하여 중심경향, 산포도 및 분포 관련 기술통계량을 구할 수 있다([그림 6.2.1]). 대부분 6.1절에서 설명한 통계량들이며 평균의 표준오차는 표준편차를 총 자료수의 양의 제곱근으로 나눈 값이다. 이 값은 평균의 신뢰구간이나 가설검정에서 자주 이용된다.

[그림 6.2.1]의 통계량 옵션에서 [□ 절단점(U)]의 “동일 크기 집단수”를 4로 지정하면 사분위수를 구할 수 있다. 또한 백분위수는 개별 수치를 [추가]함으로써 구할 수 있다.

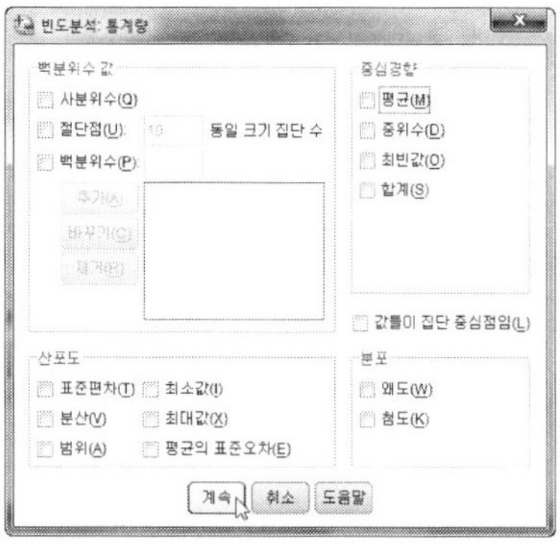

[그림 6.2.1] 빈도분석의 통계량 옵션

- 값들이 집단 중심점임: 데이터의 값이 집단의 중심점일 경우(예를 들어 30대인 사람들의 연령을 모두 35로 코딩하는 경우) 이 옵션을 선택하여 원래의 집단화하지 않은 데이터의 중위수와 백분위수를 추정할 수 있다.

예제 6.2.1 (데이터 파일 "예4-5.sav") 빈도분석 프러시저를 이용하여 {체중} 변수의 기술통계량에 대한 다음 표를 완성하여라.

{체중} 변수의 기술통계량

평균	중위수	최빈값	표준편차	분산	범위	왜도	첨도
152.66	144.00						
Q1	Q3	IQR	제20 백분위수	제40 백분위수	제60 백분위수	제80 백분위수	제95 백분위수
125.00	179.00						

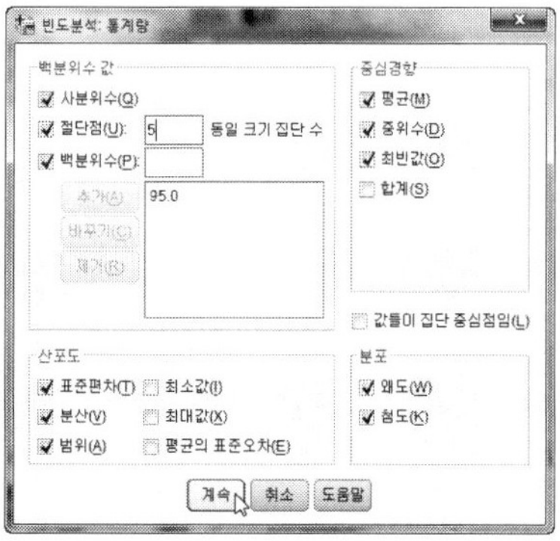

[그림 6.2.2] {체중} 통계량 설정

풀이 6.2.1 {체중} 변수의 통계량을 구하기 위한 빈도분석의 [통계량] 옵션 대화상자인 [그림 6.2.2]에서 절단점을 5로 지정하면 전체 집단을 동일한 비율의 5개의 집단으로 나누어 주는 값을 구해 준다. 즉 제20, 40, 60, 80 백분위수가 각각 출력될 것이다. 이 설정으로 출력되지 않는 제95백분위수는 따로 백분위수란에 추가하면 된다.

다음 표는 [그림 6.2.2]의 설정으로 얻어진 출력결과이다.

통계량

몸무게(파운드)

N	유효	38
	결측	0
평균		152.66
중위수		144.00
최빈값		125a
표준편차		33.383
분산		1114.393
왜도		.539
왜도의 표준오차		.383
첨도		-.554
첨도의 표준오차		.750
범위		128
백분위수	20	121.80
	25	125.00
	40	133.20
	50	144.00
	60	160.60
	75	179.00
	80	185.20
	95	215.95

a. 여러 최빈값이 있습니다. 가장 작은 값이 나타납니다.

6.3 기술통계

기술통계 프러시저를 사용하면 분석하고자 하는 변수의 일변량 요약통계량을 구할 수 있다. 또한 데이터 통합을 통하여 구했던 특정 변수의 표준화 값(z 점수)을 새로운 변수로 저장할 수 있다(4.3절 참조).

z 점수를 포함한 대부분의 기술통계량은 정규 이론에 기초하며 대칭 분포로 된 양적변수(구간 수준 또는 비율 수준 척도)에 적합하다. 그러나 순서가 의미없는 범주형 변수 혹은 비대칭 분포로 되어 있는 변수의 분석은 기술통계가 적합하지 않다.

다음은 [기술통계(D)] 프러시저를 실행할 경우 나타나는 "기술통계" 대화상자에 {체중} 변수를 지정한 모습과 [옵션(O)]을 누른 후 나타나는 화면에서 통계량을 모두 체크한 모습을 표시한 것이다.

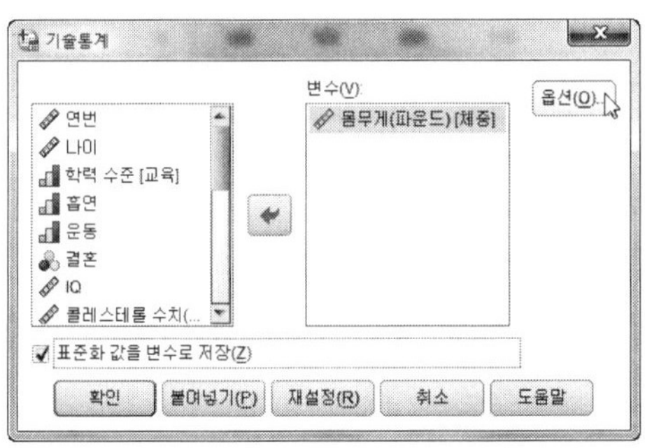

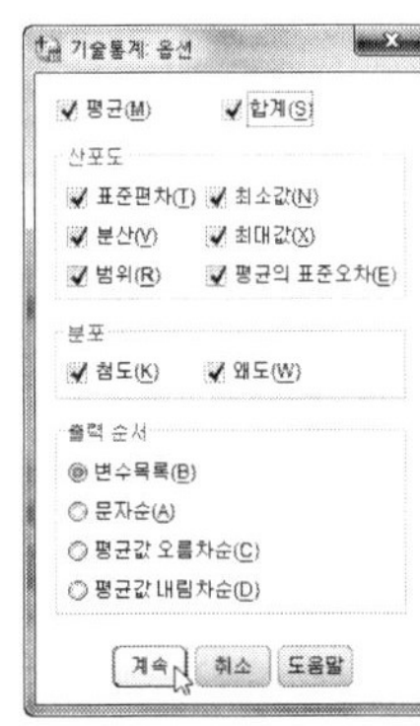

[그림 6.3.1] 기술통계 프러시저

- 통계량: 별도로 [옵션(O)]을 설정하지 않으면 기본적으로 표본 크기, 평균, 표준편차, 최솟값, 최댓값의 5개 통계량이 출력된다. 별도로 합계, 분산, 범위, 평균의 표준오차, 첨도 및 왜도 통계량을 체크하여 이들의 값을 출력할 수 있다.

다음은 [그림 6.3.1]과 같이 설정한 기술통계 프러시저의 출력결과이다. 이 결과로부터 [예제 6.2.1]의 표를 완성할 수 있는가? 다음 출력결과에서 알 수 있듯이 [기술통계(D)] 프러시저의 실행으로는 [빈도분석(F)] 프러시저의 실행에서 얻었던 백분위수 관련 통계량을 얻을 수 없다.

기술통계량

		몸무게(파운드)	유효수(목록별)
N	통계량	38	38
범위	통계량	128	
최솟값	통계량	106	
최댓값	통계량	234	
합계	통계량	5801	
평균	통계량	152.66	
	표준오차	5.415	
표준편차	통계량	33.383	
분산	통계량	1114.393	
왜도	통계량	.539	
	표준오차	.383	
첨도	통계량	−.554	
	표준오차	.750	

다음 [그림 6.3.2]는 기술통계 프러시저의 결과로서 생성된 새로운 변수 {Z체중}의 결과와 4.4절에서 직접 생성했던 {z_체중} 변수를 비교하기 위하여 두 변수를 나란히 배열한 모습을 표시한 것이다. 참고로 데이터 편집기 윈도우에서 변수를 선택하고 계속 마우스를 누른 상태에서 마우스를 움직이면 선택된 변수를 원하는 위치로 이동시킬 수 있다(이 데이터 파일을 "예6-1.sav"로 저장하자).

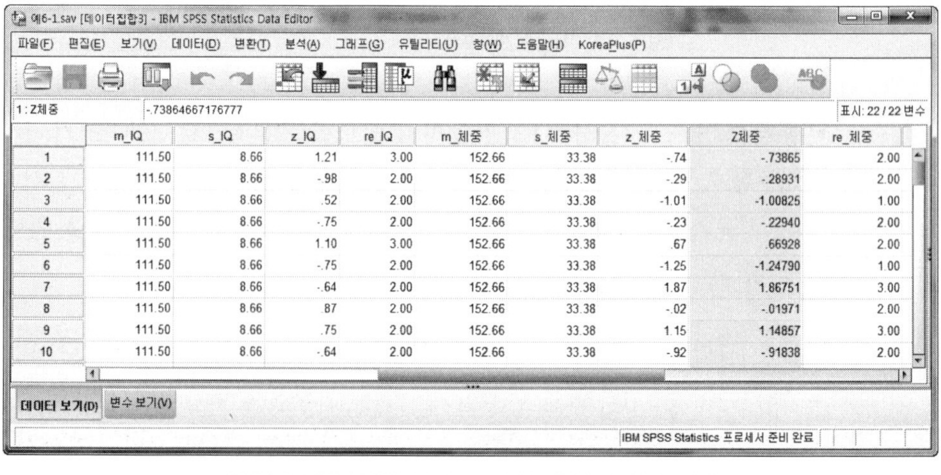

[그림 6.3.2] {체중} 변수의 z-점수 {Z체중} 변수 생성

6.4 데이터 탐색

양적 변수의 특성을 분석하기 위하여 [기술통계(D)] 프러시저를 실행하면 평균과 표준편차를 비롯한 기본적인 통계량을 얻을 수 있었다. 그러나 [데이터 탐색(E)] 프러시저를 이용하면 [기술통계(D)] 프러시저에서 제공하는 통계량을 포함하여 줄기와 잎 그림, 상자도표 등의 그림을 이용한 요약 방법까지 다양한 정보를 얻을 수 있다. 또한 요인변수를 지정하면 요인변수에 따라 집단별로 종속변수의 통계량을 출력할 수 있으며, 상자도표를 통해 집단 간 분포의 차이를 비교 분석할 수 있다.

[데이터 탐색(E)] 프러시저를 사용하면 이상값 식별, 예외적인 값이나 극단값 등을 확인할 수 있으며, 정규분포가 필요한 경우 데이터 변환이 필요한지 또는 비모수 검정이 필요한지를 알 수 있다.

[그림 5.1.1]에서 [분석(A)] 메뉴의 [데이터 탐색(E)]을 클릭하면 "데이터 탐색" 대화상자가 나타난다. 다음은 [통계량(S)]과 [도표(T)] 옵션 대화상자를 "데이터 탐색" 대화상자와 같이 표시한 것이다.

[그림 6.4.1] 데이터 탐색 대화상자

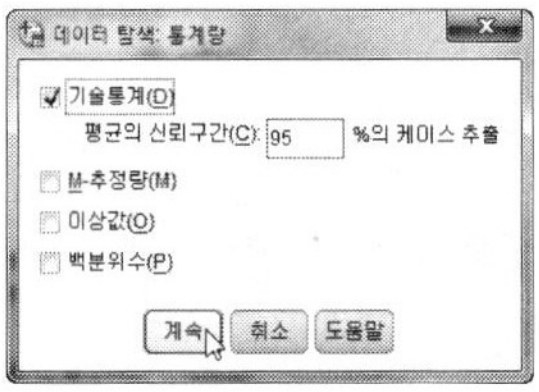

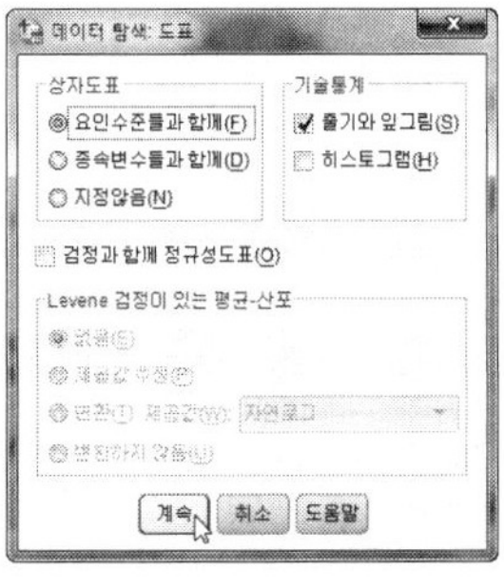

• **종속변수(D)**

데이터 탐색 분석을 하고자 하는 양적 변수를 입력한다. 2개 이상 입력할 경우 모든 종속변수의 통계량이 하나의 표에 출력된다.

• **요인(F)**

요인변수가 입력되지 않을 경우에는 모든 집단에 대하여 종속변수의 데이터 탐색이 이루어지지만 요인변수가 입력되면 요인변수의 값에 대응하는 각 집단에 대하여 종속변수의 데이터 탐색 분석이 각각 이루어진다. 다만 상자도표의 경우 요인변수의 값으로 구분되는 모든 집단의 상자도표가 한 화면에 한꺼번에 표시된다 ([표 5.2.10] 참조).

• **케이스 설명 기준변수(C)**

이상값 등을 표시할 때 그 케이스를 식별할 변수를 입력한다.

• **[통계량(S)]**

이 옵션을 통해 평균의 신뢰구간을 비롯하여 다양한 기술통계량을 디폴트로 얻을 수 있으며, 선택을 통하여 M-추정량과 이상값, 백분위수를 얻을 수 있다.

– 기술통계(D) : 중심 경향 측도인 평균, 중위수, 5% 절삭평균이 출력되며, 산포 측도인 평균의 표준오차, 분산, 표준편차, 최솟값, 최댓값, 범위, 사분위수 범위가 출력된다. 이밖에 분포 형태에 대한 측도인 왜도와 첨도가 표준오차와 함께 출력되며, 평균에 대한 95% 수준의 신뢰구간이 디폴트로 표시되지만 다른 신뢰수준을 지정할 수 있다.

예제 6.4.1 (데이터 파일 "예6-1.sav") 데이터 탐색을 통하여 {IQ} 변수의 기술통계량에 대한 다음 표를 완성하여라.

{IQ} 변수의 기술통계량

평균	중위수	표준편차	분산	범위	최빈값
111.50	112.00				
평균에 대한 95% CI		5% 절삭평균	IQR	왜도	첨도
108.57	114.43				

풀이 6.4.1 [그림 6.4.1]의 "데이터 탐색" 대화상자의 [종속변수(D)] 란에 {IQ} 변수를 입력하고 바로 [확인]하면 다음 표와 같이 {IQ} 변수의 몇 가지 기술통계량을 얻을 수 있다. 참고로 왜도의 값이 음수이므로 왼쪽으로 꼬리를 가지는 좌향왜곡 분포일 것으로 추정되며, 첨도의 값이 양수이므로 정규분포에 비해 중심 근처에 많은 관측값이 군집되어 있다고 볼 수 있다.

기술통계

			통계량	표준오차
IQ	평균		111.50	1.443
	평균의 95% 신뢰구간	하한	108.57	
		상한	114.43	
	5% 절삭평균		111.66	
	중위수		112.00	
	분산		74.943	
	표준편차		8.657	
	최솟값		88	
	최댓값		129	
	범위		41	
	사분위수 범위		14	
	왜도		−.289	.393
	첨도		.195	.768

- M-추정량(M): 표본평균과 중위수로 대표되는 분포의 중심 위치를 추정하기 위한 Huber의 M-추정량, Andrew의 웨이브 추정량, Hampel의 내림차 M-추정량, Tukey 이중가중 추정량을 출력한다. 이 옵션에서 계산되는 추정량은 케이스에 적용한 가중치에서 차이가 난다.
- 이상값(O): 최댓값을 포함한 종속변수의 최대 다섯 개의 변수값과 최솟값을 포함하여 최소 다섯 개의 종속변수 변수값을 케이스 설명(기본적으로 케이스 번호)과 함께 출력한다.
- 백분위수(P): 제 5, 10, 25, 50, 75 , 90, 95 백분위수 값을 가중평균 방법을 이용하여 출력하고, 추가로 사분위수의 경우 Tukey의 Hinges 방법을 이용한 사분위수가 출력된다. 통계학에서 백분위수의 계산은 6.1절에서 소개한 방법을 비롯하여 다양한 방법이 소개되고 있다.

예제 6.4.2 (데이터 파일 "예6-1.sav") 데이터 탐색을 통하여 {IQ} 변수의 통계량에 대한 다음 표를 완성하여라.

{IQ} 변수의 통계량

최소 3개	최대 3개	제10백분위수	제20백분위수	제95백분위수
88		101.70		
98		Q1	Q2	Q3
101		105.00		

풀이 6.4.2 [그림 6.4.1]의 "데이터 탐색" 대화상자의 [통계량(S)] 옵션에서 [ㅁ 이상값(O)]과 [ㅁ 백분위수(P)]를 체크하고 [계속]한 후 [확인]하면 다음과 같이 백분위수와 극단값에 대한 두 개의 표를 얻을 수 있다.

백분위수

		백분위수						
		5	10	25	50	75	90	95
가중평균(정의1)	IQ	96.50	101.70	105.00	112.00	118.75	122.00	126.45
Tukey의 Hinges	IQ			105.00	112.00	118.50		

극단값

			케이스 수	값
IQ	최댓값	1	27	129
		2	32	126
		3	1	122
		4	16	122
		5	5	121a
	최솟값	1	21	88
		2	25	98
		3	36	101
		4	12	102
		5	37	103b

a. 값 121을(를) 가지는 케이스의 부분 목록만 상한 극단값 표에 표시됩니다.
b. 값 103을(를) 가지는 케이스의 부분 목록만 하한 극단값 표에 표시됩니다.

- **[도표(T)]**

이 옵션을 이용하면 상자도표, 줄기와 잎 그림 도표, 히스토그램을 그릴 수 있으며, 종속변수로 입력된 양적 변수의 분포가 정규성을 따르는지에 대한 가설검정을 시행할 수 있다.

□ 줄기와 잎 그림(S): 줄기와 잎 그림(stem-and-leaf plot)은 관찰값의 큰 단위는 줄기(stem)로, 작은 단위는 잎(leaf)으로 구분하여 나열한 도표이다. 다음 도표는 {SC} 변수에 대한 줄기와 잎 그림을 표시한 것이다.

```
콜레스테롤 수치 Stem-and-Leaf Plot

Frequency     Stem & Leaf

    2.00        18 .  78
    4.00        19 .  3589
   13.00        20 .  0111334556668
    5.00        21 .  01556
    6.00        22 .  000689
    2.00        23 .  25
    4.00        24 .  0028
    1.00        25 .  1
    1.00 Extremes      (>=271)

Stem width:      10
Each leaf:       1 case(s)
```

이 줄기와 잎 그림을 살펴보면 십의 자리 이상의 값을 줄기(stem)로 하여 세로로 배열하고, 각 줄기에 대하여 일의 자리의 값을 잎(leaf)으로 가로로 배열하고 있음을 알 수 있다. 줄기와 잎 그림은 자료를 작은 값에서 큰 값의 순으로 배열하는 효과도 볼 수 있다. 예를 들어 제1사분위수를 구하기 위해 작은 값에서 9.75번째 해당하는 자료를 찾고자 할 때 줄기와 잎 그림의 'Frequency' 열에 위치한 빈도수를 참고할 수 있다. 즉 관측값 201이 9번째와 10번째 자료이므로 제1사분위수의 값은 201임을 쉽게 찾을 수 있다.

줄기와 잎 그림은 히스토그램에서 알 수 없는 개별의 관측값을 쉽게 알아볼 수 있으며 동시에 히스토그램의 특성인 분포에 대한 시각적 효과도 볼 수 있다. 즉 히스토그램이 등간격의 범위에 속한 자료의 빈도수를 높이로 갖는 막대를 이용하여 분포의 형태를 표시한 것에 반해 줄기와 잎 그림은 이 범위에 속한 잎의 숫자가 막대의 역할을 하기 때문에 전체적인 분포의 형태도 짐작할 수 있다.

또한 [예제 6.4.1]에서 구하지 못한 최빈값을 줄기와 잎 그림을 이용하여 구할 수 있다. 빈도가 가장 많은 관측값이 최빈값이므로 {SC} 변수의 최빈값은 201, 206, 220이다. 참고로 빈도분석 프러시저를 통해 최빈값을 구하면 모든 최빈값 중에서 최소의 최빈값을 출력한다.

□ 히스토그램(H): 양적 변수에 대한 히스토그램 도표가 출력된다.

– 상자도표: 5.2.2.6절에서 소개한 바와 같이 상자도표는 사분위수 통계량과 최솟값, 최댓값을 이용하여 분포의 형태를 상자로 표시한 도표이며, 이상값의 존재성에 대한 정보를 제공해 준다.

{SC} 변수의 상자도표를 구하기 위하여 먼저 사분위수를 구해야 한다. {SC} 변수의 총 유효 자료의 수가 38개이므로 {SC} 변수의 제1사분위수는 이 자료를 작은 값부터 순서대로 배열했을 때 9.75번째 자료이므로 201이다. 제3사분위수는 29.25번째 자료이므로 먼저 29번째 자료(228)와 30번째 자료(229)를 구하여 $0.75*228+0.25*229=228.25$와 같이 계산하면 된다. 따라서 사분위수 범위인 IQR은 27.25이다. 상자도표를 그리기 위하여 먼저 Q1과 Q3의 위치를 직사각형 상자로 표시한다. 이 상자의 가운데 굵은 선의 위치는 중위수를 의미하며 19번째와 20번째 자료의 평균인 209이다.

다음은 SPSS를 통하여 {SC} 변수의 상자도표를 출력한 것이다.

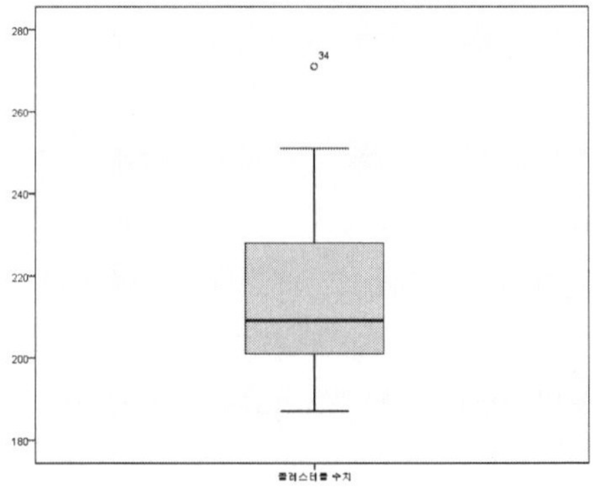

상자도표의 직사각형 상자 내에 전체 자료의 50%가 들어 있으며, Q1에서 Q2까지의 길이가 Q2에서 Q3까지의 길이보다 짧으므로 201에서 209까지의 분포

가 209에서 228.25까지의 분포보다 더 첨예하다고 할 수 있다.

(Q1-1.5*IQR) 값보다 작거나 (Q3+1.5*IQR) 값보다 큰 관측값을 이상값으로 판단하고, 이 자료의 위치에 ○ 기호를 사용하여 상자도표에 표시한다. {SC} 변수의 경우 케이스 번호가 34번 자료 271이 269.125보다 크므로 이를 이상값으로 판단하고 ○ 기호를 해당 위치에 표시하였다.

참고로 (Q1-3*IQR) 값보다 작거나 (Q3+3*IQR) 값보다 큰 관측값을 아주 정도가 심한 극단값으로 간주하여 * 기호를 이용하여 표시한다.

마지막으로 이상값이 아닌 자료 중에서 최댓값과 최솟값의 위치를 선분으로 표시한 후, 중간 위치를 Q1과 Q3의 직사각형 상자와 직선으로 연결하여 상자도표를 완성한다.

◉ 요인수준들과 함께(F): 요인변수를 입력하였을 경우 요인변수의 집단별로 종속변수의 상자도표가 한 화면에 표시된다. 이 경우 [표 5.2.10]의 "케이스 집단들의 요약값"에 해당하는 상자도표와 동일한 도표가 출력된다.

◉ 종속변수들과 함께(D): 종속변수들을 여러 개 입력하였을 경우 하나의 화면에 종속변수들의 상자도표를 한꺼번에 표시할 수 있다. 이 상자도표는 [표 5.2.10]의 "개별 변수의 요약값"에 해당하는 상자도표와 동일하다.

□ 검정과 함께 정규성 도표(O): 정규성 검정을 수행하여 Lilliefors 유의수준을 가지는 Kolmogorov-Smirnov 통계량과 Shapiro-Wilk 통계량이 유의확률과 함께 출력된다. 이외에 정규 Q-Q 도표와 기울기 없는 정규 Q-Q 도표가 정규성 검정표에 이어서 출력된다(8.3.1절 정규성 검정 참조).

예제 6.4.3 (데이터 파일 "예6-1.sav") 데이터 탐색을 통하여 {IQ} 변수의 통계량에 대한 다음 표를 완성하여라. 단, {성별}과 {교육} 변수를 요인변수로 지정한다.

변수	구분	평균	표준편차	평균에 대한 95% CI		중위수	IQR
				하한	상한		
성별	F	109.28	7.307	105.64	112.91	110.00	10
	M	113.72					
교육	고졸 이하	103.89					
	대졸	110.53					
	대학원 이상	118.42					
합계		111.50					

풀이 6.4.3 다음은 요인변수에 {성별}과 {교육} 변수를 입력한 이후 데이터 탐색 프러시저를 실행하여 얻은 출력결과이다. 이 결과를 이용하여 [예제 6.4.3]의 표를 완성하면 된다({교육} 변수에 대한 줄기와 잎 그림 도표는 생략한다).

```
IQ Stem-and-Leaf Plot for
성별= F

Frequency     Stem &  Leaf

    1.00 Extremes     (=<88)
    2.00        10 .  23
    6.00        10 .  556999
    5.00        11 .  11334
    4.00        11 .  6779

Stem width:      10
Each leaf:       1 case(s)
```

```
IQ Stem-and-Leaf Plot for
성별= M

Frequency     Stem &  Leaf

    1.00         9 .  8
    3.00        10 .  133
    3.00        10 .  566
    1.00        11 .  3
    4.00        11 .  5899
    4.00        12 .  1122
    2.00        12 .  69

Stem width:      10
Each leaf:       1 case(s)
```

기술통계

성별				통계량	표준오차
IQ	F	평균		109.28	1.722
		평균의 95% 신뢰구간	하한	105.64	
			상한	112.91	
		5% 절삭평균		109.92	
		중위수		110.00	
		분산		53.389	
		표준편차		7.307	
		최솟값		88	
		최댓값		119	
		범위		31	
		사분위수 범위		10	
		왜도		-1.373	.536
		첨도		3.125	1.038
	M	평균		113.72	2.242
		평균의 95% 신뢰구간	하한	108.99	
			상한	118.45	

	5% 절삭평균	113.75	
	중위수	116.50	
	분산	90.448	
	표준편차	9.510	
	최솟값	98	
	최댓값	129	
	범위	31	
	사분위수 범위	17	
	왜도	-.177	.536
	첨도	-1.351	1.038

이어서 요인변수가 {성별}, {교육}인 경우 각각에 대하여 {IQ} 변수의 상자도표를 표시한 것이다. 한 화면에 요인변수의 모든 집단에 대한 상자도표가 함께 표시되었으므로 집단별 분포 상황을 비교하여 분석할 수 있을 것이다. 예를 들어 요인변수가 {성별}의 경우 남자('M') 집단이 여자('F') 집단에 비해 {IQ}의 중위수 값이 더 크지만, 집단의 분포는 더 넓게 퍼져 있음을 알 수 있다. 실제로 남자(M) 집단의 표준편차는 여자(F) 집단의 표준편차보다 크다. 또한 {연번}이 21인 응답자의 {IQ} 값이 이 상자도표에서 이상값으로 표시되고 있다. 이 자료가 고졸 이하의 학력을 가진 여성의 자료일 것으로 짐작할 수 있는데, 본격적인 가설검정 통계 분석에 앞서 이 값이 정상적으로 입력된 자료인지 한 번 확인할 필요가 있을 것이다.

기술통계[a]

학력수준				통계량	표준오차
IQ	고졸 이하	평균		103.89	3.147
		평균의 95% 신뢰구간	하한	96.63	
			상한	111.15	
		5% 절삭평균		103.77	
		중위수		103.00	
		분산		89.111	
		표준편차		9.440	
		최솟값		88	
		최댓값		122	
		범위		34	
		사분위수 범위		10	
		왜도		.468	.717
		첨도		1.484	1.400
	대졸	평균		110.53	1.341
		평균의 95% 신뢰구간	하한	107.66	
			상한	113.41	
		5% 절삭평균		110.48	
		중위수		109.00	
		분산		26.981	
		표준편차		5.194	
		최솟값		103	
		최댓값		119	
		범위		16	
		사분위수 범위		10	
		왜도		.315	.580
		첨도		−1.205	1.121
	대학원 이상	평균		118.42	1.790
		평균의 95% 신뢰구간	하한	114.48	
			상한	122.36	
		5% 절삭평균		118.52	
		중위수		119.00	
		분산		38.447	
		표준편차		6.201	
		최솟값		106	
		최댓값		129	
		범위		23	
		사분위수 범위		8	
		왜도		−.262	.637
		첨도		.416	1.232

데이터 탐색 등 대부분의 통계분석 프러시저에서 종속변수나 요인변수에 결측값이 있는 케이스는 모든 분석에서 제외된다.

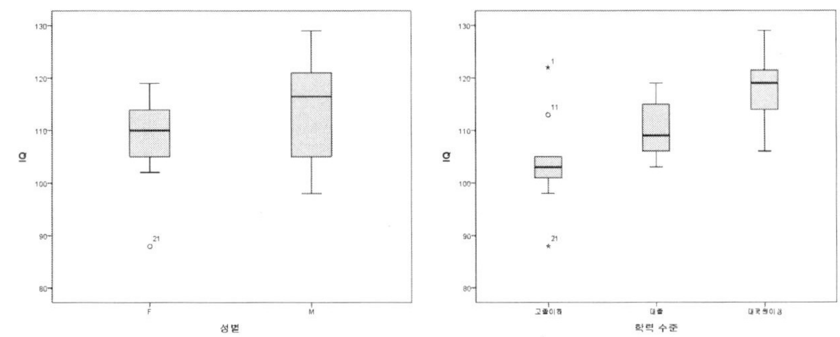

[예제 6.4.2]에서 데이터 탐색 프러시저를 통해 제20백분위수를 구할 수 없었다. 당연히 제20백분위수는 빈도분석 프러시저를 이용하여야 한다. 이와 같이 통계분석 프러시저에 따라 출력하는 통계량의 종류가 조금씩 다르기 때문에 다음 [표 6.4.1]과 같이 비슷한 프러시저의 출력결과를 간단히 정리해두는 것이 좋다.

통계분석 프러시저	통계량	도표
공통	중심경향: 평균 산포도: 표준편차, 분산, 범위, 최솟값, 최댓값, 평균의 표준오차 분포: 왜도와 첨도	
빈도분석	중심경향: 합계, 중위수, 최빈값 백분위수: 사분위수, 모든 백분위수	막대도표, 원도표 히스토그램
기술통계	중심경향: 합계	
데이터 탐색	중심경향: 평균의 신뢰구간, 5% 절삭평균, 중위수 산포도: 사분위수 범위 백분위수: 사분위수, 특정 백분위수	상자도표, 히스토그램 줄기와 잎 그림 정규 Q-Q 도표

6.5 통계표 작성

통계분석을 위하여 데이터를 수집한 후 이 자료들을 간단히 정리하고자 할 경우 대부분 표를 이용한다. 5.1절에서 다루었던 한 개의 범주형 변수에 대한 빈도표나 두 범주형 변수의 교차표 같은 경우가 이에 해당할 것이다. 6.4절에서 설명한 바와 같이 요인변수를 입력하여 데이터 탐색을 실행하면 양적변수에 대한 각종 통계량을 요인변수의 집단별로 정리할 수 있다. 또한 범주형 변수들의 계층적 집단화에 따른 종속변수의 통계량을 하나의 표로 정리할 필요성이 있을 경우 파일분할이나 케이스 선택 프러시저를 먼저 설정한 후 기술통계 프러시저를 통하여 해답을 얻을 수 있다.

예제 6.5.1 (데이터 파일 "예6-1.sav") 범주형 변수 {성별}, {운동}의 각 범주에 해당하는 집단에 대하여 양적 변수 {체중}, {SC}, {SP} 변수의 통계량(평균, 표준편차)을 정리하여 다음 표를 완성하여라.

변수	구분	몸무게		콜레스테롤 수치		최대혈압 수치	
		평균	표준편차	평균	표준편차	평균	표준편차
성별	F	129.40	17.887				
	M	178.50	26.914				
운동	전혀 안 함	151.20	31.193				
	일주일 1-2일	151.29	35.589				
	일주일 3일 이상	160.17	37.263				
합계		152.66	33.383				

풀이 6.5.1 [집단별 평균분석(M)] 프러시저를 이용하면 범주형 자료인 독립변수의 각 범주 집단에 대하여 종속변수의 평균, 케이스 수, 표준편차 등 일변량 통계량을 출력할 수 있다.

〈통계분석 프러시저: [분석(A)] → [평균비교(M)] → [집단별 평균분석(M)]

다음 [그림 6.5.1]의 "평균" 대화상자에 있는 [옵션(O)] 버튼을 클릭한 후 분석하고자 하는 통계량을 왼쪽 목록에서 선택하여 [셀 통계량(C)] 상자로 이동하면 이들 통계량이 출력된다.

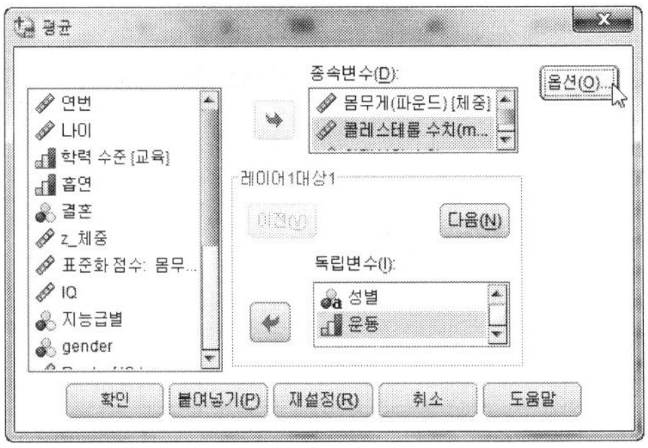

[그림 6.5.1] 평균분석 대화상자

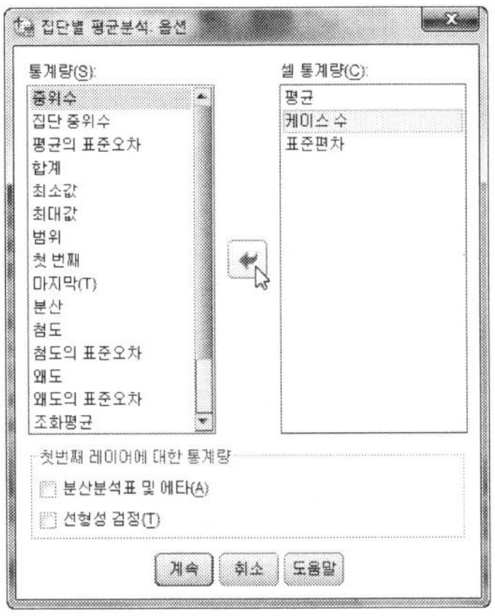

반대로 [셀 통계량(C)] 상자에서 디폴트로 선택된 "케이스 수" 통계량을 출력 목록에서 삭제할 수 있다. 집단별 평균분석 프러시저에서 사용할 수 있는 통계량은 다음과 같으며, 선택적으로 첫 번째 레이어로 지정된 독립변수에 대한 일원배치 분산분석표 및 에타, 선형성 검정을 사용할 수 있다(9장 분산분석 참조).

- 통계량: 합계, 케이스 수, 평균, 중위수, 집단 중위수, 평균의 표준오차, 최솟값, 최댓값, 범위, 각 범주의 첫 번째 종속변수값, 각 범주의 마지막 종속변수값, 표준편차, 분산, 첨도, 첨도의 표준오차, 왜도, 왜도의 표준오차, 전체 합계 %, 전체 N 퍼센트, 합계 %, N 퍼센트, 기하평균, 조화평균

다음 표는 [그림 6.5.1]과 같이 종속변수에 {체중}, {SC}, {SP} 변수를 지정하고 독립변수에 {성별}, {운동}을 입력한 이후 [확인]을 통해 얻어진 집단별 평균분석 결과표이다("케이스 수" 통계량 삭제).

몸무게(파운드) 콜레스테롤 수치 최대혈압 수치 * 성별

성별		몸무게(파운드)	콜레스테롤 수치	최대혈압 수치
F	평균	129.40	216.45	128.55
	표준편차	17.887	22.883	10.870
M	평균	178.50	213.83	132.33
	표준편차	26.914	14.210	16.128
합계	평균	152.66	215.21	130.34
	표준편차	33.383	19.063	13.559

몸무게(파운드) 콜레스테롤 수치 최대혈압 수치 * 운동

운동		몸무게(파운드)	콜레스테롤 수치	최대혈압 수치
전혀 안 함	평균	151.20	222.40	132.33
	표준편차	31.193	23.074	13.372
일주일 1~2일	평균	151.29	212.88	131.00
	표준편차	35.589	14.667	14.849
일주일 3일 이상	평균	160.17	203.83	123.50
	표준편차	37.263	13.467	9.203
합계	평균	152.66	215.21	130.34
	표준편차	33.383	19.063	13.559

예제 6.5.2 (데이터 파일 "예6-1.sav") {나이} 변수를 다음 조건에 따라 코딩변경하여 변수 {연령별}을 생성하고, 새로운 변수 {연령별}이 생성된 데이터 파일을 "예6-2.sav"로 저장하자.

> {나이} 변수의 값이 29 이하면 2로 코딩 (변수값 설명 "20대 이하")
> {나이} 변수의 값이 30 이상 39 이하면 3으로 코딩 (변수값 설명 "30대")
> {나이} 변수의 값이 40 이상이면 4로 코딩 (변수값 설명 "40대 이상")

변수 {성별}의 계층적 하위 집단으로 {연령별}을 설정한 후, 두 변수의 계층적 각 범주에 대하여 양적 변수 {체중}, {SC}, {SP} 변수의 통계량(중위수, 범위)을 출력하고 이를 바탕으로 다음 표를 완성하여라.

성별	연령별	몸무게		콜레스테롤 수치		최대혈압 수치	
		중위수	범위	중위수	범위	중위수	범위
F	20대 이하	110	15				
	30대	125	36				
	40대 이상	132	43				
	소계	126	64				
M	20대 이하	145	47				
	30대	188	63				
	40대 이상	185	77				
	소계	179	106				
전체	20대 이하	121	69				
	30대	151	100				
	40대 이상	168	107				
	소계	144	128				

풀이 6.5.2 다음 [그림 6.5.2]는 {나이} 변수를 주어진 조건에 따라 새로운 변수 {연령별}로 코딩변경하기 위하여 기존값과 새로운 값을 정의하는 대화상자이다. 반면에 [그림 6.5.3]은 새로 생성된 {연령별} 변수의 변수값 2, 3, 4에 대하여 조건에서 제시한 설명을 설정하는 대화상자이다.

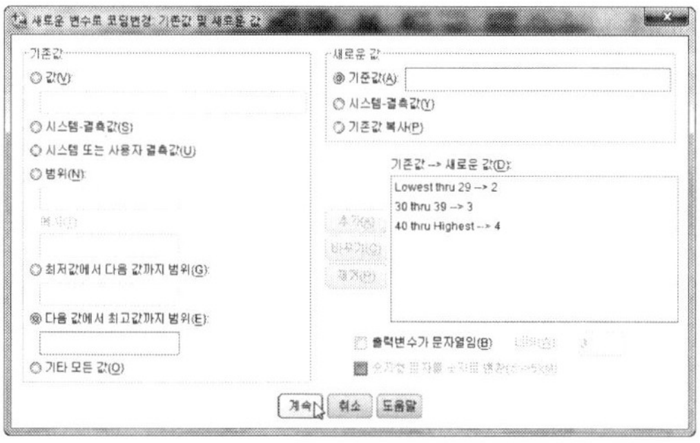

[그림 6.5.2] 기존값과 새로운 값 정의

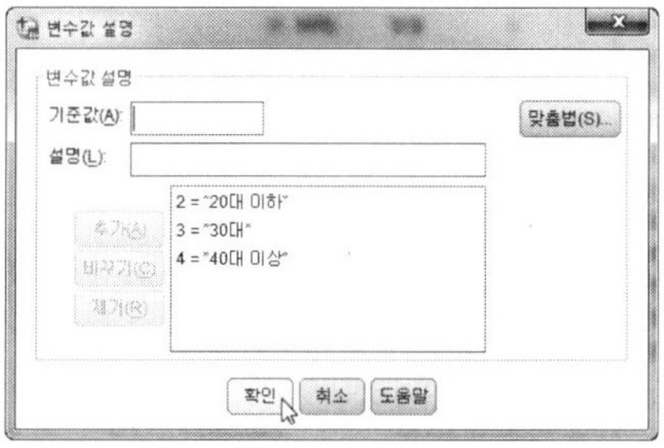

[그림 6.5.3] {연령별} 변수값 설명 설정

이제 [집단별 평균분석(M)] 프러시저를 통하여 [예제 6.5.2]의 두 범주형 변수들의 계층적 각 범주에 대한 양적 변수들의 중위수와 범위 통계량을 구해 보자. 먼저 [그림 6.5.4]와 같이 종속변수에 {체중}, {SC}, {SP} 변수를 입력하고 [옵션(O)] 버튼을 클릭하여 중위수와 범위 통계량을 선택한다. 이때 디폴트로 선택된 평균, 케이스 수, 표준편차는 제거한다. 다시 [그림 6.5.4]의 화면으로 돌아와서 독립변수로 {성별}을 지정한 후 [다음(N)] 버튼을 누른다. 이어 나타난 [레이어2대상2] 화면에 {성별} 하위 계층에 들어갈 범주형 변수인 {연령별}을 입력한다. 이 작업은 {성별} 변수 하위 계층으로 {연령별} 변수를 연결하는 것으로 {연령별} 변수를 선택하면 [확인]을 눌러 프러시저를 실행한다.

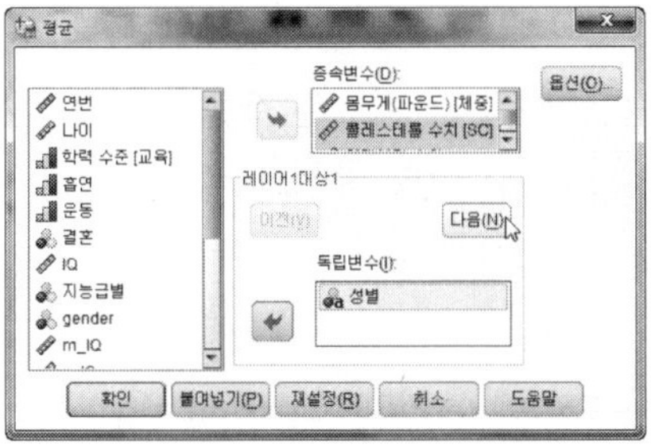

[그림 6.5.4] 첫 번째 독립변수 {성별} 선택

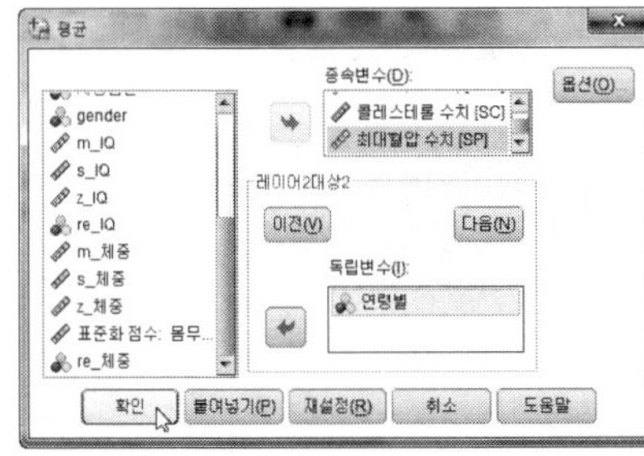

[그림 6.5.5] {성별} 하위 계층 변수 선택

다음은 [집단별 평균분석(M)] 프러시저의 실행 결과이다. 이 결과를 이용하면 [예제 6.5.2]의 표를 완성할 수 있을 것이다.

보고서

성별	연령별		몸무게(파운드)	콜레스테롤 수치	최대혈압 수치
F	20대 이하	중위수	110.00	204.50	119.00
		범위	15	52	10
	30대	중위수	125.00	216.00	131.00
		범위	36	64	32
	40대 이상	중위수	132.00	215.00	136.00
		범위	43	70	28
	합계	중위수	126.00	210.50	128.00
		범위	64	84	36
M	20대 이하	중위수	145.00	205.00	118.00
		범위	47	15	14
	30대	중위수	188.00	220.50	135.50
		범위	63	47	44
	40대 이상	중위수	185.00	211.00	136.00
		범위	77	32	39
	합계	중위수	179.00	209.00	126.00
		범위	106	53	48
합계	20대 이하	중위수	121.00	205.00	118.00
		범위	69	52	16
	30대	중위수	151.00	216.00	131.00
		범위	100	64	48
	40대 이상	중위수	168.00	213.00	136.00
		범위	107	70	39
	합계	중위수	144.00	209.00	127.50
		범위	128	84	50

예제 6.5.3 (데이터 파일 "예6-2.sav") {연령별} 변수를 행에 배치하고 {성별} 변수를 열에 배치한 표의 각 셀에 {IQ} 변수의 케이스 수, 평균, 표준편차 통계량이 입력되도록 다음 통계표를 완성하여라.

{IQ} 변수의 요약통계량(N: 케이스 수, M: 평균, SD: 표준편차)

연령별	성별								
	여성(F)			남성(M)			소계		
	N	M	SD	N	M	SD	N	M	SD
20대 이하	6	108.8	6.18						
30대	7	109.9	10.71						
40대 이상	5	109.0	2.45						
소계	18	109.3	7.31						

풀이 6.5.3 범주형 변수들의 교차분석을 시행하면 행과 열 변수의 각 범주가 교차되는 셀 집단에 대하여 빈도수와 열 퍼센트, 행 퍼펜트, 전체 퍼센트에 대한 정보를 얻을 수 있었다(5.1.2절 참조). 교차분석 프러시저 대신 [통계표 작성(C)] 프러시저를 이용하면 교차표의 각 셀에 양적변수의 통계량을 요약한 값을 갖는 통계표를 작성할 수 있다.

〈통계 분석 프러시저: [분석(A)] → [표] → [통계표 작성(C)]

통계표 작성은 [그림 6.5.6]의 표 작성기 인터페이스를 이용한다. 먼저 표 작성기의 [표] 탭에서 표에 표시할 변수와 요약 측도를 선택한다. 예를 들어 [예제 6.5.3]의 답을 구하기 위하여 {연령별} 변수를 목록에서 선택한 후 그대로 마우스를 끌어서 [행]에 배치하고, {gender} 변수를 [열]에 끌어 놓는다. 통계표 작성에서 문자를 변수값으로 하는 범주형 변수에는 소계를 적용할 수 없다. 따라서 {성별} 변수 대신 {gender} 변수를 사용할 것이다.

다음으로 두 범주형 변수의 각 범주가 교차하는 각 셀 집단에 대한 요약통계량의 척도변수 {IQ}를 마우스로 끌어서 [빈도] 영역에 배치한다([그림 6.5.7]). 참고로 척도변수를 지정하지 않으면 각 셀의 빈도가 있는 {연령별}*{gender}의 교차표가 출력된다. 척도변수가 배치되면 각 셀 집단에 대하여 척도변수의 평균이 출력되는 {연령별}*{gender} 통계표가 작성될 것이다.

[그림 6.5.6] 통계표 작성기 인터페이스

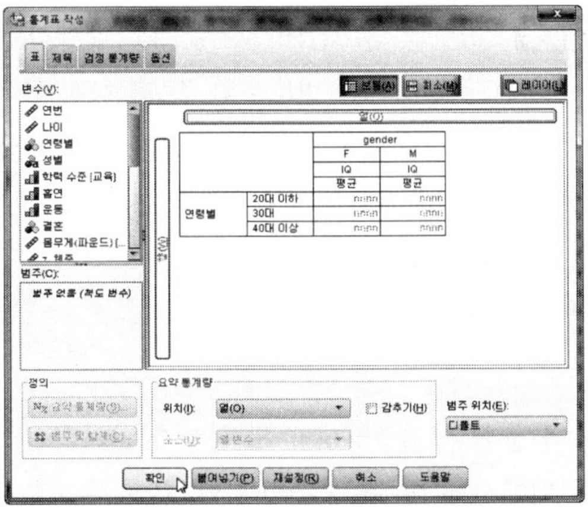

[그림 6.5.7] 통계표 작성기의 기본설정

다음은 [그림 6.5.7]과 같이 표 작성기를 설정한 후 [확인]하여 얻어진 통계표이다.

		gender	
		F	M
		IQ	IQ
		평균	평균
연령별	20대 이하	109	113
	30대	110	115
	40대 이상	109	113

통계표의 각 셀에 대한 통계량으로 케이스 수와 표준편차를 추가하기 위하여 "IQ" 셀을 클릭하면 활성화되는 [N% 요약 통계량(S)...] 버튼을 클릭한다.

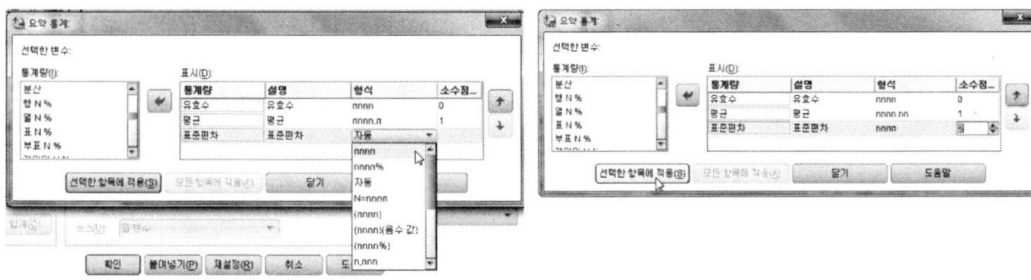

[그림 6.5.8] 요약통계량의 지정과 형식 설정

[그림 6.5.8]의 "요약 통계" 대화상자에서 구하고자 하는 통계량들을 선택한다. 화살표를 이용하여 요약통계량을 원하는 순서대로 배치하고, 통계량의 설명이나 형식, 소수점 이하 자릿수 등을 설정한 후 [선택한 항목에 적용] 버튼을 누른다. 다음 표는 지금까지 설정한 표 작성기를 [확인]하여 얻어진 통계표이다.

		gender					
		F			M		
		IQ			IQ		
		유효한 N	평균	표준편차	유효한 N	평균	표준편차
연령별	20대 이하	6	108.8	6.18	5	113.2	8.84
	30대	7	109.9	10.71	6	114.5	8.78
	40대 이상	5	109.0	2.45	7	113.4	11.79

[예제 6.5.3]의 해답에 가까워졌지만 행과 열의 합계가 아직 계산되지 않았다. [그림 6.5.7]의 표의 "연령별" 셀을 클릭하면 [범주 및 합계(C)...] 버튼이 활성화될 것이다. 이 버튼을 클릭하면 나타나는 [그림 6.5.9]의 "범주 및 합계" 대화상자에서 [소계 추가(S)]를 한 후 화살표를 이용하여 위치를 조정한다.

[그림 6.5.9] 범주 및 합계 편집하기

마찬가지로 [그림 6.5.7]의 표의 "gender" 셀을 클릭하면 범주 및 합계(C)... 버튼이 활성화될 것이다. 이 버튼을 클릭하여 [소계 추가(S)]를 한 후 역시 화살표를 이용하여 위치 조정을 하여 [적용(A)]한다.

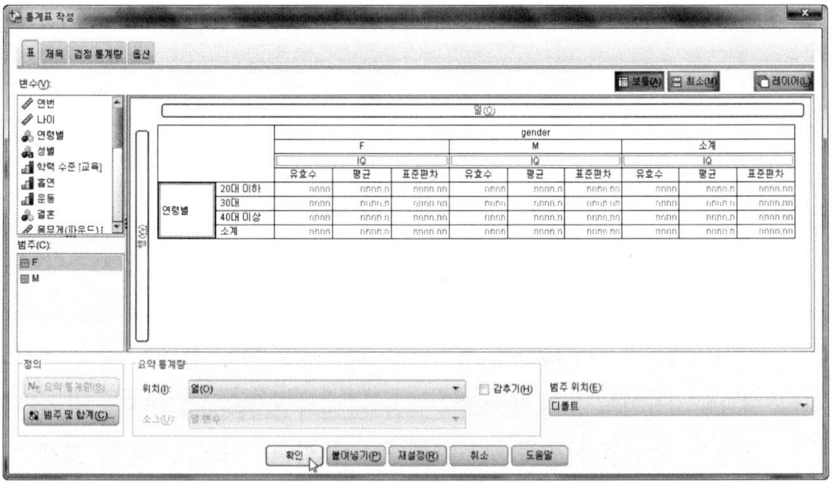

[그림 6.5.10] 통계표 작성이 완료된 모습

이렇게 설정이 완료된 [그림 6.5.10]의 표 작성기에서 [확인]하면 최종적으로 원하는 통계표가 다음과 같이 출력된다. 이렇게 얻어진 통계표는 수정 없이 바로 보고서에 삽입할 수 있다.

<table>
<tr><td rowspan="4" colspan="2"></td><td colspan="9">gender</td></tr>
<tr><td colspan="3">F</td><td colspan="3">M</td><td colspan="3">소계</td></tr>
<tr><td colspan="3">IQ</td><td colspan="3">IQ</td><td colspan="3">IQ</td></tr>
<tr><td>유효한 N</td><td>평균</td><td>표준 편차</td><td>유효한 N</td><td>평균</td><td>표준 편차</td><td>유효한 N</td><td>평균</td><td>표준 편차</td></tr>
<tr><td>연령별</td><td>20대 이하</td><td>6</td><td>108.8</td><td>6.18</td><td>5</td><td>113.2</td><td>8.84</td><td>11</td><td>110.8</td><td>7.45</td></tr>
<tr><td></td><td>30대</td><td>7</td><td>109.9</td><td>10.71</td><td>6</td><td>114.5</td><td>8.78</td><td>13</td><td>112.0</td><td>9.76</td></tr>
<tr><td></td><td>40대 이상</td><td>5</td><td>109.0</td><td>2.45</td><td>7</td><td>113.4</td><td>11.79</td><td>12</td><td>111.6</td><td>9.12</td></tr>
<tr><td></td><td>소계</td><td>18</td><td>109.3</td><td>7.31</td><td>18</td><td>113.7</td><td>9.51</td><td>36</td><td>111.5</td><td>8.66</td></tr>
</table>

연습문제

6.1 (데이터 "연습5장.xlsx") {나이} 변수에 대하여 평균, 중위수, 최빈값을 각각 구하여라.

6.2 (데이터 "연습5장.xlsx") {주거기간} 변수에 대하여 범위, 분산, 표준편차를 각각 구하여라.

6.3 (데이터 "연습5장.xlsx") {가족헌신도} 변수에 대하여 5% 절삭평균과 사분위수, 사분위수 범위를 각각 구하여라.

6.4 (데이터 "연습5장.xlsx") {결혼책임감} 변수에 대하여 변동계수와 왜도, 첨도 통계량의 값을 구하여라.

6.5 (데이터 "연습5장.xlsx") {결혼만족도} 변수에 대하여 제 10, 20, 30, 40, 50, 60 백분위수를 각각 구하여라.

6.6 (데이터 "연습5장.xlsx") {주거기간} 변수의 평균에 대한 95% 신뢰구간과 줄기와 잎 그림을 도시하여라.

6.7 (데이터 "연습5장.xlsx") {가족헌신도} 변수에 대하여 상자도표를 도시하여라.

6.8 (데이터 "연습5장.xlsx") {국적} 변수의 두 집단에 따른 {결혼책임감} 변수의 데이터 탐색 분석을 실시하여라.

6.9 (데이터 "연습5장.xlsx") {국적}과 {교육수준} 변수에 대한 다음 통계표를 완성하여라 (N: 유효수, M: 평균, SD: 표준편차).

교육수준	국적								
	B국			C국			소계		
	N	M	SD	N	M	SD	N	M	SD
중졸 이하									
고졸									
대졸 이상									
소계									

제 7 장

확률변수와 확률분포

7.1 확률변수

우리 삶에서 확실한 두 개는 죽음과 세금뿐이라는 우스갯소리가 있듯이 삶의 대부분은 불확실함 속에서 살아간다. 따라서 삶의 어떤 행동을 함에 있어서 우리는 확률에 기초하여 의사 결정을 한다. 이번 주말에 등산을 갈 수 있는지, 우산을 챙겨야 할 것인지, 새로운 사업에 대한 파트너로서 제안을 받아들일 것인지 등등 사건의 모든 결정이 판단의 결과이며, 그 판단의 이면에는 그 사건에 대한 성공 확률을 고려하였을 것이다. 일반적인 개념에서 확률이란 어떤 사건이 일어날 가능성이라고 정의할 수 있다.

- 사건(event): 확률시행(probability experiment)에서 얻어지는 모든 결과들을 모은 집합을 표본공간(sample space)이라고 하며, 이 표본공간의 부분집합을 사건이라고 한다. 특별히 표본공간에 속한 성분 한 개로 이루어진 사건을 근원사건이라고 하며 표본공간 자체의 사건을 전사건이라고 한다.

예 7.1 동전 1개를 던지는 확률시행에서 표본공간은 {H, T}이다. 여기서 H는 동전의 앞면, T는 동전의 뒷면을 나타낸다고 하자. 이때 집합 {H}는 표본공간의 부분집합이므로 사건이다. 즉 {H}는 동전을 1개 던질 때 앞면이 나오는 사건이라고 표현할 수 있다. 또한 사건 {H}는 표본공간의 한 개의 성분으로 이루어져 있으므로 근원사건이다.

예 7.2 동전 2개를 던지는 확률시행의 표본공간은 {HH, HT, TH, TT}으로 표시할 수 있다. 이 확률시행에서 2개의 동전 중 앞면이 1개만 나타나는 사건은 {HT, TH}이다. 표본공간의 성분의 수가 4개이므로 부분집합, 즉 사건의 개수는 4개의 근원사건을 포함하여 총 16개가 된다.

- 확률(probability): 모든 사건에 대하여 이 사건이 일어날 가능성을 수치로 표현한 것이 확률이다. 특히 모든 근원사건이 일어날 가능성을 모두 같도록 정의한 확률을 고전적 확률이라고 한다. 고전적 확률의 정의는 통계학에서 수학적으로 쉽게 사용할 수 있기 때문에 수학적 확률이라고도 한다. 사건 E에 대하여 E의 확률은 P(E)라고 표시한다. 확률의 정의를 사용하면 성분의 개수가 3개인 사건의 확률은 근원사건 확률의 3배이며, 어떤 확률 시행이든지 전사건의 확률은 1이 된다.

예 7.3 [예 7.1]의 동전 1개를 던지는 확률시행에서 두 근원사건의 확률은 모두 $P(H)=P(T)=\frac{1}{2}$이다. 반면에 [예 7.2]의 동전 2개를 던지는 확률시행에서 모든 근원사건의 확률은 $\frac{1}{4}$이다. 따라서 2개의 동전 중 1개만 앞면이 나오는 사건 {HT, TH}의 확률은 $2\times\frac{1}{4}=\frac{1}{2}$으로 계산된다.

- 곱사건과 독립사건: 두 사건 A, B가 동시에 일어날 사건을 곱사건이라고 하며 $A\cap B$로 표시한다. A가 일어날 확률이 B가 일어날 확률에 영향을 주지 않을 때 두 사건 A, B를 서로 독립(independent)이라고 한다. 두 사건 A, B가 서로 독립이면 다음 식을 만족한다.

$$P(A\cap B)=P(A)P(B)$$

예 7.4 동전 1개와 주사위 1개를 동시에 던질 때 동전의 앞면이 나오는 사건 A와 주사위의 눈이 5가 나오는 사건 B는 서로 독립이다. 따라서 A와 B가 동시에 발생하는 사건의 확률을 다음과 같이 계산할 수 있다.

$$P(A\cap B)=P(A)P(B)=\frac{1}{2}\cdot\frac{1}{6}=\frac{1}{12}$$

- 종속사건: 서로 독립이 아닌 두 사건을 서로 종속(dependent)이라고 한다. 예를 들어 2개의 불량품을 포함하여 10개의 제품이 들어 있는 상자에서 연속으로 두 개의 제품을 비복원 추출할 때 첫 번째 추출에서 불량품이 나오는 사건 A와 두 번째 추출에서 불량품이 나오는 사건 B는 서로 독립이 아니다.

예 7.5 서로 종속인 두 사건의 곱사건에 대한 확률을 구할 때에는 조건부확률을 이용한다. 다음은 2개의 불량품을 포함하여 10개의 제품이 들어 있는 상자에서 두 개의 제품을 비복원 추출할 때 첫 번째 추출에서 불량품이 나오는 사건 A와 두 번째 추출에서 불량품이 나오는 사건 B의 곱사건에 대한 확률을 구하는 식이다.

$$P(A \cap B) = P(A)\,P(B|A) = \frac{2}{10} \cdot \frac{1}{9} = \frac{1}{45}$$

많은 실생활 상황에서 그 상황에서 일어날 수 있는 모든 가능한 결과에 확률을 부여함으로써 최적의 결정을 내리려고 한다. 예를 들어 어떤 회사의 판매 직원은 하루에 팔 수 있는 판매 건수와 그 확률을 계산해 보려고 할 것이며, 보험 회사 직원은 어떤 가구가 소지하고 있는 자동차수를 확률과 연계하여 분석할 것이다. 판매 직원은 이 자료를 토대로 하루당 판매 건수의 평균과 표준편차를 구한 후 월 판매액수의 평균을 예측할 수 있을 것이다. 임의로 선택한 날의 하루 판매건수나 임의로 추출한 가구의 자동차수 등은 언제나 고정적인 값을 갖는 상수가 아니므로 변수라고 할 수 있다. 더욱이 어느 날 판매건수가 2인 사건의 확률을 연계할 수 있을 때 이 변수를 확률변수라고 한다.

- 확률변수(random variable): 확률적인 우연에 의하여 결정되는 실수 값을 확률변수라고 정의하며 영문 대문자 X, Y, Z 등으로 표기한다.

예 7.6 한 개의 주사위를 던질 때 나오는 윗면의 숫자를 X라고 할 때 X의 값은 우연히 결정된다. 그리고 X의 값으로 1, 2, 3, 4, 5, 6이 나올 확률은 1/6로 모두 같다. 따라서 이 상황에서 X는 확률변수이다.

예 7.7 2개의 동전을 동시에 던진 결과 앞면이 나온 동전의 개수를 Y라고 할 때 Y는 확률변수이다. Y가 가질 수 있는 값은 0, 1, 2이며 Y가 각 값을 취할 확률은 각각 1/4, 1/2, 1/4이다.

예 7.8 12월의 어느 날 어떤 지역의 온도는 시간에 따라 달라질 것이다. 각 시간마다 온도를 측정한 값을 T라고 하면 T는 확률변수가 된다. 이때 T가 취할 수 있는 값은 확률변수 X와 Y가 취하는 값의 형태와 다르다.

- 이산형 확률변수(discrete random variable): 확률변수가 취하는 값들을 하나씩 셀 수 있을 경우 이 확률변수를 이산형 확률변수라고 한다. 예를 들어 [예 7.6]과 [예 7.7]에 소개된 확률변수 X와 Y의 값들은 하나씩 셀 수 있으므로 두 변수 X와 Y는 이산형 확률변수이다.
- 연속형 확률변수(continuous random variable): 어떤 범위의 모든 실수값을 연속으로 취하는 확률변수는 그 값을 하나씩 셀 수 없으므로 이 경우에는 연속형 확률변수라고 한다. 예를 들어 [예 7.8]의 확률변수 T는 온도계의 모든 수치를 취할 수 있는 확률변수이므로 연속형 확률변수이다. 측정 도구를 이용하여 구할 수 있는 몸무게, 키, 온도, 시간 등이 연속형 확률변수의 대표적인 예이다.
- 확률분포(probability distribution): 확률변수가 취할 수 있는 모든 가능한 값과 이 값에 대응되는 확률을 하나의 표, 수식, 그림 등으로 표현한 것을 확률분포라고 한다.

예 7.9 다음은 [예 7.7]의 확률변수 Y의 확률분포를 하나의 표로 나타낸 것이다.

Y	0	1	2	계
확률 P(Y)	1/4	1/2	1/4	1

- 평균(mean, μ), 분산(variance, σ^2), 표준편차(standard deviation, σ):

확률변수 X의 평균은 X가 취하는 값의 중심위치를 알려주는 기댓값이며 표준편차는 X의 값이 퍼진 정도를 의미하는 산포도 측도이다. 이산형 확률변수 X가 취하는 각 값의 확률 P(X)에 대하여 평균, 분산, 표준편차는 다음 식에 따라 계산된다 (연속형 확률변수의 경우는 $\sum$ 대신 $\int$ 이 사용된다).

평균(기댓값): $\mu = E(X) = \sum [X \cdot P(X)]$

분산: $\sigma^2 = \sum [X^2 \cdot P(X)] - \mu^2$

표준편차: $\sigma = \sqrt{\sigma^2}$

예 7.10 [예 7.7]의 확률분포에 대하여 평균과 분산을 구하면 다음과 같다.

$$\mu = E[X] = 0 \cdot \frac{1}{4} + 1 \cdot \frac{1}{2} + 2 \cdot \frac{1}{4} = 1$$

$$\sigma^2 = 0^2 \cdot \frac{1}{4} + 1^2 \cdot \frac{1}{2} + 2^2 \cdot \frac{1}{4} - \mu^2 = \frac{1}{2}$$

7.2 특수한 확률분포

확률변수의 값과 그에 대응되는 확률을 여러 가지 형태로 나타낸 것을 확률분포라고 하며, 이산형 확률변수의 경우에는 그 값에 따른 확률을 정확히 식이나 표로 표현할 수 있을 것이다. 또한 임의의 범위에 이산형 확률변수가 속하는 사건을 식이나 표에서 구할 수 있다. 예를 들어 [예 7.9]에서 확률변수 Y가 1 이상의 범위에 속할 확률은 두 확률 $P(Y=1)$과 $P(Y=2)$을 더한 3/4임을 쉽게 알 수 있다. 이와 같이 이산형 확률변수의 확률분포를 알면 이 확률변수에 관련된 여러 가지 확률을 구할 수 있다. 이때 이산형 확률변수의 확률분포를 이산확률분포(discrete probability distribution)라고 한다. 통계학에서 많이 쓰이는 이산확률분포에는 이항분포(binomial), 초기하분포(hypergeometric), 포아송분포(poisson) 등이 있다.

임의의 실수값 x 에 대하여 확률 $P(X=x)$을 함수로 표시한 것을 X의 확률함수(probability function)라고 한다. 이산형 확률변수의 확률함수를 확률질량함수(probability mass function; pmf)라고 하며, 연속형 확률변수의 확률함수를 확률밀도함수(probability density function; pdf)라고 한다.

임의의 실수 구간에 속하는 모든 값을 취할 수 있는 연속형 확률변수의 경우에는 확률변수의 확률분포를 [예 7.9]와 같은 표로 나타낼 수 없다. 대신에 확률밀도함수를 이용하여 확률분포를 표현한다. 예를 들어 연속형 확률변수의 확률밀도함수가 $f(x)$일 때 확률변수 X가 범위 [a, b] 사이에 있을 확률을 다음과 같이 넓이의 개념으로 정의한다.

$$P(a \le X \le b) = \int_a^b f(x)dx$$

X가 연속형 확률변수일 때 $\{X=a\}$에 해당하는 영역의 넓이가 0이므로 $P(X=a)=P(X=b)=0$이다. 따라서

$$P(a \le X \le b) = P(a < X \le b) = P(a \le X < b) = P(a < X < b)$$

이 성립한다. 연속형 확률변수의 확률분포는 확률밀도함수의 형태에 따라 정해진다. 연속형 확률변수의 확률밀도함수에 의해 정의된 확률분포를 연속확률분포(continuous probability distribution)라고 하며, 정규분포(normal), 카이제곱분포(chi-square), t분포, F분포, 균등분포(uniform) 등이 있다.

SPSS 분포함수의 prefix를 PDF로 지정하면 이산형 확률변수의 경우 임의의 실수값 x에 대하여 확률질량함수의 값인 $P(X=x)$를 구해 준다. 반면에 연속형 확률변수의 경우 확률 $P(X=x)$의 값이 언제나 0이므로 PDF는 확률밀도함수 $f(x)$의 값을 구해 준다.

확률변수 X의 값이 x일 때 확률 $P(X \le x)$을 구하기 위하여 분포함수의 prefix로 CDF를 지정한다. 참고로 x의 함수인 $P(X \le x)$를 (누적)분포함수라고 하며 $F(x)$로 표시한다.

연속확률분포의 경우 $F(x)$가 연속인 전단사 함수이므로 $F(x)=p$를 만족하는 x가 유일하게 존재한다. 따라서 $F(x) \geqq p$를 만족하는 최소의 x는 $F(x)=p$를 만족하는 x이다. 따라서 정규분포를 비롯한 연속확률분포에서 p-분위수는 $P(X \leqq x)=p$를 만족하는 x를 의미한다. SPSS에서 p-분위수를 구하기 위해서는 prefix로 IDF를 지정한다.

7.2.1 : 이항분포

대부분의 확률 문제는 두 개의 결과만 있거나 두 개의 결과가 있는 상황으로 만들 수 있다. 예를 들어 어느 모임에 참석한 회원 중에서 임의로 한 명을 선출할 때 뽑힌 사람의 성별은 남자 아니면 여자 두 가지 결과 중 하나이다. 모든 농구 경기의 결과도 승 또는 패이며, 동전을 던질 경우에도 앞면 또는 뒷면의 결과만 나타난다. 대학 입시에서의 각 문항에 대한 선택지는 5개가 있지만 정답과 오답의 두 가지 결과로 분류할 수 있으며, 어떤 병의 많은 치료 방법들도 효과 있는 또는 효과 없는 치료방법의 두 가지로 분류할 수 있다.

시행의 결과가 2개뿐인 실험에서 다음 조건을 만족하는 확률 실험을 이항실험(binomial experiment)이라고 한다.

- 각 시행(trial)은 성공(success)과 실패(failure)의 두 가지 결과로 나타난다.
- 확률 실험의 총 시행횟수 n의 값은 상수이다.
- 각 시행의 결과는 서로 독립적이다.
- 각 시행에서 성공의 확률 p는 언제나 동일하다.

이항실험에서 총 n번의 시행횟수 중 성공의 횟수를 확률변수 X라 정의할 때, X의 확률분포를 이항분포라고 한다. 특히 각 시행의 성공확률이 p로 동일할 때 "X가 이항분포를 따른다."고 하며 $X \sim B(n,p)$로 표시한다. 총 시행횟수가 n일 때 X가 취할 수 있는 값은 $0, 1, 2, ..., n$이며 각 경우의 확률은

$$P(X=x) = {}_nC_x\, p^x\,(1-p)^{n-x} \quad (x=0, 1, 2,\ ..., n;\ {}_nC_x = \frac{n!}{x!(n-x)!})$$

이다. 여기서 ${}_nC_x$는 서로 다른 n개 중에서 x개를 선택하는 조합의 수이다.

예 7.11 동전 1개를 3번 던지는 확률 실험을 생각해 보자. 동전을 던지는 각 시행은 앞면 또는 뒷면의 두 개의 결과만 있으며 각 시행의 결과는 서로 독립적이다. 또한 각 시행에서 앞면(성공)이 나올 확률은 1/2로 매번 동일하다. 따라서 이 확률 실험은 이항실험이 되며 특히 3번의 시행 중에서 앞면이 나온 횟수를 확률변수 X로 정의하면 X는 이항분포를 따른다. 따라서 3번의 시행 중에서 앞면이 2번 나오는 사건의 확률은 다음과 같다.

$$P(X=2) = {}_3C_2\left(\frac{1}{2}\right)^2\left(\frac{1}{2}\right)^1 = \frac{3}{8}$$

예제 7.2.1 빨강 공의 비율이 40%인 상자에서 복원추출로 공을 꺼내 색을 조사하는 시행을 20번 수행할 때 빨강 공이 뽑힌 횟수를 확률변수 X라 정의하자. SPSS의 분포함수를 이용하여 다음 표를 완성하여라.

x	0	1	2	3	4	5	6	7	8	9	10
$P(X=x)$	.000	.000	.003	.012	.035	.075	.124	.166	.180	.160	.117
$P(X \le x)$	.000	.001	.004	.016	.051	.126	.250	.416	.596	.755	.872

x	11	12	13	14	15	16	17	18	19	20	합
$P(X=x)$											1
$P(X \leq x)$											

풀이 7.2.1 각 시행에서 빨강 공이 뽑히는 경우를 성공이라고 간주하면 복원추출로 20번 공을 추출하는 이 실험은 성공의 확률이 0.4인 이항실험이 된다. 따라서 $X \sim B(20, 0.4)$이다.

확률변수 X의 분포가 이항분포이므로 확률 $P(X=x)$를 구하기 위하여 함수 PDF.BINOM(x, 20, 0.4)를 이용한다. [그림 7.2.1]은 변수 {x}의 각 값에 대하여 이항분포의 확률 $P(X=x)$를 계산한 변수 {PB}를 생성하기 위하여 Pdf.Binom 함수를 선택하고 모수를 설정한 모습을 표시한 것이다. 변수 계산을 [확인]하면 [그림 7.2.2]와 같이 새로운 변수 {PB}가 생성된다. 이 결과에서 .166은 확률 $P(X=7)$의 값이다. 즉 공을 20번 추출하는 이항실험에서 빨강 공이 7번 추출될 확률은 0.166이다.

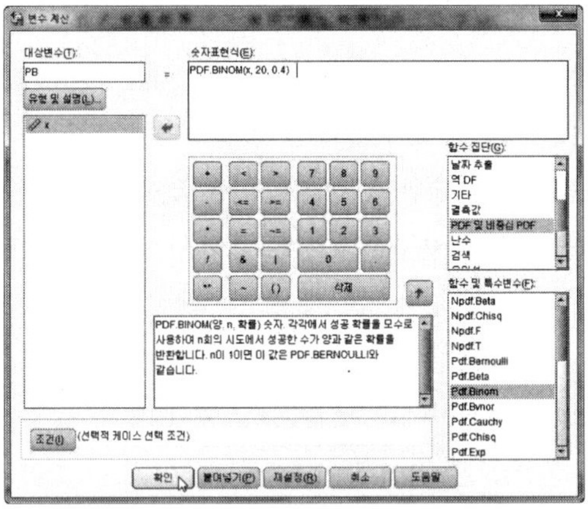

[그림 7.2.1] PDF.BINOM(x,20,0.4)

	x	PB	변수
7	6	.124	
8	7	.166	
9	8	.180	
10	9	.160	
11	10	.117	
12	11	.071	
13	12	.035	
14	13	.015	
15	14	.005	
16	15	.001	
17	16	.000	
18	17	.000	
19	18	.000	
20	19	.000	
21	20	.000	

[그림 7.2.2] PB = P(X = x)

[그림 7.2.2]의 두 변수를 이용하여 이항분포의 확률분포를 막대도표로 표현할 수 있다([표 5.2.1]의 "각 케이스의 값" 참조).

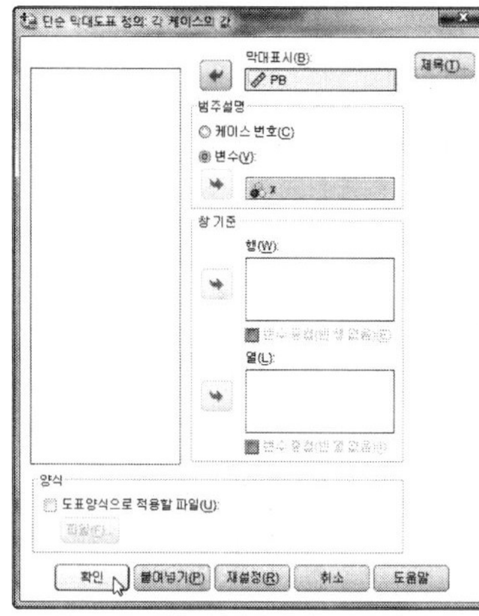

〈단순 막대도표〉 〈범주설명을 {x} 변수로 선택〉

단순 막대도표를 "각 케이스의 값"으로 정의하고 막대표시 변수로 {PB}, 범주설명 변수로 {x}를 지정하면 다음과 같이 이항분포 B(20, 0.4)에 대한 확률분포 도표가 완성된다.

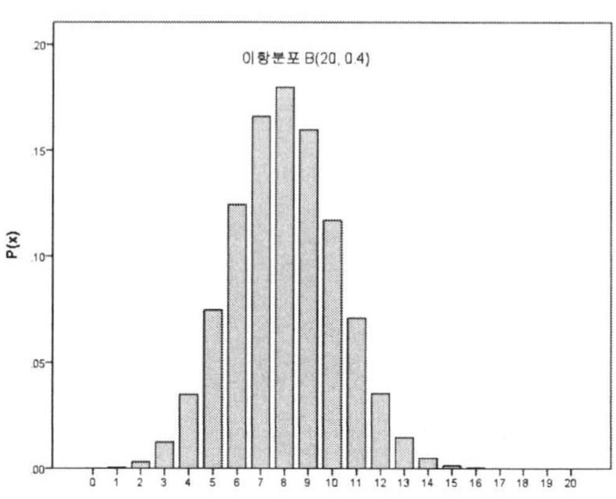

[예제 7.2.1]의 $P(X \le x)$ 의 답은 함수 CDF.BINOM(x, 20, 0.4)를 이용하여 해결한다. 즉 [그림 7.2.1]에서 PDF 대신 CDF로, 그리고 새로 생성되는 변수의 이름을 {FB}로 지정하여 변수 계산을 실행한다. 다음 [그림 7.2.3]은 [변수 계산] 프러시저의 실행 결과로 생성되는 {FB} 변수를 표시한 것이다.

	x	PB	FB	변수
7	6	.124	.250	
8	7	.166	.416	
9	8	.180	.596	
10	9	.160	.755	
11	10	.117	.872	
12	11	.071	.943	
13	12	.035	.979	
14	13	.015	.994	
15	14	.005	.998	
16	15	.001	1.000	
17	16	.000	1.000	
18	17	.000	1.000	
19	18	.000	1.000	
20	19	.000	1.000	
21	20	.000	1.000	

[그림 7.2.3] 이항분포 FB = P(X ≤ x)

[그림 7.2.3]으로부터 다음 식이 성립함을 알 수 있다.

$$P(X \leq 7) = 0.416 = 0.250 + 0.166 = P(X \leq 6) + P(X = 7)$$

즉 $P(X=7) = P(X \leq 7) - P(X \leq 6)$과 동일하므로 이산형 확률변수의 확률질량함수(PDF)는 누적분포함수(CDF)를 이용하여 구할 수 있다.

반대로 $P(X \leq 4) = P(X=0) + P(X=1) + P(X=2) + P(X=3) + P(X=4)$이므로 누적분포함수(CDF)도 확률질량함수(PDF)를 이용하여 구할 수 있다.

예제 7.2.2 [예제 7.2.1]의 이항실험에 대하여 다음 확률을 구하여라.

(1) 20번의 총 시행 중 빨강공이 정확히 9번 나올 확률
(2) 20번의 총 시행 중 빨강공이 9번 이하 나올 확률
(3) 20번의 총 시행 중 빨강공이 9번 미만 나올 확률
(4) 20번의 총 시행 중 빨강공이 9번 이상 나올 확률
(5) 20번의 총 시행 중 빨강공이 5번 이상 10번 미만 나올 확률

풀이 7.2.2 X를 20번의 총 시행 중 빨강 공이 뽑힌 횟수라고 할 때 (1)번을 식으로 표현하면 $P(X=9)$이다. 따라서 [그림 7.2.3]의 결과를 참조하면 빨강공이 정확히 9번 나올 확률은 0.160이다.

(2)번은 $P(X \leq 9)$으로 표현할 수 있으므로 그 확률은 0.755이다.

(3)번의 문제를 식으로 표현하면 $P(X < 9)$이다. 확률변수 X가 이산형 확률변

수이므로 $P(X<9)=P(X\leq 9)-P(X=9)$임이 성립한다. 따라서

$$P(X<9)=P(X\leq 9)-P(X=9)=0.755-0.160=0.595$$

빨강 공이 9번 이상 나오는 사건과 8번 이하 나오는 사건은 서로 배반이다. 또한 두 사건의 합사건은 전사건과 동일하므로 확률의 기본 성질에 의하여 $P(X\geq 9)=1-P(X\leq 8)$으로 표현할 수 있다. 따라서 (4)번의 확률은 다음과 같다.

$$P(X\geq 9)=1-P(X\leq 8)=1-0.596=0.404$$

마지막으로 (5)번의 문제를 $P(5\leq X<10)$으로 표현할 수 있으므로 누적분포함수를 이용하여 다음과 같이 확률을 계산한다.

$$P(5\leq X<10)=P(X\leq 9)-P(X\leq 4)=0.755-0.051=0.704$$

7.2.2 : 초기하분포

상자에서 공을 추출하는 [예제 7.2.1]의 상황에서 복원추출 대신 비복원추출 방식으로 공을 꺼낸다고 하자. 비복원추출 방식으로 공을 추출할 경우 두 번째 추출된 공이 빨강일 확률은 첫 번째에 어떤 색의 공이 추출되었느냐에 따라서 달라질 것이기 때문에 각 시행이 서로 독립이 아니다. 따라서 비복원추출 방식으로 수행한 총 20번의 시행 중 빨강 공이 나온 횟수는 더 이상 이항분포를 따르지 않는다. 더욱이 상자 속에 있는 공의 개수가 작을수록 이항분포와는 더욱 어긋나게 된다.

예 7.12 남녀 각각 4명씩 회원으로 있는 어떤 모임에서 임원 3명을 뽑는다고 할 때, 임의로 뽑힌 3명의 회원 중 여자 회원의 수가 2일 확률을 구해 보자. 총 8명의 회원 중에서 3명을 뽑는 경우의 수는 ${}_8C_3=56$이다. 뽑힌 여자 회원의 수가 2인 경우의 수는 ${}_4C_2=6$이고, 남자 회원 4명 중 뽑힌 회원의 수가 1인 경우의 수가 ${}_4C_1=4$이므로 임의로 뽑힌 3명의 회원 중 여자 회원의 수가 2일 확률은 $\frac{6\cdot 4}{56}=\frac{3}{7}$이다.

[예 7.12]에서 임의로 뽑힌 여자 회원의 수를 확률변수 X로 정의할 때, 8명의 회원 중에서 3명의 임원을 뽑는 각 시행은 서로 독립이 아니다. 따라서 X의 확률분포는 이항분포가 아니다. 그러나 각 시행이 서로 독립적이지 않다는 사실만 제외하면 각 시행의 결과를 비롯하여 이항분포의 상황과 유사하다. 예를 들어 [예 7.12]에서 모임의 임원을 복원으로 3명 뽑을 수 있다고 한다면 [예 7.11]의 이항실험과 같은 상황이다.

[예 7.12]와 같이 특정 집단이 속한 모집단에서 표본을 비복원추출할 때 표본 중 들어 있는 특정 집단의 수를 확률변수 X로 정의할 수 있다. 이렇게 정의된 확률변수의 확률분포를 초기하분포(hypergeometric distribution)라고 하며, $X \sim Hyper(N, D, n)$으로 표시한다. 여기서 N은 모집단의 전체수이며, D는 특정 집단의 수인데 보통 품질관리에서 상자속의 불량품 수를 의미하므로 SPSS에서는 "실패수"로 표현한다. 마지막으로 n은 모집단에서 추출한 표본의 수이다.

초기하분포를 갖는 X가 취할 수 있는 값은 $0, 1, 2, \ldots, \min(n, D)$이며 각 경우의 확률은 다음과 같이 구한다.

$$P(X = x) = \frac{{}_D C_x \cdot {}_{N-D} C_{n-x}}{{}_N C_n} \quad (x = 0, 1, 2, \ldots, \min(n, D))$$

예제 7.2.3 빨강 공의 비율이 40%인 상자에 100개의 공이 들어 있다. 이 상자에서 비복원추출로 20개의 공을 꺼내어 색을 조사할 때 뽑힌 공 중 빨강 공의 개수를 확률변수 X라 정의하자. SPSS의 분포함수를 이용하여 다음 표를 완성하여라.

x	0	1	2	3	4	5	6	7	8	9	10
$P(X=x)$	.000	.000	.001	.007	.026	.065	.124	.180	.201	.175	.119
$P(X \le x)$											

x	11	12	13	14	15	16	17	18	19	20	합
$P(X=x)$											1
$P(X \le x)$	.962	.989	.997	1.000	1.000	1.000	1.000	1.000	1.000	1.000	

풀이 7.2.3 비복원추출로 뽑힌 표본 20개의 공에 포함된 빨강 공의 개수 X는 $N = 100$, $D = 40$, $n = 20$을 모수로 갖는 초기하분포 $Hyper(100, 40, 20)$을 따른다. 확률변수 X의 분포가 초기하분포이므로 함수 PDF.HYPER(x, 100, 40,

20)를 이용하여 변수 계산을 통해 확률 $P(X=x)$를 구한다.

대상변수(T)		숫자표현식(E)
PH	=	PDF.HYPER(x, 100, 40, 20)

[그림 7.2.4]는 변수 {x}의 각 값에 대하여 초기하분포의 확률질량함수$P(X=x)$의 값을 저장한 변수 {PH}의 일부를 표시한 것이다.

	x	PB	FB	PH	변수
7	6	.124	.250	.124	
8	7	.166	.416	.180	
9	8	.180	.596	.201	
10	9	.160	.755	.175	
11	10	.117	.872	.119	
12	11	.071	.943	.064	
13	12	.035	.979	.027	
14	13	.015	.994	.009	
15	14	.005	.998	.002	
16	15	.001	1.000	.000	
17	16	.000	1.000	.000	
18	17	.000	1.000	.000	
19	18	.000	1.000	.000	
20	19	.000	1.000	.000	
21	20	.000	1.000	.000	

[그림 7.2.4] 초기하분포 PH = P(X = x)

이 결과로부터 초기하분포의 확률 $P(X=7)$의 값은 0.180임을 알 수 있다. 이 값은 이항분포의 확률 0.166과 약간 차이가 있다.

이항분포의 확률분포를 그림으로 표시하는 것과 똑같은 방법으로 단순 막대도표를 "각 케이스의 값"으로 정의하고 막대표시 변수로 {PH}, 범주설명 변수로 {x}를 지정하면 다음과 같이 초기하분포 Hyper (100, 40, 20)에 대한 확률분포 도표를 그릴 수 있다.

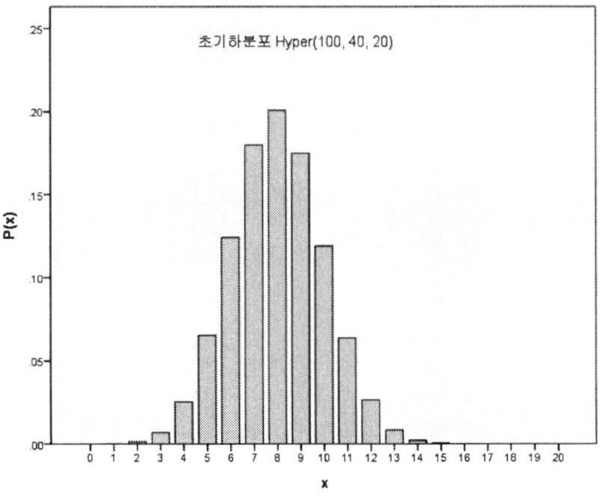

[예제 7.2.3]에서 초기하분포의 누적분포함수 $P(X \le x)$를 구하여 이를 변수 {FH}로 생성하는 변수 계산식은 다음과 같다.

대상변수(T)		숫자표현식(E)
FH	=	CDF.HYPER(x, 100, 40, 20)

[그림 7.2.5]는 [변수 계산] 프러시저의 실행 결과로 생성된 {FH} 변수의 일부를 표시한 것이다. {FH} 변수의 값을 이용하면 초기하분포의 확률 $P(5 \le X < 10)$와 $P(X \ge 9)$을 다음과 같은 식으로 변형하여 쉽게 구할 수 있다.

$$P(5 < X \le 10) = P(X \le 10) - P(X \le 5) = 0.898 - 0.099 = 0.799$$
$$P(X \ge 9) = 1 - P(X \le 8) = 1 - 0.604 = 0.396$$

	x	PB	FB	PH	FH	변수
1	0	.000	.000	.000	.000	
2	1	.000	.001	.000	.000	
3	2	.003	.004	.001	.002	
4	3	.012	.016	.007	.009	
5	4	.035	.051	.026	.034	
6	5	.075	.126	.065	.099	
7	6	.124	.250	.124	.224	
8	7	.166	.416	.180	.403	
9	8	.180	.596	.201	.604	
10	9	.160	.755	.175	.779	
11	10	.117	.872	.119	.898	
12	11	.071	.943	.064	.962	
13	12	.035	.979	.027	.989	

[그림 7.2.5] 초기하분포 FH = P(X ≤ x)

7.2.3 : 포아송분포

이항실험에서 총 시행횟수 n이 큰 값을 가짐과 동시에 각 시행에서의 성공의 확률 p가 매우 작을 때 확률 $P(X = x)$의 값을 계산하기가 쉽지 않다. 프랑스의 수학자인 포아송(Simeon D. Poisson)은 이항분포함수의 극한을 구함으로써 포아송 분포함수를 정립하였다. 일정한 단위의 시간, 길이, 넓이, 또는 부피에 대하여 평균 λ만큼 독립적으로 발생하는 사건의 수를 확률변수 X라고 정의할 때 X는 다음과 같은 확률분포함수를 갖는다.

$$P(X=x) = e^{-\lambda}\frac{\lambda^x}{x!} \qquad (x=0,1,2,\cdots)$$

여기에서 e는 자연대수라고 하며 약 2.7183으로 계산한다. 이렇게 정의된 확률변수의 확률분포를 포아송분포라고 하며, $X \sim Poisson(\lambda)$으로 표시한다.

이항분포에서 n이 매우 크고, 동시에 p가 작으면(예를 들어 $np \le 5$이고, $n(1-p) \le 5$이면) $\lambda = np$를 평균으로 갖는 포아송분포로 이항분포를 근사시킬 수 있다.

예제 7.2.4 빨강 공의 비율이 40%인 상자에서 복원추출로 20개의 공을 꺼내어 색을 조사할 때, 뽑힌 공 중 빨강 공의 개수를 확률변수 X라 정의하자. 확률변수 X를 포아송분포로 근사시켜 포아송분포의 확률분포함수와 누적분포함수를 구해 보자. SPSS의 분포함수를 이용하여 다음 표를 완성하여라.

x	0	1	2	3	4	5	6	7	8	9	10
$P(X=x)$	.000	.003	.011	.029	.057	.092	.122	.140	.140	.124	.099
$P(X \le x)$	.000	.003	.014	.042	.100	.191	.313	.453	.593	.717	.816

x	11	12	13	14	15	16	17	18	19	20	합
$P(X=x)$											1
$P(X \le x)$											

확률변수 X의 분포를 평균 $\lambda = 8$인 포아송분포로 근사시킬 수 있다고 가정하면 함수 PDF.POISSON(x, 8)을 변수 계산에 지정하여 확률 $P(X=x)$를 구할 수 있다. 즉 {x} 변수의 각 값에 대하여 확률 $P(X=x)$가 {PP} 변수에 저장된다.

대상변수(T)		숫자표현식(E)
PP	=	PDF.POISSON(x, 8)

동일한 방법으로 함수 CDF.POISSON(x, 8)을 변수 계산에 지정하여 확률 $P(X \le x)$를 {FP} 변수에 저장할 수 있다.

대상변수(T)		숫자표현식(E)
FP	=	CDF.POISSON(x, 8)

[그림 7.2.6]은 변수 {x}의 각 값에 대하여 포아송분포의 확률질량함수와 누적 분포함수의 값을 각각 저장한 변수 {PP}와 {FP}의 일부를 표시한 것이다.

	x	PB	FB	PH	FH	PP	FP	변수
10	9	.160	.755	.175	.779	.124	.717	
11	10	.117	.872	.119	.898	.099	.816	
12	11	.071	.943	.064	.962	.072	.888	
13	12	.035	.979	.027	.989	.048	.936	
14	13	.015	.994	.009	.997	.030	.966	
15	14	.005	.998	.002	1.000	.017	.983	
16	15	.001	1.000	.000	1.000	.009	.992	
17	16	.000	1.000	.000	1.000	.005	.996	
18	17	.000	1.000	.000	1.000	.002	.998	
19	18	.000	1.000	.000	1.000	.001	.999	
20	19	.000	1.000	.000	1.000	.000	1.000	
21	20	.000	1.000	.000	1.000	.000	1.000	

[그림 7.2.6] 포아송분포 PP=P(X=x), FP = P(X ≤ x)

다음은 [예제 7.2.4]에서 정의된 포아송분포의 확률분포를 도표로 표시한 것이다.

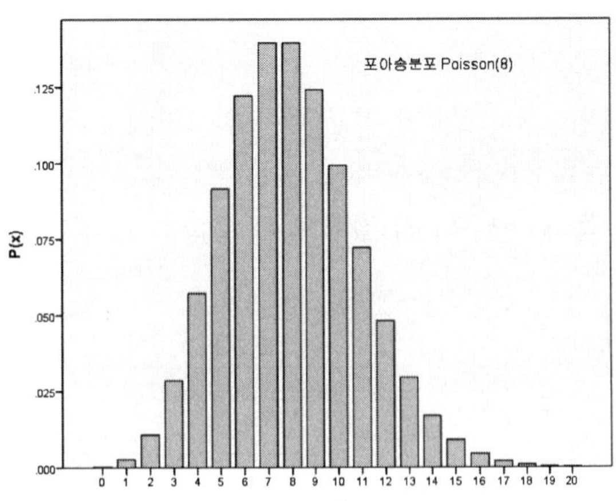

다음 도표는 이항분포, 초기하분포, 포아송분포의 확률분포를 한 화면에 선도표로 표시한 것이다. 이항분포와 초기하분포는 비슷한 형태를 취하지만 포아송

분포는 이항분포와 많은 차이($np > 5$)를 보이고 있음을 알 수 있다(이 도표는 [표 5.2.5]의 다중 선도표에서 도표에 표시할 데이터를 "각 케이스의 값"으로 선택한 것이다).

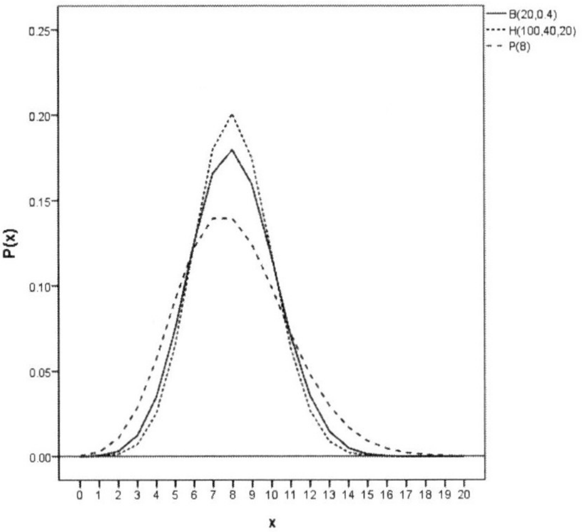

다음 [표 7.2.1]은 대표적인 이산확률분포인 이항, 초기하, 포아송 분포의 평균과 분산을 비교한 표이다.

[표 7.2.1] 이항, 초기하, 포아송분포의 평균 비교

확률분포	이항분포	초기하분포	포아송분포
표시	B(n, p)	Hyper(N, D, n)	Poisson(λ)
P(X=x) 함수	PDF.BINOM()	PDF.HYPER()	PDF.POISSON()
평균(기댓값)	np	$n\dfrac{D}{N}$	λ
분산	$np(1-p)$	$n\left(\dfrac{D}{N}\right)\left(1-\dfrac{D}{N}\right)\left(\dfrac{N-n}{N-1}\right)$	λ

7.2.4 : 정규분포

연속형 확률변수는 두 변수값 사이의 모든 실수 값을 취할 수 있는 확률변수이다. 성인의 몸무게, 키, IQ, 콜레스테롤 수치 등이 연속형 확률변수의 예이다. 대부분의 연속형 확률변수를 히스토그램으로 도시해 보면 표본의 크기가 커질수록

종모양의 근사적 정규분포의 모양을 하고 있다. 예를 들어 어느 지역의 성인을 대상으로 몸무게를 조사하였을 때 50명의 성인들의 몸무게에 대한 (a)의 히스토그램이 표본의 수가 점점 커질수록 500명에 대한 성인 몸무게의 히스토그램(d)과 같이 더 종모양의 분포에 가까워진다.

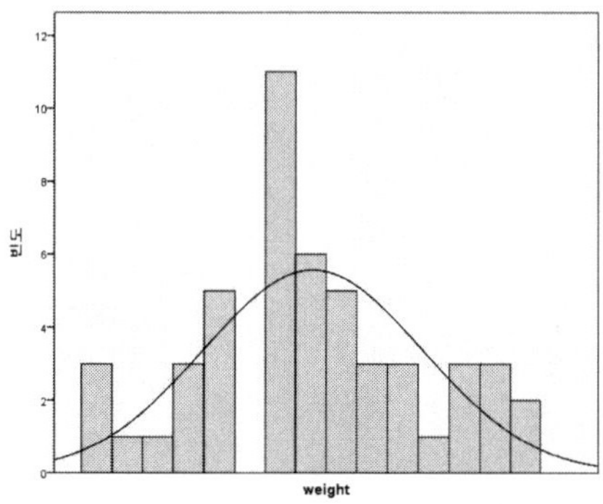

(a) n=50

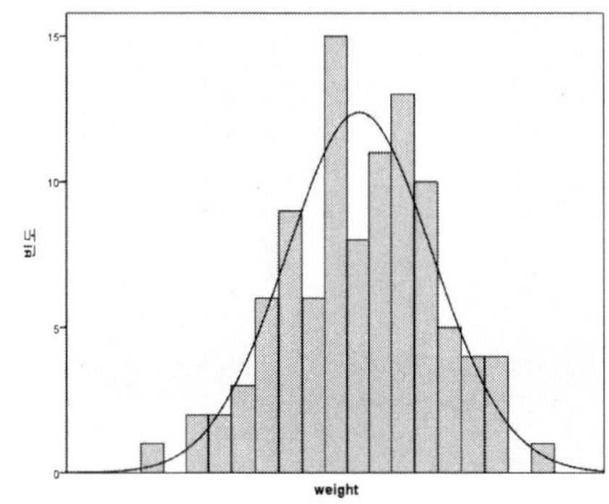

(b) n=100

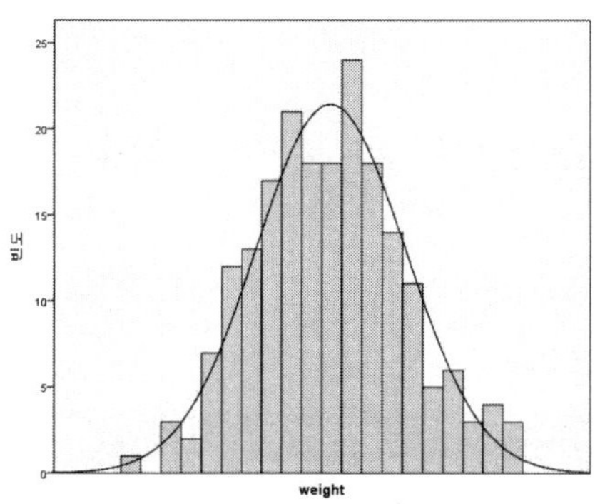

(c) n=200

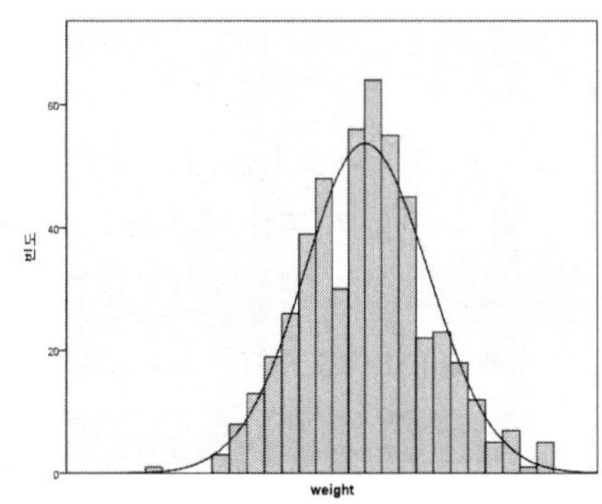

(d) n=500

이 지역의 모든 성인들의 몸무게를 모두 조사할 수 있다면 조사된 몸무게들의 분포는 히스토그램 (d)에 그려진 실선의 분포와 거의 일치할 것이다. 이 실선을 확률밀도함수로 갖는 분포가 정규분포(normal distribution)이다. 정규분포에 대한 확률밀도함수 $f(x)$의 수학식은 다음과 같다.

$$f(x) = \frac{1}{\sigma\sqrt{2\pi}} e^{-(x-\mu)^2/2\sigma^2} \quad (-\infty < x < \infty,\ \pi \approx 3.14,\ e \approx 2.718)$$

여기서 μ는 모집단의 평균이고 σ은 모집단의 표준편차이다. 독일인 수학자 가우스(Carl F. Gauss)가 이 식을 처음으로 유도한 것으로 알려져 있어서 정규분포를 가우시안(Gaussian)분포라고도 한다. 확률변수 X가 평균이 μ, 표준편차가 σ인 정규분포를 따를 때 $X \sim N(\mu, \sigma^2)$으로 표시한다.

정규분포는 연속형 확률변수의 특수한 분포로서 정규분포의 확률밀도함수는 평균을 중심으로 대칭인 종모양의 곡선이다.

예제 7.2.5 확률변수 X가 평균(m)이 55이고 표준편차(s)가 5인 정규분포를 따를 때 SPSS의 분포함수를 이용하여 다음 각 확률을 구하여라.

(1) $P(m < X \le m+s) = P(55 < X \le 60)$

(2) $P(m+s < X \le m+2s) = P(60 < X \le 65)$

(3) $P(m+2s < X \le m+3s) = P(65 < X \le 70)$

(4) $P(X > m+3s) = P(X > 70)$

(5) $P(m-s < X \le m+s) = P(50 < X \le 60)$

(6) $P(m-2s < X \le m+2s) = P(45 < X \le 65)$

(7) $P(m-3s < X \le m+3s) = P(40 < X \le 70)$

풀이 7.2.5 연속확률변수 X가 특정 범위에 속할 확률은 확률밀도함수와 x축 사이의 넓이를 이용하여 정의한다. 따라서 임의의 x에 대하여 $P(X=x)$의 값은 항상 0이다. 반면에 확률변수가 특정 범위에 놓여있을 확률은 누적분포함수 $F(x) = P(X \le x)$을 이용한다.

SPSS에서 연속확률분포의 확률 $P(X \le x)$는 분포함수의 prefix에 CDF를 지정하여 구한다. 예를 들어 확률변수 X가 두 실수 a와 b 사이에 놓일 확률 $P(a < X \le b)$은 먼저 $P(a < X \le b) = P(X \le b) - P(X \le a)$로 변형한 후, SPSS의 분포함수 CDF를 이용한다.

[예제 7.2.5]의 확률변수 X의 분포는 평균(m)이 55이고 표준편차(s)가 5인 정규분포이므로 [변수 계산(C)]의 숫자표현식에 CDF.NORMAL(x, 55, 5)를 입력한 후, [확인]하면 변수 {Fx}에 확률 $P(X \le x)$이 자동으로 저장된다.

대상변수(T)		숫자표현식(E)
Fx	=	CDF.NORMAL(x, 55, 5)

다음 표는 {x} 변수의 각 값에 대하여 확률 $P(X \le x)$가 계산된 {Fx} 변수를 표시한 것이다 ([분석(A)] → [보고서(P)] → [케이스 요약(M)]). 예를 들어 {x} 변수 값이 40인 케이스의 {Fx} 변수 값은 확률 $P(X \le 40)$을 의미한다. 즉 $P(X \le 40) = 0.00135\ (0.135\%)$이다.

케이스 요약

		x	Fx
1		40	.00135
2		45	.02275
3		50	.15866
4		55	.50000
5		60	.84134
6		65	.97725
7		70	.99865
합계	N	7	7

이 "케이스 요약" 표를 이용하여 (1)의 확률을 다음과 같이 계산한다.

$$P(55 < X \le 60) = P(X \le 60) - P(X \le 55) = 0.84134 - 0.5 = 0.34134\ (34.13\%)$$

비슷한 방법으로 (2)와 (3)의 확률을 구하면

$$P(60 < X \le 65) = P(X \le 65) - P(X \le 60) = 0.97725 - 0.84134 = 0.13591\ (13.59\%)$$
$$P(65 < X \le 70) = P(X \le 70) - P(X \le 65) = 0.99865 - 0.97725 = 0.0214\ (2.14\%)$$

이며, (4)의 확률은 여사건의 확률을 이용하여 구한다. 즉

$$P(X > 70) = 1 - P(X \le 70) = 1 - 0.99865 = 0.00135\ (0.135\%)$$

[그림 7.2.7]은 평균이 55이고 표준편차가 5인 정규분포의 확률밀도함수를 표시한 도표이다. 덧붙여 (1)~(4)의 확률을 해당 영역에 표시하였다.

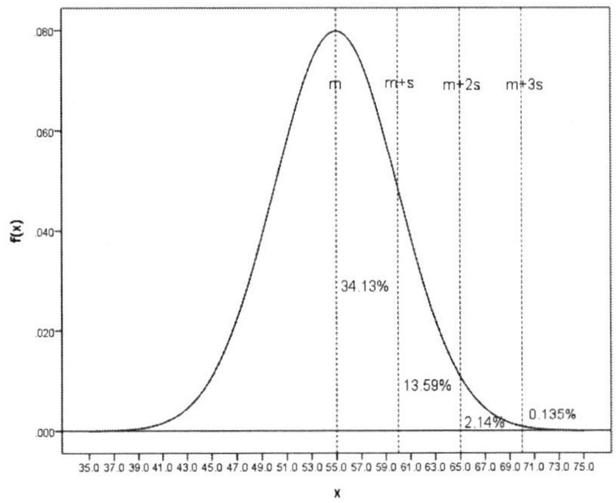

[그림 7.2.7] 정규분포 $\mathrm{N}(55,\ 5^2)$: m=55, s=5

[예제 7.2.5]의 (5)~(7)번의 확률도 앞의 문제와 비슷한 방법으로 "케이스 요약" 표로부터 구할 수 있다.

(5) $P(50 < X \le 60) = P(X \le 60) - P(X \le 50) = 0.84134 - 0.15866 = 0.68268$

(6) $P(45 < X \le 65) = P(X \le 65) - P(X \le 45) = 0.97725 - 0.02275 = 0.9545$

(7) $P(40 < X \le 70) = P(X \le 70) - P(X \le 40) = 0.99865 - 0.00135 = 0.9973$

일반적으로 평균이 μ이고 표준편차가 σ인 정규분포에서 다음과 같은 사실이 잘 알려져 있다.

$$P(\mu - \sigma \le X \le \mu + \sigma) = 0.6827 \approx 68\%$$
$$P(\mu - 2\sigma \le X \le \mu + 2\sigma) = 0.9545 \approx 95\%$$
$$P(\mu - 3\sigma \le X \le \mu + 3\sigma) = 0.9973 \approx 99.7\%$$

정규분포곡선의 좌우 대칭의 성질을 이용하면 정규분포의 복잡한 확률 계산을 쉽게 해결할 수 있다. 예를 들어 (4)번과 (5)번의 확률을 대칭의 성질을 이용하여 해결하면 다음과 같다.

(4) $P(X > 70) = P(X < 40) = 0.00135\ (0.135\%)$

(5) $P(50 < X \le 60) = 2 \times P(55 < X \le 60) = 2 \times 0.3413 = 0.6826$

정규분포곡선은 평균을 중심으로 완벽히 좌우 대칭이기 때문에 평균과 중위수, 그리고 최빈값이 동일하다. 또한 왜도와 첨도의 값이 0으로 정의되어 있다.

다음 그림은 우향왜곡(왜도>0) 분포와 좌향왜곡(왜도<0) 분포의 예를 표시한 것이다.

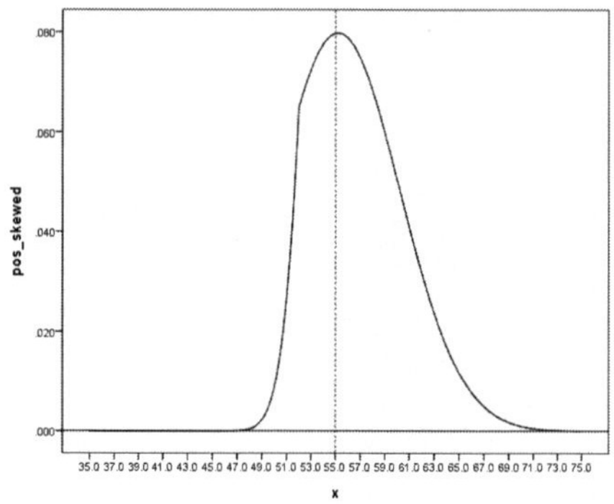

〈우향왜곡 분포〉
[왜도=0.589 (최빈값<중위수<평균)]

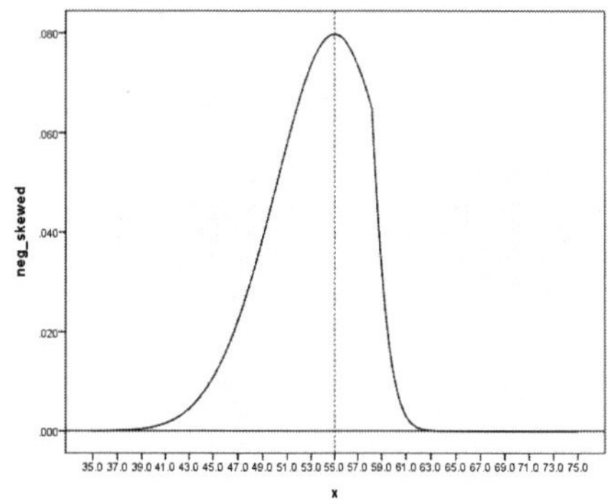

〈좌향왜곡 분포〉
[왜도=−0.589 (평균<중위수<최빈값)]

정규분포곡선은 평균과 표준편차의 값에 따라 형태가 달라진다. [그림 7.2.8]은 평균이 55로 동일하지만 표준편차가 서로 다른 3개의 정규분포곡선을 한 화면에 그린 도표이다. 이 도표를 보면 표준정규분포의 표준편차가 커질수록 분포의 모양은 평균을 중심으로 더 퍼져 있음을 알 수 있다.

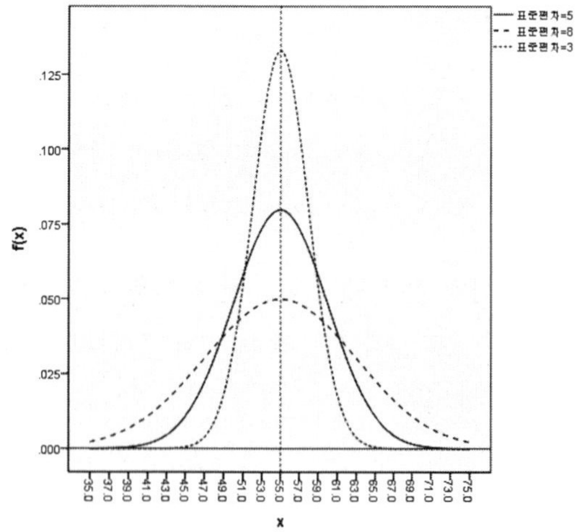

[그림 7.2.8] 표준편차에 따른 정규분포의 유형

참고로 [그림 7.2.8]의 도표는 35에서 75 사이에서 등간격인 값을 갖는 변수 {x}에 대하여 PDF.NORMAL(x, 55, s) 함수를 이용하여 각각 생성된 세 개의 변수 {s3}, {s5}, {s8}을 [표 5.2.5]의 다중 선도표("각 케이스의 값" 지정)에 적용하여 그린 것이다.

평균이 0이고 표준편차가 1인 확률변수 Z가 정규분포를 따를 때, Z는 표준정규분포를 따른다고 하며 $Z \sim N(0,1)$으로 표시한다. 일반적으로 확률변수 X가 정규분포 $N(\mu, \sigma^2)$을 따를 때, 다음과 같은 선형 변환을 이용하여 X를 표준정규분포로 표준화할 수 있다. 이렇게 선형 변환된 확률변수 Z는 표준정규분포를 따른다.

$$Z = \frac{X - \mu}{\sigma}$$

예제 7.2.6 확률변수 Z가 표준정규분포를 따를 때 SPSS의 분포함수를 이용하여 다음 각 확률을 구하여라.

(1) $P(0 < Z \leq 1.99)$

(2) $P(-1.78 < Z \leq 0)$

(3) $P(1.78 < Z \leq 2.32)$

(4) $P(-1.65 < Z \leq 1.99)$

(5) $P(Z > 2.58)$

풀이 7.2.6 SPSS를 이용한 연속형 확률변수의 확률 계산은 어떤 경우라도 누적분포함수를 계산하면 되므로 의외로 간단하다. 즉 다음 두 가지 유형으로 모든 확률 계산을 축약할 수 있다.

〈유형1〉 $P(a < X \leq b) = P(X \leq b) - P(X \leq a)$

〈유형2〉 $P(X > a) = 1 - P(X \leq a)$

표준정규분포의 분포함수는 다음 두 가지 종류의 SPSS 함수를 사용할 수 있다. CDFNORM() 함수는 표준정규분포만을 위한 분포함수이다.

대상변수(T)		숫자표현식(E)
Fz	=	CDF.NORMAL(z, 0, 1)

또는

대상변수(T)		숫자표현식(E)
Fz	=	CDFNORM(z)

먼저 [데이터 편집기] 윈도우의 [데이터 보기] 탭에 {z} 변수의 자료를 입력한다. {z} 변수의 자료는 (1)~(5)의 문항에 있는 상수들로 구성하면 된다. 다음으로 [변환(T)] → [변수 계산(C)] 메뉴의 대화상자에서 숫자표현식을 CDFNORM(z)으로 입력하고 [확인]한다. 이때 새로 생성된 {Fz} 변수를 {z} 변수와 함께 [케이스 요약(M)]을 실행하면 다음 표가 출력된다.

케이스 요약

	z	Fz
1	0.00	.500
2	1.99	.977
3	−1.78	.038
4	1.78	.962
5	2.32	.990
6	−1.65	.049
7	2.58	.995
합계 N	7	7

이 표의 {Fz}의 값을 이용하면 [예제 7.2.6]의 (1)~(4) 문항(〈유형1〉)의 확률을 다음과 같이 구할 수 있다.

(1) $P(0 < Z \leq 1.99) = P(Z \leq 1.99) - P(Z \leq 0) = 0.977 - 0.500 = 0.477$

(2) $P(-1.78 < Z \leq 0) = P(Z \leq 0) - P(Z \leq -1.78) = 0.500 - 0.038 = 0.462$

(3) $P(1.78 < Z \leq 2.32) = P(Z \leq 2.32) - P(Z \leq 1.78) = 0.990 - 0.962 = 0.028$

(4) $P(-1.65 < Z \le 1.99) = P(Z \le 1.99) - P(Z \le -1.65) = 0.977 - 0.049 = 0.928$

[예제 7.2.6]의 (5)번 문항은 〈유형2〉의 확률 문제이므로 다음과 같이 여사건의 확률을 적용한다.

$$P(Z > 2.58) = 1 - P(Z \le 2.58) = 1 - 0.995 = 0.005$$

다음 [그림 7.2.9]는 표준정규분포의 확률밀도함수를 선도표로 표시한 것이다.

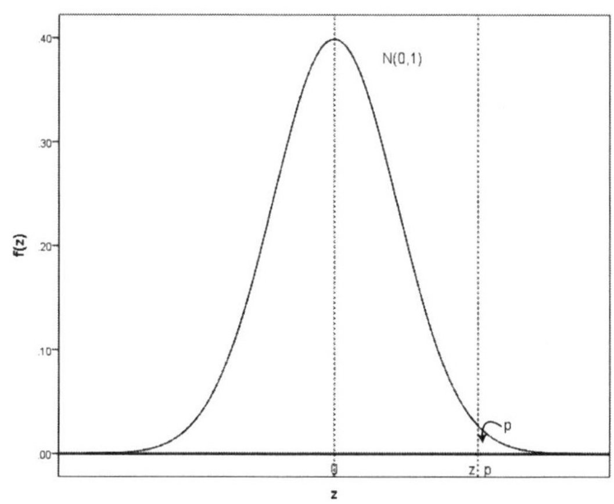

[그림 7.2.9] 표준정규분포 N(0,1)와 z_p

[그림 7.2.9]의 도표에 표시되어 있는 실수 z_p는 확률 p가 주어졌을 때 다음 식을 만족하는 값이다 (단, 확률변수 Z는 표준정규분포를 따른다).

$$P(Z \ge z_p) = p \quad \text{또는} \quad P(Z \le z_p) = 1 - p$$

SPSS에서 연속형 확률분포에서 p-분위수 값은 IDF.분포이름()을 이용하여 구한다. 예를 들어 표준정규분포에서 $P(Z \le z) = 0.7$를 만족하는 0.7-분위수(즉 제70백분위수) z 의 값은 역분포함수 IDF.NORMAL(0.7, 0, 1)로 구할 수 있다. 따라서 z_p는 확률 p가 주어졌을 때의 $(1-p)$-분위수를 의미하므로 IDF.NORMAL($1-p$, 0, 1)로 입력하여야 정확히 구할 수 있다.

예제 7.2.7 다음 표와 같이 확률 p가 주어졌을 때, p에 대한 z_p의 값을 구하여 다음 표를 완성하여라. 또한 이 표의 결과를 이용하여 다음 조건을 만족하는 실수 a와 b의 값을 구하여라. 여기서 확률변수 X는 평균이 50이고 표준편차가 8인 정규분포를 따른다고 하자.

$$P(a \le X \le b) = 0.95, \quad \frac{a+b}{2} = 50$$

$\alpha = 2p$	p	z_p
0.01	0.005	2.576
0.025	0.0125	
0.05	0.025	
0.08	0.04	
0.1	0.05	
0.2	0.1	
0.3	0.15	

풀이 7.2.7 먼저 표에 주어진 p의 값을 변수 {p}에 입력하고 난 후, 역분포함수를 다음과 같이 [변수 계산] 프러시저에 적용한다.

대상변수(T)		숫자표현식(E)
z_p	=	IDF.NORMAL(1−p, 0, 1)

다음 [표 7.2.2]는 확률 α가 주어졌을 때 $z_{\alpha/2}$를 구한 것이다. 예를 들어 Z가 표준정규분포를 따르고, $\alpha = 0.05$일 때 $z_{0.05/2} = z_{0.025} = 1.96$이다. 즉 다음 식이 성립한다.

$$P(Z \ge 1.96) = 0.025 = \alpha/2 \text{ 또는 } P(-1.96 \le Z \le 1.96) = 0.95 = 1-\alpha$$

[표 7.2.2] $z_p = z_{\alpha/2}$

alpha	p	z_p	변수
.010	.0050	2.576	
.025	.0125	2.241	
.050	.0250	1.960	
.080	.0400	1.751	
.100	.0500	1.645	
.200	.1000	1.282	
.300	.1500	1.036	

a와 b의 평균이 50과 같으므로 $(a-50)/8 = -(b-50)/8$이다. 정규분포의 확률은 표준정규분포로 변환하여 구할 수 있다. 따라서

$$0.95 = P(a \le X \le b) = P((a-50)/8 \le Z \le (b-50)/8) = P(-t \le Z \le t)$$

이 성립하므로 $t=(b-50)/8=1.96$을 얻는다. 즉

$$b = 50 + 1.96 \cdot 8 = 65.68$$
$$a = 100 - b = 100 - 65.68 = 34.32$$

7.2.5 : 카이제곱분포

서로 독립인 확률변수 $Z_1, Z_2, \cdots, Z_r$가 모두 표준정규분포 $N(0,1)$을 따를 때, 다음과 같이 만들어진 확률변수 X는 자유도 r을 갖는 카이제곱분포를 따른다고 하며, $X \sim \chi^2(r)$로 표시한다.

$$X = \sum_{k=1}^{r} Z_k^2 \quad (\text{기댓값: } E(X)=r,\ \text{분산: } V(X)=2r)$$

[그림 7.2.10]에 표시된 바와 같이 카이제곱분포의 확률밀도함수는 자유도의 값에 따라 그 형태가 달라지며 양의 왜도를 갖는 우향왜곡 분포이다.

통계학에서 자주 사용되는 분포 중의 하나가 카이제곱(χ^2)분포이다. 카이제곱분포는 분산에 대한 가설검정이나 동일성 검정 또는 독립성 검정에서 중요한 역할을 한다.

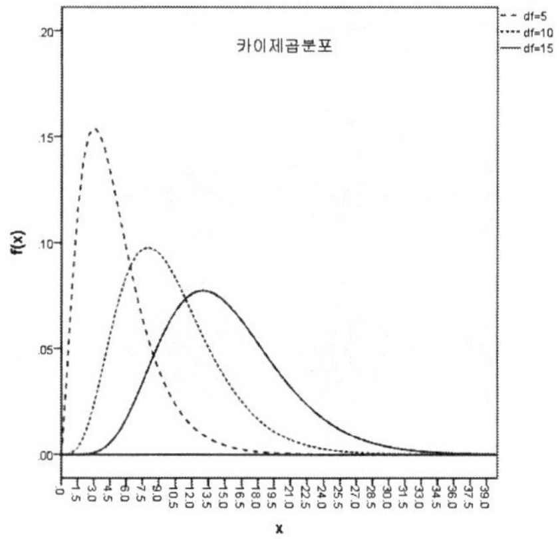

[그림 7.2.10] 자유도에 따른 카이제곱분포의 형태

카이제곱분포를 이용하여 모분산에 대한 신뢰구간 또는 가설검정에서 한쪽 꼬리부분의 확률이 주어졌을 때 이 확률에 대응되는 분위수 값을 구하여야 한다. 예를 들어 [그림 7.2.11]에 표시된 자유도 df의 카이제곱분포에서 오른쪽 꼬리부분의 확률이 α(alpha)일 때 이에 대응되는 분위수 값 A는 다음 식을 만족한다.[3)]

$$X \sim \chi^2(df)\text{일 때 } P(X > A) = \alpha.\ \text{즉 } P(X > \chi^2_{\alpha,df}) = \alpha$$

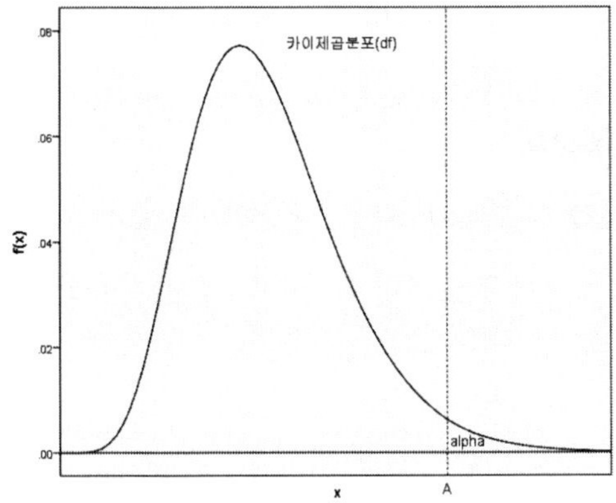

[그림 7.2.11] $A = \chi^2_{\alpha,df}$**으로 표기**

예제 7.2.8 다음 표는 확률 α와 자유도 df가 주어졌을 때, IDF.Chisq()를 이용하여 $\chi^2_{\alpha,df}$의 값을 구한 것이다. 표를 완성하여라.

α \ df	5	10	15	20	25	30
0.005	16.75	25.19				
0.01	15.09	23.21				
0.025	12.83	20.48				
0.05	11.07	18.31				
0.1	9.24	15.99				
0.9	1.61	4.87				
0.95	1.15	3.94				
0.975	.83	3.25				
0.99	.55	2.56				
0.995	.41	2.16				

3) 앞으로 A를 $\chi^2_{\alpha,df}$와 같이 표시하자.

풀이 7.2.8 먼저 표에 주어진 α의 값을 변수 {alpha}에 입력하고 난 후, 역분포함수를 다음과 같이 [변수 계산(C)] 프러시저에 적용한다. 자유도 5에 대한 $\chi^2_{\alpha,5}$의 값을 구하고 난 후, 똑같은 작업을 다른 자유도에 대하여 반복 수행한다.

대상변수(T)		숫자표현식(E)
chi_df5	=	IDF.CHISQ(1-alpha, 5)

다음 표는 역분포함수에 의한 변수 계산으로 생성된 변수들을 보고서의 [케이스 요약(M)] 프러시저를 실행하여 출력한 후 편집한 것이다.

카이제곱분포 (1-alpha)-분위수 $\chi^2_{\alpha,df}$

alpha	df=5	df=10	df=15	df=20	df=25	df=30
.005	16.75	25.19	32.80	40.00	46.93	53.67
.010	15.09	23.21	30.58	37.57	44.31	50.89
.025	12.83	20.48	27.49	34.17	40.65	46.98
.050	11.07	18.31	25.00	31.41	37.65	43.77
.100	9.24	15.99	22.31	28.41	34.38	40.26
.900	1.61	4.87	8.55	12.44	16.47	20.60
.950	1.15	3.94	7.26	10.85	14.61	18.49
.975	.83	3.25	6.26	9.59	13.12	16.79
.990	.55	2.56	5.23	8.26	11.52	14.95
.995	.41	2.16	4.60	7.43	10.52	13.79

이 표를 통해 몇 가지 확률을 유추할 수 있다. 예를 들어 α가 0.1이고 $df = 15$일 때의 22.31은 다음 식을 만족하는 값이다.

$$P(X \geq 22.31) = 0.1$$

즉 확률변수 X가 자유도 15인 카이제곱분포를 따를 때, X가 22.31 이상일 확률은 0.1이다. 반대로 왼쪽 꼬리의 확률이 0.1이 되는 X의 값은 8.55이다. 따라서 자유도가 15인 카이제곱분포에서 $P(8.55 \leq X \leq 22.31)$의 확률은 0.8임을 알 수 있다.

이를 응용하면 $P(a \leq X \leq b) = 0.95$를 만족하는 두 실수 a, b를 이 표로부터 찾을 수 있다. 양쪽 꼬리부분의 확률이 같다고 보면 $P(X \geq b) = .025$이므로 $b = \chi^2_{0.025,15}$이다. 따라서 표에서 이 값을 찾으면 $b = 27.49$이다.

또한 $P(X \le a) = .025$일 때 a는 $P(X \ge a) = .975$를 만족하는 값이므로 $a = \chi^2_{0.975,15} = 6.26$이다. 참고로 카이제곱분포의 누적 확률 $P(X \le x)$의 값은 [변수 계산(C)] 프러시저에서 SPSS의 분포함수 CDF.CHISQ(x, df)를 이용하면 쉽게 구할 수 있다.

7.2.6 : t분포

표준정규분포를 따르는 확률변수 Z와 카이제곱분포(자유도 r)를 따르는 확률변수 X가 서로 독립일 때 다음과 같이 정의된 확률변수 T의 분포는 평균 0을 중심으로 좌우 대칭인 종 모양의 분포이다. 이때 확률변수 T는 자유도 r을 갖는 t분포를 따른다고 하며, $T \sim t(r)$로 표시한다.

$$T = \frac{Z}{\sqrt{X/r}} \qquad (\text{기댓값: } E(T) = 0,\ \text{분산: } V(X) = \frac{r}{r-2}\ (r > 2))$$

t분포는 1908년 Gosset에 의하여 정립되었으며 Student라는 이름으로 발표함으로써 Student의 t분포라고도 한다. 이 분포의 형태는 [그림 7.2.12]에 표시된 바와 같이 자유도에 따라서 달라지며 자유도 r이 커질수록 표준정규분포에 가까워진다. 실제로 t분포의 자유도가 30 이상이면 표준정규분포와 거의 유사한 분포가 된다.

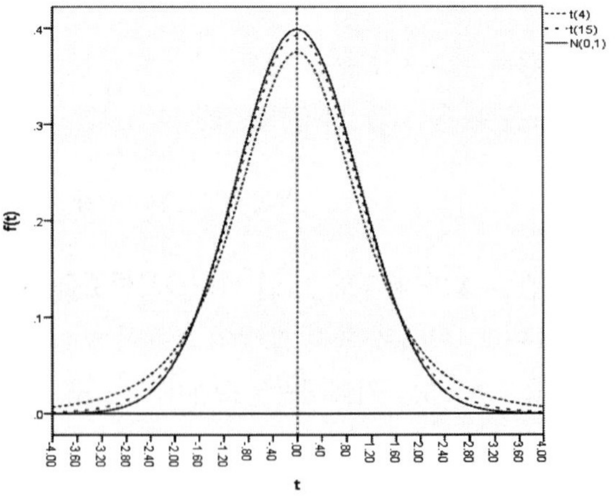

[그림 7.2.12] 자유도에 따른 t분포와 표준정규분포

t분포는 모표준편차를 모를 경우 모평균의 신뢰구간을 구할 때 사용된다. 참고로 모표준편차가 알려져 있을 경우에는 표준정규분포를 이용하여 모평균의 신뢰구간을 구한다. [그림 7.2.13]에 표시된 자유도 df의 t분포에서 오른쪽 꼬리부분의 확률이 α(alpha)일 때 다음 식을 만족하는 $(1-\alpha)$-분위수A를 $t_{\alpha,df}$으로 표시하자.

$$T \sim t(df)\text{일 때 } P(T > A) = \alpha.\ \text{즉 } P(T > t_{\alpha,df}) = \alpha$$

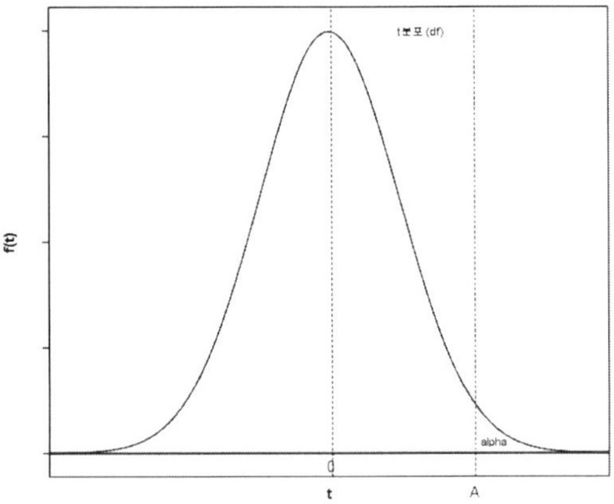

[그림 7.2.13] 자유도가 df인 t분포; $A = t_{\alpha,df}$

예제 7.2.9 다음 표는 확률 α와 자유도 df가 주어졌을 때, IDF.T()를 이용하여 $t_{\alpha,df}$의 값을 구한 것이다. 표를 완성하여라.

α \ df	5	10	15	20	30	z_α
0.005	4.03	3.17				2.58
0.01	3.36	2.76				2.33
0.025	2.57	2.23				1.96
0.05	2.02	1.81				1.64
0.1	1.48	1.37				1.28
0.9	−1.48	−1.37				−1.28
0.95	−2.02	−1.81				−1.64
0.975	−2.57	−2.23				−1.96
0.99	−3.36	−2.76				−2.33
0.995	−4.03	−3.17				−2.58

풀이 7.2.9 먼저 표에 주어진 α의 값을 변수 {alpha}에 입력하고 난 후, 역분포함수 IDF.T(1-alpha, 5)를 [변수 계산(C)] 프러시저에 적용한다. 자유도 5에 대한 $t_{\alpha,5}$의 값을 구하고 난 후, 똑같은 작업을 다른 자유도 df에 대하여 반복 수행하여 $t_{\alpha,df}$을 구한다. 마지막으로 표준정규분포의 역분포함수를 이용하여 z_α를 계산한다.

대상변수(T)		숫자표현식(E)
t_df5	=	IDF.T(1−alpha, 5)

대상변수(T)		숫자표현식(E)
normal	=	IDF.NORMAL(1−alpha, 0, 1)

다음 표는 역분포함수에 의한 변수 계산으로 생성된 변수들을 보고서의 [케이스 요약(M)] 프러시저를 실행하여 출력한 후 편집한 것이다.

예를 들어 t분포의 경우에도 $T \sim t(20)$일 때, $P(a \le T \le b) = 0.90$을 만족하는 두 실수 a, b를 이 표로부터 구할 수 있다.

t분포의 (1−alpha)−분위수 $t_{\alpha,df}$와 표준정규분포의 z_α

alpha	df=5	df=10	df=15	df=20	df=30	N(0,1)
.005	4.03	3.17	2.95	2.85	2.75	2.58
.010	3.36	2.76	2.60	2.53	2.46	2.33
.025	2.57	2.23	2.13	2.09	2.04	1.96
.050	2.02	1.81	1.75	1.72	1.70	1.64
.100	1.48	1.37	1.34	1.33	1.31	1.28
.900	−1.48	−1.37	−1.34	−1.33	−1.31	−1.28
.950	−2.02	−1.81	−1.75	−1.72	−1.70	−1.64
.975	−2.57	−2.23	−2.13	−2.09	−2.04	−1.96
.990	−3.36	−2.76	−2.60	−2.53	−2.46	−2.33
.995	−4.03	−3.17	−2.95	−2.85	−2.75	−2.58

t분포는 평균 0을 중심으로 좌우 대칭의 분포이므로 $P(T > b) = 0.05$이고 $a = -b$이다. 이때 $b = t_{0.05,20}$으로 표현할 수 있으므로 $b = 1.72$임을 표의 결과로부터 알 수 있다. 따라서 $a = -b = -1.72$이다.

a의 값은 다른 방법으로 이 표에서 찾을 수 있다. $P(T < a) = 0.05$이므로 $P(T > a) = 1 - 0.05 = 0.95$이다. 따라서 $a = t_{0.95,20}$으로 표현할 수 있기 때문에 $\alpha = 0.95$일 때의 0.05-분위수 값인 -1.72가 a의 값이다.

7.2.7 : F분포

확률변수 U와 V가 자유도가 각각 r_1, r_2인 카이제곱분포를 따르며 서로 독립일 때, 다음과 같이 구성된 확률변수 F는 자유도가 (r_1, r_2)인 F분포를 따른다고 하며, $F \sim F(r_1, r_2)$으로 표시한다. 여기서 r_1을 분자의 자유도, r_2을 분모의 자유도라고 한다.

$$F = \frac{U/r_1}{V/r_2} \qquad (\text{기댓값: } E(F) = \frac{r_2}{r_2 - 2} \ (r_2 > 2))$$

F분포는 두 집단의 분산에 대한 가설검정이나 세 집단 이상의 평균이 동일한지에 대한 가설검정 기법인 분산분석(ANOVA)에 사용된다.

[그림 7.2.14]에 표시된 바와 같이 확률변수 F의 확률밀도함수의 형태는 분자, 분모의 자유도에 따라 차이가 있으며, F분포는 양의 왜도를 갖는 우향왜곡 분포이다. F의 평균은 분자의 자유도와 상관이 없으며 분모의 자유도가 커질수록 1에 가까워진다.

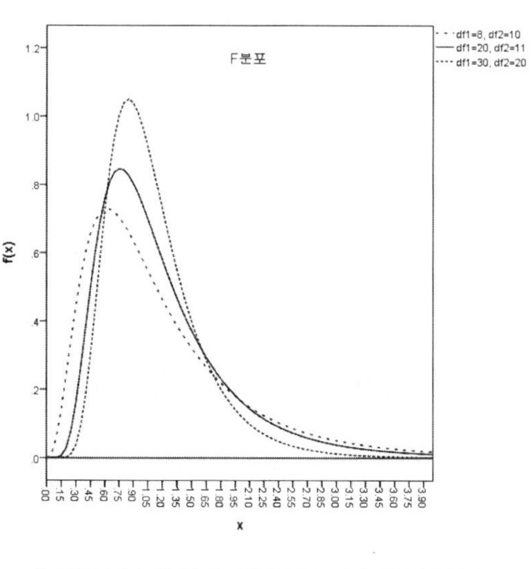

[그림 7.2.14] 분자, 분모 자유도에 따른 F분포

F검정에 대한 유의수준이 α일 때 귀무가설을 기각하기 위한 F검정의 기각치는 [그림 7.2.15]의 A이다. 즉 검정통계량의 값이 A보다 크면 귀무가설을 기각한다(8장. 가설검정 참조). 이와 같이 F분포를 이용하여 가설검정을 하거나 두 모분산의 비에 대한 신뢰구간을 구할 때, 꼬리부분의 확률에 대응되는 x축 위의 분위수 값이 필요하다.

[그림 7.2.15]와 같이 자유도가 (df1, df2)인 F분포에서 A의 오른쪽 꼬리부분의 확률이 α일 때 A를 $F_{\alpha,\, df1,\, df2}$로 표시하자.

$$P(F > A) = \alpha.\ \text{즉}\ P(F > F_{\alpha,\, df1,\, df2}) = \alpha$$

예제 7.2.10 다음은 [그림 7.2.15]의 확률 α가 0.05 또는 0.95일 때 이에 대응되는 $(1-\alpha)$-분위수인 F_{α, df_1, df_2}의 값을 구한 표이다. SPSS의 역분포함수 IDF.F()를 이용하여 이 표를 완성하여라.

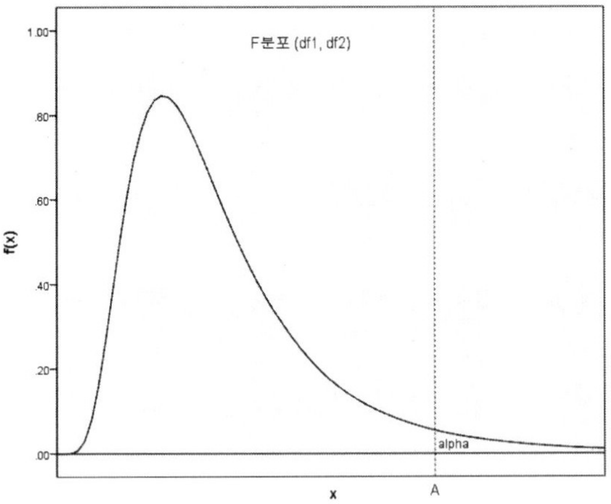

[그림 7.2.15] 자유도가 (df1, df2)인 F분포; $A = F_{\alpha, df1, df2}$

$\alpha = 0.05$일 때 $F_{0.05, df_1, df_2}$

df_2 \ df_1	5	10	15	20	25	30
5	5.05	4.74	4.62	4.56		
10	3.33	2.98	2.85	2.77		
15	2.90	2.54	2.40	2.33		
20	2.71	2.35	2.20	2.12		
25	2.60	2.24	2.09	2.01		
30	2.53	2.16	2.01	1.93		

$\alpha = 0.95$일 때 $F_{0.95, df_1, df_2}$

df_2 \ df_1	5	10	15	20	25	30
5			0.34	0.37	0.38	0.39
10			0.39	0.43	0.45	0.46
15			0.42	0.45	0.48	0.50
20			0.43	0.47	0.50	0.52
25			0.44	0.48	0.51	0.53
30			0.45	0.49	0.52	0.54

풀이 7.2.10 먼저 분자와 분모의 자유도를 다음 표와 같이 두 변수 {df1}과 {df2}로 각각 입력한다.

	df1	df2
1	5	5
2	5	10
3	5	15
4	5	20
5	5	25
6	5	30
7	10	5
	⋮	⋮
33	30	15
34	30	20
35	30	25
36	30	30

다음으로 역분포함수 IDF.F(0.95, df1, df2)를 [변수 계산(C)] 프러시저에 적용하여 $\alpha = 0.05$의 경우에 대한 $F_{0.05,\, df1,\, df2}$의 값을 계산한다. 주의할 점은 역분포함수의 확률이 입력될 인수에 0.05가 아닌 $1-0.05=0.95$를 입력해야 한다.

대상변수(T)		숫자표현식(E)
A05	=	IDF.F(0.95, df1, df2)

[변수 계산(C)] 프러시저에 의해 생성된 {A05} 변수의 값을 {df1} 변수의 값에 대한 집단별로 보고서를 작성하기 위하여 [파일분할(F)] 프러시저를 다음과 같이 설정하자.

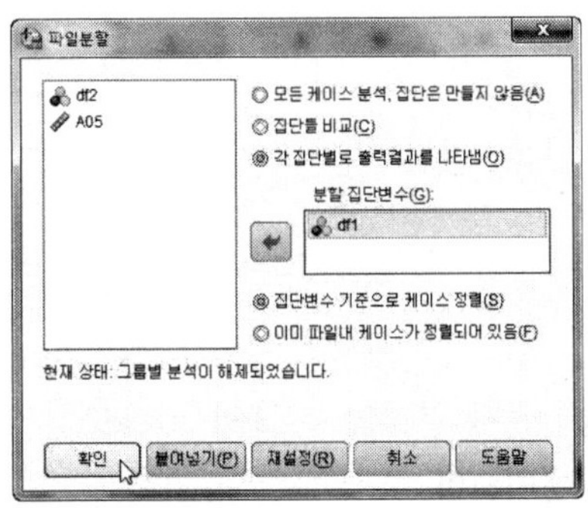

[그림 7.2.16] 보고서 작성을 위한 파일분할

다음 표는 변수 계산으로 생성된 변수 {A05}를 {df1} 변수로 파일분할한 후, 보고서의 [케이스 요약(M)] 프러시저를 실행하여 출력된 피벗표의 일부분이다.

케이스 요약[a]

	df2	A05
1	5	4.52
2	10	2.73
3	15	2.28
4	20	2.07
5	25	1.96
6	30	1.88
합계 N	6	6

a. df1 = 25

케이스 요약[a]

	df2	A05
1	5	4.50
2	10	2.70
3	15	2.25
4	20	2.04
5	25	1.92
6	30	1.84
합계 N	6	6

a. df1 = 30

같은 방법으로 역분포함수 IDF.F(0.05, df1, df2)를 [변수 계산(C)] 프러시저에 적용하여 $\alpha = 0.95$의 경우에 대한 $F_{0.95,\,df1,\,df2}$의 값을 변수 {A95}에 저장한다. 마찬가지로 역분포함수에서 확률이 입력될 첫 번째 인수에 0.95가 아닌 0.05가 입력되어야 한다.

대상변수(T)		숫자표현식(E)
A95	=	IDF.F(0.05, df1, df2)

다음 표는 변수 계산으로 생성된 변수 {A95}를 {df1} 변수로 파일분할한 후, 보고서의 [케이스 요약(M)] 프러시저를 실행하여 출력된 피벗표의 일부분이다.

케이스 요약[a]

	df2	A95
1	5	.20
2	10	.21
3	15	.22
4	20	.22
5	25	.22
6	30	.22
합계 N	6	6

a. df1 = 5

케이스 요약[a]

	df2	A95
1	5	.30
2	10	.34
3	15	.35
4	20	.36
5	25	.37
6	30	.37
합계 N	6	6

a. df1 = 10

F분포를 만드는 변환식을 분석해 보면 확률변수 F가 자유도가 $(20,10)$인 F분포를 따른다고 할 때, 확률변수 $G = \frac{1}{F}$는 자유도 $(10,20)$인 F분포를 따른다는 사실을 알 수 있다. 따라서 $F_{1-\alpha,\,df2,\,df1}$의 값은 다음과 같이 구할 수 있다.

$$F_{1-\alpha,\,df2,\,df1} = \frac{1}{F_{\alpha,\,df1,\,df2}}$$

예를 들어 $F_{0.95,30,20}$의 값을 $1/F_{0.05,20,30} = 1/1.93 = 0.518 \approx 0.52$로 구할 수 있다. 따라서 만약 F분포표를 작성하고자 할 경우 0.5보다 큰 α에 대한 $F_{\alpha,\,df1,\,df2}$의 값은 따로 표기할 필요가 없다.

마지막으로 자유도가 (20,10)인 F분포에서 $P(a \le F \le b) = 0.90$를 만족하는 두 실수 a, b를 구해 보자. $P(F > b) = 0.05$이므로 $b = F_{0.05,20,10}$으로 표현할 수 있다. 따라서 $b = 2.77$이다. 또한 $P(F > a) = 0.95$이므로 $a = F_{0.95,20,10} = 0.43$이다. 이때 a는 $a = F_{0.95,20,10} = 1/F_{0.05,10,20} = 1/2.35 = 0.4255$와 같이 구할 수 있다.

연습문제

7.1 최근 조사 연구에 따르면 어느 도시의 65세 이상의 성인 중 40%가 보청기를 사용하고 있다고 한다. 이 도시의 65세 이상 성인 중에서 무작위로 12명을 조사할 때, 다음 각 사건이 일어날 확률을 구하여라.

(1) 정확히 4명의 성인이 보청기를 사용한다.
(2) 많아야 6명의 성인이 보청기를 사용한다.
(3) 최소한 3명의 성인이 보청기를 사용한다.

7.2 어떤 공장에서 제조되는 제품 중에서 8%는 불량품이라고 한다. 이 제품을 임의로 50개 선택하여 검사할 때 다음 확률을 구하여라.

(1) 불량품의 개수가 5개 미만일 확률
(2) 불량품의 개수가 3개 이상 6개 이하일 확률
(3) 불량품의 개수가 4개 이상일 확률

7.3 어느 회사의 총무부 직원 모집에 10명의 지원자가 지원하였다. 10명의 지원자 중 5명은 대학을 졸업하였지만 나머지 5명은 졸업하지 않은 것으로 조사되었다. 이 중 3명을 랜덤하게 선택할 때 일어날 수 있는 다음 확률을 각각 구하여라.

(1) 3명 모두 대학 졸업자인 경우
(2) 2명만 대학 졸업자인 경우
(3) 대학 졸업자가 1명 이상인 경우

7.4 통계학 과목을 1시간 강의하는 동안 학생들의 휴대폰 전화가 평균 3번 울린다고 한다. 다음 각 사건의 확률을 구하여라.

(1) 어느 날 1시간의 통계학 강의 시간에 학생들의 전화가 1번 이상 4번 이하 울린다.
(2) 학생들의 전화가 한 번이라도 울리면 바로 퀴즈를 본다고 할 때, 퀴즈를 보게 될 확률은?

7.5 확률변수 Z가 표준정규분포를 따른다고 할 때, 다음 각 확률을 구하여라.

(1) $P(Z > 2.83)$

(2) $P(Z < -1.51)$

(3) $P(-2.26 < Z < 1.93)$

(4) $P(1.42 < Z < 2.58)$

(5) P(Z>-1.46)

7.6 최근 보고서에 따르면 어느 지역에서 사업을 하는 CEO의 평균 나이는 56세이고 표준편차는 4세라고 한다. 이 지역의 CEO 중 한명을 랜덤으로 선택할 때, 다음 사건의 일어날 확률을 구하여라.

(1) 이 CEO의 나이가 54세에서 60세 사이에 있다.

(2) 이 CEO의 나이가 57세에서 64세 사이에 있다.

(3) 이 CEO의 나이가 58세 이상이다.

7.7 확률변수 X가 정규분포 $N(20, 5^2)$을 따를 때, 다음 물음에 답하여라.

(1) 확률변수 X가 18보다 작을 확률은 얼마인가?

(2) 확률변수 Z이 표준정규분포를 따를 때, $P(Z > z_0) = 0.025$를 만족하는 z_0의 값은?

(3) $P(X > x_0) = 0.025$를 만족하는 x_0의 값은?

7.8 모분산이 σ^2인 정규분포를 따르는 모집단에서 크기가 11인 표본의 표본분산 S^2를 이용하여 구한 다음 확률변수 X는 자유도가 10인 χ^2분포를 따른다고 알려져 있다.

$$X = \frac{10\,S^2}{\sigma^2} \sim \chi^2(10)$$

(1) 확률변수 X가 4.87보다 작을 확률은 얼마인가?

(2) 확률변수 X가 3.94보다 크고 20.48보다 작을 확률은 얼마인가?

(3) $P(X < x_0) = 0.025$를 만족하는 x_0의 값은?

(4) $P(X > x_1) = 0.025$를 만족하는 x_1의 값은?

7.9 평균이 20인 정규분포를 따르는 모집단에서 크기가 6인 표본의 표본평균 $\overline{X}$ 와 표본표준편차 S 를 이용하여 구한 확률변수 T 는 자유도가 5인 t 분포를 따른다고 알려져 있다.

$$T = \frac{\overline{X} - 20}{S/\sqrt{6}} \sim t(5)$$

(1) 확률변수 T 가 2.57 이하일 확률은 얼마인가?

(2) 확률변수 T 가 -2.02 이상 1.48 이하일 확률은 얼마인가?

(3) $P(T < t_0) = 0.025$ 를 만족하는 t_0의 값은?

(4) $P(T > t_1) = 0.025$ 를 만족하는 t_1의 값은?

7.10 확률변수 F가 자유도 (5,20)인 F분포를 따른다고 할 때 다음을 구하여라.

(1) 확률변수 F가 2.71 이하일 확률은 얼마인가?

(2) 확률변수 F가 0.22 이상 2.71 이하일 확률은 얼마인가?

(3) $P(F < x_0) = 0.025$ 를 만족하는 x_0의 값은?

(4) $P(F > x_1) = 0.025$ 를 만족하는 x_1의 값은?

제8장 신뢰구간과 가설검정

8.1 신뢰구간

모집단으로부터 추출한 확률표본의 평균에 대한 분포를 분석할 필요가 있다. 예를 들어 모집단의 모평균에 대한 신뢰구간을 추정하고자 할 때 확률표본의 평균에 대한 분포를 이용한다. 모집단으로부터 100번의 독립적인 표본을 추출할 때 100개의 평균값이 얻어지고, 이 100개의 평균에 대한 분포가 표본평균에 대한 표본분포이다. 표본평균에 대한 분포는 표본의 크기가 커질수록 정규분포에 근사함을 알 수 있으며, 이 사실을 이용하여 이항분포의 문제를 정규분포로 근사시켜 해결할 수 있다.

모집단의 특성을 나타내주는 모수를 표본으로부터 얻어진 정보를 이용하여 추정하는 추정론은 추론통계학에서 매우 중요한 한 부분을 차지하고 있다. 예를 들어 우리나라 회사에 근무하는 부장의 연봉에 대한 평균을 알고 싶다고 하자. 부장 직함을 갖는 사람들의 모집단은 매우 클 것이므로 모평균(부장의 평균 연봉)인 모수를 정확히 예측할 수 없기 때문에 표본을 추출하여 이를 바탕으로 부장의 평균 연봉을 추정한다.

모집단의 모수를 하나의 값으로 추정하는 것을 점추정, 모수가 속한 구간을 추정하는 것을 구간추정이라고 한다.

8.1.1 : 중심극한정리

- 표본오차(sampling error): 무작위로 추출된 표본은 완전히 모집단을 대표하지 못한다. 예를 들어 표본평균($\overline{X}$)은 모평균(μ)과 정확히 일치하지 않는다. 이와 같이 표본으로부터 얻어진 통계량과 모수와의 차이를 표본오차라고 한다.
- 표본평균($\overline{X}$)과 표본분산(S^2): $X_1, X_2, \cdots, X_n$이 모집단에서 임의로 추출된 확률표본이라고 할 때, 표본평균과 표본분산은 다음과 같이 정의된 통계

량이다.

$$\overline{X} = \frac{1}{n}\sum_{i=1}^{n} X_i, \qquad S^2 = \frac{1}{n-1}\sum_{i=1}^{n}\left(X_i - \overline{X}\right)^2$$

- 표본평균의 기댓값과 표준편차: $E(\overline{X}) = \mu, \quad \sigma(\overline{X}) = \sigma/\sqrt{n}$
- 중심극한정리(Central Limit Theorem): 평균이 μ, 표준편차가 σ인 모집단으로부터 크기가 n인 표본을 추출할 때, n의 값이 커질수록 $\overline{X}$의 분포는 평균이 μ, 표준편차가 $\sigma/\sqrt{n}$인 정규분포에 근사한다. 이때 $\sigma/\sqrt{n}$를 평균에 대한 표준오차(standard error)라고 한다.

$$\overline{X} \approx N\left(\mu, \frac{\sigma^2}{n}\right) \quad \text{또는} \quad \frac{\overline{X} - \mu}{\sigma/\sqrt{n}} \approx N(0,1)$$

예제 8.1.1 어느 건물에 설치된 음료수 자판기에서 카드로 판매된 1인당 판매액은 평균 800원이고 표준편차가 200원이라고 하자. 이 자판기에서 카드로 구매한 사람 중에서 무작위로 25명을 추출할 때 구매가의 표본평균 $\overline{X}$에 대하여 다음 각 확률의 근삿값을 구하여라.

(1) $P(800.0 \le \overline{X} < 879.6)$

(2) $P(728.8 < \overline{X} \le 892.8)$

(3) $P(\overline{X} > 871.2)$

풀이 8.1.1 먼저 {x} 변수에 {800.0, 879.6, 728.8, 892.8, 871.2}를 입력한다. 구매가의 표본평균 $\overline{X}$에 대하여 $E(\overline{X}) = 800$, $\sigma(\overline{X}) = 200/\sqrt{25}$ 이므로 SPSS의 정규분포에 대한 분포함수를 이용하여 누적분포함수 F(x)의 값을 변수 계산한다.

대상변수(T)		숫자표현식(E)
Fx	=	CDF.NORMAL(x, 800, 200/SQRT(25))

다음 표는 {x} 변수의 각 값에 대하여 확률 $P(\overline{X} \le x)$가 계산된 {Fx} 변수를 표시한 것이다. 참고로 정규분포의 확률은 정규분포를 표준정규분포로 간단히

표준화함으로써 그 값을 구할 수 있다. 예를 들어 $\overline{X}$의 값 871.2를 표준화하면 $z=\frac{871.2-800}{200/\sqrt{25}}=1.78$이므로 (3)의 답을

$$P(\overline{X}>871.2)=P(Z>1.78)=1-P(Z\leq 1.78)=1-0.962=0.038$$

와 같이 얻을 수 있다([예제 7.2.6]의 케이스 요약 표 참조).

케이스 요약

		x	Fx
1		800.00	.500
2		879.60	.977
3		728.80	.038
4		892.80	.990
5		871.20	.962
합계	N	5	5

이 표의 결과를 이용하여 다음과 같이 답을 얻을 수 있다.

(1) $P(800.0\leq\overline{X}<879.6)=P(\overline{X}\leq 879.6)-P(\overline{X}\leq 800.0)=0.977-0.5=0.477$

(2) $P(728.8<\overline{X}\leq 892.8)=P(\overline{X}\leq 892.8)-P(\overline{X}\leq 728.8)$

$$=0.990-0.038=0.952$$

(3) $P(\overline{X}>871.2)=1-P(\overline{X}\leq 871.2)=1-0.962=0.038$

8.1.2 : 모평균(μ)에 대한 신뢰구간

전국에 있는 부장 직함을 갖는 회사원 중에서 100명을 무작위로 추출하여 연봉을 조사하였더니 그 평균값이 8,810만원일 때 우리는 이 값을 부장의 연봉으로 추정할 수 있다. 이와 같이 모집단의 모수를 표본으로부터 하나의 값으로 추정하는 것을 점추정이라고 한다. 그러나 모집단에서 표본을 추출할 때에는 언제나 표본오차가 발생하기 때문에 이 값은 실제 모평균과 다소 차이가 있을 것이다. 또한 전체 모집단을 모두 조사하지 않는 한 실제 모평균을 알 수 없기 때문에 이 표본평균이 얼마나 모평균에 근접해 있는지 알 수도 없다. 즉 점추정은 추정의 정확성에 문제가 있기 때문에 이를 보완하기 위하여 통계학에서는 모수가 존재할 가능성이 높은 범위 또는 구간을 구하는 구간추정을 모수의 추정 방법으로

도입하고 있다.

특정한 신뢰수준에서 표본으로부터 얻어진 자료를 이용하여 모수가 포함된 범위를 추정하여 표시한 구간을 신뢰구간(confidence interval)이라고 하며, 이때 추정된 구간에 모수가 포함될 확률을 신뢰수준(confidence level)이라고 한다. 신뢰수준은 보통 95% 또는 99%를 많이 사용한다.

모평균에 대한 신뢰구간은 모분산을 알고 있는 경우와 미지인 경우로 나누어 구할 수 있다. 먼저 모분산을 알고 있는 경우 중심극한정리로부터 모평균에 대한 신뢰구간을 간단히 유도할 수 있다.

- 모분산(σ^2)이 알려진 경우 μ에 대한 $100(1-\alpha)\%$ 신뢰구간

$$\overline{X} - z_{\alpha/2}\left(\frac{\sigma}{\sqrt{n}}\right) < \mu < \overline{X} + z_{\alpha/2}\left(\frac{\sigma}{\sqrt{n}}\right)$$

여기서 $z_{\alpha/2}$는 [그림 7.2.9]에 표시된 $(1-\alpha/2)$-분위수를 의미한다. 즉 이 값은 함수 IDF.NORMAL($1-\alpha/2$, 0, 1)를 이용하여 구한다 ([표:7.2.2] 참조).

이렇게 얻어진 신뢰구간은 표본평균의 값에 따라 변동이 될 것이다. 예를 들어 100개의 각 표본에 대하여 모평균에 대한 95% 신뢰구간을 구하면 모두 다른 신뢰구간이 얻어진다. 이때 95% 신뢰수준이란 이렇게 얻어진 100개의 신뢰구간 중 95개 이상의 신뢰구간에 모평균이 속해 있다는 의미이다.

예제 8.1.2 음료수 자판기에서 카드로 구매한 사람들의 1인당 구매가의 표준편차가 200원이라고 하자. 이 자판기에서 카드로 구매한 사람 중에서 무작위로 추출한 25명의 구매가에 대한 표본평균 $\overline{X}$가 850일 때 이 음료수 자판기에서 판매되는 1인당 카드 구매가의 평균 μ의 98% 신뢰구간을 구하여라.

풀이 8.1.2 모평균에 대한 98% 신뢰구간을 구하는 것이기 때문에 $1-\alpha=.98$이므로 $\alpha=0.02$이다. 이 값을 이용하여 다음과 같이 두 번의 [변수 계산(C)] 프러시저를 실행한다.

대상변수(T)		숫자표현식(E)
CIL	=	850 – IDF.NORMAL(1–0.02/2, 0, 1) * 200/SQRT(25)

대상변수(T)		숫자표현식(E)
CIU	=	850 + IDF.NORMAL(1-0.02/2, 0, 1) * 200/SQRT(25)

두 번의 [변수 계산(C)] 프러시저를 실행하면 다음과 같이 모평균에 대한 98% 신뢰구간을 얻을 수 있다.

$$[\text{CIL, CIU}] = [756.95,\ 943.05]$$

참고로 신뢰수준의 상한 또는 하한에서 점추정치까지의 거리를 최대오차한계(maximum error of estimate)라고 한다. 즉 $100(1-\alpha)\%$ 신뢰수준에서 평균 μ의 신뢰구간에 대한 최대오차한계는 $z_{\alpha/2}(\sigma/\sqrt{n})$이다.

- t분포의 응용 : $X_1, X_2, \cdots, X_n$이 정규 모집단 $N(\mu, \sigma^2)$에서 임의로 추출된 확률표본이라고 할 때, 다음 확률변수 T는 자유도 $(n-1)$인 t분포를 따른다.

$$T = \frac{\overline{X}-\mu}{S/\sqrt{n}} \sim t(n-1)$$

- 모분산(σ^2)이 미지인 경우 μ에 대한 $100(1-\alpha)\%$ 신뢰구간

$$\overline{X} - t_{\alpha/2,\,n-1}\left(\frac{S}{\sqrt{n}}\right) < \mu < \overline{X} + t_{\alpha/2,\,n-1}\left(\frac{S}{\sqrt{n}}\right)$$

여기서 $t_{\alpha/2,\,n-1}$는 [그림 7.2.13]에 표시된 $(1-\alpha/2)$-분위수를 의미한다. 이 값은 함수 IDF.T($1-\alpha/2$, n-1)를 이용하여 구한다.

예제 8.1.3 음료수 자판기에서 카드로 구매한 사람 중에서 무작위로 추출한 25명의 1인당 구매가에 대한 표본평균 $\overline{X} = 850$이고, 표본분산 $S^2 = 38000$일 때 이 음료수 자판기에서 판매되는 1인당 카드 구매가의 평균 μ에 대한 95% 신뢰구간을 구하여라.

풀이 8.1.3 유의수준으로부터 구한 $\alpha = 0.05$를 이용하여 다음과 같이 두 번의 [변수 계산(C)] 프러시저를 실행한다.

대상변수(T)		숫자표현식(E)
CIS95L	=	850 - IDF.T(1-0.05/2, 24) * SQRT(38000/25)

대상변수(T)		숫자표현식(E)
CIS95U	=	850 + IDF.T(1-0.05/2, 24) * SQRT(38000/25)

SPSS의 실행 결과로부터 모분산이 미지인 경우 모평균에 대한 95% 신뢰구간을 다음과 같이 얻을 수 있다.

$$[\text{CIS95L, CIS95U}] = [769.53,\ 930.47]$$

8.1.3 : 모비율에 대한 신뢰구간

어느 집단의 총 구성원 100명 중 축구를 좋아하는 사람들이 32명이라고 할 때, 축구를 좋아하는 비율(proportion)을 32% 또는 0.32라고 표기한다. 비율은 전체 중에서 특정 집단의 수를 대표하는 값으로서 이를 확률로 표현하기도 한다. 예를 들어 이 집단에서 랜덤으로 한 사람을 선택했을 때 이 사람이 축구를 좋아할 확률은 0.32이다.

모집단에서 n개의 표본을 랜덤으로 추출하여 이 중에서 특정한 특성을 갖는 개수를 확률변수 X로 정의할 때, 모집단의 특정 특성을 갖는 비율 p의 점추정량은 $\hat{p} = \dfrac{X}{n}$이다. 예를 들어 랜덤으로 추출한 20명 중에서 축구를 좋아하는 사람의 수가 5명일 때 모집단에서 축구를 좋아하는 사람의 비율(p)에 대한 점추정 값은 $\hat{p} = 5/20 = 0.25$이다. 반대로 축구를 좋아하지 않는 사람들의 비율(q)에 대한 점추정 값은 $\hat{q} = 1 - \hat{p} = 0.75$이다.

- 모집단의 비율 p에 대하여 $np \geq 5$, $nq \geq 5$를 만족할 때, 중심극한정리에 의하여 다음 확률변수 Z는 표준정규분포에 근사한다. 여기서 $\hat{p} = \dfrac{X}{n}$이다.

$$Z = \frac{\hat{p} - p}{\sqrt{\dfrac{pq}{n}}} \approx N(0,1)$$

• 모비율에 대한 $100(1-\alpha)\%$ 신뢰구간

$$\hat{p} - z_{\alpha/2}\sqrt{\frac{\hat{p}\hat{q}}{n}} < p < \hat{p} + z_{\alpha/2}\sqrt{\frac{\hat{p}\hat{q}}{n}}$$

여기서 $z_{\alpha/2}$는 SPSS 함수 IDF.NORMAL($1-\alpha/2$, 0, 1)를 이용하여 구한다.

예제 8.1.4 어느 집단에서 500명을 조사하였더니 60명만이 축구를 좋아한다고 응답하였다. 이 집단에서 축구를 좋아하는 사람들의 비율에 대한 90% 신뢰구간을 구하여라.

풀이 8.1.4 90% 유의수준으로부터 $\alpha = 0.10$을 구하고 이를 이용하여 다음과 같이 [변수 계산(C)] 프러시저를 실행하면 모비율에 대한 90% 신뢰구간을 얻을 수 있다. 여기서 $\hat{p} = 60/500$, $\hat{q} = 440/500$이다.

대상변수(T)		숫자표현식(E)
CIP90L	=	60/500 – IDF.NORMAL(1–0.10/2, 0, 1) * SQRT((60*440)/(500*500*500))

대상변수(T)		숫자표현식(E)
CIP90U	=	60/500 + IDF.NORMAL(1–0.10/2, 0, 1) * SQRT((60*440)/(500*500*500))

따라서 축구를 좋아하는 사람들의 비율에 대한 90% 신뢰구간은 다음과 같다.

$$[\text{CIP90L}, \text{CIP90U}] = [0.096,\ 0.144]$$

8.1.4 : 모분산에 대한 신뢰구간

• 카이제곱분포의 응용: $X_1, X_2, \cdots, X_n$이 정규 모집단 $N(\mu, \sigma^2)$에서 임의로 추출된 확률표본이라고 할 때, 다음 확률변수 X는 자유도 $(n-1)$인 카이제곱분포를 따른다. 여기서 S^2은 표본분산이다.

$$X = \frac{(n-1)S^2}{\sigma^2} \sim \chi^2(n-1)$$

• 모분산에 대한 $100(1-\alpha)\%$ 신뢰구간

$$\frac{(n-1)S^2}{\chi^2_{\alpha/2,\, n-1}} < \sigma^2 < \frac{(n-1)S^2}{\chi^2_{1-\alpha/2,\, n-1}}$$

여기서 $\chi^2_{\alpha/2,\, n-1}$는 IDF.CHISQ($1-\alpha/2$, n-1)를 이용하여 구한 $(1-\alpha/2)-$분위수이며, $\chi^2_{1-\alpha/2,\, n-1}$는 IDF.CHISQ($\alpha/2$, n-1)를 이용하여 구한 $(\alpha/2)-$분위수이다 ([그림 7.2.11] 참조).

예제 8.1.5 음료수 자판기에서 카드로 구매한 사람 중에서 무작위로 추출한 25명의 1인당 구매가에 대한 표본분산이 $S^2 = 38000$일 때 이 음료수 자판기에서 판매되는 1인당 카드 구매가의 분산 σ^2에 대한 95% 신뢰구간을 구하여라.

풀이 8.1.5 유의수준으로부터 $\alpha = 0.05$이다. 자유도가 24일 때 두 분위수를 함수 IDF.CHISQ()를 이용하여 각각 구한다.

대상변수(T)		숫자표현식(E)
CIV95L	=	24 * 38000 / IDF.CHISQ(1-0.05/2, 24)

대상변수(T)		숫자표현식(E)
CIV95U	=	24 * 38000 / IDF.CHISQ(0.05/2, 24)

따라서 음료수 자판기에서 판매되는 1인당 카드 구매가의 모분산에 대한 95% 신뢰구간은 다음과 같다.

$$[\text{CIV95L},\ \text{CIV95U}] = [23168.33,\ 73541.57]$$

8.2 두 집단에 관련된 신뢰구간

모집단이 두 집단으로 분할되어 있을 경우 특정 변수에 대한 두 집단의 모평균의 차이가 관심의 초점이 될 수 있다. 예를 들어 남녀별 IQ의 평균 차이가 있는지 분석하거나 또는 새로운 기술로 만들어진 제품이 기존의 제품보다 성능이 더 우수한지 알아보기 위하여 두 집단의 제품에 대한 특성치의 평균을 비교하기도 한다.

8.3절에서 소개될 가설검정을 통해 두 집단에 대한 특성치의 평균 비교를 수행할 수 있으며, 이 절에서는 두 집단의 특성치의 모평균 차이에 대한 신뢰구간을 구하는 식을 간단히 정리하고 SPSS를 이용하여 구간 추정하는 방법을 예제로 제시하였다.

- 두 집단의 확률표본과 통계량: 첫 번째 정규 모집단 $N(\mu_1, \sigma_1^2)$에서 추출한 확률표본을 X_1, X_2, $\cdots$, X_n이라 하고, 두 번째 정규 모집단 $N(\mu_2, \sigma_2^2)$에서 추출한 확률표본을 Y_1, Y_2, $\cdots$, Y_m이라 하자. 이때 두 확률표본 각각에 대하여 다음 통계량을 얻을 수 있다.

집단	표본의 크기	표본평균	표본분산
1	n	$\overline{X} = \frac{1}{n}\sum_{i=1}^{n} X_i$	$S_1^2 = \frac{1}{n-1}\sum_{i=1}^{n}\left(X_i - \overline{X}\right)^2$
2	m	$\overline{Y} = \frac{1}{m}\sum_{i=1}^{m} Y_i$	$S_2^2 = \frac{1}{m-1}\sum_{i=1}^{m}\left(Y_i - \overline{Y}\right)^2$

8.2.1 : 두 집단의 모평균차에 대한 신뢰구간

두 집단의 모평균을 추정하는 문제에 있어서 일반적으로 두 집단의 분산 또한 미지일 것이다. 따라서 모평균차에 대한 신뢰구간에 포함된 모분산이 미지이므로 이를 다른 값으로 추정해야 한다. 신뢰구간과 가설검정의 문제에서 미지인 모분산의 추정은 두 집단의 분산이 등분산을 만족하는 경우와 등분산을 만족하지 않는 경우로 나누어 분석한다.

두 집단의 표본이 서로 종속적인 대응표본의 경우 사전과 사후의 모평균차에 대한 신뢰구간을 구하는 식을 표시하였다.

• 두 집단의 모분산이 같은 경우 ($\sigma_1^2 = \sigma_2^2 = \sigma^2$):

$$(\overline{X} - \overline{Y}) - t_{\alpha/2, n+m-2}\sqrt{S_p^2\left(\frac{1}{n} + \frac{1}{m}\right)} < \mu_1 - \mu_2 < (\overline{X} - \overline{Y}) + t_{\alpha/2, n+m-2}\sqrt{S_p^2\left(\frac{1}{n} + \frac{1}{m}\right)}$$

여기서 $t_{\alpha/2, n+m-2}$는 자유도가 $(n+m-2)$인 t분포에서 $(1-\alpha/2)$-분위수를 의미하며, 함수 IDF.T($1-\alpha/2$, n+m-2)를 이용하여 구한다. S_p^2은 두 모집단의 공통인 분산 σ^2을 추정하기 위한 합동분산 추정량(pooled estimate)으로서 다음과 같이 계산한다.

$$S_p^2 = \frac{(n-1)S_1^2 + (m-1)S_2^2}{n+m-2}$$

• 두 집단의 모분산이 다른 경우 ($\sigma_1^2 \neq \sigma_2^2$): Welch 방법

$$(\overline{X} - \overline{Y}) - t_{\alpha/2, \phi^*}\sqrt{\frac{S_1^2}{n} + \frac{S_2^2}{m}} < \mu_1 - \mu_2 < (\overline{X} - \overline{Y}) + t_{\alpha/2, \phi^*}\sqrt{\frac{S_1^2}{n} + \frac{S_2^2}{m}}$$

여기서 $t_{\alpha/2, \phi^*}$는 자유도가 ϕ^*인 t분포에서 $(1-\alpha/2)$-분위수를 의미하며, 함수 IDF.T($1-\alpha/2$, ϕ^*)를 이용하여 구한다. 자유도 ϕ^*은 다음과 같이 복잡한 계산에 의하여 구해지는 실수 값이다.

$$\phi^* = \frac{\left(\frac{S_1^2}{n} + \frac{S_2^2}{m}\right)^2}{\left(\frac{S_1^2}{n}\right)^2/(n-1) + \left(\frac{S_2^2}{m}\right)^2/(m-1)}$$

예제 8.2.1 (데이터 파일 "예6-2.sav") {gender} 변수의 두 값에 의하여 구분되는 두 집단(1='F', 2='M')에 대하여 {IQ}의 평균의 차에 대한 95% 신뢰구간을 구하여라.

풀이 8.2.1 먼저 두 집단 각각에 대하여 {IQ} 변수의 표본평균과 표본분산을 구하기 위하여 [집단별 평균분석(M)] 프러시저를 실행한다. [그림 8.2.1]과 같이 표시된 "평균" 대화상자에서 {IQ} 변수를 [종속변수] 란에, {gender} 변수를 [독립변수] 란에 배치하고, [옵션(O)] 버튼을 눌러 [셀 통계량]의 출력 통계량을 조정한

다. 즉 기본으로 표시된 평균, 케이스 수, 표준편차 중에서 표준편차를 삭제하고 대신 분산을 새로 지정한 후, [계속]하여 [확인]한다.

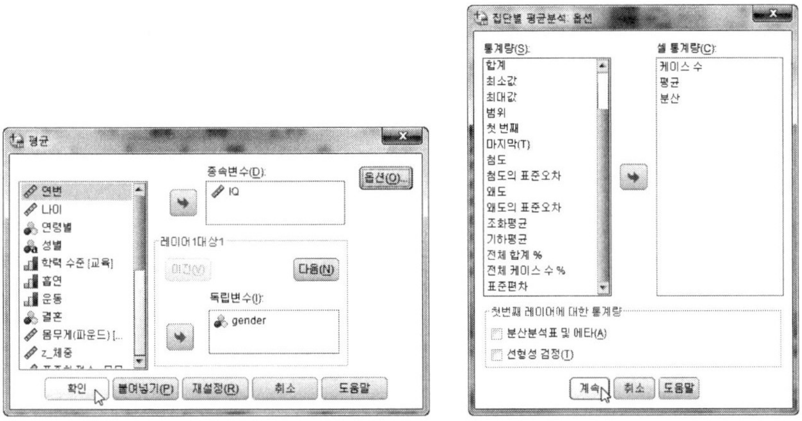

[그림 8.2.1] 집단별 평균분석

다음 보고서는 [집단별 평균분석(M)] 프러시저의 실행 결과를 표시한 것이다.

보고서

IQ

gender	N	평균	분산
F	18	109.28	53.389
M	18	113.72	90.448
합계	36	111.50	74.943

먼저 {gender} 변수의 값으로 구분되는 두 집단에 대하여 {IQ} 분포의 모분산이 서로 같다는 등분산성을 가정하자 (실제로 8.3절의 가설검정 방법을 이용하면 두 집단의 {IQ} 분포의 모분산이 같다는 귀무가설을 채택할 수 있다). 등분산성을 만족하는 경우 두 집단의 모평균차에 대한 신뢰구간을 구하기 위해 다음과 같이 합동분산 추정량 S_p^2을 구한다.

$$S_p^2 = \frac{17 \cdot 53.389 + 17 \cdot 90.448}{18 + 18 - 2} = 71.918$$

유의수준 95% 로부터 $\alpha = 0.05$를 구하고 이 값을 이용하여 $t_{\alpha/2,\, n+m-2}$를 구

한다. $t_{\alpha/2,n+m-2}$의 값은 $p=1-\alpha/2$에 대하여 함수 IDF.T(p, 34)를 [변수 계산(C)] 프러시저에 적용하면 된다. 반면에 t분포의 성질에 따라 $-t_{\alpha/2,n+m-2}$의 값은 $p=\alpha/2$에 대하여 함수 IDF.T(p, 34)를 실행하는 것과 같다.

따라서 {0.025, 0.975}의 값으로 {p} 변수를 생성한 후, 다음과 같이 단 한 번의 [변수 계산(C)] 프러시저를 실행함으로써 모평균차의 95% 신뢰구간을 구할 수 있다.

대상변수(T)		숫자표현식(E)
CIPool95	=	(109.28−113.72) + IDF.T(p,34)*SQRT(71.918*(1/18+1/18))

남녀 두 집단의 {IQ} 평균 차 $\mu_1-\mu_2$에 대한 95% 신뢰구간을 구한 결과는 {CIPool95} 변수의 값인 $[-10.18,\ 1.30]$이다.

다음으로 두 남녀 집단의 {IQ} 모분산이 상이하다고 하면 Welch의 방법을 이용하여 근사적으로 모평균차의 신뢰구간을 구할 수 있다. 이 경우 복잡한 계산식을 갖는 자유도 ϕ^*를 먼저 추정한다.

$$\phi^*=\frac{\left(\dfrac{53.389}{18}+\dfrac{90.448}{18}\right)^2}{\left(\dfrac{53.389}{18}\right)^2/17+\left(\dfrac{90.448}{18}\right)^2/17}=31.884$$

자유도는 정수이므로 ϕ^*의 값으로 31.884의 근삿값인 32를 사용한다. 다음과 같이 {0.025, 0.975}의 값이 저장된 {p} 변수와 자유도 ϕ^*의 값 32를 [변수 계산(C)] 프러시저에 적용하면 모분산이 서로 다를 경우 모평균차의 95% 신뢰구간을 구할 수 있다.

대상변수(T)		숫자표현식(E)
CIWelch95	=	(109.28−113.72) + IDF.T(p,32)*SQRT(53.389/18+90.448/18)

남녀 두 집단의 {IQ}에 대한 모분산이 동일하지 않다는 가정하에 모평균차 $\mu_1-\mu_2$에 대한 95% 신뢰구간을 구한 결과는 {CIWelch95} 변수의 값인 $[-10.20,$

1.32]이다.

• 대응표본의 경우

{IQ} 자료를 두 남녀 집단 각각에 대하여 조사했을 때 두 집단은 서로 독립적이다. 그러나 종속적인 두 집단의 자료를 얻을 경우가 많이 발생한다. 예를 들어 신약을 개발한 회사는 이 약이 환자에게 효과가 있는지 먼저 확인하려고 할 것이다. 약을 투여한 이후 특정 자극에 대한 반응 시간이 짧을수록 약의 효과가 있다고 가정해 보자. 신약 개발자는 약의 효과를 알아보기 위하여 먼저 신약을 투여하기 전에 특정 자극에 대한 반응 시간을 조사할 것이다. 그 이후 신약을 투여하고 특정 자극을 가하여 두 번째 반응 시간을 조사한다. 물론 두 번의 실험은 동일한 개체에 대하여 이루어지기 때문에 약을 투여하기 전(pretest)과 약을 투여한 이후(posttest)의 반응 시간에 대한 자료는 서로 종속적이 된다.

약을 투여하기 이전의 반응 시간(X_i)에 대한 모평균 μ_1과 투여한 이후의 반응 시간(Y_i)에 대한 모평균 μ_2의 차에 대한 $100(1-\alpha)\%$ 신뢰구간은 다음 식을 통하여 구해진다.

$$\overline{D} - t_{\alpha/2,\, n-1}\left(\frac{S_D}{\sqrt{n}}\right) < \mu_1 - \mu_2 < \overline{D} + t_{\alpha/2,\, n-1}\left(\frac{S_D}{\sqrt{n}}\right)$$

여기서 $\overline{D}$와 S_D는 쌍의 자료 (X_i, Y_i)에 대하여 $D_i = X_i - Y_i$를 통해 얻어진 n개 데이터의 평균과 표준편차이다.

예제 8.2.2 어느 교육 전문가가 특별한 도구를 이용한 강의 기법을 고안하였다. 이 강의 기법이 학생들에게 효과가 있는지 알아보기 위하여 학기 초에 8명의 학생을 랜덤으로 추출한 후 이 학생들의 수준을 먼저 검사하였다. 한 학기 동안 새로운 강의 기법을 적용하여 강의를 한 후 학기 말에 학기 초에 실시했던 검사와 비슷한 수준의 두 번째 검사를 실시하여 다음과 같은 결과를 얻었다. 두 검사의 점수에 대하여 평균의 차에 대한 95% 신뢰구간을 구하여라.

학생	1	2	3	4	5	6	7	8
학기초	182	219	262	210	216	230	205	253
학기말	179	222	270	219	216	236	204	250

풀이 8.2.2 먼저 SPSS 데이터 편집기에 이 자료를 {학기초}, {학기말}이라는 이름의 변수로 저장하자. 이 자료는 쌍의 데이터이므로 반드시 같은 개체의 데이터는 쌍으로 입력하여야 한다. 다음으로 [변수 계산(C)] 프러시저를 이용하여 두 변수의 차의 변수 {D}를 생성한다.

대상변수(T)		숫자표현식(E)
D	=	학기초 – 학기말

이제 다음과 같이 [데이터 통합(A)] 프러시저를 이용하여 $\overline{D}$ 와 S_D의 값을 {D_mean}과 {D_sd} 변수로 각각 저장해 보자.

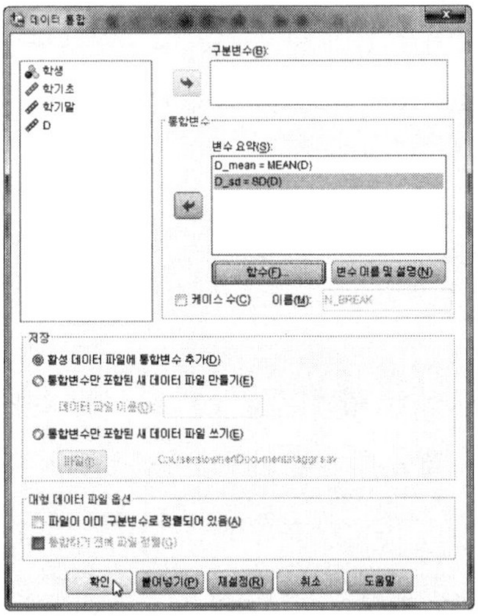

마지막으로 {0.025, 0.975}의 값으로 {p} 변수를 생성한 후, 다음과 같이 [변수 계산(C)] 프러시저를 실행함으로써 실험 전과 실험 후의 모평균차에 대한 95% 신뢰구간 $[-6.42, 1.67]$을 구할 수 있다.

대상변수(T)		숫자표현식(E)
CIDepend95	=	D_mean + IDF.T(p,7) * D_sd / SQRT(8)

다음 [그림 8.2.2]는 [예제 8.2.2]의 자료를 데이터 파일 "예8-3.sav"로 저장한 모습을 표시한 것이다.

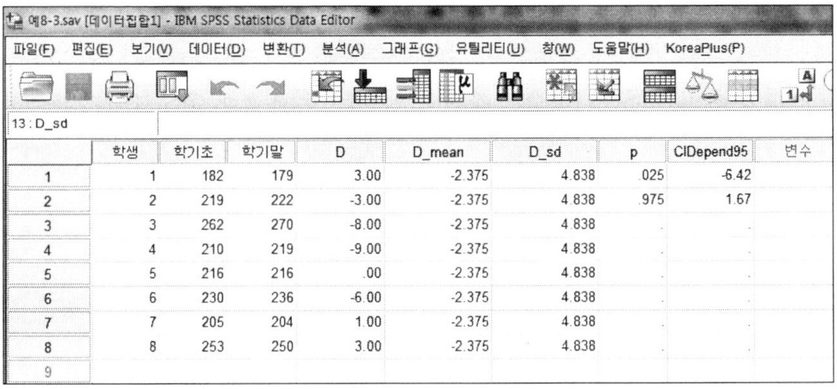

	학생	학기초	학기말	D	D_mean	D_sd	p	CIDepend95	변수
1	1	182	179	3.00	-2.375	4.838	.025	-6.42	
2	2	219	222	-3.00	-2.375	4.838	.975	1.67	
3	3	262	270	-8.00	-2.375	4.838	.	.	
4	4	210	219	-9.00	-2.375	4.838	.	.	
5	5	216	216	.00	-2.375	4.838	.	.	
6	6	230	236	-6.00	-2.375	4.838	.	.	
7	7	205	204	1.00	-2.375	4.838	.	.	
8	8	253	250	3.00	-2.375	4.838	.	.	
9									

[그림 8.2.2] 새로운 강의기법의 효과에 대한 대응자료

8.2.2 : 두 집단의 모분산 비에 대한 신뢰구간

- F분포의 응용: 두 집단의 확률표본 $X_1, X_2, \cdots, X_n$과 $Y_1, Y_2, \cdots, Y_m$에 대하여 다음 확률변수 F는 자유도가 $(n-1, m-1)$인 F분포를 따른다.

$$F = \frac{S_1^2/\sigma_1^2}{S_2^2/\sigma_2^2} = \frac{S_1^2}{S_2^2} \cdot \frac{\sigma_2^2}{\sigma_1^2} \sim F(n-1, m-1)$$

- 모분산비 σ_2^2/σ_1^2에 대한 $100(1-\alpha)\%$ 신뢰구간

$$F_{1-\alpha/2, n-1, m-1}\left(\frac{S_2^2}{S_1^2}\right) < \frac{\sigma_2^2}{\sigma_1^2} < F_{\alpha/2, n-1, m-1}\left(\frac{S_2^2}{S_1^2}\right)$$

여기서 $F_{\alpha/2, n-1, m-1}$는 IDF.F($1-\alpha/2$, n−1, m−1)를 이용하여 구한 $(1-\alpha/2)-$분위수이며, $F_{1-\alpha/2, n-1, m-1}$는 IDF.F($\alpha/2$, n−1, m−1)를 이용하여 구한 $(\alpha/2)-$분위수이다.

8.2.3 : 두 집단의 모비율 차에 대한 신뢰구간

서로 독립적인 두 집단에 대하여 특정한 특성을 갖는 비율의 차에 대한 신뢰구간을 구할 수 있다. 예를 들어 A 도시의 시민 중 축구를 좋아하는 사람들의 비율

(p_1)과 B 도시의 시민 중 축구를 좋아하는 사람들의 비율(p_2)을 서로 비교하기 위하여 $p_1 - p_2$에 대한 신뢰구간을 구한다.

- 두 집단의 확률표본과 통계량: 첫 번째 모집단에서 추출한 크기 n의 확률표본 중에서 특정한 특성을 갖는 자료의 개수를 확률변수 X라 정의하고, 두 번째 모집단에서 추출한 크기 m의 확률표본 중에서 특정한 특성을 갖는 자료의 개수를 확률변수 Y라 정의하자. 이때 두 확률표본 각각에 대하여 다음 통계량을 얻을 수 있다.

집단	표본의 크기	$\hat{p}$	$\hat{q}$
1	n	$\hat{p_1} = \frac{X}{n}$	$\hat{q_1} = 1 - \hat{p_1}$
2	m	$\hat{p_2} = \frac{Y}{m}$	$\hat{q_2} = 1 - \hat{p_2}$

- 중심극한정리의 응용: 다음 확률변수 Z는 표준정규분포에 근사한다.

$$Z = \frac{(\hat{p}_1 - \hat{p}_2) - (p_1 - p_2)}{\sqrt{\frac{p_1 q_1}{n} + \frac{p_2 q_2}{m}}} \approx N(0,1)$$

- 모비율차 $(p_1 - p_2)$에 대한 $100(1-\alpha)\%$ 신뢰구간

$$(\hat{p}_1 - \hat{p}_2) - z_{\alpha/2}\sqrt{\frac{\hat{p}_1\hat{q}_1}{n} + \frac{\hat{p}_2\hat{q}_2}{m}} < p_1 - p_2 < (\hat{p}_1 - \hat{p}_2) + z_{\alpha/2}\sqrt{\frac{\hat{p}_1\hat{q}_1}{n} + \frac{\hat{p}_2\hat{q}_2}{m}}$$

여기서 $z_{\alpha/2}$는 SPSS 함수 IDF.NORMAL($1-\alpha/2$, 0, 1)를 이용하여 구한다.

8.3 가설검정

가설검정은 신뢰구간을 이용한 분석 방법과 함께 통계학에서 가장 많이 사용되는 통계적 추론 방법이다. 새롭게 개발된 고혈압 치료제가 환자에게 효과가 있는지, 자동차의 에어백이 승객의 피해를 줄여 주는지 또는 TV 광고가 매출액에

기여하는지의 여부 등을 분석하기 위하여 가설검정을 수행한다. 일종의 의사 결정 과정인 가설검정을 통해 모집단에서 입증하고자 하는 사실을 주장할 수 있다.

가설검정은 먼저 연구하고자 하는 모집단을 정하고 이 모집단에서 주장하고자 하는 가설과 유의수준을 설정한다. 다음으로 모집단으로부터 랜덤으로 표본을 추출한 후 이 자료를 이용하여 가설검정에 필요한 검정통계량 등을 계산하여 최종 결론을 내리는 단계로 수행된다.

- 가설(hypothesis): 연구하고자 하는 모집단에 대하여 새로운 사실을 통계적 검정을 통하여 밝히고자 할 때, 모집단 특성에 대한 새로운 주장이나 추측 등을 대립가설(H_1)이라고 하고, 대립가설에 상반되는 기존의 주장이나 추측을 귀무가설(H_0)이라고 한다. 즉 귀무가설은 기존의 주장을 나타내는 특정값과 모수가 동일함을 의미하며, 대립가설은 모수와 특정값 사이에 차이가 있다는 것을 의미한다.
- 양측검정(two-tailed test)과 단측검정(one-tailed test): 표본으로부터 얻어진 검정통계량의 관측값(검정값, test value)이 검정통계량 분포의 양쪽 끝을 가리킬 때 귀무가설이 기각되도록 대립가설을 설정한 가설검정을 양측검정이라고 한다. 반면에 검정값이 매우 클 경우만 귀무가설을 기각하도록 설정한 가설검정을 우단측검정이라고 하며, 반대로 검정값이 매우 작을 때만 귀무가설을 기각하도록 설정한 가설검정을 좌단측검정이라고 한다.

예를 들어 새로 개발된 고혈압 치료제가 환자의 심장박동수를 분당 82보다 더 빠르게 하는지 또는 더 느리게 하는지를 조사하기 위하여 가설검정을 수행할 경우 연구의 목적에 따라 귀무가설과 대립가설을 다음과 같이 세 가지 형태로 설정할 수 있다. 여기서 모수 μ를 고혈압 환자들의 분당 평균 심장박동수라고 하자.

〈양측검정〉 $H_0 : \mu = 82$ $H_1 : \mu \neq 82$

〈우단측검정〉 $H_0 : \mu \leq 82$ $H_1 : \mu > 82$

〈좌단측검정〉 $H_0 : \mu \geq 82$ $H_1 : \mu < 82$

양측검정의 경우 표본으로부터 얻어진 검정값이 82에 비해 아주 크거나 아주 작으면 대립가설을 뒷받침하는 증거가 되므로 귀무가설을 기각할 것이다. 반면에 우단측검정에서는 검정값이 82보다 아주 클 경우에만 귀무가설을 기각한다. 즉 우단측검정에서 검정값이 82보다 작은 경우에는 무조건 귀무가설을 채택한다(사실 대립가설의 진위 여부가 관심의 초점이므로 검정값이 82보다 작으면 가설검정을 수행할 의미가 없는 상황이다). 반대로 좌단측검정에서는 검정값이 82보다 아주 작은 경우에만 귀무가설을 기각한다.

양측검정에서 검정값이 82에 비해 아주 크거나 아주 작으면 대립가설을 뒷받침하는 증거가 되는데, 과연 검정값이 얼마나 커야 될까? 실제로 확률표본의 경우 표본오차의 영향으로 82보다 어느 정도 크거나 작을 가능성이 있기 때문에 귀무가설 H_0를 기각하기 위한 기준을 먼저 정해야 한다. 이와 같이 통계적 가설검정이란 귀무가설이 기각될 것인지를 판단하기 위하여 표본으로부터 검정값을 구하고 이 값과 비교하기 위한 기준선의 판단 규칙을 설정하는 것이다.

기준선의 판단 규칙을 어떻게 정하든지 가설검정하에서는 다음 표와 같이 두 가지 옳은 결정과 두 가지 옳지 않은 결정을 하게 된다.

	H_0 : 참	H_1 : 참
H_0를 기각함	제1종의 오류 (Type I error)	옳은 결정
H_0를 기각하지 않음	옳은 결정	제2종의 오류 (Type II error)

- 유의수준(level of significance, α): 가설검정에 있어서 판단규칙에 따라 제1종의 오류와 제2종의 오류는 항상 존재하며 서로 연관성을 갖는다. 즉 제1종의 오류를 줄이기 위한 판단규칙을 정하면 제2종의 오류가 늘어나며, 반대로 제2종의 오류를 줄이기 위한 판단규칙을 정하면 제1종의 오류가 늘어난다. 따라서 제1종의 오류의 최댓값을 미리 지정한 후, 제2종의 오류를 최대한 줄이기 위한 판단규칙을 가설검정에 적용한다. 이때 제1종의 오류의 확률에 대한 최댓값을 유의수준(α)이라고 하며, 보통 5% 또는 1%로 설정한다.
- 기각역(critical region)과 기각값(critical value, C.V): 가설검정의 유의수준을 이용하여 검정통계량의 분포로부터 기각역을 설정할 수 있다. 검정값이 기각역에 속하면 귀무가설을 기각하는 결정을 할 수 있다. 기각역과 채택역과의 경계선을 기각값(C.V)이라고 한다. 양측검정의 경우 기각역은 검정통계량 분포의 양쪽 끝에 설정되며, 단측검정은 검정통계량 분포의 오른쪽 또는 왼쪽 끝에만 기각역이 설정된다.

일반적으로 가설검정의 과정은 다음 5가지 단계를 거쳐 수행된다.

〈step1. 연구 문제에 적절한 귀무가설과 대립가설을 정의한다.

〈step2. 검정통계량의 분포를 이용하여 유의수준 α에 따른 기각값(C.V)을 구하여 기각역을 설정한다.

〈step3. 검정값(test value)을 구한다.

〈step4. 귀무가설의 기각 또는 채택을 결정한다.

〈step5. 결론을 요약한다.

예 8.1 A분야의 회사를 다니는 부장들의 연봉이 8,400만원보다 더 많이 받는다는 주장의 진위를 알아보기 위하여 가설검정을 수행하기로 하였다. 이를 위하여 A분야 회사의 부장 중에서 무작위로 30명을 추출하여 그 평균 연봉을 계산하였더니 8,651만원이었다. 유의수준 $\alpha = 5\%$에서 이 주장이 맞는지 가설검정하여라. 단, 부장의 연봉에 대한 표준편차는 920만원으로 알려져 있다고 가정하자.

〈step1. 먼저 이 주장을 증명하기 위한 가설검정의 두 가설을 정의하면 다음과 같다. 여기서 μ는 부장의 연봉에 대한 모집단의 평균이다. A분야의 부장 연봉이 8,400만원보다 많이 받는 것에 문제의 초점이 있으므로 우단측검정으로 가설검정이 이루어질 것이다.

$$H_0 : \mu \le 8400 \qquad H_1 : \mu > 8400$$

〈step2. 모집단의 표준편차 $\sigma = 920$를 알고 있을 때에는 가설검정의 검정통계량으로 다음 Z 통계량을 사용한다.

$$Z = \frac{\overline{X} - \mu}{\sigma / \sqrt{n}} \sim N(0,1)$$

유의수준 $\alpha = 5\%$에 해당하는 기각값(C.V)은 [그림 7.2.9]에서 $p = 0.05$일 때 z_p의 값과 일치한다. 즉 [표:7.2.2]로부터 $C.V = z_{0.05} = 1.645$이다. 따라서 귀무가설을 기각할 수 있는 기각역은 $\{z > 1.645\}$임을 알 수 있다.

⟨step3. 귀무가설 H_0이 맞다고 가정하면 step2의 Z 통계량으로부터 다음 검정값 z_0를 구할 수 있다.

$$z_0 = \frac{\overline{X} - \mu_0}{\sigma / \sqrt{n}} = \frac{8651 - 8400}{920 / \sqrt{30}} = 1.494$$

⟨step4. step3에서 구한 검정값 1.494가 기각역에 포함되지 않으므로 귀무가설을 기각하지 않는다.

⟨step5. 따라서 A분야에 근무하는 부장의 평균 연봉이 8,400만원보다 많다는 주장을 뒷받침하는 충분한 증거가 없다. 이와 같은 상황일 경우 통계적으로 유의하지 않다고 하며, 8,651만원과 8,400만원과의 차이는 단지 표본오차 때문에 생기는 차이라고 결론내릴 수 있다.

가설검정의 결론에서 귀무가설이 기각되지 않는다고 해서 귀무가설이 참이라고 하는 것은 아니다. 단지 귀무가설이 틀리다고 말할 수 있는 증거가 부족할 따름임을 유의하자.

양측검정일 경우 기각역은 검정통계량 Z 분포의 양 끝쪽에 위치한다. 따라서 유의수준 α에 해당하는 기각값(C.V)은 [그림 7.2.9]에서 $p = \alpha/2$일 때 z_p의 값과 일치한다. 예를 들어 $\alpha = 5\%$일 때 기각값은 $C.V = z_p = z_{0.05/2} = 1.96$이다([표 7.2.2] 참조). 따라서 기각역은 $\{z > 1.96$ 또는 $z < -1.96\}$임을 알 수 있다.

- 유의확률(P-값, P-value): 귀무가설이 참이라고 할 때, 검정값(test value)이 나타날 확률을 유의확률이라고 한다. 일반적으로 검정통계량 분포가 연속형 확률변수이므로 실제적으로 유의확률은 검정통계량이 검정값보다 클 확률(우단측검정) 또는 검정값보다 작을 확률(좌단측검정)을 의미한다. 일반적으로 평균에 대한 가설검정의 경우 양측검정의 유의확률은 단측검정에 대한 유의확률의 2배이다.

예 8.2 [예 8.1]의 우단측검정에서 유의확률(P-value)은 $P(Z > 1.494)$를 의미한다. SPSS에서 이 값은 다음과 같이 [변수 계산(C)] 프러시저를 이용하여 구하면 {P-value}의 값으로 0.0676을 얻을 수 있다.

대상변수(T)		숫자표현식(E)
Pvalue	=	1 − CDF.NORMAL(1.494, 0, 1)

예 8.3 다음과 같이 정의된 양측검정에서 표본으로부터 얻어진 검정값이 1.494라고 할 때, 이 가설검정에 대한 유의확률은 단측검정의 2배인 0.1352이다.

$$H_0 : \mu = 8400 \qquad H_1 : \mu \neq 8400$$

- 유의확률을 이용한 가설검정: SPSS를 이용하여 가설검정을 수행하면 언제나 그 결과로 유의확률을 얻을 수 있다. 가설검정에 대한 유의수준 α가 주어졌을 때 유의확률이 유의수준보다 작으면 귀무가설 H_0를 기각하고, 반대로 유의확률이 유의수준보다 크면 귀무가설 H_0를 기각할 수 없다. 즉

'유의확률(P-값) 〈 유의수준(α)'이면 귀무가설 H_0를 기각한다.

예 8.4 [예 8.2]에서 얻어진 우단측검정의 유의확률은 0.0676으로서 유의수준 5%보다 큰 값이다. 따라서 귀무가설을 기각할 수 없다. 즉 유의수준 5%에서 통계적으로 유의한 결론을 얻지 못한다.

8.3.1 : 정규성 검정

모집단의 분포가 정규분포를 따르는지에 대한 정규성 검정은 6.4절의 [데이터 탐색(E)] 프러시저를 통하여 수행할 수 있다. 먼저 [그림 6.4.1]의 "데이터 탐색" 대화상자에서 정규성 검정을 하고자 하는 변수를 [종속변수(D)]에 지정한 후, [도표(T)] 옵션을 선택한다. 다음으로 "데이터 탐색: 도표" 대화상자에서 정규성 검정을 수행하기 위한 다음 사항을 체크한다.

☑ 검정과 함께 정규성 도표(O)

모집단의 분포가 정규분포를 따르는지에 대한 정규성 검정의 귀무가설은 다음과 같다.

H_0: 모집단의 분포가 정규분포이다.

이 귀무가설을 검정하기 위한 가설검정 통계량으로 Shapiro-Wilk 통계량, Kolmogorov-Smirnov(Lilliefors) 통계량, Cramer-von Mises 통계량, Anderson-Darling 통계량이 사용되고 있다. SPSS는 Kolmogorov-Smirnov 통계량과 Shapiro-Wilk 통계량을 제시한다.

정규성 검정을 위한 통계량은 관측치의 개수가 크지 않을 때(보통 30개 이하)는 Shapiro-Wilk 통계량을 이용한다. 그 결과 유의확률이 0.05보다 작으면 유의수준 5%에서 귀무가설 H_0을 기각한다. H_0이 기각되면 관측 자료의 모집단이 정규분포를 따른다고 볼 수 없다. 반대로 유의확률이 0.05 보다 크면 모집단이 정규분포를 따른다고 결론을 내릴 수 있을 것이다.

관측치의 개수가 30개 이상이면 Kolmogorov-Smirnov 통계량을 이용하여 정규성 검정을 한다. 검정통계량에 대응되는 유의확률이 0.05보다 크면 유의수준 5%에서 변수의 모집단 분포는 정규분포라고 가정할 수 있다.

자료의 모집단 분포가 정규분포를 따르지 않을 경우에는 이상값의 존재를 확인하여 이상값을 제거하거나 적절한 변수 변환을 통하여 정규성을 만족할 수 있도록 하여야 한다.

예제 8.3.1 (데이터 파일 "예6-2.sav") 변수 {체중}의 자료가 정규성을 따르는지 가설검정하여라.

풀이 8.3.1 다음 [그림 8.3.1]은 {체중} 자료의 정규성 검정을 수행하기 위한 "데이터 탐색" 대화상자를 표시한 것이다.

[그림 8.3.1] {체중} 변수의 정규성 검정

[데이터 탐색(E)] 프러시저의 수행 결과 중에서 정규성 검정에 관련된 "정규성 검정" 표와 "정규 Q-Q도표"를 표시하면 다음과 같다.

정규성 검정

	Kolmogorov-Smirnov[a]			Shapiro-Wilk		
	통계량	자유도	유의확률	통계량	자유도	유의확률
몸무게(파운드)	.133	38	.088	.945	38	.061

a. Lilliefors 유의확률 수정

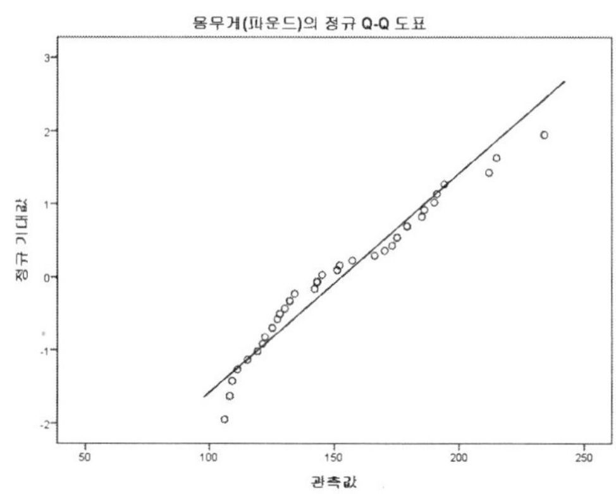

(체중) 변수의 자료 개수가 38개이므로 Kolmogorov-Smirnov 통계량을 대한 유의확률 .088을 이용하여 분석하면 유의수준 5%에서 귀무가설을 기각할 수 없다. 따라서 (체중) 변수의 모집단은 정규분포를 가정할 수 있을 것으로 분석된다.

정규성 검정표와 함께 출력되는 정규 Q-Q 도표는 관측값을 x축에 표시하고 이 검정분포 값의 분위수에 대한 변수의 분포 분위수를 y축에 도표화한 것이다. 정규 Q-Q 도표는 변수의 분포가 정규분포와 맞는지 알아볼 때 사용하며, 선택된 변수가 정규분포와 맞으면 점이 직선 주위에 군집된다. (체중) 변수의 경우 양 끝점이 직선에서 벗어나 보이지만 대체로 직선 근처에 군집되어 있음을 알 수 있다.

[분석(A)] → [기술통계량(E)] → [Q-Q 도표(Q)] 메뉴를 사용하면 정규분포와 다른 분포에 대하여 변수의 분포를 검정할 수 있다. 이 프러시저를 통하여 검정이 가능한 분포는 정규분포를 포함하여 베타, 카이제곱, 지수, 감마, 절반정규, 라플라스, 로지스틱, 로그정규, 파레토, 스튜던트 t, 와이블 및 균일 분포 등이 있다.

[그림 8.3.2]와 같이 [일표본(O)] 프러시저를 실행하여 일표본 비모수검정을 수행할 수 있다. "일표본 비모수 검정"의 [필드] 탭에서 [○ 사용자 정의 필드 할당 사용]을 선택한 후, 정규성 검정을 수행하고자 하는 변수들을 [검정 필드(T)]에 설정한다.

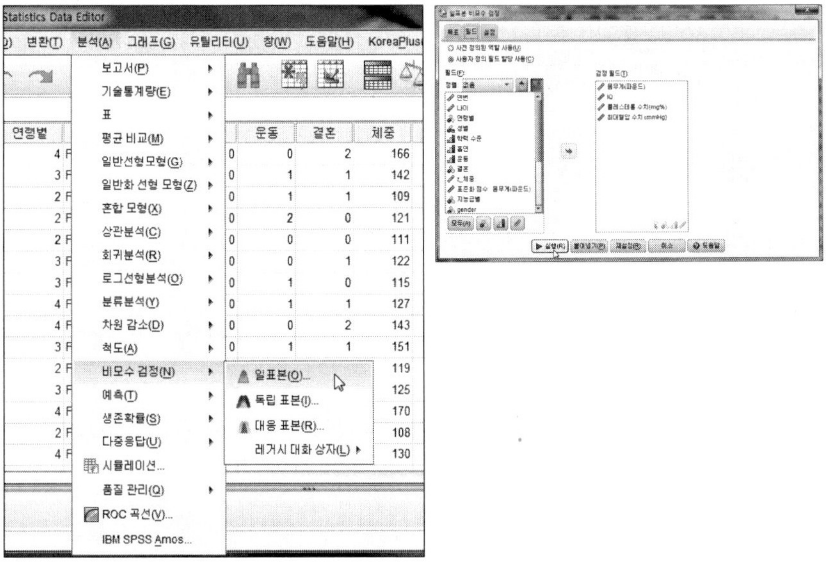

[그림 8.3.2] 일표본 비모수 검정

다음은 [일표본(O)] 프러시저의 실행으로 얻어진 결과로서 "일표본 비모수 검정" 대화상자의 [검정 필드(T)]에 설정된 네 개의 변수 {체중}, {IQ}, {SC}, {SP} 모두의 분포가 정규성 가정을 만족한다고 볼 수 있다(이 표에서 표시된 유의수준은 유의확률을 잘못 표기한 것이다).

가설검정 요약

	널 가설	검정	유의수준	의사결정
1	몸무게(파운드)의 분포가 평균 152.658 및 표준 편차 33.38에서 표준입니다.	일표본 Kolmogorov-Smirnov 검정	.513	널 가설을 유지합니다.
2	IQ의 분포가 평균 111.500 및 표준 편차 8.66에서 표준입니다.	일표본 Kolmogorov-Smirnov 검정	.876	널 가설을 유지합니다.
3	콜레스테롤 수치의 분포가 평균 215.211 및 표준 편차 19.06에서 표준입니다.	일표본 Kolmogorov-Smirnov 검정	.291	널 가설을 유지합니다.
4	최대혈압 수치의 분포가 평균 130.342 및 표준 편차 13.56에서 표준입니다.	일표본 Kolmogorov-Smirnov 검정	.172	널 가설을 유지합니다.

근사 유의수준이 표시됩니다. 유의수준이 .05입니다.

다음 결과는 가설검정 요약표의 첫째 행을 더블 클릭했을 때 [모형 뷰어] 윈도우에 출력되는 {체중} 변수의 히스토그램과 일표본 Kolmogorov-Smirnov 검정 결과표이다.

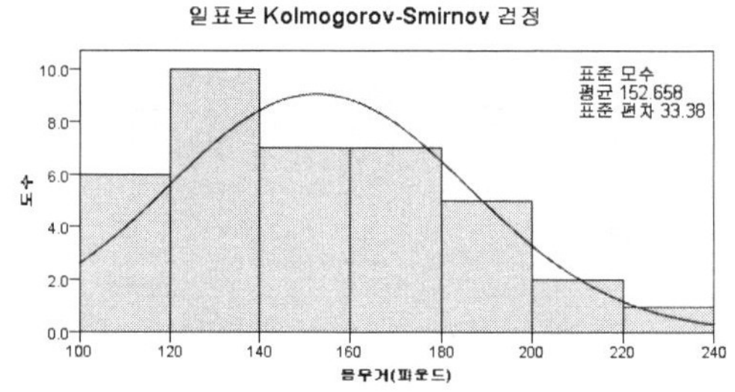

합계 N		38
최고 극단값 차이	절대값	.133
	양수	.133
	음수	-.081
검정 통계량		.820
근사 유의수준 (양쪽검정)		.513

8.3.2 : 일표본 T검정

일표본 T검정은 모집단의 분산을 알지 못할 경우 모평균의 값에 대한 가설검정을 수행하기 위한 통계분석 프러시저이다. 모집단의 분산을 알고 있을 경우의 모평균에 대한 가설검정은 [예제 8.1]에서 이미 설명한 바와 같다. 대부분의 모평균에 대한 가설검정의 문제에서 모집단의 분산이 미지이므로 모집단의 분산을 표본분산으로 추정하여 문제를 해결한다. 따라서 8.1.2절에서 소개했던 확률변수 T의 분포를 모평균의 가설검정에 사용한다.

일표본 T검정을 수행하기 위한 두 가설검정을 양측검정으로 정의하면 다음과 같다. 여기서 μ는 모집단의 평균이다.

$$H_0 : \mu = \mu_0 \qquad H_1 : \mu \neq \mu_0$$

검정통계량 T_0는 귀무가설이 사실이라고 할 때 얻어지는 통계량으로서 일표본 T검정의 검정통계량은 다음과 같다. 여기서 $\overline{X}$와 S는 표본평균과 표본표준편차를 의미한다.

$$T_0 = \frac{\overline{X} - \mu_0}{S/\sqrt{n}} \sim t(n-1)$$

만약 확률표본으로부터 계산된 검정통계량 T_0의 절댓값이 매우 크면 귀무가설 H_0가 맞다고 할 수 없을 것이다. 검정통계량 T_0의 절댓값이 클수록 유의확률

$P(T > |T_0| \text{ or } T < -|T_0|)$의 값은 작아진다. 따라서 유의수준 α와 비교하여 유의확률이 작으면 검정통계량 T_0의 값이 크다고 할 수 있으며, 귀무가설을 기각하고 모평균 μ가 μ_0와 같지 않다고 결론짓는다.

SPSS에서 모평균에 대한 가설검정은 다음의 순서로 메뉴를 선택한 프러시저를 실행한다.

[분석(A)] → [평균 비교(M)] → [일표본 T검정(S)]

예제 8.3.2 (데이터 파일 "예6-2.sav") 변수 {IQ}의 자료에 대하여 유의수준이 5%일 때 다음 가설검정을 수행하여라.

$$H_0 : \mu = 100 \qquad H_1 : \mu \neq 100$$

풀이 8.3.2 다음 [그림 8.3.3]은 문제의 가설검정을 수행하기 위하여 [일표본 T 검정(S)] 프러시저를 실행한 이후 표시되는 "일표본 T검정" 대화상자에 검정변수와 μ_0의 값을 100으로 설정한 모습이다.

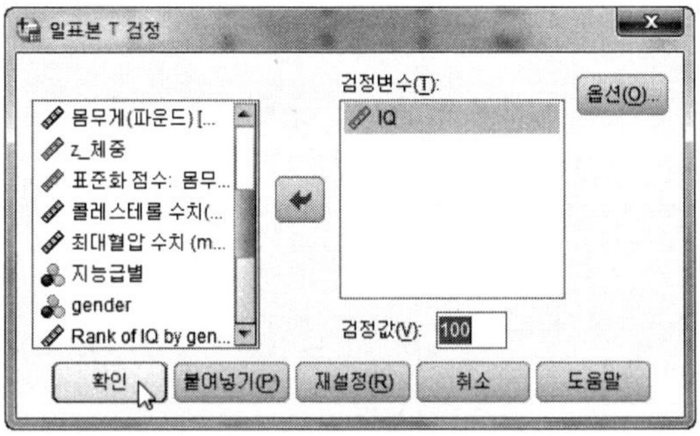

[그림 8.3.3] 일표본 T검정

이 대화상자에서 설정을 마친 후 [확인]하면 다음과 같이 두 개의 표를 얻는다.

일표본 통계량

	N	평균	표준편차	평균의 표준오차
IQ	36	111.50	8.657	1.443

일표본 검정

	검정값 = 100					
	t	자유도	유의확률 (양쪽)	평균차	차이의 95% 신뢰구간 하한	차이의 95% 신뢰구간 상한
IQ	7.970	35	.000	11.500	8.57	14.43

처음 표는 {IQ} 변수의 일표본 통계량을 출력한 것으로 $\overline{X}=111.50$, $S=8.657$이며, 평균의 표준오차의 추정값은 $S/\sqrt{n}=8.657/\sqrt{36}=1.443$임을 알 수 있다.

두 번째 일표본 검정 결과에서 t값은 귀무가설 $H_0: \mu=100$을 검정하기 위한 검정통계량의 값으로 $(111.50-100)/1.443=7.970$으로 계산된다. {IQ} 변수의 결측값의 개수가 2개이므로 자유도는 $n-1=36-1=35$이다.

양측검정에 대한 유의확률 .000은 확률 $P(T>7.970 \text{ or } T<-7.970)$을 t분포에서 계산한 것이다. 양측검정에 대한 유의확률이 유의수준인 5%보다 작은 값이므로 귀무가설을 기각할 수 있다. 즉 {IQ} 변수의 자료를 추출한 모집단의 평균은 100과 같지 않다고 결론내릴 수 있다.

참고로 평균차는 $\overline{X}-\mu_0=111.50-100=11.500$이며, 차이의 95% 신뢰구간은 $\mu-\mu_0=\mu-100$에 대한 95% 신뢰구간을 의미한다. 따라서 모평균 μ에 대한 95% 신뢰구간은 다음과 같이 간단히 계산할 수 있다.

$$[100+8.57,\ 100+14.43]=[108.57,\ 114.43]$$

[그림 8.3.3]의 [옵션(O)] 버튼을 통하여 신뢰구간의 신뢰수준을 변경할 수 있다. 기본으로 설정된 신뢰수준은 95%이다.

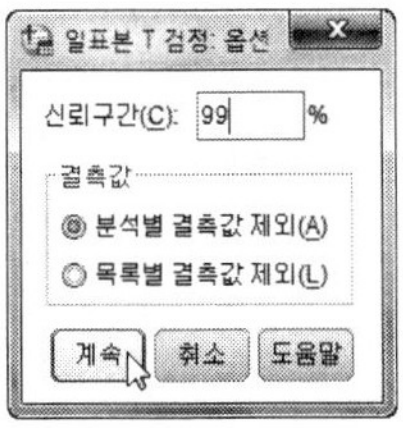

신뢰구간과 가설검정은 서로 밀접한 관계가 있다. 예를 들어 유의수준 α에서 평균에 대한 일표본 가설검정을 양측검정으로 수행한 결과 귀무가설이 기각되면 μ에 대한 $100(1-\alpha)\%$ 신뢰구간에 μ_0의 값이 포함되지 않는다. 반대로 귀무가

설이 기각되지 않으면 μ에 대한 $100(1-\alpha)\%$ 신뢰구간에 μ_0의 값이 포함된다.

이 사실을 이용하면 [예제 8.3.2]의 가설검정도 신뢰구간을 이용하여 수행할 수 있다. 즉 모평균 μ에 대한 95% 신뢰구간에 $\mu_0=100$의 값이 포함되지 않았으므로 유의수준 5%에서 귀무가설이 기각됨을 알 수 있다.

예제 8.3.3 (데이터 파일 "예6-2.sav") {성별} 변수의 값에 따른 두 집단('F'와 'M') 각각에 대하여 변수 {IQ}의 모평균이 110과 같은지 유의수준이 5%에서 가설검정을 수행하여라.

풀이 8.3.3 {성별} 변수의 두 집단 각각에 대하여 일표본 T검정을 수행하여야 하므로 먼저 작업 데이터를 {성별} 변수로 파일 분할하자.

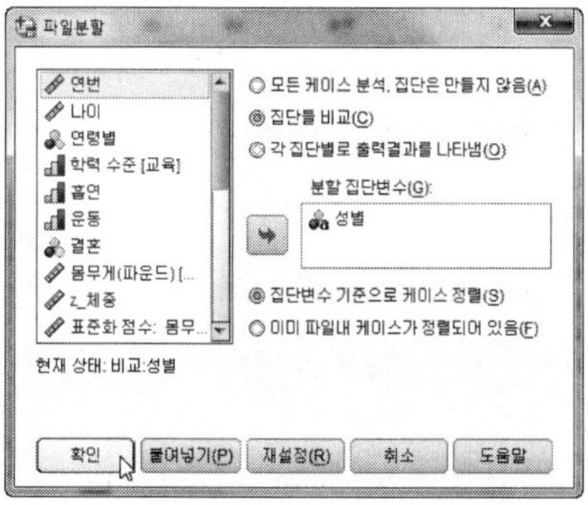

각 집단에서 {IQ} 변수의 모평균이 110인지 양측검정하기 위한 두 가설은 다음과 같다.

$$H_0: \mu = 110 \qquad H_1: \mu \neq 110$$

파일분할을 적용한 이후 [그림 8.3.3]의 검정값에 110을 입력하여 [확인]한 결과는 다음과 같다.

일표본 통계량

성별		N	평균	표준편차	평균의 표준오차
F	IQ	18	109.28	7.307	1.722
M	IQ	18	113.72	9.510	2.242

일표본 검정

성별		검정값 = 110					
		t	자유도	유의확률 (양쪽)	평균차	차이의 95% 신뢰구간	
						하한	상한
F	IQ	-.419	17	.680	-.722	-4.36	2.91
M	IQ	1.661	17	.115	3.722	-1.01	8.45

두 집단('F', 'M') 각각에 대하여 일표본 검정에 대한 결과를 살펴보면 먼저 {성별}이 'F'인 집단의 유의확률 0.680은 유의수준인 5%보다 크다. 따라서 통계적으로 귀무가설을 기각할 증거가 없음을 알 수 있다. 즉 {성별}이 'F'인 집단의 경우 {IQ} 변수의 모평균이 110과 같다는 귀무가설을 채택할 수 있다. 또한 차이($\mu - 110$)의 95% 신뢰구간에 0이 포함되어 있다는 사실로부터 유의수준 5%에서 귀무가설이 채택됨을 알 수 있다.

{성별}이 'M'인 집단의 유의확률 0.115도 유의수준인 5%보다 크다. 따라서 통계적으로 귀무가설을 기각할 증거가 없음을 알 수 있다. 즉 {성별}이 'M'인 집단의 경우도 'F' 집단과 마찬가지로 {IQ} 변수의 모평균이 110과 같다는 귀무가설을 채택할 수 있다.

8.3.3 : 독립표본 T검정

[예제 8.3.3]에서 {성별} 변수로 규정되는 두 집단 각각에 대하여 {IQ} 변수의 모평균에 대한 일표본 T검정을 수행하였다. 그 결과 'F' 집단의 {IQ} 모평균은 110과 같음을, 'M' 집단의 {IQ} 모평균도 110과 다르지 않음을 알 수 있었다. 즉 두 집단의 {IQ} 모평균은 서로 같을 것이라는 예측을 할 수 있을 것이다. 이 예측이 사실일까? 실제로 두 집단의 표본평균을 살펴보면 각각 109.28과 113.72로 조금 차이가 있음을 알 수 있다. 이와 같이 서로 독립인 두 집단에 대하여 어떤 특성에 대한 모평균을 비교분석하는 문제가 발생하지만 SPSS를 통하여 비교 검정할 수 있다.

서로 독립인 두 집단 간 모평균 차이의 비교는 독립표본 T검정을 수행하여 분석한다. 예를 들어 데이터 파일 "예6-2.sav" 자료로부터 변수 {IQ}가 성별에 따라 차이가 나는지를 검정한다고 하자. 'F' 집단의 {IQ}의 모평균을 μ_1, 'M' 집단의 모평균을 μ_2 라고 할 때, 두 집단의 모평균 비교를 위한 독립표본 T검정의 두 가설(양측검정)은 다음과 같이 표현할 수 있다.

$$\text{귀무가설} \quad H_0 : \mu_1 = \mu_2$$
$$\text{대립가설} \quad H_1 : \mu_1 \neq \mu_2$$

그러나 두 집단의 모평균 비교를 위한 가설검정은 두 집단의 분산이 동일한지 또는 그렇지 않은지에 따라 조금 다른 검정통계량의 값으로 이루어진다. 따라서 모평균의 비교를 위한 가설검정 이전에 모분산의 동일성 검정을 수행하여야 한다. 모분산에 대한 동일성 검정의 두 가설은 다음과 같다.

$$\text{귀무가설} \quad H_0 : \sigma_1^2 = \sigma_2^2$$
$$\text{대립가설} \quad H_1 : \sigma_1^2 > \sigma_2^2$$

두 모분산의 동일성 검정에 대한 검정통계량 F_0는 두 집단의 표본분산을 이용하여 다음과 같이 구한다. 여기서 S_1^2, S_2^2은 두 집단의 표본분산이며, n, m는 각 집단에서 추출한 표본의 크기이다.

$$F_0 = \frac{S_1^2}{S_2^2} \sim F(n-1, m-1)$$

검정통계량 F_0의 값이 $(1-\alpha)$-분위수인 $F_{\alpha, n-1, m-1}$보다 크면 귀무가설을 기각하고 따라서 두 집단의 모분산이 동일하지 않다는 결론을 내린다.

SPSS의 [독립표본 T검정(T)] 프러시저를 실행하면 두 집단의 등분산 검정(Levene의 등분산 검정)을 자동으로 수행하여 그 결과를 표로 출력한다. Levene의 등분산 검정의 유의확률이 유의수준(보통 5%)보다 크면 두 집단의 모분산이 같다고 볼 수 있으며, 반대로 유의확률이 유의수준보다 작으면 두 집단의 등분산성을 가정할 수 없게 된다. 참고로 모집단이 여러 개의 집단으로 분류될 때 각 집단의 분산이 같은지를 따지는 방법으로 Levene 검정 이외에 Hartley 검정, Bartlett 검정, Cochran 검정, Scheffé 검정 방법 등이 있다.

두 집단의 분산이 같다는 가정하에 두 모평균의 동일성에 대한 검정통계량 T_0은 자유도가 $(n+m-2)$인 t분포를 따른다. 여기에 표시된 통계량들은 8.2.1절에 소개하였다.

$$T_0 = \frac{\overline{X} - \overline{Y}}{S_p\sqrt{\frac{1}{n} + \frac{1}{m}}} \sim t(n+m-2)$$

그러나 두 집단의 분산이 같다는 가정이 성립하지 않을 때에는 두 모평균의 동일성에 대한 검정통계량 T_0은 자유도가 ϕ^*(Satterthwaite의 자유도)인 t분포를 따른다. 마찬가지로 이 검정통계량에 사용되는 통계량과 자유도 ϕ^*는 8.2.1절을 참고하자.

$$T_0 = \frac{\overline{X} - \overline{Y}}{\sqrt{\frac{S_1^2}{n} + \frac{S_2^2}{m}}} \sim t(\phi^*)$$

예제 8.3.4 (데이터 파일 "예6-2.sav") {성별} 변수의 값에 따른 두 집단('F'와 'M')에 대하여 변수 {IQ}의 모평균이 서로 같은지 유의수준이 5%에서 가설검정을 수행하여라. 또한 {성별} 변수의 값에 따른 {체중}, {SC}, {SP} 변수의 모평균이 서로 같은지의 검정 결과를 나타낸 다음 표를 완성하여라.

변수	집단(성별)	평균	표준편차	t	P-값	결론
IQ	F	109.28	7.307	−1.572	0.125	H_0 채택
	M	113.72	9.510			
체중	F	129.40	17.887	−6.686	0.000	H_0 기각
	M	178.50	26.914			
SC	F					
	M					
SP	F					
	M					

풀이 8.3.4 독립적인 두 집단의 모평균 비교를 위한 독립표본 T검정은

[분석(A)] → [평균 비교(M)] → [독립표본 T검정(T)]

의 순서로 메뉴를 선택하여 실행한다. [그림 8.3.4]는 {IQ} 변수와 {체중} 변수에 대하여 독립표본 T검정을 수행하기 위하여 "독립표본 T검정" 대화상자의 [검정변수(T)]에 두 변수를 선택한 모습이다.

독립표본 T검정은 두 집단에 한하여 평균 비교를 하는 것이기 때문에 "성별" 변수를 [집단변수(G)]에 지정하더라도 두 집단을 정확히 정의해 주어야 한다. 따라서 여러 개의 범주를 갖는 변수도 집단변수에 지정할 수 있다. 또한 집단변수는 숫자형 변수뿐만이 아니라 문자형 변수도 지정할 수 있다. [그림 8.3.4]에 같이

표시한 그림과 같이 문자형 변수 {성별}의 값인 'F'와 'M'을 집단 1과 집단 2에 각각 지정한 후, [계속]하여 "독립표본 T검정"을 [확인]한다.

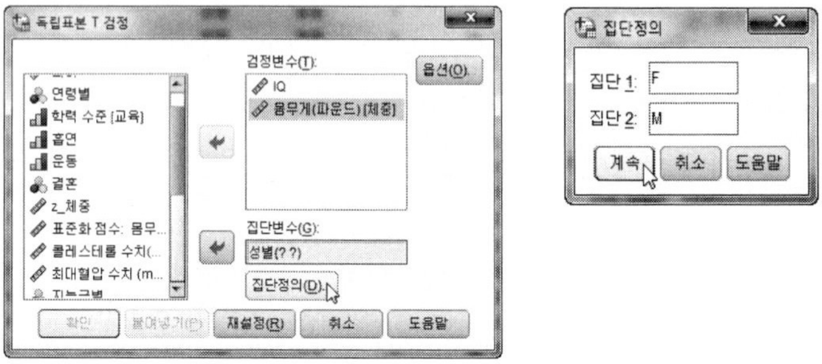

[그림 8.3.4] 독립표본 T검정

다음 표는 [그림 8.3.4]와 같이 설정된 독립표본 T검정의 실행 결과를 나타낸 것이다.

집단통계량

성별		N	평균	표준편차	평균의 표준오차
IQ	F	18	109.28	7.307	1.722
	M	18	113.72	9.510	2.242
몸무게(파운드)	F	20	129.40	17.887	4.000
	M	18	178.50	26.914	6.344

독립표본 검정

		Levene의 등분산 검정		평균의 동일성에 대한 t-검정						
		F	유의확률	t	자유도	유의확률 (양쪽)	평균차	차이의 표준오차	차이의 95% 신뢰구간 하한	차이의 95% 신뢰구간 상한
IQ	등분산이 가정됨	4.009	.053	-1.572	34	.125	-4.444	2.827	-10.189	1.300
	등분산이 가정되지 않음			-1.572	31.884	.126	-4.444	2.827	-10.203	1.314
몸무게 (파운드)	등분산이 가정됨	1.891	.178	-6.686	36	.000	-49.100	7.344	-63.994	-34.206
	등분산이 가정되지 않음			-6.547	29.089	.000	-49.100	7.499	-64.436	-33.764

먼저 {IQ} 변수의 성별 집단에 대한 통계량으로부터 $n = 18$, $m = 18$, $\overline{X} = 109.28$, $\overline{Y} = 115.72$, $S_1 = 7.307$, $S_2 = 9.510$를 얻을 수 있다. 또한 Levene의 등분산 검정의 검정통계량 F값 4.009에 대응되는 유의확률 .053으로부터 유의수준 5%에서 등분산성을 가정할 수 있다. 따라서 두 집단의 {IQ} 모평균의 동일성에 대한 t-검정을 "등분산이 가정됨" 행의 자료를 이용하여 수행한다. 즉 검정통계량 T_0의 값은 자유도 34인 -1.572이며, 이 값에 대응되는 양측검정의 유의확률(P-값)은 0.125이다. 이 값은 유의수준(5%)보다 작지 않기 때문에 귀무가설을 채택한다. 즉 {성별} 변수의 두 값의 집단에 대하여 {IQ} 변수의 평균값이 다르지 않다는 결론을 내릴 수 있다. 참고로 {IQ} 변수에 대한 차이$(\mu_1 - \mu_2)$의 95% 신뢰구간에 0이 포함되어 있으므로 귀무가설을 채택하는 같은 결과를 얻는다. 또한 결과에 표시된 $\mu_1 - \mu_2$의 95% 신뢰구간은 [예제 8.2.1]에서 직접 구한 신뢰구간과 일치함을 알 수 있다.

독립표본 검정 결과로서 얻어진 검정통계량 T_0의 값을 실제로 구해 보면 다음과 같다.

$$T_0 = \frac{109.28 - 113.72}{8.480\sqrt{1/18 + 1/18}} = -1.57075, \quad S_p = \sqrt{\frac{17 \cdot 7.307^2 + 17 \cdot 9.510^2}{34}} = 8.480$$

또한 등분산이 가정되지 않을 경우 검정통계량 T_0의 값은 다음 식으로 구할 수 있다. 자유도 ϕ^*의 값은 [예제 8.2.1]에서 직접 구한 값과 같다.

$$T_0 = \frac{109.28 - 113.72}{\sqrt{7.307^2/18 + 9.510^2/18}} = -1.57069$$

{체중} 변수의 경우에도 등분산성을 가정할 수 있으며(P-값=0.178), 따라서 두 집단의 모평균을 비교하고자 하는 검정통계량 값은 -6.686이다. 이 값에 대응하는 유의확률이 0.000이므로 무조건 귀무가설을 기각할 수 있다. 따라서 {성별} 변수의 두 집단 간 {체중} 변수의 모평균은 서로 다르다고 할 수 있다.

다음 두 개의 표는 {성별} 변수의 두 집단 간 {SC} 변수와 {SP} 변수의 모평균 차를 비교하기 위하여 가설검정을 수행한 결과이다. 이 표를 이용하면 [예제 8.3.4]에서 제시된 표를 완성할 수 있을 것이다.

집단통계량

	성별	N	평균	표준편차	평균의 표준오차
콜레스테롤 수치	F	20	216.45	22.883	5.117
	M	18	213.83	14.210	3.349
최대혈압 수치	F	20	128.55	10.870	2.431
	M	18	132.33	16.128	3.801

독립표본 검정

		Levene의 등분산 검정		평균의 동일성에 대한 t-검정						
		F	유의확률	t	자유도	유의확률 (양쪽)	평균차	차이의 표준 오차	차이의 95% 신뢰구간 하한	차이의 95% 신뢰구간 상한
콜레스테롤 수치	등분산이 가정됨	3.856	.057	.418	36	.679	2.617	6.264	−10.087	15.320
	등분산이 가정되지 않음			.428	32.169	.672	2.617	6.115	−9.838	15.071
최대혈압 수치	등분산이 가정됨	4.509	.041	−.856	36	.398	−3.783	4.421	−12.750	5.184
	등분산이 가정되지 않음			−.838	29.352	.409	−3.783	4.512	−13.007	5.440

독립표본 검정에 대한 출력결과를 살펴보면 변수 {SC}는 {성별} 변수의 두 집단에 대하여 등분산성을 가정할 수 있다(유의확률=0.057). 하지만 {SC} 변수에 대한 남녀별 모평균의 차이는 유의수준 5%에서 통계적으로 유의하지 않음을 알 수 있다(유의확률=0.679). 특히 모평균 차의 95% 신뢰구간에 0이 포함되고 있기 때문에 신뢰수준 5%에서 귀무가설 H_0가 채택되고 있음을 확인할 수 있다.

변수 {SP}의 경우에는 {성별} 변수에 따른 두 집단의 모분산이 유의수준 5%에서 서로 동일하지 않은 것으로 분석할 수 있다(유의확률=0.041). 이에 대응하는 t검정통계량은 −0.838이며, 유의확률이 0.409로서 신뢰수준 5%에서 귀무가설 H_0가 채택된다. 따라서 남녀의 두 집단 간 {SP} 변수의 모평균의 차이는 없다고 할 수 있다.

8.3.4 : 대응표본 T검정

서로 독립적인 두 집단의 평균 비교와 함께 많이 분석되는 것이 서로 대응인 두 집단의 평균 비교이다. 8.2.1절에서 언급했던 대응표본은 임상실험에서 가장 많이 사용되는 분석 기법이다. 환자를 대상으로 한 임상 처리에서 처리 전과 처리 후의 변화를 비교하고자 할 때 얻어지는 두 쌍의 자료가 대응표본 자료이며, 처리 전과 처리 후의 자료는 서로 종속인 관계로 높은 상관관계가 있을 것으로 추정된다. 따라서 처리 전과 처리 후에 조사된 두 변수는 서로 독립이 아니므로 이 데이터에 독립표본 T검정을 적용할 수 없다.

이렇게 서로 종속인 두 표본 $(x_i, y_i)\,(i = 1, \ldots, n)$ 를 대상으로 변수 {x}와 {y}의 모평균 간의 차이를 비교하는 것을 대응비교(짝을 이룬 비교, 혹은 쌍체비교)라고 하며, 이때의 t 검정을 대응표본 T검정(paired t-test)이라고 한다. 그러나 대응표본 T검정에 대한 가설은 다음과 같이 정의할 수 있다. 여기서 μ_1은 처리 전 집단에 대한 모평균이며, μ_2는 처리 후 집단에 대한 모평균이다.

$$H_0 : \mu_1 = \mu_2 \qquad H_1 : \mu_1 \neq \mu_2$$

가설검정에 대한 두 가설은 독립표본 T검정과 동일하지만, 검정통계량 T_0은 두 변수의 차 $D_i = X_i - Y_i$에 대한 통계량을 이용하여 다음과 같이 구한다. 여기서 S_d는 {D} 변수의 표본표준편차이다.

$$T_0 = \frac{\overline{X} - \overline{Y}}{S_d / \sqrt{n}}$$

{D} 변수의 표본평균을 구하면, $\overline{D} = \overline{X} - \overline{Y}$ 이므로 대응표본 T검정의 검정통계량은 $H_0 : \mu_d = \mu_1 - \mu_2 = 0$을 검정하는 데 사용된 일표본 T검정의 검정통계량과 동일하다.

예제 8.3.5 (데이터 파일 "예8-3.sav") 교육 전문가가 개발한 강의 기법이 학생들의 성적을 향상시키는 데 효과가 있는지 유의수준 5%에서 가설검정하여라.

풀이 8.3.5 서로 대응인 두 집단의 모평균 비교를 위한 대응표본 T검정은

[분석(A)] → [평균 비교(M)] → [대응표본 T검정(P)]

의 순서로 메뉴를 선택하여 실행한다. [그림 8.3.5]는 데이터 파일 "예8-3.sav"의 {학기초} 변수와 {학기말} 변수에 대하여 대응표본 T검정을 수행하기 위하여 "대응표본 T 검정" 대화상자의 [대응변수(V)]에 두 변수를 차례대로 선택한 모습이다.

가설검정과 별도로 특정한 신뢰수준의 신뢰구간을 구하기 위해서는 [옵션(O)]에서 설정하면 된다.

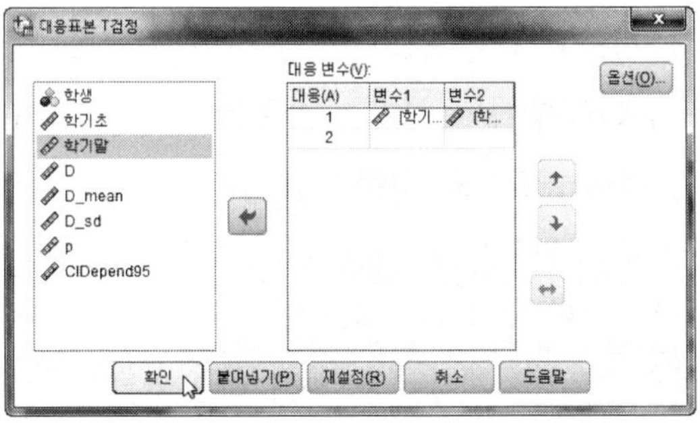

[그림 8.3.5] 대응표본 T검정

다음은 대응표본 T검정의 실행 결과로서 출력되는 "대응표본 통계량", "대응표본 상관계수", 그리고 "대응표본 검정" 표이다.

대응표본 통계량

		평균	N	표준편차	평균의 표준오차
대응 1	학기초	222.13	8	25.920	9.164
	학기말	224.50	8	27.908	9.867

대응표본 상관계수

		N	상관계수	유의확률
대응 1	학기초 & 학기말	8	.987	.000

대응표본 검정

	대응차					t	자유도	유의확률 (양쪽)
	평균	표준편차	평균의 표준오차	차이의 95% 신뢰구간 하한	차이의 95% 신뢰구간 상한			
대응 1 학기초 - 학기말	-2.375	4.838	1.711	-6.420	1.670	-1.388	7	.208

이 결과를 살펴보면 {학기전}과 {학기후}의 차이에 대한 평균과 표준편차는 각각 $\bar{d} = -2.375$, $S_d = 4.838$이며, 이를 이용하여 구한 검정통계량의 값은 -1.388이다. 이 검정통계량에 대응되는 유의확률이 0.208이므로 유의수준 5%에서 귀무가설을 기각할 수 없다. 즉 학기초와 학기말의 학생들의 성적이 향상되었다는 증거가 없다고 볼 수 있다. 결론적으로 교육전문가가 개발한 새로운 강의기법이 학생들의 성적을 향상시킨다고 주장할 수 없다.

두 변수의 차 $\mu_1 - \mu_2$에 대한 95% 신뢰구간을 통하여 가설검정을 수행할 수 있다. "대응표본 검정" 표에 표시된 '차이에 대한 95% 신뢰구간'이 $[-6.42, 1.67]$이므로 0이 이 신뢰구간에 포함되고 있음을 알 수 있다. 따라서 유의수준 5%에서 귀무가설을 기각할 수 없다는 결론을 내릴 수 있다(이 표에 출력된 신뢰구간은 [예제 8.2.2]에서 구한 바 있다).

{학기말}의 성적이 {학기초}의 성적보다 큰지 알아보기 위한 다음 가설검정도 단측검정에 대한 유의수준을 구함으로써 결론내릴 수 있다.

$$H_0 : \mu_1 \geq \mu_2 \qquad H_1 : \mu_1 < \mu_2$$

이와 같이 정의된 가설에 대한 P-값은 양측검정의 1/2이므로 $0.208/2 = 0.104$임을 알 수 있다. 그러나 이 값도 유의수준(5%)보다 큰 값이므로 귀무가설을 기각할 수 없다. 즉 {학기말}의 성적이 {학기초}의 성적보다 크다고 주장할 수 없다.

참고로 "대응표본 상관계수" 표에 표시된 상관계수 0.987은 {학기초} 변수와 {학기말} 변수에 대한 두 변수 간의 Pearson의 상관계수를 의미한다. 이에 대응되는 유의확률은 다음과 같이 정의되는 두 가설에 대한 P-값으로서 P-값이 0.000이므로 두 변수 간에 매우 높은 상관관계가 존재한다는 증거를 보여 주고 있다. 여기서 ρ는 두 변수 간에 존재하는 모상관계수이다.

$$H_0 : \rho = 0 \qquad H_1 : \rho \neq 0$$

연습문제

8.1 어느 고등학교 학생들의 수학 과목의 성취도는 평균 56점이다. 이 학생들의 표준편차가 12점이라고 할 때 다음을 구하여라.

(1) 이 고등학교 학생 1명을 랜덤으로 선택할 때 이 학생의 성취도 성적이 53점 이하일 확률은?

(2) 이 고등학교 학생 50명을 랜덤으로 선택할 때 이 학생들의 성취도 평균 성적이 53점 이하일 확률은?

8.2 [예제 8.1.2]에서 언급한 음료수 자판기에서 판매되는 1인당 카드 구매가의 평균 μ의 신뢰구간에 대한 최대오차한계를 95% 신뢰수준에서 구하여라.

8.3 어느 지역의 150 가구를 랜덤으로 조사하였더니 54 가구가 에어컨을 설치하고 있다고 응답하였다. 이 지역의 가구 중에서 에어컨을 설치한 가구의 비율에 대한 95% 신뢰구간을 구하여라.

8.4 (연습문제 [2.4] 자료) 신생아의 혈당치 데이터가 정규분포를 따른다고 가정할 때 다음 물음에 답하여라.

(1) 신생아의 혈당치의 모평균 μ에 대한 95% 신뢰구간을 구하여라.

(2) 신생아의 혈당치의 모분산 σ^2에 대한 90% 신뢰구간을 구하여라.

8.5 두 개의 제품 A, B를 생산하는 공장에서 A 제품을 랜덤으로 25개 추출하고, B 제품을 랜덤으로 20개 추출하여 각각 무게를 조사하여 다음 결과를 얻었다. 각 모집단이 정규분포를 따른다고 가정할 때 다음 물음에 답하여라.

제품	표본평균	표본표준편차
A	35.7	1.8
B	33.5	1.5

(1) 두 모분산의 비에 대한 95% 신뢰구간을 구하여라. 이 결과를 이용하여 유의수준 5%에서 등분산성에 대한 가설검정의 결론을 유추하여라.

(2) 두 모평균의 차에 대한 95% 신뢰구간을 구하여라. 이 결과를 이용하여 유의수준 5%에서 두 모평균이 동일한지에 대한 가설검정의 결론을 유추하여라.

8.6 (연습문제 [2.4] 자료) 신생아의 혈당치 데이터가 정규분포를 따른다고 할 수 있는지 유의수준 5%에서 가설검정하여라.

8.7 혈액순환제를 제조한 회사측은 습기나 열을 받은 후에도 평균 효능이 최소한 60이 된다고 주장한다. 이 회사에서 제조한 혈액순환제 중 9개를 추출하여 습기나 열을 받은 후의 효능에 대하여 측정하여 다음과 같은 결과를 얻었다. 이 회사의 혈액순환제의 평균 효능 μ가 이 회사의 주장과 일치하는지 귀무가설과 대립가설을 설정한 후, 유의수준 5%에서 가설검정하여라.

63	70	64	69	59	65	66	64	65

8.8 (연습문제 [2.4] 자료) 신생아의 성별에 따라 혈당치의 평균이 차이가 나는지를 유의수준 5%에서 가설검정하여라.

8.9 (연습문제 [2.3] 자료) 약품A를 사용하기 전과 사용한 이후 쥐의 반응시간에 대한 평균이 서로 차이가 나는지를 유의수준 5%에서 가설검정하여라.

제 9 장 F검정과 분산분석

9.1 분산분석

두 집단의 평균에 대한 동일성 검정은 t분포를 이용하여 수행하였다. 그러나 3개 이상의 독립적인 집단에 대하여 평균 간의 차이가 존재하는지 검정할 때에는 F분포를 이용한다. 3개 집단 이상의 평균 비교 검정을 위한 F검정법을 분산분석(Analysis of Variance; ANOVA)이라고 한다.

두 집단의 평균의 동일성에 대한 가설검정에 사용되는 T검정을 세 집단 이상의 비교 검정에 사용하지 못하는 몇 가지 이유가 있다. 첫째, 세 집단 이상의 비교 검정에서는 모든 집단의 평균을 동시에 비교할 수 있어야 하는데, T검정은 비교하고자 하는 두 집단의 평균 이외 다른 집단의 평균은 무시하기 때문이다. T검정을 이용하여 모든 쌍의 두 집단에 대한 평균 비교를 수행할 경우 귀무가설이 참일지라도 쌍의 두 집단에 대한 T검정을 수행하면 할수록 귀무가설을 기각할 확률이 점점 증가하며, 집단수가 많아질수록 수행할 T검정의 수가 많아지기 때문에 세 집단 이상의 평균 비교에 T검정을 사용할 수 없는 이유이다. 예를 들어 평균 비교하고자 하는 집단의 수가 3개이면 3개의 T검정만 하면 되지만, 집단의 수가 10개이면 무려 45개의 T검정을 수행해야 한다.

F검정을 수행하기 위해서 먼저 다음 사항들이 가정되어야 한다.

- 표본이 추출된 각 집단은 정규분포 또는 근사정규분포를 따른다.
- 모든 표본은 서로 독립적이다.
- 각 집단의 모분산은 서로 동일하다.

세 개 이상의 평균 비교를 수행하는 F검정은 각 집단의 평균 대신 분산을 이용하여 가설검정의 결론을 내리기 때문에 F검정의 절차를 분산분석이라고 한다.

F검정 절차는 모분산을 추정할 수 있는 서로 다른 의미의 두 가지 추정량 s_B^2와 s_W^2을 이용한다. 각 집단의 평균을 이용하여 계산된 추정량을 급간 분산

(between-group variance, s_B^2)이라고 하며, 각 집단 내의 분산을 이용하여 합동으로 추정한 추정량을 급내 분산(within-group variance, s_W^2)이라고 한다. 만일 모든 집단의 평균 간 차이가 존재하지 않으면 급간 분산과 급내 분산이 거의 유사할 것이다. 즉 F검정의 F값인 s_B^2/s_W^2은 1에 가까운 값을 갖게 된다. 그러나 각 집단의 평균들이 서로 유의한 차이가 존재하면 급간 분산이 급내 분산보다 커질 것이며, 따라서 F값은 1보다 큰 값을 보일 것이다. F값은 1보다 매우 큰 값을 가지면 집단들의 모든 평균이 동일하다는 귀무가설을 기각하게 된다.

k개의 집단에 대하여 평균의 동일성 검정의 분산분석을 수행하기 위한 F검정의 귀무가설과 대립가설을 정의하면 다음과 같다.

$H_0 : \mu_1 = \mu_2 = \cdots = \mu_k$

H_1 : 적어도 하나의 평균은 다른 평균들과 차이가 있다.

분산분석의 단계를 좀 더 설명하면 먼저 자료로부터 종속변수의 총제곱합(총변동)을 구한 후, 이를 각 요인(source)의 제곱합과 오차 제곱합으로 분해한다. 여기서 요인이란 실험의 인자(factor) 또는 인자들의 조합인 처리(treatment)를 말한다. 다음으로 분해된 제곱합으로부터 각 요인의 평균제곱(mean square)과 오차분산(MSE)을 구한다. 각 요인의 평균제곱은 급간 분산을 의미하며, 오차분산은 급내 분산을 의미한다. 분산분석의 최종 단계는 실험의 각 요인이 오차분산에 비해 전체 분산에 영향을 주는지 판정하는 것이다. 분산분석에서는 각 요인의 평균제곱이 오차분산에 비해 매우 크면 (즉 F값이 1보다 매우 크면), 이 요인이 전체분산에 영향을 주는 것으로 판정한다. 분산분석 결과 귀무가설이 기각되면 실험의 요인으로 인해 구분된 집단 중 최소한 두 집단은 모평균이 서로 같지 않음을 의미하는 것이며, 따라서 그 요인은 종속변수에 영향을 주는 요인으로 결론내릴 수 있다.

종속변수에 영향을 미치는 요인을 분석하고자 할 때, 분석하고자 하는 요인이 1개일 경우의 분산분석을 일요인 분산분석이라고 하고 요인의 수가 2개일 경우의 분산분석을 이요인 분산분석이라고 한다. 요인이 3개 이상일 때의 분산분석을 편의상 다요인 분산분석이라고 한다.

9.1.1 : 일요인 분산분석

일요인 분산분석(one-way ANOVA)은 자연과학(특히 농업 분야) 또는 사회과학 등 여러 분야에서 행해지는 실험계획법(experimental design)을 통하여 하나의 요인이 종속변수에 영향을 주는지 분석하기 위한 분석법으로 한 개 요인의 각 수준에 따라 실험, 자료 수집, 분석 등의 과정을 총칭하여 일원배치법(one-way factorial design)이라고 한다.

일요인 분산분석법은 한 요인의 각 수준에 대하여 종속변수의 모평균 비교를 검정함으로써 이 요인이 종속변수에 영향을 미치는지의 여부를 분석한다. 예를 들어 합성 섬유 속에 포함된 면화의 비율이 합성 섬유의 장력에 영향을 주는지 알아보기 위하여 면화의 비율을 다섯 수준으로 하여 실험을 한다고 하자. 이때 실험에서 얻어진 합성 섬유의 장력은 분산분석을 수행하기 위한 종속변수가 되며, 면화의 비율은 종속변수에 영향을 주리라 예상되는 하나의 요인이 된다. 합성 섬유 속에 포함된 면화의 비율을 인자(factor)라고 하며, 면화 비율의 수준수(level) 5는 실험 집단의 개수가 된다. 이 5개의 집단에 대하여 종속변수(섬유의 장력)의 모평균이 서로 동일한지 F검정을 통해 가설검정하는 것이 일요인 분산분석이다.

일요인 분산분석을 수행하기 위한 하나의 요인(인자)을 A라고 하자. A의 i 번째 수준에서 얻어진 자료의 개수를 n_i, A의 i번째 수준에서 j번째 반복에서 얻어진 데이터를 y_{ij} 라 할 때, 각 집단의 자료는 F검정을 수행하기 위한 3가지 가정을 만족한다고 하자. 총 자료의 수는 $N(=n_1+n_2+\cdots+n_k)$으로 표시하자. 다음 [표 9.1.1]은 일원배치법에 포함된 요인의 각 수준(집단)에서 추출된 자료와 이들로부터 얻어진 표본평균과 표본분산을 표시한 것이다.

[표 9.1.1] 일원배치 분산분석 자료(종속변수)와 집단별 통계량

집단 (요인의 수준)	1		i		k
자료(data)	y_{11} y_{12} $\vdots$ y_{1n_1}	$\cdots$	y_{i1} y_{i2} $\vdots$ y_{in_i}	$\cdots$	y_{k1} y_{k2} $\vdots$ y_{kn_k}
표본의 수	n_1		n_i		n_k
표본평균	$\bar{y}_1$		$\bar{y}_i$		$\bar{y}_k$
표본분산	s_1^2		s_i^2		s_k^2

일원배치법 모형의 구조식을 설정하면 다음과 같다.

$$y_{ij} = \mu_i + e_{ij} = \mu + a_i + e_{ij}, \quad e_{ij} \sim iid\, N(0, \sigma_E^2)$$

여기서 μ_i는 i번째 집단(수준 i)의 모평균을 의미한다. 실험 전체의 모평균을 μ라고 할 때, $a_i = \mu_i - \mu$를 요인 A의 i번째 수준의 주효과(main effect)라고 한다. e_{ij}는 오차항으로서 서로 독립이며 정규분포를 따르는 변량이다.

이 모형식으로부터 요인 A의 수준 간 모평균의 차이가 있는지 가설검정하는 것은 다음 두 가설을 검정하는 것과 같은 의미이다.

$H_0 : a_1 = a_2 = \cdots = a_k = 0$

$H_1 :$ a_i중에서 적어도 하나의 값은 0이 아니다.

이 가설을 검정하기 위하여 먼저 실험에서 얻어진 데이터로부터 총제곱합(총변동, S_T)을 구하고, 이를 요인 A에 의하여 발생하는 제곱합(S_A)과 오차 요인의 제곱합(S_E)으로 분해한다. 총제곱합 S_T를 두 제곱합으로 분해하면 다음과 같다.

$$S_T = \sum_{i=1}^{k}\sum_{j=1}^{n_i}(y_{ij} - \bar{y})^2 = \sum_{i=1}^{k}\sum_{j=1}^{n_i} y_{ij}^2 - \frac{T^2}{N} = S_A + S_E, \quad \left(T = \sum_{i=1}^{k}\sum_{j=1}^{n_i} y_{ij}\right)$$

$$S_A = \sum_{k=1}^{k}\sum_{j=1}^{n_i}(\bar{y}_i - \bar{y})^2 = \sum_{i=1}^{k}\frac{T_i^2}{n_i} - \frac{T^2}{N}, \quad \left(T_i = \sum_{j=1}^{n_i} y_{ij}\right)$$

$$S_E = \sum_{k=1}^{k}\sum_{j=1}^{n_i}(y_{ij} - \bar{y}_i)^2 = S_T - S_A$$

이때 요인 A의 자유도는 $\phi_A = k-1$이고, 오차의 자유도는 $\phi_E = N-k$임을 알 수 있다. 요인 A의 평균제곱(V_A)과 오차분산(V_E, MSE)을 각각 다음과 같이 정의한다.

$$V_A = \frac{S_A}{\phi_A}, \quad V_E = \frac{S_E}{\phi_E}$$

만약 V_A와 V_E의 비 V_A / V_E의 값이 1보다 매우 크면 요인 A가 오차 요인에 비하여 종속변수에 통계적으로 유의한 영향을 준다고 볼 수 있다. 요인 A가 종속변수에 유의한 영향을 준다는 것은 k개의 수준 간 모평균이 모두 같다는 귀무가설을 기각한다는 것과 일맥상통하는 것으로 볼 수 있다.

이와 같은 계산 과정을 하나의 표로 나타낸 것이 [표 9.1.2]의 분산분석표이다.

[표 9.1.2] 일원배치법의 분산분석표

변동요인	제곱합(변동)	자유도	평균제곱	F
집단-간	S_A	$\phi_A = k-1$	$V_A = \dfrac{S_A}{\phi_A}$	$\dfrac{V_A}{V_E}$
집단-내	S_E	$\phi_E = N-k$	$V_E = \dfrac{S_E}{\phi_E}$	
전체	S_T	$\phi_T = N-1$		

가설검정의 유의수준이 α 일 경우 F 값이 다음 식을 만족하면 귀무가설을 기각한다. 여기서 F_{α,ϕ_A,ϕ_E}는 분자와 분모의 자유도가 각각 ϕ_A, ϕ_E 인 F분포의 $(1-\alpha)$-분위수를 의미한다.

$$F = \frac{V_A}{V_E} > F_{\alpha,\phi_A,\phi_E}$$

SPSS에서 일원배치 분산분석을 수행하면 검정통계량 F값과 더불어 이에 대응하는 유의확률을 얻을 수 있다. F값이 1보다 매우 큰 값일 때 귀무가설을 기각하므로 유의확률이 가설검정의 유의수준 α 보다 작으면 귀무가설을 기각한다. 귀무가설이 기각되면 k 개의 집단 중 적어도 한 집단의 평균은 다른 평균과 차이가 있다는 유의한 결론을 얻게 된다.

예제 9.1.1 (데이터 파일 "예6-2.sav") {체중} 변수가 {연령별}의 각 값에 해당하는 집단(2='20대 이하', 3='30대', 4='40대 이상')에 대하여 평균 차이가 있는지 유의수준 5%에서 가설검정하여라.

풀이 9.1.1 세 집단 이상의 모평균 비교를 위한 일원배치 분산분석은

[분석(A)] → [평균 비교(M)] → [일원배치 분산분석(O)]

의 순서로 메뉴를 선택하여 실행한다. [그림 9.1.1]은 [일원배치 분산분석(O)] 프러시저를 실행한 이후 표시된 대화상자에서 [종속변수(E)]에 {체중} 변수를 설정

[그림 9.1.1] 일원배치 분산분석

하고, [요인(F)]에 {연령별} 변수를 설정한 모습이다.

이 화면에서 바로 [확인]하면 [표 9.1.2]와 같은 분산분석표를 얻을 수 있다. 여기서는 [확인]하기 전에 {체중} 변수의 기술통계량이나 분산의 동질성 검정, 그리고 평균 도표를 작성하기 위하여 [옵션(O)] 버튼을 눌러보자.

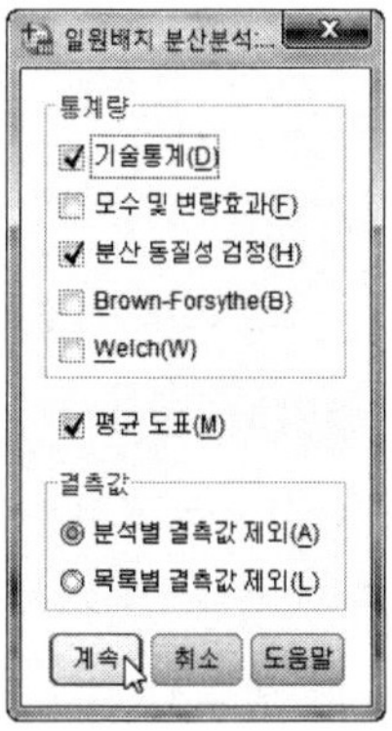

[그림 9.1.2] 옵션

- **통계량과 평균도표**

  □ 기술통계(D): 케이스 수, 평균, 표준편차, 평균의 표준오차, 최솟값, 최댓값, 각 집단의 종속변수에 대한 95% 신뢰구간 등을 출력한다.

  □ 모수 및 변량효과(F): 고정효과 모형에 대한 표준편차, 표준오차 및 95% 신뢰구간과 변량효과 모형에 대한 표준오차, 95% 신뢰구간 및 집단-간 성분 분산 추정값을 출력한다.

  □ 분산 동질성 검정(H): Levene 통계량과 집단 분산의 동질성을 검정하기 위한 유의확률을 출력한다.

□ Brown-Forsythe(B): 등분산성을 가정하지 못할 경우 집단 간 평균의 동일성을 검정하기 위한 Brown-Forsythe 통계량과 유의확률(Sig.)을 출력한다.

□ Welch(W): 등분산성을 가정하지 못할 경우 집단 간 평균의 동일성을 검정하기 위한 Welch 통계량과 유의확률(Sig.)을 출력한다.

□ 평균 도표(M): 요인 변수의 각 값에 대하여 종속 변수의 평균을 도표화하는 도표를 출력한다.

[그림 9.1.2]과 같이 3개의 옵션을 체크한 후 [계속]하여 [확인]하면 기술통계량, 분산의 동질성 검정표, 그리고 일원배치 분산분석표를 얻을 수 있다. 또한 {연령별} 변수의 세 값의 집단에 대한 {체중} 변수의 평균 도표를 통하여 집단 간 평균값의 차이를 그래프로 확인할 수 있다.

기술통계

몸무게 (파운드)

	N	평균	표준편차	표준오차	평균에 대한 95% 신뢰구간		최솟값	최댓값
					하한값	상한값		
20대 이하	11	130.91	25.501	7.689	113.78	148.04	106	175
30대	13	155.92	32.623	9.048	136.21	175.64	115	215
40대 이상	14	166.71	32.641	8.724	147.87	185.56	127	234
합계	38	152.66	33.383	5.415	141.69	163.63	106	234

"기술통계" 표에는 {체중} 변수에 대한 각 집단의 평균과 표준편차 등의 통계량이 출력된다. 각 집단에서 평균에 대한 95% 신뢰구간은 8.1.2절에서 제시한 식을 이용하여 구한다. 예를 들어 '20대 이하' 집단의 {체중} 모평균 μ_1에 대한 95% 신뢰구간은 다음과 같다.

$$130.91 - t_{0.025,10}(7.689) < \mu_1 < 130.91 + t_{0.025,10}(7.689)$$

여기서 $t_{0.025,10}$는 7.2.6절에서 다루었던 t분포의 0.975-분위수이다.

분산의 동질성 검정

몸무게(파운드)

Levene 통계량	df1	df2	유의확률
.606	2	35	.551

일요인 분산분석을 수행하기 위해서 각 집단의 모분산에 대한 동일성 가정이 충족되어야 한다. 독립표본 T검정에서 수행했던 분산의 동질성 검정과 동일하게 일요인 분산분석에서도 Levene 통계량을 이용한다. 위의 결과를 보면 Levene 통계량에 대응되는 유의확률이 .551이므로 유의수준 5%에서 귀무가설을 채택한다. 따라서 {연령별} 변수의 3개 집단의 모분산이 서로 동일함을 가정할 수 있다.

일원배치 분산분석

몸무게(파운드)

	제곱합	df	평균 제곱	F	유의확률
집단-간	8107.863	2	4053.932	4.283	.022
집단-내	33124.689	35	946.420		
합계	41232.553	37			

일원배치 분산분석표의 결과를 보면 집단-간 제곱합인 $S_A = 8107.863$, 집단-내 제곱합인 $S_E = 33124.689$이며, 이들을 각각의 자유도로 나눈 평균제곱이 $V_A = 4053.932$, $V_E = 946.420$임을 알 수 있다. $F = V_A / V_E$의 값이 1보다 매우 크면 3개의 수준 간 모평균이 모두 같다는 귀무가설을 기각한다. 여기서 구한 검정통계량 F의 값은 4.283이므로 1보다 매우 큰 값임을 유추할 수 있다. 귀무가설을 기각할 수 있는 기각값은 자유도가 (2, 35)인 F분포의 0.95-분위수 $F_{0.05,2,35} = 3.267$이다. 따라서 검정통계량 F의 값이 매우 크다고 볼 수 있다. 즉 3개의 집단의 모평균이 모두 같다는 귀무가설을 기각한다. 참고로 0.95-분위수 $F_{0.05,2,35}$는 함수 IDF.F(0.95, 2, 35)를 이용하여 구한다.

일요인 분산분석의 가설검정은 SPSS를 통해 얻어진 분산분석표의 유의확률(P-값)을 통하여 수행할 수 있다. 즉 유의확률이 가설검정의 유의수준 α보다 작으면 귀무가설을 기각한다. 이 분산분석표에 출력된 유의확률이 .022이고, 이 값이 유의수준 5%보다 작으므로 귀무가설이 기각된다. 따라서 3개의 집단 중 적어도 한 집단의 평균은 다른 평균과 차이가 있다는 유의한 결론을 얻게 된다. 실제로 다음 평균 도표의 그림을 보면 나이가 들수록 연령별 몸무게의 평균이 증가하고 있음을 알 수 있다.

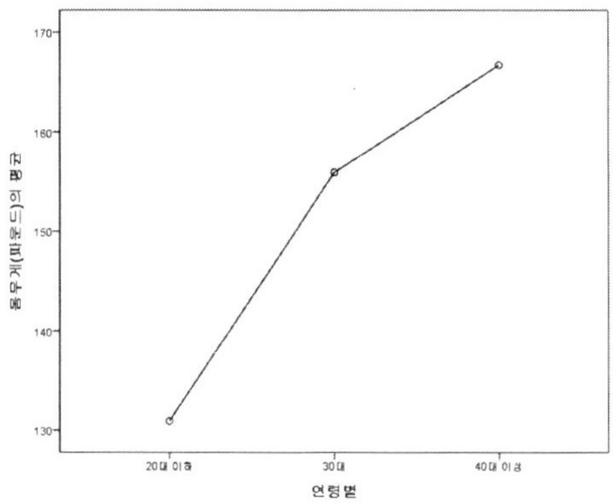

9.1.2 : 대비

일요인 분산분석을 통하여 귀무가설 H_0가 채택되면 모든 집단의 모평균이 동일하다는 결론을 얻었기 때문에 더 이상의 분석은 의미가 없다. 그러나 귀무가설이 기각되어 모평균 간에 유의차가 있다면, 귀무가설을 기각한 원인이 무엇인지 규명하기 위한 집단별 모평균 간의 차이 검정을 수행할 필요가 있다.

모평균간의 차이 검정은 선형 효과 등과 같이 처리의 대비(contrast)라고 하는 특정 처리의 선형식에 대한 검정과 모든 두 집단 간 모평균 차의 검정을 동시에 분석하게 되는 다중비교(multiple comparison)를 통하여 수행한다. 두 집단 간 모평균 차의 검정도 처리의 대비로 표현할 수 있는데, 대비란 $\mu_1 - \mu_3$, $\mu_1 - 2\mu_2 + \mu_3$ 와 같이 계수의 합이 0이 되는 모평균들의 선형식을 일컫는 용어이다. 대비 $\mu_1 - \mu_3$의 검정은 첫 번째 집단과 세 번째 집단의 모평균의 차를 검정하는 것과 같다. 즉 다중비교도 모든 두 수준의 모평균들의 비교를 위하여 처리대비를 가설검정하는 것이라고 볼 수 있다.

일요인 분산분석에서 대비란 요인 A의 각 수준의 모평균들이 일차식으로 결합된 선형식에서 각 계수의 합이 0일 경우를 말한다. 예를 들어 다음 두 선형식 C_1, C_2는 대비가 맞지만, C_3는 대비가 아니다.

$$C_1 = \mu_1 - \mu_3$$
$$C_2 = \mu_1 - 2\mu_2 + \mu_3$$

$$C_3 = \mu_1 + \mu_2 - \mu_3$$

요인 A의 수준수가 k인 일요인 분산분석에서 대비 C는 다음과 같이 표현할 수 있다.

$$C = c_1\mu_1 + c_2\mu_2 + \cdots + c_k\mu_k \quad (c_1 + c_2 + \cdots + c_k = 0)$$

일반적으로 대비에 대한 가설검정은 먼저 대비의 추정량을 구하고 이 추정량으로부터 얻어진 검정통계량을 이용하여 T검정을 수행한다. 일요인 분산분석에서 대비 C의 불편추정량 $\hat{C} = c_1\overline{y}_1 + c_2\overline{y}_2 + \cdots + c_k\overline{y}_k$에 대하여 $\hat{C}$의 기댓값과 분산을 구하면 다음과 같다.

$$E(\hat{C}) = C, \qquad V(\hat{C}) = \left(\frac{c_1^2}{n_1} + \frac{c_2^2}{n_2} + \cdots + \frac{c_k^2}{n_k}\right)\sigma_E^2$$

처리대비 C에 대한 가설검정의 두 가설 $H_0 : C = 0$, $H_1 : C \neq 0$에 대하여 다음 검정통계량 T_0의 분포는 자유도가 ϕ_E인 t분포를 따른다. 여기서 ϕ_E는 집단-내 평균제곱(MSE)의 자유도이다.

$$T_0 = \frac{\hat{C}}{\sqrt{V(\hat{C})}} = \frac{c_1\overline{y}_1 + c_2\overline{y}_2 + \cdots + c_k\overline{y}_k}{\sqrt{\left(\frac{c_1^2}{n_1} + \frac{c_2^2}{n_2} + \cdots + \frac{c_k^2}{n_k}\right)MSE}} \sim t(\phi_E)$$

만약 귀무가설 $H_0 : C = 0$이 맞다면 검정통계량 T_0의 값은 거의 0에 가까운 값일 것이다. 그러나 가설검정의 유의수준이 α일 때 검정통계량의 절댓값 $|T_0|$의 값이 양측검정에 대한 T검정의 기각값 $t_{\alpha/2,\phi_E}$ 보다 크면 귀무가설을 기각한다.

참고로 대비의 제곱합을 구한 후, 오차항의 평균제곱(MSE)으로 나눈 F값을 이용하여 가설을 검정할 수 있다. 모든 대비의 제곱합에 대한 자유도는 1이므로 이 경우 F값에 대한 자유도는 $(1, \phi_E)$이다.

예제 9.1.2 (데이터 파일 "예6-2.sav") {연령별}의 '20대 이하' 집단과 '30대' 집단의 {체중}의 평균 $(\mu_1 + \mu_2)/2$이 '40대 이상' 집단의 평균 μ_3와 차이가 있는지 대비를 통하여 유의수준 5%에서 가설검정하여라.

풀이 9.1.2 문제의 가설검정에서 검정하고자 귀무가설을 정의하면 다음과 같다.

$$H_0 : \frac{\mu_1 + \mu_2}{2} = \mu_3$$

이 귀무가설을 $H_0 : C = 0$의 형태로 변환하면 $C = \mu_1 + \mu_2 - 2\mu_3$에서 선형식의 계수들의 합이 $1 + 1 - 2 = 0$이므로 C는 대비이다.

SPSS를 이용하여 처리 대비를 검정하고자 할 경우에는 [그림 9.1.1]의 대화상자에서 [대비(C)] 버튼을 눌러 검정하고자 하는 대비를 먼저 정의한다. [그림 9.1.3]에 표시된 바와 같이 정의하고자 하는 계수를 차례대로 입력한 후 [추가]한다. 요인의 수준수가 3개이면 계수도 3개가 반드시 입력되어야 하며, 입력되는 계수는 요인 변수의 값이 작은 집단의 계수부터 차례대로 입력하여 추가한다. 예를 들어 대비 $\mu_1 - \mu_3$를 지정하고자 하면 1, 0, −1의 순서대로 계수를 입력하고 추가하여야 한다. [그림 9.1.3]에 표시된 대비는 $\mu_1 + \mu_2 - 2\mu_3$을 지정한 것이다.

검정하고자 하는 대비가 두 개 이상일 때 [다음(N)] 버튼을 눌러 또 다른 대비를 정의한다(이 대화상자에 표시된 “상관계수”는 “계수”를 잘못 표기한 것이다).

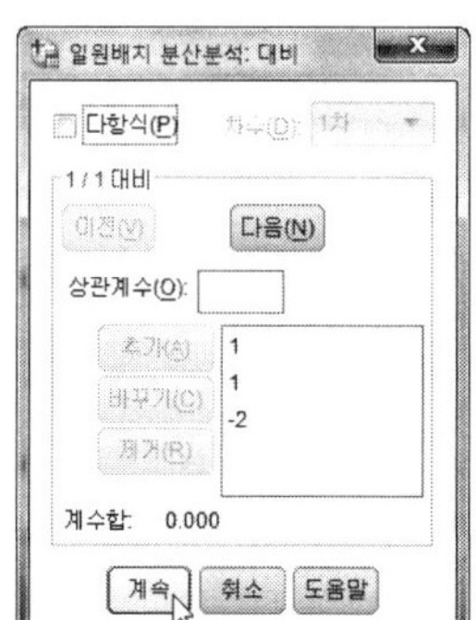

[그림 9.1.3] 대비의 정의

[그림 9.1.3]에서 처리대비를 정의하고 [계속]한 후 [확인]하면 일요인 분산분석표와 함께 분석에 사용된 대비의 계수를 확인하는 표와 이 대비의 검정 결과에 대한 표를 출력한다.

대비 계수

대비	연령별		
	20대 이하	30대	40대 이상
1	1	1	−2

앞에서 출력된 기술통계량 표로부터 $\bar{y}_1 = 130.91$, $\bar{y}_2 = 155.92$, $\bar{y}_3 = 166.71$을 알 수 있으며, 분산분석표에서 $MSE = 946.420$을 얻을 수 있다. 이 통계량들은 대비의 추정량인 '대비 값'을 구하는 데 필요하다.

대비검정

대비			대비 값	표준오차	t	df	유의확률 (양측)
몸무게(파운드)	등분산 가정	1	−46.60	20.718	−2.249	35	.031
	등분산을 가정하지 않습니다.	1	−46.60	21.104	−2.208	24.685	.037

Levene 통계량을 이용한 분산의 동질성 검정으로부터 등분산을 가정할 수 있다는 결론을 얻었기 때문에 대비검정 표의 "등분산 가정" 행의 결과를 바탕으로 대비검정을 하면 된다. 대비검정에 대한 유의확률 .031은 유의수준 5%보다 작은 값이므로 귀무가설을 기각한다. 즉 '40대 이상' 집단의 {체중}의 평균은 '30대 이하' 집단의 평균보다 크다고 볼 수 있다.

실제로 자료로부터 직접 검정통계량을 구해 보면 대비 $\mu_1 + \mu_2 - 2\mu_3$의 추정량인 '대비 값'은 $130.91 + 155.92 - 2(166.71) = -46.59$이고 대비에 대한 표준편차인 '표준오차'는 $\sqrt{(1/10 + 1/12 + 4/13)(939.04)} = 20.718$이므로 검정통계량 T_0의 값은 $-46.60/20.718 = -2.249$임을 알 수 있다. 이때 이 검정통계량 T_0에 대응하는 유의확률(P-값)은 자유도가 35인 t분포에서 다음 확률을 의미한다.

$$P(T > 2.249 \text{ or } T < -2.249) = 0.031$$

[그림 9.1.3]의 [ㅁ 다항식(P)]를 체크하면 요인의 수준 값에 따른 종속변수 평균에 대한 1차, 2차 등의 추세를 검정할 수 있다. 요인의 수준수가 3개이면 1차 추세와 2차 추세를 검정할 수 있는데, 분산분석표에 1차 추세는 '선형 항'으로 출

력되고, 2차 추세는 '2차항'으로 출력된다.

요인의 수준수가 3개인 경우 1차 추세의 검정은 대비 $-\mu_1+\mu_3$의 검정과 동일하며, 2차 추세의 검정은 대비 $\mu_1-2\mu_2+\mu_3$의 검정과 동일하다. 그러나 다항식의 추세 검정은 1차, 2차 대비에 대한 평균제곱을 오차항의 평균제곱(MSE)로 나눈 F값을 이용하여 분석한다.

다음 "일원배치 분산분석" 표는 {연령별} 수준에 대하여 {체중} 변수의 1차 추세와 2차 추세를 검정한 결과이다. '선형 항' (가중되지 않음)의 제곱합과 '2차항' (가중되지 않음)의 제곱합은 다음과 같이 직접 구할 수 있다.

'선형 항'의 제곱합: $\dfrac{(\overline{y}_3-\overline{y}_1)^2}{1/n_3+1/n_1}=\dfrac{(166.71-130.91)^2}{1/14+1/11}=7894.902$

'2차항'의 제곱합: $\dfrac{(\overline{y_1}-2\,\overline{y_2}+\overline{y_3})^2}{1/n_1+4/n_2+1/n_3}=\dfrac{(-14.22)^2}{1/11+4/13+1/14}=430.2032$

일원배치 분산분석

몸무게(파운드)

			제곱합	df	평균 제곱	F	유의확률
집단-간	(조합됨)		8107.863	2	4053.932	4.283	.022
	선형 항	가중되지 않음	7897.194	1	7897.194	8.344	.007
		가중됨	7677.492	1	7677.492	8.112	.007
		편차	430.371	1	430.371	.455	.505
	2차항	가중되지 않음	430.371	1	430.371	.455	.505
		가중됨	430.371	1	430.371	.455	.505
집단-내			33124.689	35	946.420		
합계			41232.553	37			

[예제 9.1.2]의 평균 도표를 보면 {연령별} 수준의 값이 커짐에 따라 {체중} 평균의 추세가 거의 1차 직선의 모양을 띄고 있음을 알 수 있다. 실제로 '일원배치 분산분석' 표를 분석해 보면 '선형 항'의 경우 유의확률(.007)이 유의수준(5%)보다 매우 작기 때문에 유의한 1차 추세가 있지만, '2차항'의 유의확률(.505)은 유의수준보다 크기 때문에 2차 추세는 통계적으로 유의하지 않음을 알 수 있다.

9.1.3 : 사후분석

일요인 분산분석을 통하여 요인의 수준 간에 유의한 차이가 있다고 인정되면 각 수준마다 모평균을 추정하거나, 모든 가능한 두 개씩의 수준 조합별 효과 차이를 검정한다. 예를 들어 수준수가 k인 일원배치법의 귀무가설 H_0: $\mu_1 = \mu_2 = \cdots = \mu_k$ 에 대한 검정은 일원배치 분산분석표의 F값을 이용한다. 이 귀무가설이 기각되면 요인의 각 수준의 모평균과 모든 2개의 수준 간 모평균의 차를 추정 또는 검정한다.

모든 가능한 2개의 요인수준 조합에 대하여 평균 차이를 검정하는 절차를 사후분석(post-hoc analysis) 또는 다중비교(multiple comparison)라고 한다. 인자의 2개의 수준 간 모평균 차이가 있는지에 대한 다중비교는 F값에 의한 귀무가설의 기각 여부에 관계없이 수행가능하며, F검정 결과 귀무가설이 기각되지 않는 자료에 대해서도 다중비교 방법을 달리하면 모평균 간에 차이가 있는 요인수준의 쌍이 존재할 수 있다. 반대로 다중비교에 의해 모든 두 집단 간 모평균 차이가 유의적으로 다르지 않더라도 실제 분산분석 과정에서는 모든 모평균들이 같다라는 귀무가설을 기각할 수 있다. 또한 각 집단에서 관찰된 자료의 개수가 서로 다른 경우에도 다중비교의 결과가 예측과 다르게 나타날 수 있다.

일반적으로 다중비교는 주로 일원배치법에서 사후분석으로 활용된다. 이원배치법을 포함한 다원배치법의 경우 요인들끼리의 교호작용이 존재할 경우 한 요인에 대한 다중비교는 무의미하기 때문이다. SPSS 통계패키지에서 다중비교를 위한 다양한 방법들을 제시하고 있기 때문에 분석하고자 하는 목적에 맞도록 다중비교 방법을 선택하여 사후분석에 활용한다.

[그림 9.1.4]는 SPSS에서 사후분석 방법으로 제공하고 있는 다양한 방법들을 표시한 "사후분석 – 다중비교" 대화상자이다.

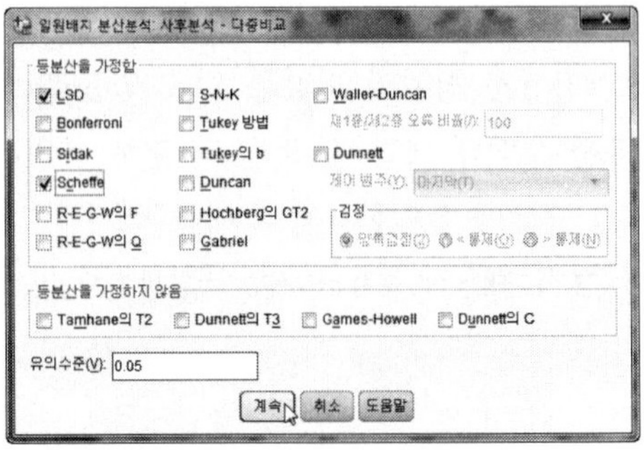

[그림 9.1.4] 사후분석 – 다중비교 방법

이 대화상자에 표시된 방법들은 각각 장단점을 가지고 있으므로 등분산을 가정할 수 있는지, 범위 검정이 필요한지, 아니면 대응별 다중비교가 필요한지의 여부에 따라 사후분석 방법을 선택하면 된다. 범위 검정은 차이가 없는 평균들을 동일 집단군으로 묶어 주며, 대응별 다중비교는 각 대응 평균 간 차이를 검정하고 유의수준 5%에서 평균차가 유의하면 그 사실을 행렬에 별표(*)로 표시해준다.

SPSS에서 제공하는 다중비교 방법을 등분산을 가정하는 경우와 등분산을 가정하지 못하는 경우로 분류하여 간단히 표시하면 다음과 같다.

- **등분산을 가정함**

① 다중비교 검정과 범위 검정

- Tukey 방법: Tukey의 정직유의차 검정으로 스튜던트화 범위통계량을 사용하여 집단 간 대응별 비교를 수행하고, 대응별 비교 결과 집합에 대한 오차율에 실험별 오차율을 설정한다.
- Hochberg의 GT2: 스튜던트화 최대 모듈을 사용하는 다중비교 및 범위 검정이다. Tukey의 정직유의차 검정과 유사하다.
- Scheffé: F 표본분포를 사용하여 가능한 모든 대응별 평균 조합에 대해 동시 결합 대응별 비교를 수행한다. 이 검정은 단순한 대응별 비교만이 아니라 집단 평균의 가능한 모든 선형 조합을 검토하는 데 사용될 수 있다.
- Gabriel: 스튜던트화 최대 상관계수를 사용하며 셀 크기가 동일하지 않을 때 사용하며, Hochberg의 GT2보다 효과적인 대응별 비교 검정을 수행한다.

② 범위 검정

- Tukey의 b: 스튜던트화 범위 분포를 사용하여 집단 간 대응별 비교를 수행한다.
- S-N-K(Student-Newman-Keuls): 스튜던트화 범위 분포를 사용하여 평균 간 모든 대응별 비교를 수행할 수 있다. 표본 크기가 같으면 단계별 프러시저를 사용하여 동일집단군 내의 대응 평균을 비교할 수도 있으며, 평균은 최고에서 최하까지 정렬되며 극단차가 먼저 검정된다.
- Duncan: 스튜던트화 범위통계량과 Student-Newman-Keuls 검정에서 사용한 순서와 동일한 단계별 비교 순서를 사용하여 대응별 비교를 수행하지만 개별 검정이 아닌 전체 검정에 대한 오차 비율에 대해 보호 수준을 설정한다.
- R-E-G-W의 F (Ryan-Einot-Gabriel-Welsch F검정): F검정을 기준으로 수행하

는 Ryan-Einot-Gabriel-Welsch 다중 단계감소 프러시저이다.

- R-E-G-W의 Q(Ryan-Einot-Gabriel-Welsch 범위 검정): 스튜던트화 범위를 기준으로 수행하는 Ryan-Einot-Gabriel-Welsch 다중 단계감소 프러시저이다.
- Waller-Duncan: t 통계량을 이용한 다중비교 검정으로 Bayesian 접근법을 사용한다.

③ 다중비교 검정

- Bonferroni: T검정을 사용하여 집단 평균 간 대응별 비교를 수행한다. 각 검정에 대한 오차 비율을 전체 검정수로 나눈 실험별 오차 비율로 설정하여 전체 오차 비율을 제어하므로 관측 유의수준은 다중비교 작업에 따라 조정된다.
- Sidak: t 통계량을 기준으로 하는 대응별 다중비교 검정을 수행한다. 또한 Sidak은 다중비교에 대한 유의수준을 조정하고 Bonferroni의 경우보다 더 엄격한 한계를 제공한다.
- Dunnett: 단일 통제 평균에 대해 처리군을 비교하는 대응별 다중비교 t 검정을 수행한다. 마지막 범주는 디폴트 통제 범주가 되지만, 처음 범주를 디폴트 통제 변수로 선택할 수 있다.
- LSD: T검정을 사용하여 모든 집단 평균 간 대응별 비교를 수행하는 isher의 최소유의차 검정으로 다중비교에 대한 오차 비율을 수정하지 않는다.

- **등분산을 가정하지 않음**
  - Tamhane의 T2: t 검정을 기준으로 보수적 대응별 비교 검정
  - Dunnett의 T3: 스튜던트화 최대 모듈을 기준으로 대응별 비교 검정
  - Games-Howell: 경우에 따라 자유롭게 수행되는 대응별 비교 검정
  - Dunnett의 C: 스튜던트화 범위를 기준으로 대응별 비교 검정

일반적으로 요인의 수준수가 3개일 경우에는 LSD 검정이 효과적이며, 비교 검정하고자 하는 평균 차에 대한 비교 가설의 수가 요인의 자유도($k-1$)보다 크지 않을 때에는 Bonferroni 검정을 사용한다. 반면에 비교 가설의 수가 요인의 자유도 ($k-1$) 보다 클 경우 Student-Newman-Keuls 검정을 사용할 수 있다. 요인의 수준수가 커지면 비교 가설의 수도 커지게 되는데 각 수준의 자료가 동일할 경우에는 Tukey 방법이 널리 사용되고, 각 수준의 자료가 일정치 않으며 복잡한 사후

분석이 필요한 비교 검정에 Scheffé 검정을 사용한다.

비교 방식의 차이에 따라 쌍별비교(Pairwise comparison), 대조군(Control)과의 비교, 그리고 다단계 검정(Multiple stage tests) 방법으로 구분하기도 한다. 쌍별비교는 한 번에 두 개 수준 간의 모평균의 차를 검정하는 방법으로 각 집단의 표본수가 같은 경우 Fisher의 최소유의차(LSD) 방법이 대표적인 쌍별 비교 방법이다. 이외에 Scheffe의 다중비교 방법, Tukey의 Studentized Range Test 방법 등이 있다.

대조군과의 비교 방법은 인자의 한 수준의 모평균과 나머지 수준의 모평균들 간의 비교를 수행하는 다중비교 방법이다. 이때 기준이 되는 인자의 특별한 수준을 대조군이라고 한다. 이 방법은 단지 대조군 수준과 다른 수준 간의 평균 비교 목적으로 사용되며, 그 예로 Dunnett의 비교법을 들 수 있다.

다단계 검정법은 쌍별비교의 각 단계마다 유의수준을 다르게 놓고 비교하는 방법이다. Duncan의 Multiple Range Test 방법과 SNK 방법 등이 있으나 표본 크기들이 서로 차이가 있을 때에는 해석이 용이하지 못하다는 단점을 갖고 있다.

다중비교 방법에 대한 자세한 내용은 참고문헌 [14]를 참고하기 바라며, 이 절에서는 LSD 방법과 Scheffe 방법을 소개한다. 다중비교 방법을 이용하여 동시에 검정하고자 하는 가설을 정의하면 다음과 같다.

$$H_0 : \mu_i = \mu_j \qquad H_1 : \mu_i \neq \mu_j \qquad (i, j = 1, 2, \cdots, k,\ i \neq j)$$

- **LSD 검정법**

LSD 검정법은 최소유의차(Least Significant Difference)인 LSD를 구한 후, 두 수준의 표본평균으로부터 $|\bar{y}_i - \bar{y}_j|$을 구하여 두 값을 비교한다.

$$LSD = (t_{\alpha/2, \phi_E}) \sqrt{\mathrm{MSE}\left(\frac{1}{n_i} + \frac{1}{n_j}\right)}$$

두 수준의 각 조합에서 $|\bar{y}_i - \bar{y}_j|$의 값이 LSD보다 크면 귀무가설을 기각한다. 즉 두 수준의 평균 간에 유의한 차이가 있다고 결론을 내린다. 그러나 $|\bar{y}_i - \bar{y}_j|$의 값이 LSD보다 작으면 귀무가설을 채택하게 되고, 따라서 두 수준 간 평균의 차이가 통계적으로 유의하지 않음을 알 수 있다.

두 수준의 모평균차 $(\mu_i - \mu_j)$에 대한 $100(1-\alpha)\%$ 신뢰구간은 다음 식으로 구할 수 있다.

$$(\bar{y}_i-\bar{y}_j)-(t_{\alpha/2,\phi_E})\sqrt{\text{MSE}\left(\frac{1}{n_i}+\frac{1}{n_j}\right)} < \mu_i-\mu_j < (\bar{y}_i-\bar{y}_j)+(t_{\alpha/2,\phi_E})\sqrt{\text{MSE}\left(\frac{1}{n_i}+\frac{1}{n_j}\right)}$$

$$(\bar{y}_i-\bar{y}_j)-LSD < \mu_i-\mu_j < (\bar{y}_i-\bar{y}_j)+LSD$$

두 수준의 모평균차 $(\mu_i-\mu_j)$에 대한 $100(1-\alpha)\%$ 신뢰구간을 이용하여 가설검정을 수행할 수 있다. 즉 이 신뢰구간에 0이 포함되면 유의수준 α에서 μ_i와 μ_j 간에 유의한 차가 있다고 볼 수 없으며, 반대로 0이 포함되지 않으면 귀무가설을 기각함으로서 μ_i와 μ_j 간에 유의한 차가 있다고 결론내릴 수 있다.

예제 9.1.3 (데이터 파일 "예6-2.sav") {연령별}의 모든 집단의 쌍에 대하여 {체중}의 평균 간 차이가 존재하는지 LSD 검정법을 사용하여 유의수준 5%에서 가설검정하여라.

풀이 9.1.3 [그림 9.1.4]에 표시된 다중비교 검정법 중에서 ☑ LSD를 체크하고 [계속]한 후 [확인]하면 다음 결과를 얻을 수 있다.

다중비교

종속변수: 몸무게(파운드)

LSD

(I) 연령별	(J) 연령별	평균차(I-J)	표준오차	유의확률	95% 신뢰구간	
					하한값	상한값
20대 이하	30대	-25.014	12.603	.055	-50.60	.57
	40대 이상	-35.805*	12.395	.007	-60.97	-10.64
30대	20대 이하	25.014	12.603	.055	-.57	50.60
	40대 이상	-10.791	11.849	.369	-34.85	13.26
40대 이상	20대 이하	35.805*	12.395	.007	10.64	60.97
	30대	10.791	11.849	.369	-13.26	34.85

*. 평균차는 0.05 수준에서 유의합니다.

{연령별}의 '20대 이하' 집단과 '30대' 집단의 {체중}에 대한 표본평균은 각각 $\bar{y}_1=130.91$, $\bar{y}_2=155.92$이므로 두 집단의 '평균차(I-J)'는 -25.01이다. 또한 두 집단의 표본의 수가 $n_1=11, n_2=13$이고, $MSE=946.420$이므로 표준오차

는 다음과 같다.

$$표준오차 = \sqrt{\mathrm{MSE}\left(\frac{1}{n_i}+\frac{1}{n_j}\right)} = \sqrt{(946.420)\left(\frac{1}{11}+\frac{1}{13}\right)} = 12.603$$

검정통계량 T_0의 값은 '평균차/표준오차'인 -1.984이다. 양측검정의 경우 이 검정통계량에 대응하는 유의확률은 자유도 35인 t분포로부터 구할 수 있다(참고로 이 값은 CDF.T(-1.984, 35)*2의 변수 계산으로 구할 수 있다).

$$유의확률(양측) = P(T < -1.984 \;\; 또는 \;\; T > 1.984) = 0.055$$

이렇게 계산된 유의확률이 유의수준 0.05보다 작으면 귀무가설을 기각하게 된다. 그러나 이 경우에는 유의수준보다 유의확률이 크므로 귀무가설을 기각하지 못한다. 따라서 두 집단의 모평균이 서로 다르다는 증거를 찾을 수 없다.

다음과 같이 계산되는 최소유의차 LSD를 이용하여 두 집단의 모평균의 차에 대한 가설검정의 결론을 내릴 수 있다. 여기서 $t_{0.025,35} = 2.030$는 함수 IDF.T (0.975, 35)를 이용하여 구한다.

$$LSD = (t_{0.025,35})\sqrt{\mathrm{MSE}\left(\frac{1}{n_i}+\frac{1}{n_j}\right)} = (2.030)(12.603) = 25.584$$

이렇게 구한 LSD에 대하여 {연령별}의 '20대 이하' 집단과 '30대' 집단의 {체중}에 대한 평균 차(-25.014)의 절댓값이 LSD보다 작으므로 귀무가설을 채택한다.

또한 두 집단의 모평균 차에 대한 가설검정은 신뢰구간을 이용하여 수행할 수 있다. {연령별}의 '20대 이하' 집단과 '30대' 집단의 {체중}에 대한 모평균 차의 95% 신뢰구간은 $(-25.014-25.584,\ -25.014+25.584) = (-50.60,\ 0.57)$이다. 이 신뢰구간에 0이 포함되어 있으므로 유의수준 5%에서 귀무가설을 기각할 수 없다.

비슷하게 나머지 집단 간 쌍의 결과를 해석할 수 있다. LSD의 검정 결과를 보면 '20대 이하' 집단과 '40대 이상' 집단의 평균 차에 대한 유의확률이 0.007로서 두 연령별 집단은 서로 유의적인 평균 차이가 존재함을 알 수 있다. "다중비교" 표에서 '평균차(I-J)'의 숫자 뒤에 붙어 있는 * 표시는 유의수준 .05에서 두 집단이 유의적인 차이가 있음을 말해 주는 것이다.

- **Scheffe 검정법**

Scheffe 검정법은 먼저 F분포로부터 검정통계량 F_S을 다음과 같이 구한다.

$$F_S = \frac{(\bar{y}_i - \bar{y}_j)^2}{\text{MSE}\left(\frac{1}{n_i} + \frac{1}{n_j}\right)} = \left(\frac{\text{평균차}}{\text{표준오차}}\right)^2$$

두 수준의 각 조합에서 F_S 값이 $(k-1)F_{\alpha,k-1,N-k}$보다 크면 귀무가설을 기각하고, 두 수준의 평균 간에 유의한 차이가 있다고 결론을 내린다. 그러나 F_S 값이 $(k-1)F_{\alpha,k-1,N-k}$보다 작으면 귀무가설을 채택하게 되고, 따라서 두 수준 간 평균의 차이가 통계적으로 유의하지 않음을 알 수 있다. 이를 다르게 표현해 보면 다음 식을 만족할 경우 귀무가설을 채택한다.

$$|\bar{y}_i - \bar{y}_j| \Big/ \sqrt{\text{MSE}\left(\frac{1}{n_i} + \frac{1}{n_j}\right)} < \sqrt{(k-1)F_{\alpha,k-1,N-k}}$$

이 식을 응용하면 두 수준의 모평균차 $(\mu_i - \mu_j)$에 대한 $100(1-\alpha)\%$ 신뢰구간을 다음 식과 같이 근사적으로 구할 수 있다.

$$(\bar{y}_i - \bar{y}_j) - \sqrt{(k-1)F_{\alpha,k-1,N-k}}\sqrt{\text{MSE}\left(\frac{1}{n_i} + \frac{1}{n_j}\right)} < \mu_i - \mu_j$$
$$< (\bar{y}_i - \bar{y}_j) + \sqrt{(k-1)F_{\alpha,k-1,N-k}}\sqrt{\text{MSE}\left(\frac{1}{n_i} + \frac{1}{n_j}\right)}$$

예제 9.1.4 (데이터 파일 "예6-2.sav") {연령별}의 모든 집단의 쌍에 대하여 {체중}의 평균 간 차이가 존재하는지 Scheffé 검정법을 사용하여 유의수준 5%에서 가설검정하여라.

풀이 9.1.4 [그림 9.1.4]에 표시된 다중비교 검정법 중에서 ☑ Scheffé를 체크하고 [계속]한 후 [확인]하면 다음 결과(다중비교와 범위 검정)를 얻을 수 있다.

다중비교

종속변수: 몸무게(파운드)

Scheffe

(I) 연령별	(J) 연령별	평균차(I-J)	표준오차	유의확률	95% 신뢰구간	
					하한값	상한값
20대 이하	30대	−25.014	12.603	.155	−57.23	7.20
	40대 이상	−35.805*	12.395	.024	−67.49	−4.12
30대	20대 이하	25.014	12.603	.155	−7.20	57.23
	40대 이상	−10.791	11.849	.664	−41.08	19.50
40대 이상	20대 이하	35.805*	12.395	.024	4.12	67.49
	30대	10.791	11.849	.664	−19.50	41.08

*. 평균차는 0.05 수준에서 유의합니다.

{연령별}의 '20대 이하' 집단과 '30대' 집단의 {체중}에 대한 두 집단의 '평균차(I-J)'와 표준오차는 LSD 검정의 경우와 동일하다. Scheffé 검정법의 유의확률은 자유도 (2,35)인 F분포에서 다음과 같이 구한다.

$$\text{유의확률} = P(F > F_S / (k-1))$$

예를 들어 {연령별}의 '20대 이하' 집단과 '40대 이상' 집단의 {체중}에 대한 두 집단의 평균 차에 대한 가설검정에서 F_S와 이에 대응하는 유의확률은 다음과 같다. 이때 유의확률은 변수 계산 1-CDF.F(8.344/2, 2, 35)을 이용하여 계산한다.

$$F_S = (-35.805/12.395)^2 = 8.344$$
$$\text{유의확률} = P(F > 8.344/2) = 0.0237$$

{연령별}의 '20대 이하' 집단과 '40대 이상' 집단의 {체중}에 대한 모평균 차의 95% 신뢰구간을 구하기 위해서 먼저 $F_{0.05,2,35}$를 함수 IDF.F(0.95, 2, 35)를 이용하여 구하면 $F_{0.05,2,35} = 3.267$이다. 이를 이용하면 '20대 이하' 집단과 '40대 이상' 집단의 {체중}에 대한 모평균 차의 95% 신뢰구간은

$$(-35.805 - \sqrt{2 \cdot 3.267} \times 12.395,\ -35.805 + \sqrt{2 \cdot 3.267} \times 12.395)$$
$$= (-67.4887,\ -4.1213)$$

이다. 이렇게 구한 두 모평균차의 $100(1-\alpha)\%$ 신뢰구간에 0이 포함되지 않으

므로 두 수준의 모평균은 유의수준 α에서 유의한 차이가 있다고 볼 수 있다.

Scheffé 검정의 결과를 종합적으로 분석해 보면 '20대 이하' 집단과 '30대' 집단의 {체중}에 대한 모평균 차가 없는 것으로 나타났으며, 마찬가지로 '30대' 집단과 '40대 이상' 집단의 {체중}에 대한 모평균 차도 유의하지 않았다. 이와 같은 결과를 하나의 표로 표시한 것이 다음 범위 검정표이다. 부집단 1에 속한 집단들은 동일 집단군으로 묶일 수 있다는 의미이며, 마찬가지로 부집단 2에 속한 집단들도 평균 차가 없는 하나의 동일 집단군을 형성하고 있음을 말해준다.

몸무게(파운드)

Scheffea,b

연령별	N	유의수준 = 0.05에 대한 부집단	
		1	2
20대 이하	11	130.91	
30대	13	155.92	155.92
40대 이상	14		166.71
유의확률		.141	.683

동일 집단군에 있는 집단에 대한 평균이 표시됩니다.

a. 조화평균 표본 크기 11.527을(를) 사용합니다.

b. 집단 크기가 동일하지 않습니다. 집단 크기의 조화평균이 사용됩니다. I 유형 오차 수준은 보장되지 않습니다.

9.2 반복이 없는 이원배치법

9.2.1 : 모수요인과 변량요인

[예제 9.1.1]에서 다루었던 일원배치 모형에서 종속변수 {체중}의 값은 요인 {연령별} 변수의 서로 다른 값의 집단에 대하여 동일한 평균값을 갖지 않음을 알 수 있었다. 즉 종속변수 {체중}에 요인변수 {연령별}의 효과가 유의적이라고 할 수 있다. 이때 일원배치 모형에 포함된 {연령별}의 값은 실험에 포함하고자 하는 모든 집단을 다 표현한 것으로서 확률적인 값이 아니다. 이와 같이 모든 요인의 수준이 기술적으로 정의된 요인을 모수요인(fixed factor)이라고 한다. 예를 들어 온도, 압력, 작업방법, 길이 등 공업실험에 사용되는 대부분의 요인들이 모수요인에 속한다고 볼 수 있다.

반면에 실험에 포함될 요인의 많은 수준 중에서 몇 가지 요인을 랜덤하게 선택해야 되는 경우가 발생한다. 예를 들어 실험의 한 요인으로 특정 약품을 선택하여 이 약품의 밀도를 분석한다고 하자. 이 약품은 수백 개의 드럼통에 들어 있으며, 약품 요인의 세 수준을 정하기 위하여 3개의 드럼통을 랜덤하게 선택한다. 이때, 약품이란 요인의 각 수준(드럼통)은 실험을 할 때마다 변동이 되므로 이를 정확하게 기술할 수 없다. 즉 이 약품 요인은 모수인자라고 할 수 없을 것이다. 이와 같이 무작위로 선택하여 수준이 형성되기 때문에 각 수준의 효과가 확률변수의 특성을 갖는 요인을 변량요인(random factor)이라고 한다.

변량요인은 블록요인과 집단요인으로 구분할 수 있다. 많은 요일 중에서 무작위로 선택되는 실험일, 많은 실험 장소 중에서 무작위로 선택되는 실험장, 또는 시간적 차이를 두고 실시되는 반복 등을 블록요인(또는 블록인자)라고 한다. 반면에 드럼통, 로트 중에서 무작위로 선택하여 요인의 수준을 정하는 변량요인을 집단요인이라고 한다. 블록인자가 포함된 실험의 경우 블록인자의 각 수준이 결정된 이후 나머지 요인들에 대한 실험을 랜덤하게 수행하여야 하지만, 집단요인은 언제든지 이 요인의 수준을 변경하여 실험할 수 있다.

실험계획법의 구조식에서 모수요인의 주효과($a_i = \mu_i - \mu$)는 상수가 된다. 그러나 변량요인의 경우 요인의 수준이 무작위로 선택되므로 변량요인의 주효과는 일종의 확률변수이다. 따라서 실험계획 모형에서 모수요인과 변량요인의 주효과(a_i)에 대한 성질을 다음과 같이 구분하여 표현할 수 있다.

$$\text{모수요인: } \sum_{i=1}^{k} a_i = 0$$

$$\text{변량요인: } E(a_i) = 0, \quad \sigma_A^2 = Var(a_i) = E[a_i - E(a_i)]^2 = E\left[\frac{1}{k-1}\sum_{i=1}^{k}(a_i - \bar{a})^2\right]$$

모수요인으로 구성된 일요인 분산분석은 요인의 각 수준에서 종속변수의 모평균이 모두 같은지에 대한 귀무가설을 검정해준다. 그러나 변량요인으로 구성된 일요인 분산분석은 변량요인의 산포에 대한 다음 두 가설을 검정하는 것이다.

$$H_0 : \sigma_A^2 = 0 \qquad H_1 : \sigma_A^2 > 0$$

일요인 분산분석에 의하여 귀무가설이 기각되면 모수요인의 경우 분산분석 후의 각 수준 간 평균 차에 대한 추정이나 검정을 수행하였다. 그러나 변량요인에 대한 분산분석 후의 작업은 σ_A^2의 추정을 통해 변량요인의 산포도를 분석한다.

종속변수에 대하여 둘 이상의 요인의 효과를 검출하고자 할 때 사용되는 실험계획법의 모형이 이원배치법이다. 이원배치법의 모형은 2개의 모수요인들로 구성된 모수모형과 2개의 변량인자들로 구성된 변량모형, 모수요인와 변량요인이 1개씩 섞여 있는 혼합모형(mixed model)으로 구분할 수 있다.

9.2.2 : 임의화 블록계획법(RBD)

혼합모형의 대표적인 예로 소개되는 난괴법 또는 임의화 블록계획법(RBD, randomized block design)은 1개의 모수요인과 1개의 변량요인으로 구성된 반복이 없는 이원배치법의 실험을 말한다. 임의화 블록계획법은 R. A. Fisher에 의하여 농사실험에 도입된 실험배치 방법으로 이 모형에 포함된 변량요인의 종류에 따라 전체 실험의 순서를 정하는 방법에 차이가 있다. 즉 변량요인이 집단요인이면 언제든지 수준의 변경이 용이하므로 일반적인 이원배치법의 실험과 똑같이 전체 실험의 장을 랜덤하게 실험하면 된다. 그러나 변량요인을 주로 블록요인으로 실험하는 임의화 블록계획법은 먼저 랜덤으로 블록요인의 수준을 정하고 모수요인에 대한 실험을 무작위로 수행한 후, 블록요인의 다른 수준에 대하여 실험을 이어가게 된다.

예를 들어 어떤 기계에 부착된 팁(Tip)이 금속을 압박했을 때 금속 속으로 팁이 들어간 깊이를 이용하여 금속의 경도(hardness, 단단한 정도)를 측정한다고 하자. 이 기계에 부착할 수 있는 팁은 4개 유형이 있으며, 서로 다른 4종류의 금속 재료에 대하여 경도를 측정하는 실험을 한 후, 팁의 유형에 따라 금속의 경도가 다르게 측정되는지의 여부를 가설검정하고자 한다. 즉 4개 유형의 팁으로부터 얻어지는 함몰 깊이의 모평균이 모두 같은지 여부를 검정하는 것으로 볼 수 있다.

이 검정을 팁의 유형만을 하나의 요인으로 갖는 일요인 분산분석을 이용하여 분석할 수 있다. 그러나 같은 종류의 금속이라도 금속이 만들어진 조건에 따라 경도가 다를 수 있으므로 금속 자체의 여러 변인이 이 실험에서 측정되는 함몰 깊이의 산포에 영향을 줄 것이다. 즉 일원배치법 모형의 오차항의 변동에 순수 오차와 함께 금속 간의 변동이 포함될 것이다. 이렇게 금속 간의 변동이 포함된 오차 변동은 팁의 유형에 따른 평균 차이를 검출하고자 하는 데 부정적 요인으로 작용한다. 즉 팁의 유형에 따른 평균 차이가 존재하는 데도 불구하고 그 차이를 검출할 수 없도록 방해할 수 있다.

그러나 실험계획 모형에 금속 간의 변동을 실험 오차로부터 분리하여 따로 분석한다면 팁의 유형에 따른 평균 차이 검정의 검정력을 높일 수 있다. 임의화 블록계획법(난괴법)은 일원배치 모형에서 오차항에 포함되었던 블록 사이의 변동을 따로 분리하여 모수요인의 수준 간 모평균 차의 비교를 정확하게 검정하고자 하는 목적으로 개발된 실험계획법이다. 일종의 혼합모형인 임의화 블록계획법은 한 개의 블록요인과 평균 비교를 목적으로 하는 모수요인 한 개로 구성된 이원배치법이다.

임의화 블록계획법의 실험은 먼저 블록요인의 한 수준이 결정되고 이 블록에서 모수요인의 모든 수준이 랜덤하게 배치되어 이루어진다. 수준 간 종속변수의 평균 비교를 주목적으로 하는 모수요인(A)과, 실험의 장애요인이지만 오차항과 구분됨으로써 분석 가능한 블록요인(B)이 포함된 임의화 블록계획법의 구조식을 표현하면 다음과 같다.

$$y_{ij} = \mu + a_i + b_j + e_{ij}, \quad (e_{ij} \sim iid\, N(0,\, \sigma_E^2),$$
$$b_j \sim iid\, N(0,\, \sigma_B^2),\ Cov(e_{ij},\, b_j) = 0,\ \sum a_i = 0)$$

여기서 종속변수 y_{ij}는 A의 i번째 수준과 B의 j번째 수준의 조합에서 얻어진 반응값을 나타내며, μ는 전체 모평균, a_i는 A의 i번째 수준에서의 효과, b_j는 B의 j번째 수준에서의 블록효과, e_{ij}는 오차항이다.

일요인 분산분석법과 마찬가지로 이원배치법도 총제곱합 S_T을 다음과 같이 오차제곱합 S_E과 두 요인의 제곱합(S_A , S_B)으로 분해할 수 있다.

$$S_T = S_A + S_B + S_E$$
$$S_T = \sum_{i=1}^{k}\sum_{j=1}^{n}(y_{ij} - \bar{y})^2 = \sum_{i=1}^{k}\sum_{j=1}^{n} y_{ij}^2 - \frac{T^2}{N}, \quad (T = \sum_{i=1}^{k}\sum_{j=1}^{n} y_{ij},\ N = kn)$$
$$S_A = \sum_{i=1}^{k}\sum_{j=1}^{n}(\bar{y}_{i.} - \bar{y})^2 = \sum_{i=1}^{k}\frac{T_{i.}^2}{n} - \frac{T^2}{N}, \quad (T_{i.} = \sum_{j=1}^{n} y_{ij})$$
$$S_B = \sum_{i=1}^{k}\sum_{j=1}^{n}(\bar{y}_{.j} - \bar{y})^2 = \sum_{j=1}^{n}\frac{T_{.j}^2}{k} - \frac{T^2}{N}, \quad (T_{.j} = \sum_{i=1}^{k} y_{ij})$$
$$S_E = \sum_{i=1}^{k}\sum_{j=1}^{n}(y_{ij} - \bar{y}_{i.} - \bar{y}_{.j} + \bar{y})^2 = S_T - S_A - S_B$$

이원배치법의 일종인 임의화 블록계획법에서 요인 A는 평균 차의 검정을 목적으로 하는 처리 효과를 의미하며, 요인 B는 검정력을 높여주기 위해 모형에 추가된 블록요인이다. 이렇게 구한 제곱합들을 기초로 임의화 블록계획법의 분산분석표를 작성하면 [표 9.2.1]과 같다.

[표 9.2.1] 임의화 블록계획법의 분산분석표

요인(Source)	제곱합	자유도	평균제곱	F
모수요인(A)	S_A	$\phi_A = k-1$	V_A	$\frac{V_A}{V_E}$
변량요인(B)	S_B	$\phi_B = n-1$	V_B	$\frac{V_B}{V_E}$
오차(Error)	S_E	$\phi_E = (k-1)(n-1)$	V_E	
전체	S_T	$\phi_T = kn-1$		

모수요인 A의 주효과를 검정하기 위한 귀무가설은 다음과 같다.

$$H_0 : a_1 = a_2 = \cdots = a_k = 0$$

이 귀무가설을 검정하기 위한 검정통계량은 [표 9.2.1]의 분산분석표에서 '모수요인(A)' 행에 표시된 F값이다.

$$F = \frac{S_A/\phi_A}{S_E/\phi_E} = \frac{V_A}{V_E}$$

만약 유의수준 α에서 검정통계량 F값이 검정의 기각값인 $F_{\alpha, \phi_A, \phi_E}$ 보다 크면 귀무가설을 기각하게 된다. 이 경우 모수요인 A의 모든 수준에서 모평균들이 동일하지 않음을 알 수 있으며, 따라서 모수요인 A가 종속변수에 유의한 영향을 준다고 볼 수 있다.

요인 B는 변량요인으로서 B 인자의 두 수준 간 효과의 차이를 분석하는 것은 무의미하다. 특히 임의화 블록계획법에서의 블록요인 B는 요인 A의 효과를 정확하게 탐지할 목적으로 오차항과 분리되어 모형에 추가된 장애 요인으로서 따로 분석하지 않아도 된다. 그러나 특별히 모든 블록의 효과가 같은지 검정하고자 할 경우에 F검정을 할 수 있다. 요인 B는 변량요인이므로 블록의 효과에 대한 가설검정은 모집단에서의 b_j의 분산이 0인지의 여부를 밝히는 것과 같다.

귀무가설 $H_0 : \sigma_B^2 = 0$을 검정하기 위한 검정통계량은 [표 9.2.1]의 분산분석표에서 '변량요인(B)' 행에 표시된 $F = \dfrac{S_B/\phi_B}{S_E/\phi_E} = \dfrac{V_B}{V_E}$이다. 유의수준 α에서 이 검정통계량 F 값이 검정의 기각값인 $F_{\alpha,\phi_B\phi_E}$ 보다 작으면 귀무가설 $H_0 : \sigma_B^2 = 0$을 채택한다. 귀무가설이 채택되면 변량요인 B의 분산이 0이라고 할 수 있으므로 모집단의 모든 변량 요인의 효과에 대한 변이가 적다고 결론내릴 수 있다.

예제 9.2.1 금속의 경도는 이를 측정하는 기계에 장착된 팁(tip)을 이용한다. 이 기계에 장착되는 팁의 유형(4 종류)에 따라 금속의 경도가 달라지는지 알아보기 위하여 여러 종류의 금속 재료 중에서 임의로 3개의 금속 재료를 선택하였다. 먼저 3개의 금속 재료 중에서 임의로 한 개를 선택한 후, 4개의 유형 중에서 랜덤으로 선택된 팁을 기계에 장착하여 이 금속의 경도를 측정하였다. 이후 같은 금속에 대하여 나머지 유형의 팁을 랜덤으로 장착하여 경도를 측정한 후, 다른 금속의 경도를 측정하는 실험을 수행하여 [표 9.2.2]의 자료를 얻었다.

금속의 경도를 측정하는 이 기계에 장착된 팁의 유형에 따라 금속의 경도가 다르게 측정되는지의 여부를 유의수준 5%에서 가설검정하여라.

[표 9.2.2] 금속의 경도 측정 자료

팁의 종류 (모수요인)	금속(블록요인)		
	1	2	3
1	9.3	9.4	9.5
2	9.6	9.5	9.6
3	9.4	9.4	9.5
4	9.5	9.5	9.7

풀이 9.2.1 다음 [그림 9.2.1]은 [표 9.2.2]의 자료를 SPSS 데이터 편집기 윈도우에 입력한 모습을 표시한 것이다(이 데이터 파일을 "예9-1.sav"로 저장하자). 여기서 변수 {팁}과 {금속}은 각각 팁의 유형과 금속의 종류를 저장한 범주형 변수이며, 기계로부터 측정된 금속의 경도인 변수 {경도}는 분산분석에서 종속변수로 작용할 연속형 변수이다.

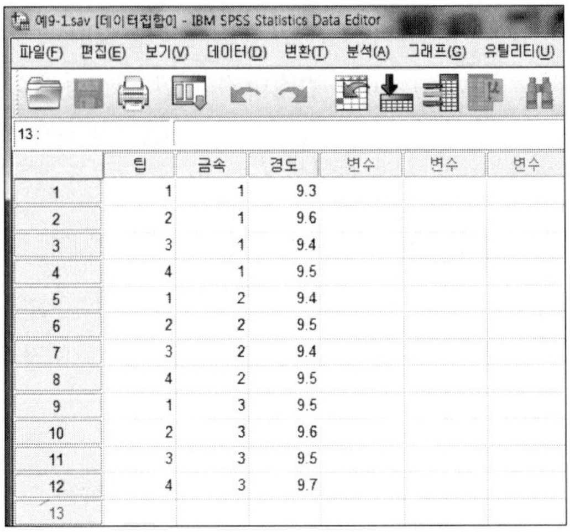

[그림 9.2.1] 금속의 경도 측정 자료의 입력

요인이 한 개인 일요인 분산분석을 시행하기 위하여 [일원배치 분산분석(O)] 프러시저를 실행하면 되지만, 2개 이상의 요인이 포함된 실험계획모형의 자료를 분석하기 위해서는 다음 순서로 [일변량(U)] 프러시저를 실행한다.

[분석(A)] → [일반선형모형(G)] → [일변량(U)]

[그림 9.2.2]는 임의화 블록계획법으로 얻어진 [표 9.2.2]의 자료에 대하여 팁의 유형에 따른 금속의 경도가 차이가 나는지 검정하기 위하여 변수 {경도}를 종속변수에, 변수 {팁}을 모수요인에, 그리고 변수 {금속}을 변량요인으로 배치한 "일변량 분석" 대화상자의 모습이다.

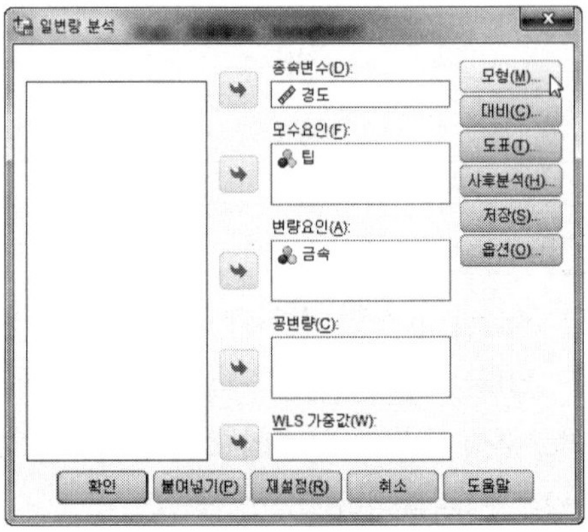

[그림 9.2.2] 임의화 블록계획법의 요인 배치

임의화 블록계획법은 두 요인의 수준 조합에서 관측치가 1개이므로 두 요인의 상호작용이 검출되지 않는다. [일변량(U)] 분석 프러시저는 기본적으로 완전요인 모형을 분석 모형으로 설정하기 때문에 임의화 블록계획법과 같이 두 요인의 주효과만으로 구성된 모형은 [모형(M)] 버튼에서 사용자 정의를 선택한 후 항 설정에서 주효과로 변경해 줘야 한다 ([그림 9.2.3]).

[그림 9.2.3] 모형 설정

다음으로 두 요인의 조합별 평균과 표준편차를 구하기 위하여 [옵션(O)] 버튼을 누른 후 나타나는 다음 대화상자에서 [☑ 기술통계량(D)]를 체크한다. [옵션(O)] 대화상자에 표시된 기타 옵션들의 쓰임새는 [도움말]을 참조하자 ([그림 9.2.4]).

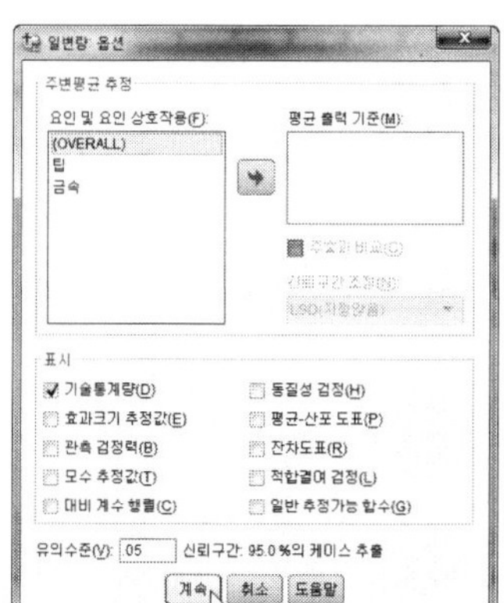

[그림 9.2.4] 옵션 설정

이제 "일변량 분석" 대화상자로 돌아가서 [확인]하면 [일변량(U)] 프러시저가 실행된다. 그 결과 두 요인의 수준 조합에 대한 기술통계량과 분산분석표를 작성할 수 있는 개체-간 효과검정표, 혼합 모형 또는 변량 모형의 경우 분산분석에 필요한 기대평균제곱(EMS) 표, 그리고 {팁}에 대한 {경도}의 프로파일 도표가 출력된다.

개체-간 요인

		N
팁	1	3
	2	3
	3	3
	4	3
금속	1	4
	2	4
	3	4

기술통계량

종속변수: 경도

팁	금속	평균	표준편차	N
1	1	9.300		1
	2	9.400		1
	3	9.500		1
	합계	9.400	.1000	3
2	1	9.600		1
	2	9.500		1
	3	9.600		1
	합계	9.567	.0577	3
3	1	9.400		1
	2	9.400		1
	3	9.500		1
	합계	9.433	.0577	3
4	1	9.500		1
	2	9.500		1
	3	9.700		1
	합계	9.567	.1155	3
합계	1	9.450	.1291	4
	2	9.450	.0577	4
	3	9.575	.0957	4
	합계	9.492	.1084	12

모형에 포함된 두 요인의 제곱합 S_A와 S_B을 구하는 식을 변형한 후, 두 요인의 수준별 표본평균을 대입하면 다음과 같이 제곱합을 구할 수 있다. 오차항의 제곱합(S_E)은 총제곱합(S_T)을 구한 후 두 요인의 제곱합 S_A와 S_B의 합을 빼면 된다.

$$S_A = n\sum_{i=1}^{k}(\overline{y}_{i.} - \overline{y})^2$$
$$= 3\left((9.4-9.492)^2 + (9.567-9.492)^2 + \cdots + (9.567-9.492)^2\right) = 0.0696$$

$$S_B = k\sum_{j=1}^{n}(\bar{y}_{.j} - \bar{y})^2 = 4((9.45-9.492)^2 + (9.45-9.492)^2 + (9.575-9.492)^2) = 0.0417$$

모수요인(A) '팁'의 자유도는 3이고 변량요인(B) '금속'의 자유도가 2이므로 두 요인의 평균제곱 V_A, V_B를 쉽게 구할 수 있다.

$$V_A = 0.0696/3 = 0.0232, \quad V_B = 0.0417/2 = 0.0209$$

개체-간 효과 검정

종속변수: 경도

소스		제 III 유형 제곱합	자유도	평균 제곱	F	유의확률
절편	가설	1081.101	1	1081.101	51892.840	.000
	오차	.042	2	.021a		
팁	가설	.069	3	.023	7.545	.018
	오차	.018	6	.003b		
금속	가설	.042	2	.021	6.818	.029
	오차	.018	6	.003b		

a. MS(금속)

b. MS(오차)

분산분석에서 각 요인의 제곱합을 구하는 유형은 제I유형, 제II형, 제III형, 그리고 제IV유형이 있다. 제I유형 제곱합은 모형에 들어가는 순서에 따라 제곱합이 달라진다. 즉 제I유형 제곱합은 요인을 하나씩 모형에 추가하면서 그 변동의 차이를 분석하는 용도로 사용한다. 공분산분석 등에서 제I유형 제곱합을 적용하는 예를 살펴볼 수 있다.

반면에 제II유형 제곱합은 다른 모든 요인들이 모형에 포함되었다고 가정한 이후 특정 요인이 추가될 경우 그 변동의 차이를 제곱합으로 계산한 것이다. 즉 제III유형 제곱합은 모든 요인을 모형에 포함한 변동과 특정 요인만 삭제한 모형의 변동의 차이를 구함으로써 특정 요인이 전체에 미치는 변동분을 구한 것으로 볼 수 있다. 여기서는 '개체-간 효과 검정' 표에 표시된 바와 같이 제III유형의 제곱합을 사용하고 있다.

기대평균제곱[a,b]

소스	분산성분		
	Var(금속)	Var(오차)	2차항
절편	4.000	1.000	절편, 팁
팁	0.000	1.000	팁
금속	4.000	1.000	
오차	0.000	1.000	

a. 각 소스에 대한 기대평균제곱은 셀의 계수와 분산성분을 곱한 값의 합에 2차항 셀 내의 효과와 관련된 2차항을 더한 값과 같습니다.

b. 기대평균제곱은 유형 Ⅲ의 제곱합을 기준으로 결정됩니다.

모수모형의 경우 각 요인의 효과를 검정하기 위한 검정통계량은 각 요인의 평균제곱을 오차분산인 MSE로 나누어 구한다. 그러나 변량요인이 포함된 혼합모형이나 변량모형의 경우 변량요인의 분산이 포함된 기대평균제곱(EMS)을 통하여 검정통계량 값을 정한다.

'기대평균제곱' 표로부터 각 요인에 대한 EMS는 다음과 같이 간단히 표현할 수 있다.

$$\text{EMS(팁)} = \text{Var(오차)} + c\sum_{i=1}^{4} a_i^2 \quad (c\text{: 상수})$$

$$\text{EMS(금속)} = 4\ \text{Var(금속)} + \text{Var(오차)}$$

$$\text{EMS(오차)} = \text{Var(오차)}$$

만약 귀무가설 $H_0 : a_1 = a_2 = a_3 = a_4 = 0$가 참이면 EMS(팁)=EMS(오차)가 성립한다. 따라서 모수요인 A의 효과에 대한 검정통계량은 $F = V_A / V_E$임을 알 수 있다. 또한 변량요인 B의 분산에 대한 귀무가설 $H_0 : \sigma_B^2 = 0$이 참이면 EMS(금속)=EMS(오차)이므로 검정통계량은 $F = V_B / V_E$이어야 한다.

이 사실을 이용하여 분산분석표를 작성하면 다음과 같다.

요인(Source)	제곱합	자유도	평균제곱	F	유의확률
모수요인(팁)	0.069	3	0.023	7.545	0.018
변량요인(금속)	0.042	2	0.021	6.818	0.029
오차(Error)	0.018	6	0.003		
전체	0.129	11			

이제 분산분석표에 제시된 유의확률을 이용하여 가설검정의 결론을 내리면 된다. 모수요인(팁)의 유의확률은 0.018이므로 유의수준 5%보다 작다. 따라서 팁의 유형에 상관없이 경도의 평균이 같다는 귀무가설을 기각한다. 즉 경도를 측정하는 기계에 장착되는 팁의 유형에 따라 금속 경도의 평균값이 달라짐을 알 수 있다. 실제로 다음 그림에 나타난 바와 같이 팁의 유형에 따라 종속변수인 경도의 추정 평균값이 달라짐을 알 수 있다.

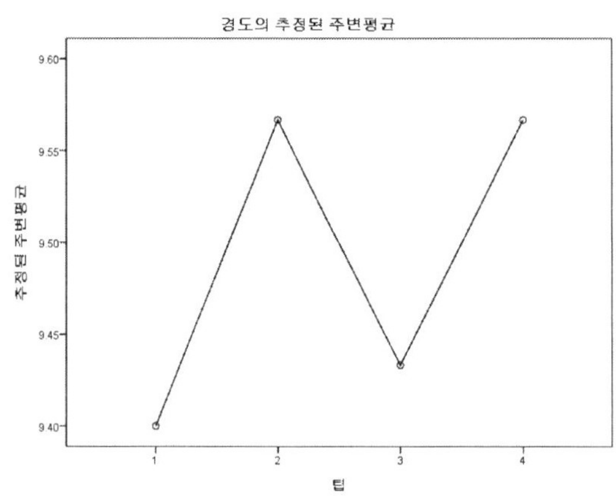

참고로 종속변수의 평균값이 모수요인의 각 수준에 대하여 어떻게 변하는지 살펴보기 위하여 [도표(T)] 버튼을 활용할 수 있다 ([그림 9.2.5]).

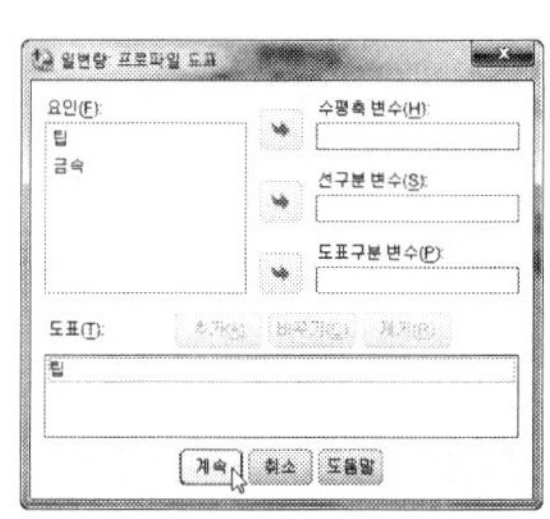

[그림 9.2.5] 프로파일 도표 작성

변량요인인 실험의 블록요인으로 모형에 참여한 금속의 경우 유의확률이 0.029로서 유의수준 0.05보다 작기 때문에 금속의 분산이 0이라는 귀무가설을 채택하지 못한다. 따라서 실험에 포함된 모집단의 금속 간에 산포가 존재함을 알 수 있다.

분산분석 결과 팁의 유형이 금속의 경도 측정에 유의한 영향을 주고 있음을 알 수 있었다. 따라서 사후분석으로 팁의 유형에 대한 다중비교를 실시한다. [그림 9.2.2]의 대화상자에서 [사후분석(H)] 버튼을 누르면 "관측평균의 사후분석 다중비교" 대화상자가 나타나는데 사후검정변수로 {팁}을 지정한 후, LSD 방법을 선택한다.

다음은 사후분석 다중비교 방법으로 지정한 LSD 방법의 실행 결과이다. 팁의 유형 1과 팁의 유형 3의 처리효과가 같으며, 팁의 유형 2와 팁의 유형 4가 같은 처리효과임을 알 수 있다.

다중비교

종속변수: 경도

LSD

(I) 팁	(J) 팁	평균차(I−J)	표준오차	유의확률	95% 신뢰구간	
					하한값	상한값
1	2	−.167*	.0451	.010	−.277	−.056
	3	−.033	.0451	.488	−.144	.077
	4	−.167*	.0451	.010	−.277	−.056
2	1	.167*	.0451	.010	.056	.277
	3	.133*	.0451	.025	.023	.244
	4	0.000	.0451	1.000	−.110	.110
3	1	.033	.0451	.488	−.077	.144
	2	−.133*	.0451	.025	−.244	−.023
	4	−.133*	.0451	.025	−.244	−.023
4	1	.167*	.0451	.010	.056	.277
	2	0.000	.0451	1.000	−.110	.110
	3	.133*	.0451	.025	.023	.244

관측평균을 기준으로 합니다. 오류 조건은 평균 제곱(오류) = .003입니다.

*. 평균차는 0.05 수준에서 유의합니다.

[표 9.2.2]의 자료를 [그림 9.2.6]과 같이 하나의 모수요인을 갖는 일요인 분산분석법으로 실행해 보자. 이 경우에는 {팁} 변수 하나만이 종속변수 {경도}에 영향을 주는 요인으로 간주하는 것이다.

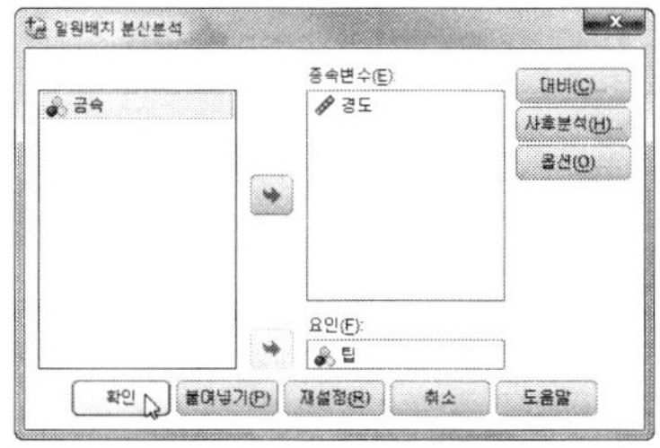

[그림 9.2.6] 일원배치 분산분석

그 결과 다음 분산분석표에서 집단－간 요인('팁')에 대한 검정통계량 F값(3.074)에 대응하는 유의확률(0.091)이 유의수준(5%)보다 크다는 사실을 알 수 있다. 따라서 금속의 경도를 측정하는 {팁}의 유형에 따라 {경도}의 측정에 영향을 주지 않는다고 볼 수 있다. 그러나 이러한 결론은 임의화 블록계획법으로 분석했던 결과와 상반된 결론을 내리고 있으므로 잘못된 분석임을 알 수 있다. 그 이유는 블록요인으로 작용했던 '금속' 요인의 변동이 오차항 변동으로 포함되었기 때문이다. 실제로 일원배치법 모형에서는 이원배치법에서의 오차항의 변동(0.018)과 '금속' 요인의 변동(0.042)이 하나의 오차항으로 합해져 있음을 볼 수 있다. 이와 같이 자료분석에 있어서 모형에 포함되는 요인의 역할이 매우 중요함을 알 수 있다.

일원배치 분산분석

경도

	제곱합	df	평균 제곱	F	유의확률
집단-간	.069	3	.023	3.074	.091
집단-내	.060	8	.007		
합계	.129	11			

9.2.3 : 대비

[일변량(U)] 프러시저를 이용하여 집단-간 요인에 대한 특정한 대비 분석을 수행할 수 있다. 예를 들어 [그림 9.2.2]의 "일변량 분석" 대화상자에서 [대비(C)] 버튼을 이용하면 [그림 9.2.7]과 같이 SPSS에서 제공하고 있는 6개 유형(편차, 단순, 차분, Helmert, 반복, 다항)의 대비에 대한 분석 결과를 얻을 수 있다.

[그림 9.2.8]은 6개 유형의 대비를 설정한 후 실행할 수 있는 각 대화상자를 표시한 것이다.

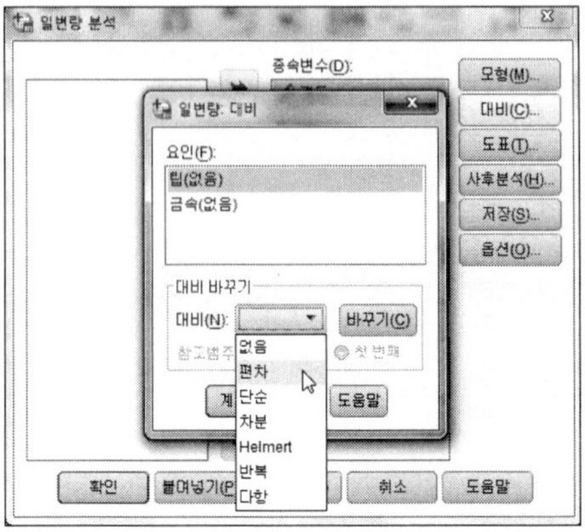

[그림 9.2.7] 대비의 실행

[그림 9.2.8] 대비의 6가지 유형

- 편차: 대비를 통해 분석하고자 하는 요인의 각 수준의 평균을 모든 수준의 평균(총 평균)과 비교한다. 단, [그림 9.2.8]과 같이 편차 대비를 설정하면 마지막 수준은 총 평균과 비교하지 않는다. 요인의 i 번째 수준의 모평균을 μ_i라고 할 때, 편차 대비에서 검정하고자 하는 귀무가설은 다음과 같다.

$$H_0 : \mu_i = \frac{1}{k}\sum_{i=1}^{k}\mu_i$$

이 귀무가설에 대응되는 대비는 $\mu_i - \frac{1}{k}\sum_{i=1}^{k}\mu_i$이며 이 대비의 추정값은 $\bar{y}_i - \bar{y}$으로 구한다. 검정통계량을 구하기 위하여 $\bar{y}_i - \bar{y}$의 분산을 구하면

$$Var(\bar{y}_i - \bar{y}) = \frac{1}{k^2} Var\left((k-1)\bar{y}_i - \sum_{j=1, j \neq i}^{k} \bar{y}_j\right) = \frac{\sigma_E^2}{k^2}\left(\frac{(k-1)k}{n}\right) = \frac{(k-1)\sigma_E^2}{kn}$$

이다. 따라서 미지인 오차항의 분산 σ_E^2의 추정값으로 MSE를 사용하면 다음과 같이 표준오차를 구할 수 있다.

$$\text{표준오차} = \sqrt{\frac{(k-1)MSE}{kn}}$$

9.1.2절에서 언급한 바와 같이 대비의 검정통계량은 t분포를 이용한다. 따라서 편차 대비의 검정통계량 T_0의 값도 다음과 같이 자유도가 ϕ_E인 t분포에서 얻을 수 있다.

$$T_0 = (\bar{y}_i - \bar{y}) \Big/ \sqrt{\frac{(k-1)MSE}{kn}} \sim t(\phi_E)$$

양측검정에 대한 기각값은 $t_{\alpha/2, \phi_E}$임을 알 수 있다. $|T_0|$의 값이 기각값보다 크면 귀무가설을 기각한다. 즉 이 경우 i번째 수준의 모평균과 전체 모평균이 유의수준 α에서 유의한 차이가 있다고 판정한다. 기각값 $t_{\alpha/2, \phi_E}$의 값은 함수 IDF.T(1-α/2, ϕ_E)를 이용하여 직접 구한다.

이 검정통계량에 대한 양측검정의 유의확률은 확률 $2P(T > |T_0|)$의 값을 구하면 된다. 이 유의확률이 유의수준 α보다 작으면 귀무가설을 기각할 수 있다. 참고로 SPSS의 변수 계산 2*(1-CDF.T(ABS(T_0),ϕ_E))를 통해 유의확률을 직접 구할 수 있다.

마지막으로 대비(차이)에 대한 95% 신뢰구간을 구하면 다음과 같다.

$$[(\text{대비 추정값}) \pm (\text{기각값})(\text{표준오차})] = \left[(\bar{y}_i - \bar{y}) \pm t_{\alpha/2, \phi_E}\sqrt{\frac{(k-1)MSE}{kn}} \right]$$

- 단순: 각 수준의 평균을 [참조범주]에 지정한 수준의 평균과 비교한다. 보통 통제 집단을 참조범주로 지정한다. 요인의 i번째 수준의 모평균을 μ_i라고

하고, 참조범주를 [마지막]으로 지정할 경우 단순 대비에서 검정하고자 하는 귀무가설은 다음과 같다.

$$H_0 : \mu_i = \mu_k$$

이 귀무가설에 대응하는 대비와 검정통계량, 그리고 유의확률 및 신뢰구간의 계산은 편차 대비의 기술과 유사하므로 생략한다.

- 차분: 차분 대비는 각 수준의 평균과 이전 수준의 평균을 비교하는 대비로서 역 Helmert 대비라고도 한다. 요인의 i 번째 수준의 모평균을 μ_i라고 할 때, 차분 대비에서 검정하고자 하는 귀무가설은 다음과 같다.

$$H_0 : \mu_i = \frac{1}{i-1}\sum_{j=1}^{i-1}\mu_i \quad (2 \le i \le k)$$

- Helmert: 차분 대비와 반대로 요인의 각 수준의 평균을 그 이후의 수준들의 평균과 비교한다. 요인의 i 번째 수준의 모평균을 μ_i라고 할 때, 검정하고자 하는 귀무가설은 다음과 같다.

$$H_0 : \mu_i = \frac{1}{k-i}\sum_{j=i+1}^{k}\mu_i \quad (1 \le i \le k-1)$$

- 반복: 단순 대비는 각 수준의 평균을 참조범주와 비교하지만, 반복 대비는 각 수준의 평균을 바로 다음 수준의 평균과 비교한다. 요인의 i 번째 수준의 모평균을 μ_i라고 할 때, 반복 대비에서 검정하고자 하는 귀무가설은 다음과 같다.

$$H_0 : \mu_i = \mu_{i+1} \quad (1 \le i \le k-1)$$

- 다항: 선형 효과, 2차 효과, 3차 효과 등을 나타내는 대비들은 다항 추세를 추정하는 데 사용된다.

예제 9.2.2 (데이터 파일 "예9-1.sav") 금속의 경도를 측정한 자료에 대하여 임의화 블록계획의 실행 이후 모수요인인 '팁'에 관한 편차 대비들을 유의수준 5%에서 가설 검정하여라.

풀이 9.2.2 [그림 9.2.7]의 "일변량 대비" 대화상자에서 분석하고자 하는 대비를 "편차"로 선택한 후, [바꾸기(C)]하고 차례대로 [계속]과 [확인]을 하면 일변량 분석에 대한 분산분석과 함께 "대비결과(K행렬)" 표가 출력된다.

이 표에서 '수준 1 및 평균' 대비와 '수준 2 및 평균' 대비의 유의확률은 0.05보다 작아서 유의한 대비 차가 있음을 알 수 있지만, '수준 3 및 평균' 대비는 유의수준 5%에서 유의한 대비차가 있다고 볼 수 없다.

대비결과(K 행렬)

팁 편차 대비[a]			종속 변수
			경도
수준 1 및 평균	대비 추정값		-.092
	가설값		0
	차분(추정값 - 가설값)		-.092
	표준오차		.028
	유의확률		.016
	차이에 대한 95% 신뢰구간	하한값	-.159
		상한값	-.024
수준 2 및 평균	대비 추정값		.075
	가설값		0
	차분(추정값 - 가설값)		.075
	표준오차		.028
	유의확률		.035
	차이에 대한 95% 신뢰구간	하한값	.007
		상한값	.143
수준 3 및 평균	대비 추정값		-.058
	가설값		0
	차분(추정값 - 가설값)		-.058
	표준오차		.028
	유의확률		.079
	차이에 대한 95% 신뢰구간	하한값	-.126
		상한값	.009

a. 생략된 범주 = 4

'수준 1 및 평균'의 대비 추정값은 $\overline{y_1} - \overline{y} = 9.4 - 9.492 = -0.092$이고, 표준오차는 $\sqrt{(k-1)MSE/kn} = \sqrt{MSE/4} = 0.02739$임을 알 수 있다. 이 대비의 검정통계량에 대한 기각값 $t_{0.025,6} = 2.447$은 함수 IDF.T(0.975, 6)를 이용하여

직접 구한다. 따라서 '수준 1 및 평균'의 대비 차에 대한 95% 신뢰구간을 다음과 같이 구할 수 있다.

$$[-0.092 \pm (2.447)(0.02739)] = [-0.1590, -0.0249]$$

이 신뢰구간에 0이 포함되지 않으므로 유의수준 5%에서 귀무가설을 기각할 수 있다. 즉 '수준 1 및 평균'의 대비 차가 통계적으로 유의적임을 주장할 수 있다.

9.3 반복이 있는 이원배치법

9.3.1 : 상호작용

9.2절에서 다루었던 이원배치법의 일종인 임의화 블록계획법은 두 요인의 수준 조합에서 반복 없이 한 번의 실험만 시행하였다. 반면에 반복이 있는 이원배치법은 종속변수에 영향을 줄 것으로 사료되는 두 요인의 효과를 동시에 검출하기 위하여 두 요인의 모든 수준 조합에서 동일한 횟수의 반복 실험을 실시한다. 두 요인의 각 수준 조합에서 2회 이상 반복 실험이 이루어지면 각 요인의 주효과와 함께 두 요인의 상호작용(또는 교호작용)을 검출할 수 있다.

두 개의 요인 A, B가 포함된 이원배치법에서 요인 A의 수준수가 2일 때, 요인 A의 주효과는 두 번째 수준에서 측정된 자료들의 평균과 첫 번째 수준에서 측정된 자료들의 평균의 차로 정의한다. 예를 들어 [표 9.3.1]의 이원배치법 자료에서 요인 A의 주효과를 구하면 $46.5 - 27.5 = 19$이다. 즉 요인 A는 1 수준보다 2 수준에서 종속변수의 평균을 19만큼 더 크게 한다.

[표 9.3.1] 상호작용이 없는 이원배치법 자료

요인 A \ 요인 B	B_1	B_2
A_1	21 27	30 32
A_2	40 44	50 52

요인 B의 1 수준에서 요인 A의 주효과는 $42 - 24 = 18$, 요인 B의 2 수준에서 요인 A의 주효과는 $51 - 31 = 20$이므로 요인 B의 각 수준에서 요인 A의 주효과

가 비슷하다고 볼 수 있다. 즉 요인 A는 요인 B의 수준에 따라 크게 영향을 받지 않는 것으로 분석된다.

이제 [표 9.3.2]의 자료를 통해 요인 B의 각 수준에 대하여 요인 A의 주효과를 구해 보자. 먼저 요인 A의 주효과는 다음과 같다.

요인 A의 주효과

$$= (42+44+22+26)/4-(20+22+30+40)/4 = 33.5-28 = 5.5$$

[표 9.3.2] 상호작용이 있는 이원배치법 자료

요인 A \ 요인 B	B_1	B_2
A_1	20　22	30　40
A_2	42　44	22　26

그러나 요인 B의 각 수준에서 요인 A의 주효과를 구해 보면 다음과 같이 요인 B의 각 수준에서 요인 A의 주효과가 서로 큰 차이가 있음을 알 수 있다.

요인 B의 1 수준에서 요인 A의 주효과 $= 86/2-42/2 = 22$

요인 B의 2 수준에서 요인 A의 주효과 $= 48/2-70/2 = -11$

다시 말해 요인 B의 각 수준에서 요인 A의 주효과가 서로 차이가 있다는 사실로부터 요인 A는 요인 B의 수준에 따라 영향을 받는 것으로 분석할 수 있다.

이와 같이 어떤 요인의 효과가 다른 요인의 수준에 따라서 달라지는 경우에 "두 요인 A, B 간에 상호작용(교호작용, interaction) $A\times B$가 존재한다."라고 말한다. 즉 [표 9.3.2]의 자료는 두 요인 간에 상호작용이 존재하는 경우이며, [표 9.3.1]의 자료는 두 요인 간에 상호작용이 존재하지 않는 경우로 볼 수 있다. 두 요인의 각 수준조합에서의 평균을 그래프로 표시할 경우 두 요인의 상호작용이 없으면 [그림 9.3.1]과 같이 두 직선이 평행하게 표시된다([표 9.3.1]). 그러나 [그림 9.3.2]와 같이 두 직선이 평행하지 않으면 두 요인의 상호작용이 있는 것으로 분석된다([표 9.3.2]).

반복이 있는 이원배치법은 두 요인의 수준조합에서 다수의 관측값을 얻기 때문에 각 요인의 주효과와 더불어 두 요인의 상호작용 효과도 따로 검출할 수 있다. 분석 과정에서 두 요인의 교호작용이 존재하는 경우에는 각 요인의 주효과에 대한 분석은 의미가 없을 가능성이 많다. 그러나 상호작용이 존재하면 두 요인의 수준 조합에서의 모평균에 대한 추정이 반드시 필요하다. 반대로 두 요인의 상호작용이 유의하지 않을 경우에는 각 요인의 수준 간 모평균의 차이를 분석하기 위한 사후분석이 필요하다.

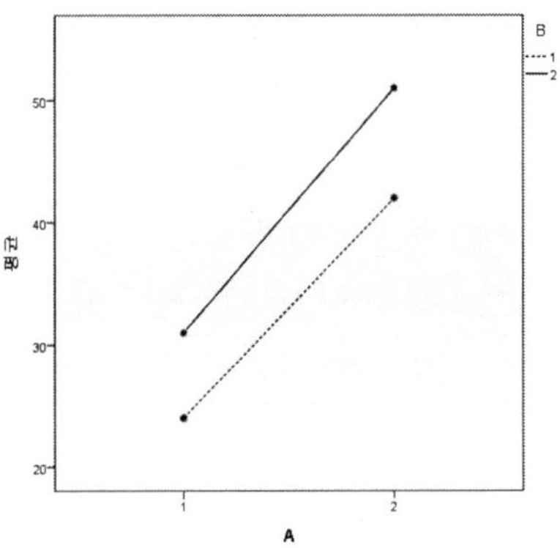

[그림 9.3.1] 상호작용이 없는 경우

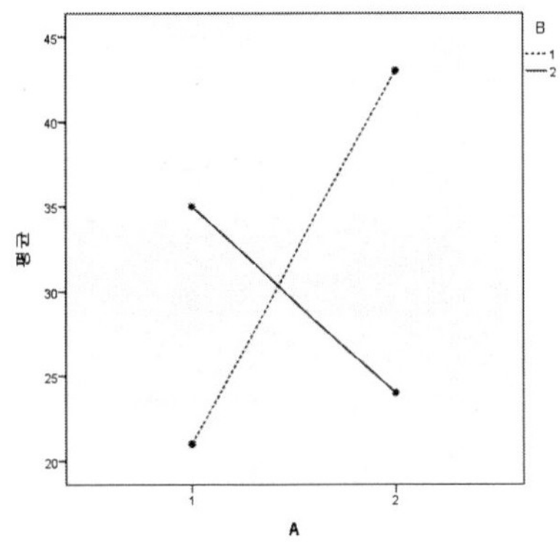

[그림 9.3.2] 상호작용이 있는 경우

9.3.2 : 이원배치법의 분산분석

수준수가 k개인 요인 A와 수준수가 n인 요인 B에 대하여 두 요인의 수준조합에서 반복하여 얻어진 반복이 있는 이원배치법에 대한 데이터의 구조식은 다음과 같다.

$$y_{ijk} = \mu + a_i + b_j + (ab)_{ij} + e_{ijk}, \quad e_{ijk} \sim iid\, N(0, \sigma_E^2)$$

여기서 μ는 전체 모평균, a_i는 A의 i번째 수준에서의 주효과, b_j는 B의 j번째 수준에서의 주효과, $(ab)_{ij}$는 상호작용 효과, e_{ijk}는 오차항을 의미한다. 데이터 y_{ijk}는 A의 i번째 수준과 B의 j번째 수준의 조합에서 k번째 반복으로부터 얻어진 반응값을 나타낸다.

이원배치법은 모형에 삽입되는 두 요인의 특성에 따라 모수모형, 혼합모형, 그리고 변량모형으로 구분할 수 있다. 이 절에서는 두 요인이 모두 모수요인으로 구성된 모수모형에 대하여 분석하기로 하자. 모형의 구조식에 포함된 두 요인 A, B가 모두 모수요인이면 두 요인의 효과에 대한 추정을 하기 위하여 다음과 같은 제약식이 필요하다.

$$\sum_{i=1}^{k} a_i = 0, \qquad \sum_{j=1}^{n} b_j = 0, \qquad \sum_{i=1}^{k}\sum_{j=1}^{n} (ab)_{ij} = 0$$

이원배치법의 분산분석은 두 요인의 상호작용에 대한 분석이 먼저 이루어져야 한다. 두 요인 간 상호작용의 효과가 있는지를 검정하기 위한 귀무가설은 다음과 같다.

$$H_0 : (ab)_{11} = (ab)_{12} = \cdots = (ab)_{kn} = 0$$

분산분석을 통하여 상호작용의 효과에 대한 이 귀무가설이 기각되면, 즉 상호작용의 효과가 유의하면, 두 요인 A와 B를 동시에 고려한 최적의 조합 조건을 찾게 된다. 그러나 두 요인 각각의 주효과에 대한 가설검정은 의미가 없으므로 실시할 필요가 없다.

반면에 상호작용 효과에 대한 귀무가설이 채택됨으로써 두 요인의 상호작용이 없다고 한다면 두 요인 A와 B의 주효과에 대한 유의성을 검정하여야 한다. 두 요인 A, B의 주효과를 각각 검정하기 위한 귀무가설은 다음과 같다.

$$H_0 : a_1 = a_2 = \cdots = a_k = 0$$
$$H_0 : b_1 = b_2 = \cdots = b_n = 0$$

반복이 있는 이원배치법의 경우에는 총제곱합 S_T을 오차제곱합 S_E과 두 요인의 제곱합(S_A , S_B), 그리고 상호작용 제곱합($S_{A \times B}$)으로 분해할 수 있다. 두 요인의 수준조합에서 모두 동일한 반복수(r)를 갖는 균형 이원배치법의 경우 다음과 같이 제곱합들을 간단히 구할 수 있다.

$$S_T = S_A + S_B + S_{A \times B} + S_E,$$

$$S_T = \sum_{i=1}^{k}\sum_{j=1}^{n}\sum_{p=1}^{r} (y_{ijp} - \overline{y})^2 = \sum_{i=1}^{k}\sum_{j=1}^{n}\sum_{p=1}^{r} y_{ijp}^2 - \frac{T^2}{N} ,$$

$$(T = \sum_{i=1}^{k}\sum_{j=1}^{n}\sum_{p=1}^{r} y_{ijp}, \ \ N = knr)$$

$$S_A = \sum_{i=1}^{k}\sum_{j=1}^{n}\sum_{p=1}^{r} (\overline{y}_{i..} - \overline{y})^2 = \sum_{i=1}^{k} \frac{T_{i..}^2}{nr} - \frac{T^2}{N}, \qquad (T_{i..} = \sum_{j=1}^{n}\sum_{p=1}^{r} y_{ijp})$$

$$S_B = \sum_{i=1}^{k}\sum_{j=1}^{n}\sum_{p=1}^{r} (\overline{y}_{.j.} - \overline{y})^2 = \sum_{j=1}^{n} \frac{T_{.j.}^2}{kr} - \frac{T^2}{N}, \qquad (T_{.j.} = \sum_{i=1}^{k}\sum_{p=1}^{r} y_{ijp})$$

$$S_{A\times B}=\sum_{i=1}^{k}\sum_{j=1}^{n}\sum_{p=1}^{r}(\overline{y}_{ij.}-\overline{y}_{i..}-\overline{y}_{.j.}+\overline{y})^2=\sum_{i=1}^{k}\sum_{j=1}^{n}\frac{T_{ij.}^2}{r}-\frac{T^2}{N}-S_A-S_B,$$

$$(T_{ij.}=\sum_{p=1}^{r}y_{ijp})$$

$$S_E=\sum_{i=1}^{k}\sum_{j=1}^{n}\sum_{p=1}^{r}(y_{ijp}-\overline{y}_{ij.})^2=S_T-S_A-S_B-S_{A\times B}$$

상호작용과 두 요인의 주효과에 대한 가설검정을 일목요연하게 분석하기 위하여 이원배치법에서도 [표 9.3.3]과 같이 분산분석표를 작성한다.

[표 9.3.3] 반복이 있는 이원배치법의 분산분석표

요인(Source)	제곱합(변동)	자유도	평균제곱	F
모수요인 A	S_A	$\phi_A=k-1$	V_A	$\frac{V_A}{V_E}$
모수요인 B	S_B	$\phi_B=n-1$	V_B	$\frac{V_B}{V_E}$
상호작용 A×B	$S_{A\times B}$	$\phi_{A\times B}=(k-1)(n-1)$	$V_{A\times B}$	$\frac{V_{A\times B}}{V_E}$
오차(Error)	S_E	$\phi_E=N-kn$	V_E	
전체	S_T	$\phi_T=N-1$		

분산분석표를 이용하여 상호작용의 효과가 있는지 검정하기 위한 검정통계량은 $V_{A\times B}/V_E$이다. 유의수준 α에서 이 F값이 기각값 $F_{\alpha,\phi_{A\times B},\phi_E}$보다 크면 귀무가설을 기각하고, 작으면 귀무가설을 채택한다. 상호작용 효과에 대한 귀무가설을 채택하면 각 요인의 효과에 대한 귀무가설을 검정한다. 이 검정에 대한 기각값은 SPSS 함수 IDF.F(1-α, $\phi_{A\times B}$, ϕ_E)을 이용하여 직접 구할 수 있다.

두 요인의 상호작용 효과가 존재하지 않을 경우 각 요인의 주효과에 대한 검정의 검정통계량은 각각 V_A/V_E와 V_B/V_E이며, 검정의 기각값은 각각 F_{α,ϕ_B,ϕ_E}, F_{α,ϕ_A,ϕ_E}이다.

SPSS의 [일변량(U)] 프러시저를 통하여 이원배치법 자료를 분석할 경우 출력되는 분산분석표에 각 요인과 상호작용의 효과에 대한 검정통계량과 이에 대응되는 유의확률이 표시된다. 각 요인에 대한 유의확률이 유의수준 α보다 작으면 주효과 또는 상호작용 효과가 있다고 결론내릴 수 있다.

이원배치법 모형에 포함된 두 요인의 상호작용 효과가 없으면 각 요인의 효과에 대하여 별도의 분석을 수행한다. 이는 일요인 분산분석법에서 수행했던 요인의 사후분석과 유사하므로 생략한다.

그러나 실험의 분산분석 결과로부터 상호작용이 유의하다고 할 경우 각 요인의 수준별 모평균이나 평균차를 추정하는 것은 의미가 없다. 대신에 두 요인의 수준 조합(A_iB_j)에 대한 모평균을 추정하고, 이를 바탕으로 종속변수의 최적인 조합조건을 찾는다.

두 요인의 수준 조합에서의 모평균을 $\mu(A_iB_j)$이라고 할 때, $\mu(A_iB_j)$의 점 추정값은 A_iB_j 조합에서 얻어진 r_{ij}개 데이터들의 평균값 $\bar{y}_{ij.}$이며, 신뢰수준 $100(1-\alpha)\%$에서 $\mu(A_iB_j)$의 신뢰구간은 다음 식을 이용하여 구한다.

$$\left[\bar{y}_{ij.} \pm t_{\alpha/2,\phi_E}\sqrt{\frac{V_E}{r_{ij}}}\right]$$

예제 9.3.1 (데이터 파일 "예6-2.sav") 지능지수인 {IQ}는 응답자의 연령별과 교육 정도에 따라 다를 것으로 추측된다. 연령별('20대 이하', '30대', '40대 이상')과 학력수준('고졸 이하', '대졸', '대학원 이상')의 각 조합에서 얻어진 자료를 이용하여 종속변수인 {IQ}에 대한 두 요인의 상호작용이 존재하는지 유의수준 5%에서 가설검정하여라.

풀이 9.3.1 [일변량(U)] 프러시저를 실행하여 나타나는 다음 "일변량 분석" 대화상자에 {IQ} 변수를 종속변수로 지정하고 {연령별}과 {교육} 변수를 모수요인으로 지정한다. 두 요인의 수준조합에서 반복으로 자료를 얻었으므로 두 요인의 상호작용 효과가 모형에 추가할 수 있다. 따라서 "완전요인모형"을 가정할 수 있어서 [모형(M)] 버튼을 사용할 필요가 없다.

[그림 9.3.3] 반복이 있는 이원배치법

두 요인의 수준조합별 평균 추이를 살펴보기 위하여 [도표(T)] 버튼을 눌러 [그림 9.3.4]와 같이 "수평축 변수"와 "선구분 변수"에 {연령별}과 {교육} 변수를 각각 지정하고 [추가]한다. 또한 두 요인의 수준조합별 평균과 표준편차 등을 구하기 위하여 [옵션(O)]에서 [☑ 기술통계량(D)]만 표시하자.

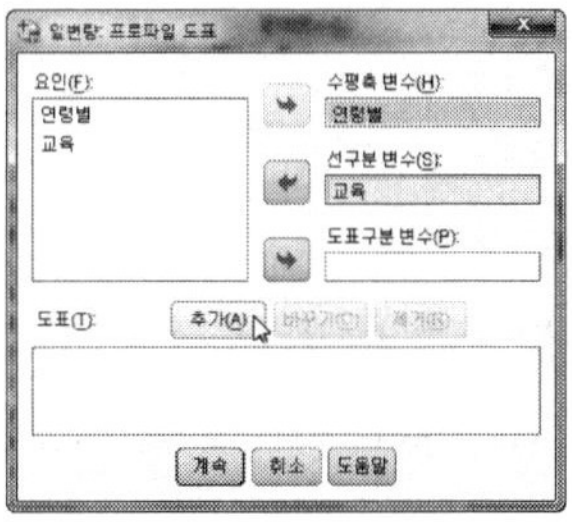

[그림 9.3.4] 도표

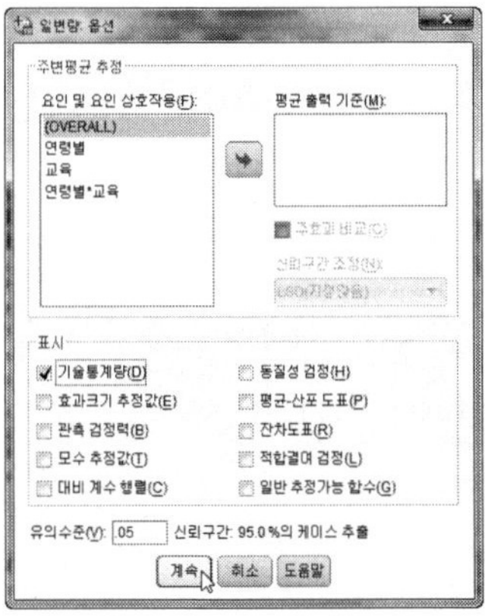

"일변량 분석" 대화상자로 되돌아와서 [확인]하면 "기술통계량" 표와 분산분석을 작성할 수 있는 "개체간 효과 검정" 표, 그리고 "프로파일 도표"가 출력된다.

기술통계량

종속변수: IQ

연령별	학력 수준	평균	표준편차	N
20대 이하	고졸 이하	109.00	8.456	5
	대졸	109.50	6.455	4
	대학원 이상	118.00	4.243	2
	합계	110.82	7.454	11
30대	고졸 이하	94.50	9.192	2
	대졸	113.80	5.891	5
	대학원 이상	116.33	5.989	6
	합계	112.00	9.764	13
40대 이상	고졸 이하	100.50	3.536	2
	대졸	108.50	2.510	6
	대학원 이상	121.75	7.182	4
	합계	111.58	9.120	12
합계	고졸 이하	103.89	9.440	9
	대졸	110.53	5.194	15
	대학원 이상	118.42	6.201	12
	합계	111.50	8.657	36

종속변수 (IQ)의 평균이 가장 큰 요인의 수준조합은 '40대 이상'이면서 '대학원 이상'의 학력을 갖는 집단으로 평균 추정값은 121.75이다.

개체-간 효과 검정

종속변수: IQ

소스	제 III 유형 제곱합	자유도	평균 제곱	F	유의확률
수정 모형	1592.617[a]	8	199.077	5.217	.001
절편	359938.737	1	359938.737	9431.777	.000
연령별	77.666	2	38.833	1.018	.375
교육	1284.204	2	642.102	16.826	.000
연령별 * 교육	417.655	4	104.414	2.736	.049
오차	1030.383	27	38.162		
합계	450184.000	36			
수정 합계	2623.000	35			

a. R 제곱 = .607 (수정된 R 제곱 = .491)

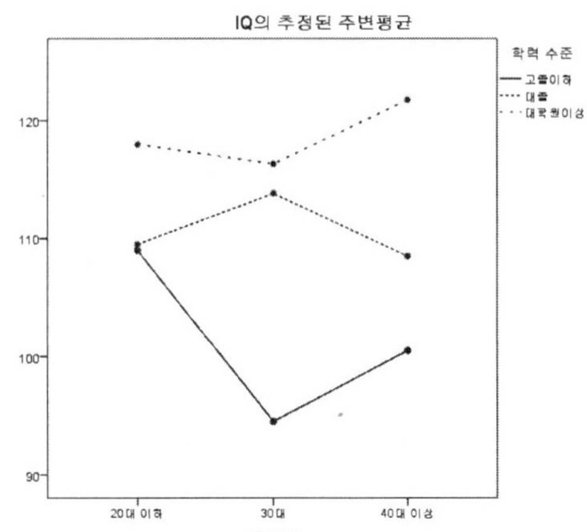

[그림 9.3.5] 프로파일 도표

[그림 9.3.5]에 출력된 프로파일 도표를 보면 요인 B(학력 수준)의 각 수준에 대하여 요인 A(연령별)의 평균값들을 연결한 직선들이 평행하지 않고 서로 엇갈려 있음을 알 수 있다. 따라서 두 요인의 상호작용의 효과가 존재할 것으로 분석된다. 예를 들어 '대졸' 집단의 경우 (IQ)의 평균값이 '30대' 집단의 경우가 가장 높은 반면, '고졸 이하' 집단은 '30' 집단에서 '대졸' 집단과 반대의 경향을 보이고 있기 때문에 두 요인의 상호작용이 존재할 것으로 추정된다.

실제로 출력된 “개체간 효과 검정” 표에서 상호작용 ‘연령별 * 교육’의 유의확률이 유의수준 0.05보다 작기 때문에 두 요인의 상호작용의 효과가 존재한다고 결론내릴 수 있다.

“개체간 효과 검정” 표의 결과로부터 두 요인의 교호작용 A*B가 종속변수 {IQ}에 미치는 효과가 있는지를 가설검정하기 위한 [표 9.3.3]의 분산분석표를 작성하면 다음과 같다.

요인(Source)	제곱합	자유도	평균제곱	F	유의확률
연령별(A)	77.666	2	38.833	1.018	.375
교육(B)	1284.204	2	642.102	16.826	.000
A×B	417.655	4	104.414	2.736	.049
오차(Error)	1030.383	27	38.162		
전체	2809.908	35			

이원배치법의 분산분석 결과로부터 교호작용 A*B의 효과가 유의하면 모수요인 A와 B의 수준별 모평균을 각각 추정하는 것은 의미가 없지만, 두 요인의 수준의 조합 A_iB_j에서 모평균을 추정하고, 이를 바탕으로 특성치(종속변수)의 최적인 조합조건을 찾아야 한다.

출력된 “기술통계량” 표에서 종속변수 {IQ}의 평균을 가장 크게 하는 두 요인의 수준조합은 {연령별}의 값이 ‘40대 이상’이고 {교육}의 값이 ‘대학원 이상’이다. 이 집단에서 조사된 자료의 수는 4개이며, 모평균의 추정값은 121.75이다. 이 수준조합 집단의 모평균에 대한 95% 신뢰구간을 구하면 다음과 같다. 여기서 $t_{0.025,27}$은 SPSS 함수 IDF.T(0.975, 27)을 이용하여 구한다.

$$\left[121.75 \pm t_{0.025,27}\sqrt{\frac{V_E}{4}}\right] = \left[121.75 \pm (2.0518)\sqrt{\frac{38.162}{4}}\right] = [115.4125,\ 128.0875]$$

9.3.3 : 제곱합의 유형과 풀링

[예제 9.3.1]의 자료와 같이 각 수준조합에서의 데이터 개수가 동일하지 않은 이원배치법을 불균형 이원배치법이라고 한다. 반복이 있는 균형 이원배치법의 분산분석표를 구할 때 [일변량(U)] 프러시저의 [모형(M)]에서 제곱합의 유형을 어떻게 지정하든 9.3.2절에서 표시했던 제곱합들의 식으로 계산된다. 그러나 반복

이 있는 불균형 이원배치법의 분산분석표를 구하고자 할 경우 제곱합의 유형에 따라 출력되는 제곱합들의 값이 다르게 계산될 것이다. [예제 9.3.1]의 풀이에서는 제III유형의 제곱합을 지정하여 분산분석표를 작성하였다. 보통 모형에 추가되는 요인의 순서가 중요한 분석일 경우 제I유형의 제곱합을 사용하지만, 특별한 조건이 없을 경우에는 제III유형의 제곱합을 사용하여 분산분석표를 작성하면 된다.

두 요인과 두 요인의 상호작용이 포함된 완전요인모형으로 분석할 경우 요인의 주효과에 대한 제곱합은 제I유형과 제III유형이 다르지만, 상호작용의 제곱합은 두 경우 모두 같은 값을 갖는다. 따라서 제곱합의 유형에 상관없이 분산분석의 첫 번째 분석 대상인 두 요인의 상호작용의 효과를 가설검정할 수 있다.

[예제 9.3.1]의 자료에 대한 분석 결과와 같이 두 요인의 상호작용이 존재하면 두 요인의 수준조합에서의 최적의 모평균을 추정하는 것으로 결론을 내리면 된다. 그러나 검정의 결과 두 요인의 상호작용의 효과가 존재하지 않다면 상호작용의 제곱합을 오차항으로 포함시키는 작업을 통해 두 요인의 검정력을 높일 수 있다. 이와 같이 유의하지 않는 교호작용을 오차항으로 포함시켜 분석하는 것을 풀링(pooling)이라고 한다. 풀링 단계에서도 보통 제III유형의 제곱합을 사용하지만, 두 요인이 모형에 참여하는 순서를 고려하는 것이 해석에 도움이 될 경우에는 제I유형의 제곱합을 사용한다.

예제 9.3.2 (데이터 파일 "예6-2.sav") 파운드로 측정된 몸무게인 {체중}은 응답자의 연령별과 교육 정도에 따라 다를 것으로 추측된다. 연령별('20대 이하', '30대', '40대 이상')과 학력수준('고졸 이하', '대졸', '대학원 이상')의 각 조합에서 얻어진 자료를 이용하여 종속변수인 {체중}에 대한 두 요인의 상호작용이 존재하는지, 만일 두 요인의 상호작용이 존재하지 않을 경우에는 각 요인의 수준에 따라 차이가 있는지 유의수준 5%에서 가설검정하여라.

풀이 9.3.2 [일변량(U)] 프러시저의 실행으로 나타나는 [그림 9.3.3]의 "일변량 분석" 대화상자에 {체중} 변수를 종속변수로 지정하고 {연령별}과 {교육} 변수를 모수요인으로 지정한다. [모형(M)] 버튼에서 지정하는 제곱합의 유형은 제III유형 제곱합이 디폴트이므로 바로 [확인]하면 다음과 같이 제III유형 제곱합을 갖는 분산분석 결과를 얻을 수 있다.

먼저 두 요인의 상호작용 효과에 대한 유의확률을 살펴보면 그 값이 0.138로서 유의수준 0.05보다 크다. 따라서 귀무가설을 기각할 수 없기 때문에 두 요인의 상호작용의 효과는 (체중)에 영향을 주지 않는 것으로 분석할 수 있다.

개체-간 효과 검정

종속변수: 몸무게(파운드)

소스	제 III 유형 제곱합	자유도	평균 제곱	F	유의확률
수정 모형	25167.886[a]	8	3145.986	5.679	.000
절편	788998.680	1	788998.680	1424.304	.000
연령별	5994.438	2	2997.219	5.411	.010
교육	13181.719	2	6590.860	11.898	.000
연령별 * 교육	4202.953	4	1050.738	1.897	.138
오차	16064.667	29	553.954		
합계	926801.000	38			
수정 합계	41232.553	37			

a. R 제곱 = .610 (수정된 R 제곱 = .503)

두 요인의 상호작용의 효과가 존재하지 않기 때문에 이 상호작용의 변동을 오차의 변동으로 풀링하여 두 요인의 주효과에 대한 분산분석을 시행하자. 상호작용의 변동이 오차의 변동으로 풀링하는 작업은 상호작용의 효과가 종속변수인 (체중)에 영향을 주지 않기 때문에 상호작용을 무시한 주효과로만 구성된 이원배치법 모형을 설정하는 것이다. 더불어 두 요인의 모형 진입 순서가 중요하지 않으므로 제곱합의 유형을 제III유형으로 지정하자.

[그림 9.3.6] 풀링을 하기 위한 모형의 설정

두 요인의 주효과로 이루어진 이원배치법 모형의 분산분석 결과 오차 제곱합 20267.620은 완전요인모형(상호작용까지 포함된 모형)의 오차 제곱합 16064.667에 상호작용 제곱합 4202.953을 더한 값임을 알 수 있다.

이렇게 상호작용이 오차항에 풀링된 분산분석표를 이용하여 각 요인의 주효과에 대한 가설검정을 시행한다. 이후 귀무가설이 기각된 요인에 대하여 다중비교 분석법을 통하여 사후분석을 실시한다.

개체-간 효과 검정

종속변수: 몸무게(파운드)

소스	제 III 유형 제곱합	자유도	평균 제곱	F	유의확률
수정 모형	20964.933[a]	4	5241.233	8.534	.000
절편	868926.121	1	868926.121	1414.797	.000
연령별	7586.909	2	3793.454	6.177	.005
교육	12857.069	2	6428.535	10.467	.000
오차	20267.620	33	614.170		
합계	926801.000	38			
수정 합계	41232.553	37			

a. R 제곱 = .508 (수정된 R 제곱 = .449)

[그림 9.3.6]에서 제곱합의 유형을 제I유형으로 설정하여 분산분석을 시행하면 다음과 결과를 얻는다. 모수요인으로 먼저 지정한 {연령별}의 제곱합이 제III유형의 제곱합과 다름을 알 수 있다.

개체-간 효과 검정

종속변수: 몸무게(파운드)

소스	제 I 유형 제곱합	자유도	평균 제곱	F	유의확률
수정 모형	20964.933[a]	4	5241.233	8.534	.000
절편	885568.447	1	885568.447	1441.894	.000
연령별	8107.863	2	4053.932	6.601	.004
교육	12857.069	2	6428.535	10.467	.000
오차	20267.620	33	614.170		
합계	926801.000	38			
수정 합계	41232.553	37			

a. R 제곱 = .508 (수정된 R 제곱 = .449)

이 결과에서 {연령별} 요인의 제I유형의 제곱합은 {연령별} 요인만으로 구성된 일원배치법 모형의 집단-간 요인의 제곱합[이를 SS(연령별)으로 표시]과 동일하다.

{연령별} 요인의 제I유형의 제곱합 = SS(연령별) = 8107.863

참고로 {교육} 요인만으로 구성된 일원배치법 모형에 대한 분산분석의 결과로부터 SS(교육)=13378.024임을 알 수 있다.

일원배치 분산분석

몸무게(파운드)

	제곱합	df	평균 제곱	F	유의확률
집단-간(연령별)	8107.863	2	4053.932	4.283	.022
집단-내(오차)	33124.689	35	946.420		
합계	41232.553	37			

일원배치 분산분석

몸무게(파운드)

	제곱합	df	평균 제곱	F	유의확률
집단-간(교육)	13378.024	2	6689.012	8.405	.001
집단-내(오차)	27854.529	35	795.844		
합계	41232.553	37			

요인의 주효과만으로 이루어진 모형의 제곱합을 SS(연령별,교육)으로 표시할 때, SS(연령별,교육)의 값은 20964.933이 된다.

반면에 {연령별} 요인의 제III유형의 제곱합은 {교육} 요인이 모형에 참가한 이후 {연령별} 요인으로 생기는 추가 제곱합을 의미하는 것으로 이 값을 다음과 같이 표시하고 계산한다.

SS(연령별|교육) = SS(연령별,교육) - SS(교육) = 7586.909

{교육} 요인의 제I유형 또는 제III유형의 제곱합은 {연령별} 요인이 모형에 참가한 이후 {교육} 요인으로 생기는 추가 제곱합을 의미하는 것으로 다음과 같이 계산한다.

SS(교육|연령별) = SS(연령별,교육) - SS(연령별) = 12857.070

연습문제

9.1 (데이터 파일 "예6-2.sav") {IQ} 변수가 {교육}의 세 집단에 대하여 평균차이가 있는지를 유의수준 5%에서 가설검정하여라.

(1) {교육} 변수의 '고졸 이하'의 집단과 '대졸' 집단의 평균이 '대학원 이상' 집단의 평균과 차이가 있는지 대비를 통하여 분석하여라.
(2) Scheffe의 방법을 이용하여 {교육} 변수의 세 집단을 다중비교하여라.
(3) 두 쌍의 집단에 대한 LSD를 구하고 이를 이용하여 {교육} 변수의 모든 두 집단의 평균 차에 대한 95% 신뢰구간을 구하여라.

9.2 다음 표는 통계학 과목을 수강한 학생들 중에서 학년별로 4명씩 무작위로 선정하여 레포트 점수를 조사한 것이다. 학년에 따라 레포트 점수의 평균이 차이가 나는지 가설검정한 후, 그 결과를 분석하여라.

학년	1학년	2학년	3학년
통계학 점수	7.5 7.0 6.6 6.9	7.4 7.8 7.2 6.5	6.2 6.1 6.5 5.6

9.3 네 가지 열처리 방법(A, B, C, D)별로 처리한 후 각각 5개의 알루미늄 주물의 장력을 측정하였다. 처리 간에 장력의 차가 있다고 할 수 있는지 가설검정한 후, 그 결과를 분석하여라.

열처리	관측값				
A	35	31	40	36	32
B	42	49	45	48	47
C	32	31	30	32	34
D	45	43	39	40	41

9.4 가솔린 A, B, C에 대한 연비(mileage)를 비교하기 위하여 4대의 자동차를 블록 인자로 하여 임의화 블록계획법의 실험을 하였다. 1갤런(gallon)당 주행거리를 마일(mile)로 측정하여 얻어진 자료는 다음과 같다. 세 가솔린에 따라서 평균 연비에 차가 있다고 할 수 있는지 그리고 네 자동차에 따라서 연비의 산포가 있다고 할 수 있는지를 가설검정한 후, 그 결과를 분석하여라.

자동차 \ 가솔린	A	B	C
1	22.90	17.44	28.89
2	23.88	19.85	27.36
3	23.12	17.92	25.63
4	21.88	17.79	29.30

9.5 (데이터 파일 "예6-2.sav") {SP} 변수를 종속변수로 지정한 후 분산분석에 대한 다음 각 물음에 답하여라.

(1) 두 인자 {성별}과 {연령별}, 그리고 두 인자의 상호작용이 포함되어 있는 실험계획법 모형을 세우고 분산분석을 시행하여라.
(2) 응답자들의 {성별}과 {연령별}에 따른 상호작용이 존재하는지 분석하여라.
(3) 응답자들의 {연령별}의 각 집단에 대하여 95% 신뢰구간을 구하여라.

9.6 (데이터 파일 "예6-2.sav") {IQ} 변수를 종속변수로 하여 {성별}, {연령별}, {교육} 인자와 세 인자의 2차 상호작용이 포함되어 있는 실험계획 모형을 세우고 삼원분산분석을 시행하여라.

제 10 장 상관분석과 회귀분석

10.1 상관분석

상관분석 또는 회귀분석은 둘 이상의 변수들 사이의 관계가 존재하는지 탐색하기 위한 통계학의 한 분야로서 신뢰구간 추정 및 가설검정과 더불어 매우 중요한 추론 통계학이라고 할 수 있다. 어느 회사의 연간 판매액이 미디어를 통한 상품의 광고액과 연관성을 갖는지, 학생들의 공부 시간과 성적은 서로 비례하는지, 또는 어떤 동물이 태어날 때의 몸무게가 그 동물의 수명에 영향을 주는지, 그리고 사람들의 나이와 혈압 사이에 선형적인 관계가 있는지 등이 변수 사이의 관련성에 대한 예들이라고 할 수 있으며, 이러한 문제들의 대부분은 상관분석과 회귀분석을 통해 답을 찾을 수 있다.

상관분석(correlation analysis)은 변수 사이의 선형적인 관련성의 존재와 그 관련성의 정도를 추정하기 위한 분석법이며, 회귀분석(regression analysis)은 변수 사이가 정적 또는 부적인 관계인지, 선형 또는 비선형 관계인지 등의 변수 사이의 관계성을 분석하기 위한 통계 방법론이라고 할 수 있다. 즉 상관분석은 두 변수의 관계의 존재여부와 어느 정도 선형적인 관계인가를 분석하는 반면, 회귀분석은 관련변수들이 구체적으로 어떠한 선형함수를 가지고 관계가 있는지를 알아내는 것이다. 또한 상관분석을 통하여 두 변수의 선형적인 관계의 정도가 작으면 예측 목적의 선형회귀분석을 할 필요가 없다.

10.1.1 : 산점도

두 변수 사이의 대략적인 관계를 살펴보기 위하여 관찰값을 2차원 좌표 평면에 나타내고자 할 때 산점도(scatter plot)를 이용한다. 5.2.2.10절에서 다양한 산점도를 작성하는 방법에 대하여 설명하였다.

상관분석이나 회귀분석에서도 두 변수 간에 존재할 수 있는 상관의 정도를 미리 알아보기 위하여 산점도를 이용한다. 예를 들어 환자의 몸무게가 최대 혈압수치와 어떠한 관련성이 존재하는지 알아보기 위하여 응답자로부터 두 변수를 측정한다고 하자. 우리는 일반적으로 몸무게가 응답자의 최대혈압 수치에 영향을 주리라 가정할 수 있다. 이러한 상황에서 응답자의 {몸무게} 변수를 독립변수(independent varaiable)라고 하며, 독립변수로부터 영향을 받는 변수인 {최대혈압수치}를 종속변수(dependent variable)라고 한다. 이때 두 변수의 상관관계가 존재하는지 시각적으로 도움을 받기 위하여 독립변수를 x축에, 그리고 종속변수를 y축으로 설정하여 산점도를 작성한다.

예제 10.1.1 (데이터 파일 "예6-2.sav") 응답자의 {체중} 변수를 독립변수로, 최대혈압수치인 {SP} 변수를 종속변수로 하여 산점도를 작성하여라.

풀이 10.1.1 SPSS에서 산점도의 작성은 [산점도/점도표(S)] 프리시저를 실행한 [그림 5.2.21]의 대화상자에서 [단순 산점도]를 [그림 10.1.1]과 같이 [정의]하면 된다.

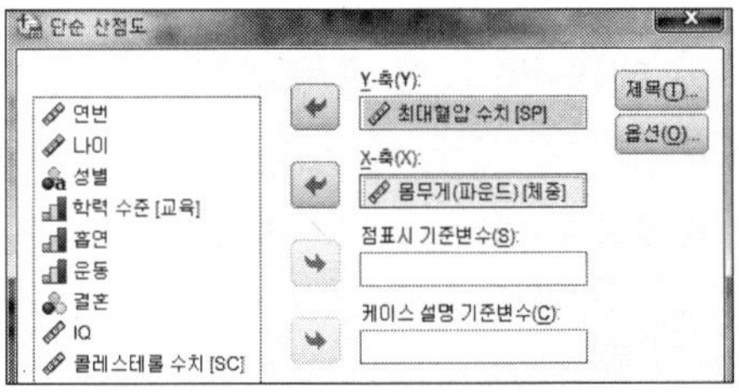

[그림 10.1.1] 단순 산점도 정의

다음은 몸무게(독립변수)에 영향을 받으리라고 예상되는 종속변수인 최대혈압 수치를 산점도로 표시한 것이다.

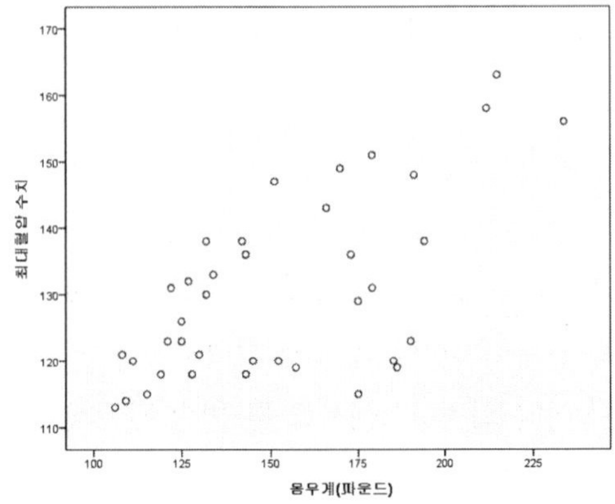

산점도로부터 두 변수의 관련성이 존재하는지, 또한 존재한다면 두 변수가 어떻게 관련되어 있는지 검토하여야 한다. 최대혈압에 대한 몸무게의 산점도를 보면 몸무게가 커질수록 최대혈압의 수치가 올라가고 있음을 알 수 있다. 이와 같이 독립변수의 값이 커질수록 종속변수의 값이 커질 때 두 변수는 양의 상관관계가 있다고 하며, 반대로 독립변수의 값이 커지는데 종속변수의 값이 작아질 때는 음의 상관관계가 있다고 한다.

10.1.2 : 상관계수

상관분석은 일반적으로 두 변수 간 선형관계의 정도를 측정하기 위해 사용된다. 예를 들면, 한 변수가 증가할 때 다른 변수는 선형적으로 얼마나 증가 또는 감소하는가를 측정하는 것이다. 두 변수 사이의 상관의 정도와 방향을 측정하는 척도로 상관계수(correlation coefficient)를 이용한다.

모상관계수(population correlation coefficient)를 ρ로 표시하며, 이 값을 추정하기 위한 표본상관계수(sample correlation coefficient)는 r로 표시한다.

- **피어슨의 적률상관계수(product moment correlation coefficient)**

두 변수가 연속형 변수일 경우 두 변수의 표본상관계수는 피어슨(K. Pearson)의 이름을 붙인 피어슨의 적률상관계수를 주로 사용한다.

두 확률변수 (X, Y)에 대한 n개의 표본 쌍 $(X_1, Y_1), (X_2, Y_2), \ldots, (X_n, Y_n)$이 주어졌을 때 모상관계수 ρ의 정의와 이를 추정하기 위한 피어슨의 표본상관계수 r은 다음과 같다 (여기서 $\sigma_{XY} = Cov(X, Y)$는 두 변수 X, Y의 공분산을 의미하며, $\sigma_X^2 = Var(X)$, $\sigma_Y^2 = Var(Y)$는 각각 X, Y의 분산이다).

$$\rho = \frac{Cov(X, Y)}{\sqrt{Var(X)\, Var(Y)}} = \frac{\sigma_{XY}}{\sigma_X \sigma_Y}$$

$$r = \frac{S_{xy}}{\sqrt{S_{xx} S_{yy}}} = \frac{\sum_{i=1}^{n}(X_i - \overline{X})(Y_i - \overline{Y})}{\sqrt{\sum_{i=1}^{n}(X_i - \overline{X})^2}\sqrt{\sum_{i=1}^{n}(Y_i - \overline{Y})^2}}$$

이 식을 이용하여 구한 표본상관계수 r은 항상 -1과 1 사이에 있으며, $r = 1$일 때, 두 변수의 관계는 완전히 양의 선형관계이며 [그림 10.1.2]의 첫 번째 산점도에서 알 수 있듯이 두 변수의 산점도는 양의 기울기를 가진 직선으로 나타난다. 반대로 표본상관계수 r의 값이 -1일 때, 두 변수의 관계는 완전히 음의 선형관계이며 산점도는 음의 기울기를 가진 직선으로 나타난다.

[그림 10.1.2]의 마지막 산점도와 같이 두 변수 간에 선형 관계가 전혀 없거나 거의 존재하지 않을 경우에는 r의 값은 0에 가까운 값일 것이다. 또한 표본상관계수 r의 값이 1이나 -1에 가까울수록 두 변수 간 산점도상의 관측점들은 양(또는 음)의 기울기를 가진 직선에 가깝게 몰려 있으며, 0에 가까울수록 점들이 무질서하게 흩어져 있음을 알 수 있다.

공분산은 변수의 단위에 민감한 반면, 상관계수는 표준화한 두 변수들의 공분산과 같으므로 변수의 단위에 민감하지 않다. 따라서 단위가 다른 여러 변수 쌍들의 선형관계의 정도를 비교할 때 유용하게 사용할 수 있다.

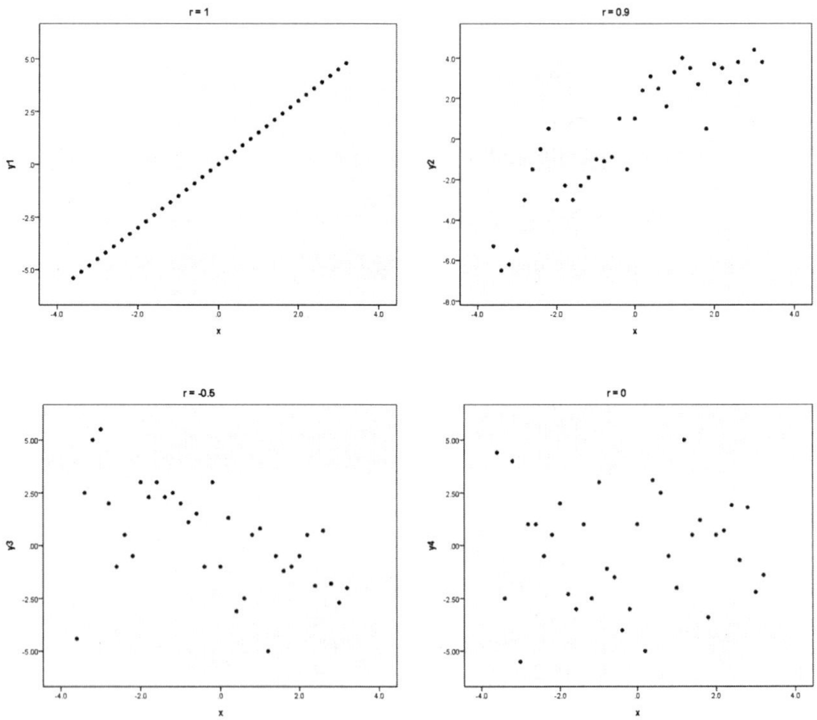

[그림 10.1.2] 산점도의 형태에 따른 상관계수의 값

예제 10.1.2 (데이터 파일 "예6-2.sav") 응답자의 최대혈압수치인 {SP}는 응답자의 {나이}, {체중}과 상관관계가 있을 것으로 추정된다. 세 변수 사이의 상관계수를 각각 구하여라.

풀이 10.1.2 두 변수 사이의 상관계수를 구하기 위해서는 [이변량 상관계수(B)] 프러시저를 실행한다.

[분석(A)] → [상관분석(C)] → [이변량 상관계수(B)]

상관계수를 얻기 위하여 "이변량 상관계수" 대화상자([그림 10.1.3])의 [변수(V)] 목록에 분석하고자 하는 {나이}, {체중}, {SP} 변수를 지정한다.

[그림 10.1.3] 이변량 상관계수

- 상관계수: 정규분포된 양적변수에 대해서 Pearson 상관계수를 선택한다. 데이터가 정규분포를 따르지 않거나 범주 순서가 지정되어 있지 않은 경우 비모수 통계학에서 이용되는 순위상관계수를 구해 주는 Kendall의 타우-b나 Spearman을 선택한다.
- [옵션(O)]: Pearson 상관계수에 대하여 통계량으로 [☑평균과 표준편차(M)]을 체크하면 각 변수의 평균과 표준편차를 출력할 수 있다. 또한 [☑교차곱 편차와 공분산(C)]을 체크하면 두 변수의 편차 교차곱과 공분산에 대한 통계량을 상관계수와 함께 출력해 준다.

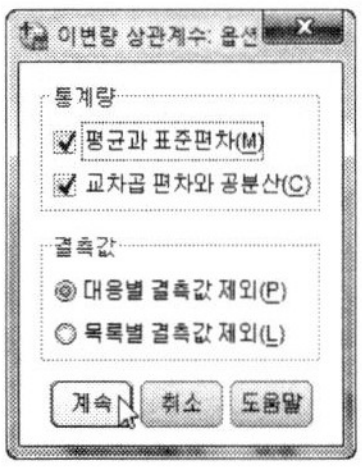

참고로 변수 {x}에 대한 편차의 제곱합은 $S_{xx} = \sum(x_i - \overline{x})^2$을 의미하며, 두 변수 {x}와 {y}에 대한 편차의 교차곱은 $S_{xy} = \sum(x_i - \overline{x})(y_i - \overline{y})$을 의미한다. 두 변수 {x}와 {y}의 공분산은 편차의 교차곱을 $n-1$로 나눈 값이다. 단, 변수 {x}의 공분산은 {x}의 분산을 의미한다.

[그림 10.1.3]의 [옵션(O)] 대화상자에서 두 개의 통계량을 모두 체크한 후, [계속]하고 [확인]하면 다음과 같이 "기술통계량" 표와 "상관계수" 표가 출력된다.

기술통계량

	평균	표준편차	N
나이	36.79	12.128	38
몸무게(파운드)	152.66	33.383	38
최대혈압 수치	130.34	13.559	38

상관계수

		나이	몸무게(파운드)	최대혈압 수치
나이	Pearson 상관계수	1	.455**	.579**
	유의확률 (양쪽)		.004	.000
	제곱합 및 교차곱	5442.316	6809.263	3523.737
	공분산	147.090	184.034	95.236
	N	38	38	38
몸무게(파운드)	Pearson 상관계수	.455**	1	.641**
	유의확률 (양쪽)	.004		.000
	제곱합 및 교차곱	6809.263	41232.553	10731.447
	공분산	184.034	1114.393	290.039
	N	38	38	38
최대혈압 수치	Pearson 상관계수	.579**	.641**	1
	유의확률 (양쪽)	.000	.000	
	제곱합 및 교차곱	3523.737	10731.447	6802.553
	공분산	95.236	290.039	183.853
	N	38	38	38

**. 상관계수는 0.01 수준(양쪽)에서 유의합니다.

"상관계수" 표에서 0.455로 출력된 두 변수 {나이}와 {체중}에 대한 상관계수를 편차 제곱합과 교차곱 통계량을 이용하여 다음과 같이 구할 수 있다.

$$r = \frac{\text{편차 교차곱}}{\sqrt{\{\text{나이}\}\text{ 제곱합}}\sqrt{\{\text{체중}\}\text{ 제곱합}}} = \frac{6809.263}{\sqrt{5442.316}\ \sqrt{41232.553}} = 0.4546$$

반면에 {체중} 변수와 {SP} 변수 사이의 표본상관계수를 모상관계수의 추정값을 이용하여 다음과 같이 계산할 수도 있다.

$$r = \frac{\text{공분산}}{(\{\text{체중}\}\text{ 표준편차})(\{\text{SP}\}\text{ 표준편차})} = \frac{290.039}{(33.383)(13.559)} = 0.6408$$

마지막으로 {나이} 변수와 {SP} 변수의 표본상관계수는 0.579이다.

10.1.3 : 상관계수의 검정

두 변수의 상관계수가 $+1$이나 -1 근처의 값이면 두 변수 간에 강한 선형적인 관련성이 존재한다고 할 수 있다. 반대로 상관계수의 값이 0의 근방이면 두 변수의 선형적인 관련성은 거의 없다고 볼 수 있다.

X가 하나의 정규모집단을 따르고 Y가 다른 정규모집단을 따르는 확률변수일 때, 또는 이변량 정규분포를 따르는 모집단으로부터 얻어진 두 확률변수의 쌍 (X, Y)에 대해서 두 확률변수 X와 Y의 선형적인 관계의 유의성에 대한 가설검정의 귀무가설과 대립가설은 다음과 같다. 상관계수의 검정은 단측검정을 사용할 수도 있지만, 대부분 양측검정을 사용한다.

$$H_0 : \rho = 0 \qquad H_1 : \rho \neq 0$$

귀무가설 $H_0 : \rho = 0$ 하에서 표본상관계수 r의 함수인 검정통계량 T_0은 자유도가 $(n-2)$인 t분포를 따른다고 알려져 있다.

$$T_0 = r\sqrt{\frac{n-2}{1-r^2}} \ \sim \ t(n-2)$$

유의수준이 α일 때 검정통계량 T_0의 값이 $|T_0| > t_{\alpha/2,(n-2)}$를 만족하면 귀무가설을 기각하여 두 변수 사이에 유의적인 선형 관련성이 존재한다고 말할 수 있다.

SPSS의 [이변량 상관계수(B)] 프러시저를 실행하면 두 변수의 상관계수에 대한 유의성 검정의 유의확률을 얻을 수 있다 ([그림 10.1.3]). 유의확률이 유의수준보다 작으면 귀무가설 $H_0 : \rho = 0$ 을 기각할 수 있지만, 유의확률이 유의수준보다 크면 귀무가설을 기각하지 못한다. 귀무가설을 기각하게 되면, 두 확률 변수 사이의 선형적인 관계가 유의하다고 결론내릴 수 있다.

예제 10.1.3 (데이터 파일 "예6-2.sav") 응답자의 최대혈압수치인 {SP}는 응답자의 {나이}, {체중}과 상관관계가 있을 것으로 추정된다. 세 변수 사이의 상관계수로부터 모상관계수의 유의성을 각각 검정하여라 ($\alpha = 5\%$).

풀이 10.1.3 [예제 10.1.2]의 "상관계수" 표의 (양쪽) 유의확률을 이용하면 상관계수에 대한 양측검정을 수행할 수 있다. SPSS는 이 유의확률이 0.05보다 작으면 별표(*) 한 개를, 0.01보다 작으면 두 개의 별표(**)를 상관계수 옆에 붙여준다. 다음 표는 [예제 10.1.2]의 상관계수와 유의확률의 결과를 요약한 것이다.

(상관계수(유의확률))

	나이	체중	SP
나이	1	0.455** (.004)	0.579** (.000)
체중		1	0.641** (.000)
SP			1

이 표에서 알 수 있듯이 모든 상관계수의 검정통계량에 대응하는 유의확률이 $\alpha = 0.05$보다 작으므로 두 변수의 선형적인 관계가 유의하다고 결론내릴 수 있다. 특히 {체중} 변수는 {SP} 변수와 아주 강한 선형적인 관련성이 있다고 주장할 수 있다. 예를 들어 {체중} 변수의 값이 커질수록 {SP} 변수의 값도 양의 방향으로 커질 것으로 추정할 수 있다.

참고로 {체중}과 {SP} 변수 사이의 상관계수에 대한 유의성 검정의 검정통계량 T_0 값은 다음과 같다.

$$T_0 = r\sqrt{\frac{n-2}{1-r^2}} = 0.641\sqrt{\frac{38-2}{1-(0.641)^2}} = 5.0108$$

이 값은 함수 IDF.T(0.975,36)으로 구한 기각값 $t_{0.025,36} = 2.028$보다 크므로 귀무가설 $H_0 : \rho = 0$ 을 기각할 수 있다.

표본상관계수의 값이 0이라는 의미는 두 변수 간에 선형관계가 존재하지 않는다는 것이다. 그러나 두 변수 사이에 이차 관계 또는 비선형(곡선)관계가 존재할 수 있음을 유의해야 한다. 예를 들어 다음 [그림 10.1.3]의 산점도를 갖는 두 변수의 자료에 대하여 귀무가설 $H_0 : \rho = 0$ 를 검정하기 위한 유의확률을 구해보면 유의수준인 0.05보다 크다. 따라서 두 변수의 선형 상관관계가 없다고 결론내릴 수 있지만, [그림 10.1.4]에서 알 수 있듯이 두 변수 간에 이차 관계의 분명한 상관성이 존재한다.

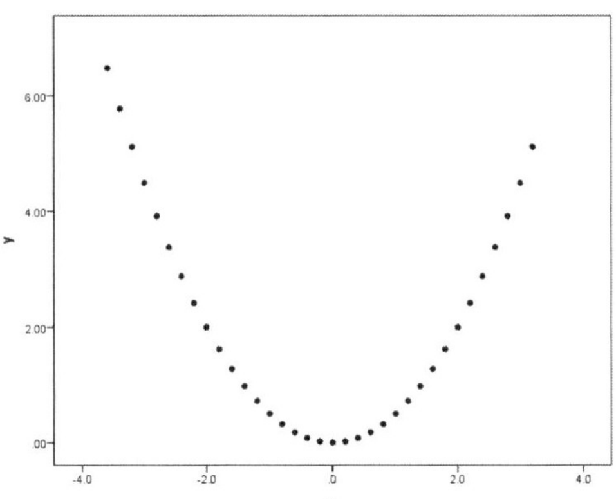

[그림 10.1.4] 이차 관계를 보여주는 산점도

두 변수 사이의 일차적인 선형 관계가 얼마나 강한가를 지수로 나타내주는 상관계수는 양과 음의 관계성도 동시에 확인할 수 있다. 일반적으로 사회과학에서는 상관계수의 절댓값이 0.7 이상이면 두 변수 사이에 매우 강한 관련성이 있다고 해석한다. 또한 상관계수의 절댓값이 0.4 이상이면 두 변수가 상당한 선형 관련성이 있음을 시사한다고 할 수 있다. 그러나 상관계수의 절댓값이 0.2 보다 작으면 두 변수 사이에 선형 관련성이 없거나 현저히 낮은 것으로 분석할 수 있다.

10.1.4 : 편상관계수

편상관계수(partial correlation coefficient)는 두 변수에 영향을 미치는 제3의 변수를 통제(adjusted)한 후 얻어지는 상관계수를 말한다. 두 변수의 상관계수를 구하는 목적은 두 변수의 원인과 결과에 대한 인과 관계를 밝히고자 하는 데에 있다. 예를 들어 식물에 주는 물의 양(원인)이 식물의 성장(결과)에 영향을 주는지의 여부를 밝히는 데에 상관분석이 이용될 수 있다.

그런데 어느 해의 무더운 여름 동안 물에 빠져 죽은 사람의 수와 그해 소비된 음료수의 양을 조사하였을 때, 두 변인 간에 강한 양적인 상관관계가 존재함을 알 수 있을 것이다. 따라서 두 변인에 대한 상관분석에 있어서 음료수의 양은 원인을 나타내는 변인이고, 익사자의 수는 결과를 나타내는 변인이라고 분석한다면 익사자의 수를 줄이기 위하여 음료수의 판매를 줄여야 할 것이다. 즉 음료수를 많이 마실수록 익사자를 많이 발생시키는 아주 이상한 결론이 얻어진다. 그러나 실제로 음료수의 판매와 익사자의 수는 아무런 관련성이 없을 것이다. 이렇게 잘못된 상관분석의 결론이 나온 이유는 두 변인 모두 제3의 변인인 기온(또는 습도)과 강한 관련성이 있기 때문이다. 즉 기온이 올라가면 음료수의 판매량도 늘어갈 것이고, 더위를 피하기 위하여 물놀이하는 사람들의 수가 늘어나 익사자의 수도 늘어날 것이다. 이때 기온이라는 변인을 고려하지 않았기 때문에 음료수의 판매량과 익사자의 수가 아주 강한 상관관계를 갖게 된 것이다. 만약 기온이라는 변수를 통제(또는 제거)한 상태에서 두 변수인 음료수의 판매량과 익사자의 수 사이의 상관관계를 분석할 수 있다면 두 변수의 상관관계는 거의 없다고 분석될 것이다.

이와 같이 제3의 변수(x_3)를 통제한 상태에서 두 변수(x_1, x_2)의 상관관계에 대한 편상관계수는 다음 식을 이용하여 구한다.

$$r_{12.3} = \frac{r_{12} - r_{13} r_{23}}{\sqrt{1-r_{13}^2}\sqrt{1-r_{23}^2}}$$

(r_{ij}: 변수 x_i와 x_j 사이의 상관계수, $i, j = 1, 2, 3$)

예제 10.1.4 (데이터 파일 "예6-2.sav") 응답자의 {나이}를 통제한 상태에서 최대혈압수치인 {SP}와 {체중}의 편상관계수를 구하여라.

풀이 10.1.4 {나이}를 제3의 변수 {x_3}라고 하고, {체중}을 변수 {x_1}, {SP}를 변수 {x_2}라고 할 때, [예제 10.1.3]의 "상관계수" 표의 결과인 세 변수 사이의 상관계수를 이용하여 편상관계수 $r_{12.3} = 0.52$을 구할 수 있다.

$$r_{12.3} = \frac{0.641 - (0.455)(0.579)}{\sqrt{(1-0.455^2)(1-0.579^2)}} = 0.520$$

편상관계수의 직접적인 계산과 검정은 [그림 10.1.5]에 표시된 바와 같이 SPSS의 [편상관계수(R)] 프러시저를 실행한다. [편상관계수(R)] 프러시저는 다음 메뉴를 차례대로 선택함으로써 실행할 수 있다.

[분석(A)] → [상관분석(C)] → [편상관계수(R)]

[그림 10.1.5] 편상관계수 프러시저

다음은 {나이} 변수를 통제변수로 하여 {체중}과 {SP} 변수의 편상관계수를 구하기 위한 "편상관계수" 대화상자의 모습이다. 이 대화상자의 [옵션(O)]에서 [☑0차 상관(Z)]을 체크하면 편상관계수 표와 함께 제어변수를 비롯한 모든 변수 간에 단순 상관행렬을 표시한다.

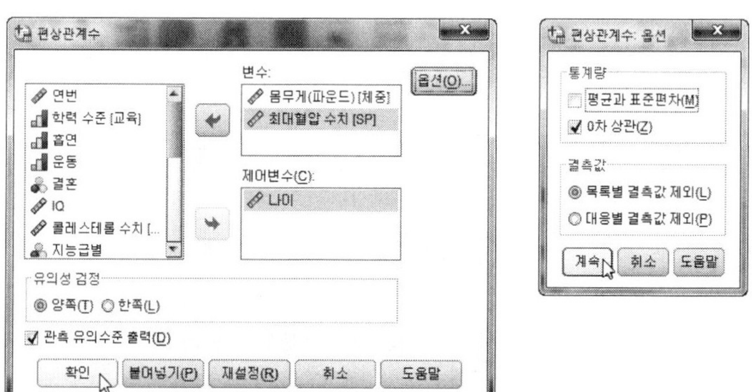

편상관계수의 실행 결과인 "상관" 표에 표시된 바와 같이 {나이} 변수를 통제한 상태의 {체중} 변수와 {SP} 변수 간의 편상관계수는 0.52임을 알 수 있다.

편상관계수 행렬표에 표시된 유의확률(양측)은 다음 귀무가설에 대한 검정통계량에 대응하는 P-값이다(이 표에 표시된 유의수준은 잘못된 표기로서 유의확률로 수정되어야 한다).

$$H_0 : \rho_{12.3} = 0 \qquad H_1 : \rho_{12.3} \neq 0$$

이 가설검정에 대한 검정통계량은 자유도 $n-3$인 t분포를 따른다고 알려져 있다. 출력된 행렬표의 유의확률이 .001이므로 유의수준 1%에서도 편상관계수에 대한 귀무가설이 기각된다고 결론내릴 수 있다.

상관

통제변수			몸무게 (파운드)	최대혈압 수치	나이
-지정않음-[a]	몸무게(파운드)	상관	1.000	.641	.455
		유의수준(양측)		.000	.004
		df	0	36	36
	최대혈압 수치	상관	.641	1.000	.579
		유의수준(양측)	.000		.000
		df	36	0	36
	나이	상관	.455	.579	1.000
		유의수준(양측)	.004	.000	
		df	36	36	0
나이	몸무게(파운드)	상관	1.000	.520	
		유의수준(양측)		.001	
		df	0	35	
	최대혈압 수치	상관	.520	1.000	
		유의수준(양측)	.001		
		df	35	0	

a. 셀에 0차 (Pearson) 상관이 있습니다.

10.2 단순 선형회귀분석

두 변수 사이의 관련성을 알아보기 위해서 먼저 두 변수의 산점도를 그려본다. 앞 절에서 언급했듯이 산점도를 그리는 목적은 두 변수 간의 관련성의 본성(양의 선형 관계, 음의 선형 관계, 곡선 관계 또는 무관계)을 직관하고자 하는 것이다.

산점도의 직관을 바탕으로 두 변수의 선형관계에 대한 상관계수와 유의성 검정을 수행한다. 유의성 검정을 통해 두 변수의 선형성이 유의하다면 그 다음 단계로 두 변수의 자료에 가장 적합한 직선의 식을 구해나간다. 자료에 근거하여 두 변수 간의 경향과 예측을 하고자 하는 것이 직선의 식을 구하는 의도라 할 수 있다.

이렇게 두 변수의 자료로부터 구한 직선을 회귀 직선이라고 하며, 회귀 직선을 구하는 일련의 통계적 분석법을 회귀분석(regression analysis)라고 한다. 회귀(regression)라는 용어는 1885년 영국의 생물학자 프란시스 갤톤 경(Sir Francis Galton)이 자녀의 키와 부모의 키 간의 관계를 분석한 논문에서 처음 사용되었다. 그는 "한 남자의 특성은 그의 혈족인 남성들과 그 특성을 공유하기는 하지만 평균적으로 보면 더 적은 정도로 그 특성을 공유한다."는 일반적 회귀법칙(law of universal regression)을 공식화하였다. 이후 1903년에 피어슨(K. Pearson)과 리(A. Lee)는 임의추출한 1,078쌍의 아버지와 아들의 키를 분석한 논문에서 아들의 키는 아버지의 키를 닮아가는 경향뿐만 아니라 사람들의 평균 키로 회귀하려는 현상이 있음을 밝혀냈다. 이와 같이 회귀분석은 어떤 변수(종속변수)가 다른 변수(독립변수)에 영향을 받을 때 두 변수 간의 함수 관계를 규명하기 위하여 함수식을 찾아내는 통계적 방법이다.

선형회귀분석(linear regression analysis)은 하나 이상의 주어진 독립변수(independent variable)들로부터 종속변수(dependent variable)의 값을 선형의 관계식으로 예측하는 것을 말한다. 회귀분석에서의 종속변수는 연속형의 속성을 갖는 변수이며, 독립변수는 일반적으로 연속형의 속성을 갖는 자료이지만 때로는 범주형 속성의 자료일 수도 있다.

회귀분석의 종속변수는 반응변수(response variable)로 불리며, 확률변수이기 때문에 대문자인 Y로 표기한다. 설명변수(explanatory variable)로 불리는 독립변수는 회귀분석 모형에서 기지의 상수이기 때문에 실현된 값을 의미하는 소문자로 x와 같이 표기한다. 독립변수가 하나인 경우의 선형회귀분석을 단순 선형회귀분석이라 하고, 독립변수가 둘 이상인 경우의 선형회귀분석을 다중 선형회귀분석이라 한다.

이 절에서는 단순 선형회귀분석의 회귀 모형에 대하여 간단히 알아보자. [예제 10.1.1]에서 작성한 {체중}과 {SP} 변수의 산점도를 살펴보면 두 변수 사이에 어떤 선형적인 관계가 있을 것이라고 추측할 수 있다. 이 선형적인 관계를 나타내는 직선을 산점도에 표시하면 [그림 10.1.5]와 같다.

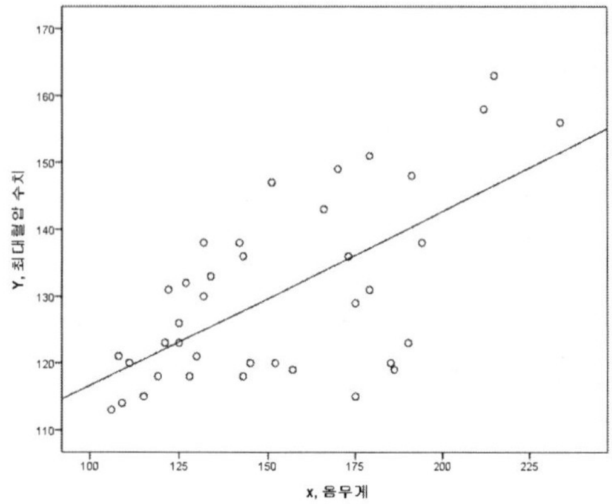

[그림 10.2.1] 선형관계를 의미하는 직선

독립변수인 몸무게 (체중)을 x 로, 종속변수인 최대혈압 수치 (SP)를 Y로 표시할 때, [그림 10.2.1]에 표시된 직선의 식은 다음과 같이 표현할 수 있다 (여기에서 β_0는 절편이고 β_1 은 직선의 기울기이다).

$$Y = \beta_0 + \beta_1 x \tag{10.1}$$

그런데 모든 관측값들이 이 직선위에 있지 않으므로 종속변수 Y를 독립변수 x 의 선형 함수식인 $(\beta_0 + \beta_1 x)$으로 완전히 설명할 수 없다. 관측값 Y를 직선 $(\beta_0 + \beta_1 x)$ 만으로 설명하지 못하는 둘 사이의 차이를 ϵ 이라고 할 때, 이 ϵ 를 오차라고 하며 직선과 관측값의 차이의 정도를 나타내는 확률변수이다. 따라서 관측값 Y는 다음 식 (10.2)와 같이 x 의 선형 함수식과 오차 ϵ 의 가법 식으로 나타낼 수 있다.

$$Y = \beta_0 + \beta_1 x + \epsilon \tag{10.2}$$

식 (10.2)를 단순 선형회귀모형(simple linear regression model)이라고 하며, 일반적으로 식 (10.2)의 선형회귀모형에서 확률변수인 오차 ϵ 에 관하여 다음과 같은 가정을 한다.

- 주어진 x 의 값에 대하여, 확률변수 ϵ 는 정규분포 $N(0, \sigma^2)$을 따른다.
- 오차 ϵ 의 값들은 서로 독립이다.

이러한 가정하에서 선형회귀모형의 성질을 간단히 정리하면 다음과 같다.

- x 의 값들은 고정된 값으로 가정하며, 미지인 모수 β_0 와 β_1 의 값은 표본 통계량을 이용하여 추정할 수 있다.
- 주어진 x 값에 대하여 확률변수 Y는 평균이 $\beta_0+\beta_1 x$ 이고, 분산이 σ^2 인 정규분포를 따른다.

$$E(Y|x)=E(\beta_0+\beta_1 x+\epsilon)=E(\beta_0+\beta_1 x)+E(\epsilon)=\beta_0+\beta_1 x$$
$$Var(Y|x)=Var(\beta_0+\beta_1 x+\epsilon)=Var(\epsilon)=\sigma^2$$

- 주어진 x 에 대하여 Y값과 Y의 평균값을 예측할 수 있다.
- 미지의 오차분산 σ^2 은 추정할 수 있다.

여기에서 두 변수 사이의 직선관계를 나타내는 식 $E(Y|x)=\beta_0+\beta_1 x$을 모회귀식(population regression equation)이라고 한다. 표본을 이용하여 미지의 모수인 회귀계수 β_0 와 β_1 을 추정한 후에 이들을 이용하여 모회귀직선을 추정하게 된다. $\beta_0=E(Y|x=0)$이므로 직선의 절편인 모수 β_0는 별로 중요하지 않은 회귀계수이다. 즉 직선의 절편 β_0 은 $x=0$ 일 때 Y 분포의 평균을 의미하므로 x 의 범위가 0을 포함하지 않는다면 절편 β_0 은 해석상의 의미를 갖지 않는다.

그러나 직선의 기울기 β_1은 다음 식에서 알 수 있듯이 x 의 위치에 상관없이 독립변수의 값이 1 증가할 경우 발생하는 $E(Y)$의 증가분이다.

$$E(Y|x=m+1)-E(Y|x=m)=\beta_0+\beta_1(m+1)-\beta_0-\beta_1 m=\beta_1$$

즉 β_1은 독립변수와 종속변수의 관계를 알려주는 중요한 모수로서 이 회귀계수 β_1에 대한 추정과 가설검정이 필요하다.

10.3 최소제곱추정량

단순 선형회귀모형 (10.2)에서 추정해야 할 모수는 β_0 와 β_1 , 그리고 오차항의 미지의 분산인 σ^2이다. 먼저 모수 β_0 와 β_1 을 표본으로부터 추정하는 방법에 대해서 알아보자. 두 모수를 추정하는 다양한 방법이 있으나 이 절에서는 회귀분석에서 많이 사용하는 최소제곱추정법을 이용하여 추정한다.

독립변수 x 에 대응하는 종속변수 Y에 대한 n 개의 표본 쌍 (x_1, Y), (x_2, Y_2), $\cdots, (x_n, Y_n)$ 이 식 (10.2)를 만족한다고 하면, 각 표본 쌍에 대하여

$$Y_i = \beta_0 + \beta_1 x_i + \epsilon_i \quad (i = 1,2,...,n) \tag{10.3}$$

이 성립한다. 이 식을 표본회귀모형(sample regression model)이라고 하며 이 식에 포함된 n개의 오차항 ϵ_i의 제곱합 Q가 최소가 되도록 하는 β_0와 β_1의 추정값을 구하는 방법이 최소제곱법(least squares method)이다.

$$Q = \sum_{i=1}^{n} \epsilon_i^2 = \sum_{i=1}^{n} (Y_i - \beta_0 - \beta_1 x_i)^2$$

여기서 오차항 ϵ_i는 [그림 10.3.1]에 표시된 바와 같이 $x = x_i$일 때의 관측값 Y_i와 $\beta_0 + \beta_1 x_i$ 사이의 거리를 의미한다.

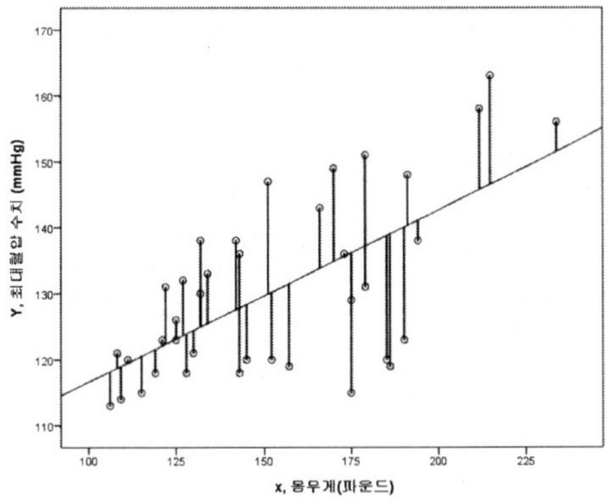

[그림 10.3.1] 각 오차항의 크기

식 Q를 β_0와 β_1에 대하여 각각 편미분하여 0이 되는 두 방정식을 정규방정식(normal equation)이라고 하며, 이 정규방정식으로부터 구해진 β_0, β_1의 각 추정값인 b_0, b_1을 최소제곱추정량(least squares estimator)이라고 한다.

〈정규방정식〉

$$\sum_{i=1}^{n} Y_i = n b_0 + b_1 \sum_{i=1}^{n} x_i$$

$$\sum_{i=1}^{n} x_i Y_i = b_0 \sum_{i=1}^{n} x_i + b_1 \sum_{i=1}^{n} x_i^2$$

〈최소제곱추정량〉 $$b_1 = \frac{\sum_{i=1}^{n}(x_i - \overline{x})(Y_i - \overline{Y})}{\sum_{i=1}^{n}(x_i - \overline{x})^2} = \frac{S_{xy}}{S_{xx}}$$

$$b_0 = \overline{Y} - b_1 \overline{x}$$

최소제곱추정량인 b_0와 b_1은 식 Q가 최소가 될 때의 β_0와 β_1의 값이다. 이렇게 추정된 b_0와 b_1을 이용하여 추정한 회귀식을 $\hat{Y} = b_0 + b_1 x$이라고 할 때, $\hat{Y}$은 특정 x에 대한 Y의 추정값이다.

예제 10.3.1 (데이터 파일 "예6-2.sav") 응답자의 {체중}을 독립변수 x로, 최대혈압수치인 {SP}를 종속변수인 Y로 하여 단순 선형회귀모형식을 추정하여라.

풀이 10.3.1 [예제 10.1.2]에서 얻어진 "기술통계량" 표와 "상관계수" 표를 참조하여 최소제곱추정량 b_0와 b_1을 구하면 다음과 같다.

$$b_1 = \frac{10731.447}{41232.553} = 0.2603$$

$$b_0 = 130.3421 - 0.2603 \times 152.6579 = 90.6052$$

따라서 최소제곱법으로 추정된 회귀직선의 식은 $\hat{Y} = 90.61 + 0.26x$이다. 이를 [그림 10.2.1]의 산점도에 표시하면 [그림 10.3.2]와 같다.

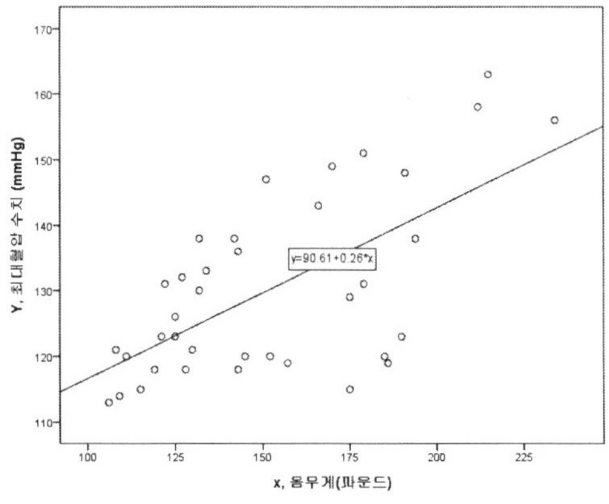

[그림 10.3.2] 최소제곱법에 의한 추정회귀식

- **오차분산 σ^2의 불편추정량**

주어진 데이터에 대해서 실제 관측값인 Y_i와 회귀직선에 의해 추정된 $\widehat{Y}_i$과의 차이를 잔차(residual)라고 하며 $e_i (= Y_i - \widehat{Y}_i)$로 표시한다. 잔차제곱합[residual sum of squares, 오차제곱합(sum of squares for error), SSE]인 $\sum_{i=1}^{n} e_i^2$은 오차 ϵ_i의 제곱합 $Q = \sum_{i=1}^{n} \epsilon_i^2$를 최소로 하는 값이다.

$$
\begin{aligned}
SSE &= \sum_{i=1}^{n} (Y_i - \widehat{Y}_i)^2 = \sum_{i=1}^{n} (Y_i - b_0 - b_1 x_i)^2 \\
&= \sum_{i=1}^{n} (Y_i - \overline{Y} - b_1 (x_i - \overline{x}))^2 = S_{yy} - b_1 S_{xy}
\end{aligned}
$$

SSE를 자유도인 $n-2$로 나눈 값을 평균잔차제곱(mean squared for error, MSE)이라고 하며 S_e^2으로 간단히 표현하자. 평균잔차제곱 S_e^2은 오차의 분산 σ^2의 불편추정량이며, 관측값들이 추정회귀직선으로부터 얼마나 흩어져 있는가를 나타내는 하나의 측도이다.

오차분산 σ^2의 불편추정량: $S_e^2 = MSE = \dfrac{SSE}{n-2} = \dfrac{1}{n-2} \sum_{i=1}^{n} (Y_i - \widehat{Y}_i)^2$

추정의 표준오차: $S_e = \sqrt{\dfrac{1}{n-2} \sum_{i=1}^{n} (Y_i - \widehat{Y}_i)^2}$

예제 10.3.2 (데이터 파일 "예6-2.sav") 응답자의 {체중}을 독립변수 x로, 최대혈압 수치인 {SP}를 종속변수인 Y로 하여 추정한 단순 선형회귀모형식의 오차 분산에 대한 불편추정량 S_e^2을 구하여라.

풀이 10.3.2 $S_{yy} = 6802.553$, $S_{xy} = 10731.447$, $b_1 = 0.2603$이므로 이를 이용하여 SSE를 먼저 구하면,

$$SSE = S_{yy} - b_1 S_{xy} = 6802.553 - 0.2603 \times 10731.447 = 4009.157$$

따라서 오차 분산 σ^2의 불편추정량은 다음과 같다.

$$S_e^2 = \frac{SSE}{n-2} = \frac{4009.157}{38-2} = 111.3655$$

어떤 특정한 사람의 몸무게가 150파운드일 때 $x = 150$에 대한 모수 $E(Y|x = 150)$의 추정량은 추정된 회귀직선의 식 $\hat{Y} = 90.61 + 0.26x$에 $x = 150$을 대입하여 구한 것이다. 따라서 $\hat{Y}$은 Y의 예측값일 뿐만 아니라 $E(Y|x)$의 추정값이기도 하다. 즉 몸무게가 150파운드인 어떤 사람의 최대혈압 수치는 129.61이라고 예측할 수도 있지만, 129.61은 몸무게가 150파운드인 사람들의 평균 최대혈압 수치라고 추정할 수도 있다.

10.4 단순 선형회귀모형의 검정

단순 선형회귀모형 (10.2)에 있는 기울기 β_1이 0이면 독립변수 x의 모든 값에 대하여 $E(Y|x) = \beta_0$이 된다. 즉 모형에 포함되어 있는 x에 상관없이 종속변수의 평균값이 β_0로 동일하게 되어 독립변수가 종속변수의 변동에 전혀 영향을 주지 않는다고 볼 수 있다. 따라서 식 (10.2)의 회귀모형이 의미를 갖기 위해서는 $\beta_1 \neq 0$인지 아닌지에 대한 회귀모형 유의성 검정을 하여야 한다.

단순 선형회귀모형의 경우에는 회귀모형의 유의성에 대한 F검정과 회귀계수 β_1에 대한 $H_0 : \beta_1 = 0$의 t검정은 동일하다.

10.4.1 : 분산분석법을 이용한 회귀모형의 유의성 검정

독립변수 x가 포함되지 않는 회귀모형 $Y_i = \beta_0 + \epsilon_i$의 추정 회귀식은 $\hat{Y} = \overline{Y}$이다. 따라서 독립변수 x가 포함되지 않는 모형의 잔차는 $Y_i - \overline{Y}$이다. 반면에 독립변수가 포함된 회귀모형 (10.2)의 추정 회귀식 $\hat{Y} = b_0 + b_1 x$로부터 구한 잔차는 $Y_i - \hat{Y}_i$이다. 이때 두 잔차의 차이는 독립변수 x가 회귀모형에 삽입됨으로써 생기는 것으로서 독립변수가 종속변수의 변동을 설명하는 값이라고 볼 수 있다.

$$\begin{array}{ccccc} Y_i - \overline{Y} & = & (Y_i - \hat{Y}_i) & + & (\hat{Y}_i - \overline{Y}) \\ (\text{편차}) & = & (\text{잔차}) & + & (\text{선형회귀}) \end{array}$$

양변을 제곱한 후, 모든 자료에 대해 합을 구하면 다음과 같이 나타 낼 수 있다.

$$\sum_{i=1}^{n}(Y_i - \overline{Y})^2 \;=\; \sum_{i=1}^{n}(Y_i - \widehat{Y}_i)^2 \;+\; \sum_{i=1}^{n}(\widehat{Y}_i - \overline{Y})^2$$

$$SST \;=\; SSE + SSR$$

여기서 SST를 Y의 총제곱합(total sum of squares, S_{yy})이라고 한다. 일반적으로 회귀모형에 독립변수 x를 포함하면 잔차의 제곱합이 회귀제곱합(sum of squares for regression, SSR)만큼 줄어든다. 이 값이 클수록 회귀모형에 포함된 독립변수가 종속변수의 변동을 잘 설명해준다고 볼 수 있다.

오차 분산을 추정하는 데 사용했던 회귀모형으로도 설명되지 않는, 즉 오차에 기인한 잔차의 제곱합을 잔차제곱합(sum of squares for residual) 또는 오차제곱합(sum of squares for error, SSE)이라 한다. 10.3절에서 다루었던 $SSE = S_{yy} - b_1 S_{xy}$으로부터 $SSR = b_1 S_{xy}$임을 알 수 있다.

SST에 대한 자유도를 df_T라고 하면 $df_T = n-1$이다. SSE에 대한 자유도를 df_E, SSR에 대한 자유도를 df_R이라고 하면 다음 식이 성립한다.

$$df_T \;=\; df_E + df_R$$
$$(n-1) = (n-2) + (1)$$

일반적으로 SSR의 자유도는 회귀모형에 포함된 독립변수의 개수와 같다. 9장의 분산분석에서 설명한 바와 같이 각 제곱합을 자유도로 나눈 값을 평균제곱(mean squares, MS)이라고 한다. 회귀분석에서는 MSR을 평균회귀제곱(mean square for regression)이라 하고, MSE를 평균잔차제곱(mean squares for error)이라고 한다. 이미 언급한 바와 같이 MSE는 오차 분산 σ^2의 불편추정량이다.

- **단순 선형회귀모형의 유의성 검정**

회귀계수 β_1의 값이 0이 아니면 독립변수 x가 포함된 단순 선형회귀모형은 통계적으로 유의한 모형이 됨을 알 수 있다. 독립변수 x에 따라 종속변수의 변동이 영향을 받는다면 MSR이 MSE보다 상대적으로 큰 값을 가질 것으로 추정할 수 있으며, 이 경우에 회귀계수 β_1의 값이 0이 아니라고 판단할 수 있다.

단순 선형회귀모형의 유의성 검정에 대한 귀무가설과 대립가설은 다음과 같다.

$$H_0 : \beta_1 = 0 \qquad H_1 : \beta_1 \neq 0$$

만약 귀무가설 $H_0 : \beta_1 = 0$ 가 참이라고 한다면, 다음 검정통계량 F_0의 분포는 자유도 $(1, n-2)$를 가지는 F분포를 따른다.

$$F_0 = \frac{SSR/1}{SSE/(n-2)} = \frac{MSR}{MSE} \sim F(1, n-2)$$

만약 모회귀직선의 기울기 β_1 이 0과 다르다면, SSR 이 상대적으로 큰 값을 가지게 될 것이며 기각역의 형태는 F통계량 값이 큰 값을 갖는 쪽이 된다. 따라서 유의수준 α에서 F_0의 값이 기각값인 $F_{\alpha, 1, n-2}$ 보다 크면 귀무가설을 기각한다.

이러한 회귀모형의 유의성 검정을 위한 검정통계량을 얻는 과정을 분산분석(analysis of variance, ANOVA) 표를 사용하여 정리할 수 있다.

[표 10.4.1] 단순 선형회귀모형에 대한 분산분석표

요인	제곱합	자유도	평균제곱	F
회귀(Model)	$SSR = S_{xy}^2 / S_{xx}$	1	$MSR = SSR/1$	$\frac{MSR}{MSE}$
오차(Error)	$SSE = SST - SSR$	$n-2$	$MSE = SSE/(n-2)$	
전체	$SST = S_{yy}$	$n-1$		

10.4.2 : 회귀계수에 대한 추론

단순 선형회귀모형에서 회귀직선의 기울기인 모수 β_1 은 독립변수와 종속변수 간의 선형적인 관계의 존재유무와 어느 정도의 선형적인 관계가 있는지를 나타낸다. 독립변수가 오직 1개이므로 귀무가설 $H_0 : \beta_1 = 0$ 의 검정은 단순 선형회귀모형의 유의성 검정과 같은 의미를 갖고 있다. 그러나 다중 선형회귀모형, 예를 들어 독립변수가 3개일 경우 회귀모형의 유의성에 대한 귀무가설은 $H_0 : \beta_1 = \beta_2 = \beta_3 = 0$으로 각 회귀계수의 검정과 차이가 있다.

최소제곱추정량 b_0와 b_1의 표본분포는 다음과 같이 각각 정규분포를 따른다고 알려져 있다.

$$b_0 \sim N(\beta_0, \sigma^2 (\frac{1}{n} + \frac{\bar{x}^2}{S_{xx}}))$$

$$b_1 \sim N(\beta_1, \frac{\sigma^2}{S_{xx}})$$

그러나 이 분포에서 미지인 오차 분산인 σ^2을 $S_e^2 = MSE$로 추정하여 대체하면 다음과 같이 t분포를 각각 얻을 수 있다.

$$t = \frac{b_0 - \beta_0}{S_e \sqrt{1/n + \bar{x}^2 / S_{xx}}} \sim t(n-2)$$

$$t = \frac{b_1 - \beta_1}{S_e / \sqrt{S_{xx}}} \sim t(n-2)$$

- **회귀계수 β_1에 대한 가설검정**

귀무가설 $H_0 : \beta_1 = 0$가 참이라고 한다면, 검정통계량 $T_0 = \frac{b_1}{S_e / \sqrt{S_{xx}}}$은 자유도 $n-2$인 t분포를 따른다. 유의수준 α에서 양측검정 $H_1 : \beta_1 \neq 0$에 대한 기각역은 $\{t > t_{\alpha/2, n-2}$ 또는 $t < -t_{\alpha/2, n-2}\}$이다. 단순 선형회귀모형의 유의성 검정의 기각값 $F_{\alpha, 1, n-2}$와 $t^2_{\alpha/2, n-2}$는 같은 값이므로 두 검정의 유의확률도 같다.

- **회귀계수 β_1에 대한 $100(1-\alpha)\%$ 신뢰구간**

회귀계수 β_1의 추정량인 b_1의 표본분포를 이용하면 다음과 같이 β_1에 대한 $100(1-\alpha)\%$ 신뢰구간을 구할 수 있다.

$$b_1 - t_{\alpha/2, n-2} \times S_e / \sqrt{S_{xx}} < \beta_1 < b_1 + t_{\alpha/2, n-2} \times S_e / \sqrt{S_{xx}}$$

- **회귀계수 β_0에 대한 $100(1-\alpha)\%$ 신뢰구간**

$$b_0 - t_{\alpha/2, n-2} \times S_e \sqrt{1/n + \bar{x}^2 / S_{xx}} < \beta_0 < b_0 + t_{\alpha/2, n-2} \times S_e \sqrt{1/n + \bar{x}^2 / S_{xx}}$$

10.4.3 : 종속변수에 대한 추론

- **$x = x_0$일 때 Y의 평균 $E(Y|x = x_0) = \beta_0 + \beta_1 x_0$의 신뢰구간**

$x = x_0$일 때 $E(Y|x = x_0) = \beta_0 + \beta_1 x_0$에 대한 추정량은 $b_0 + b_1 x_0$이며, 이

추정량의 분산은 다음과 같다.

$$Var(b_0 + b_1 x_0) = \sigma^2 \left(\frac{1}{n} + \frac{(x_0 - \overline{x})^2}{S_{xx}} \right)$$

미지의 오차 분산을 $S_e^2 = MSE$로 추정한 후, $E(Y|x = x_0) = \beta_0 + \beta_1 x_0$에 대한 $100(1-\alpha)\%$ 신뢰구간을 구하면 다음과 같다.

$$(b_0 + b_1 x_0) - t_{\alpha/2, n-2} \times S_e \sqrt{\frac{1}{n} + \frac{(x_0 - \overline{x})^2}{S_{xx}}} < \beta_0 + \beta_1 x_0$$
$$< (b_0 + b_1 x_0) + t_{\alpha/2, n-2} \times S_e \sqrt{\frac{1}{n} + \frac{(x_0 - \overline{x})^2}{S_{xx}}}$$

이렇게 구해진 신뢰구간의 폭은 $x_0 = \overline{x}$ 일 때 가장 좁고 x_0가 $\overline{x}$ 에서 멀어질수록 신뢰구간의 폭은 넓어진다. 따라서 x_0 값이 $\overline{x}$ 에 가까울수록 예측이 더 정확함을 알 수 있다.

- **$x = x_0$일 때 새로운 관찰값 Y에 대한 신뢰구간**

$x = x_0$일 때 종속변수 Y는 평균 $\beta_0 + \beta_1 x_0$를 중심으로 표준편차가 σ인 확률변수이다. 이 확률변수의 평균에 대한 추정량은 $b_0 + b_1 x_0$이지만 분산의 추정량은 $V(b_0 + b_1 x_0) + \sigma^2$이다. 따라서 오차 분산을 $S_e^2 = MSE$로 추정한 후, 새로운 관찰값 Y에 대한 $100(1-\alpha)\%$ 신뢰구간을 구하면 다음과 같다.

$$(b_0 + b_1 x_0) - t_{\alpha/2, n-2} \times S_e \sqrt{1 + \frac{1}{n} + \frac{(x_0 - \overline{x})^2}{S_{xx}}} < (Y|x_0)$$
$$< (b_0 + b_1 x_0) + t_{\alpha/2, n-2} \times S_e \sqrt{1 + \frac{1}{n} + \frac{(x_0 - \overline{x})^2}{S_{xx}}}$$

예제 10.4.1 (데이터 파일 "예6-2.sav") SPSS를 이용하여 다음과 같이 설정된 단순 선형회귀모형식의 유의성을 검정하고, 회귀식을 추정하여라.

$$\{SP\} = \beta_0 + \beta_1 \{체중\} + \epsilon$$

풀이 10.4.1 SPSS에서 선형회귀분석을 실행하기 위해서 [그림 10.4.1]과 같이 [선형(L)] 프러시저 메뉴를 선택한다.

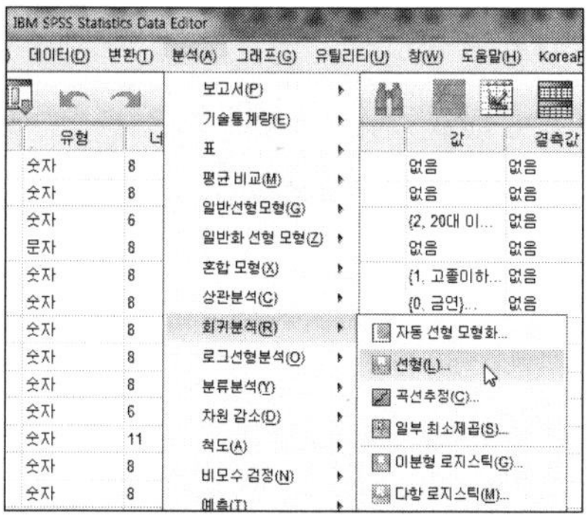

[그림 10.4.1] 선형회귀분석의 실행

[선형(L)] 프러시저를 실행한 후 표시되는 "선형 회귀분석" 대화상자에서 [종속변수(D)]에 {SP} 변수를, [독립변수(I)]에 {체중} 변수를 선택하여 지정한다. 다중 선형회귀분석에서는 필요한 독립변수를 차례대로 선택하지만 여기에서는 독립변수 1개만 지정하면 된다.

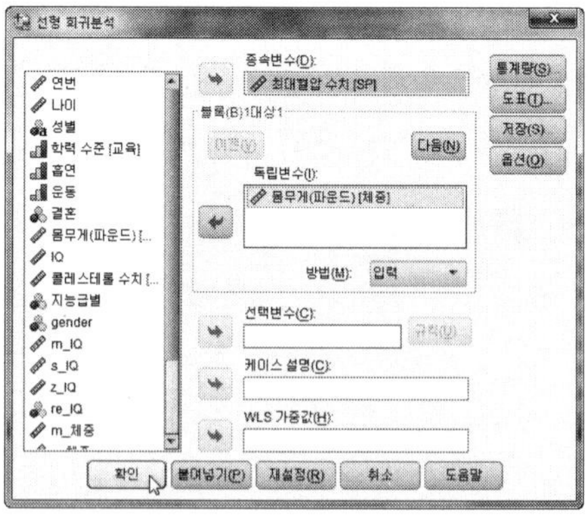

[그림 10.4.2] 선형 회귀분석 대화상자

[독립변수(I)] 밑에 있는 [방법(M)]에는 "입력, 단계선택, 제거, 후진, 전진"의 5가지 선택사항이 있는데 이 방법들은 다중 선형회귀분석에서 다루어지는 독립변수를 분석에 입력하는 변수선택법이다. 단순 선형회귀분석에서는 변수 선택이 필요 없으므로 초기에 지정된 "입력"을 이용한다.

[선택변수(C)]에는 특정 규칙을 갖는 변수의 값에 대하여 선형회귀분석을 하고자 할 때 특정 규칙의 변수를 지정한다.

- **[통계량(S)]**

"선형 회귀분석" 대화상자의 선택사항인 [통계량(S)]를 눌러 디폴트로 되어 있는 [☑ 추정값(E)]과 [☑ 모형 적합(M)] 이외에 [☑신뢰구간(C)], [☑기술통계(D)] 등을 선택할 수 있다.

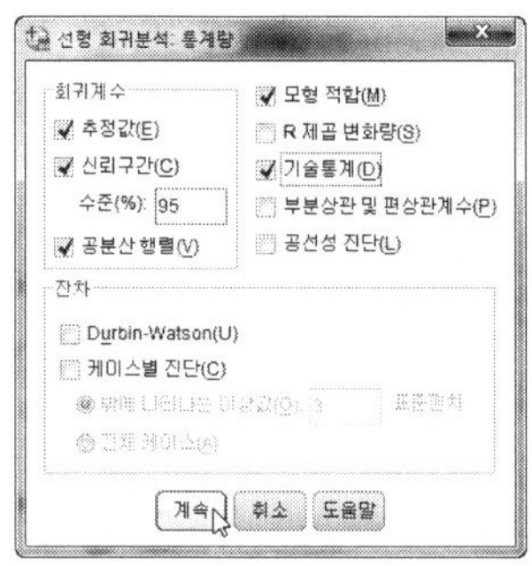

[그림 10.4.3] 선택사항 [통계량]

☑ 추정값(E): 회귀계수의 추정치 및 관련 통계량인 회귀계수 B, B의 표준오차, 표준화 계수 베타, B에 대한 t값 및 양측검정에 대한 유의확률 등이 출력된다.

☑ 신뢰구간(C): 지정된 신뢰도 수준에 대한 신뢰계수의 신뢰구간을 표시한다.

☑ 공분산 행렬(V): 대각선이 있으면 분산을 사용하고 대각선이 없으면 공분산을 사용하여 회귀계수의 분산-공분산 행렬을 표시한다.

☑ 모형적합(M): 모형에 진입되었거나 모형에서 제거한 변수를 나열하며 모형의 결정계수와 수정 결정계수, 추정값의 표준오차 및 분산분석표의 적합도 통계량이 표시된다.

☑ R 제곱 변화량(S): 다중 선형회귀분석에서 독립변수를 추가하거나 삭제하여 생성되는 R^2 통계량의 변화량이다. 하나의 변수와 연결된 R^2 변화량이 큰 경우 해당 변수는 종속변수의 예측변수로 적합하다고 할 수 있다.

☑ 기술통계(D): 각 변수에 대해 유효한 케이스 수, 평균, 표준편차와 단측검정의 유의확률이 있는 상관행렬이 표시된다.

☑ 부분상관 및 편상관계수(P): 0차, 편상관, 부분상관계수를 표시한다.

☑ 공선성 진단(L): 공선성(또는 다중공선성)은 하나의 독립변수가 다른 독립변수의 선형 함수가 되는 바람직하지 않은 상황으로서 다중 공선성 문제의 진단을 위한 척도와 비중심화 교차곱 행렬, 조건 지수, 분산-분해 비율 등의 고유값이 분산팽창요인(VIF)과 개별 변수에 대한 공차한계와 함께 표시된다.

☑ Durbin-Watson(U): 잔차의 연속 상관에 대해 Durbin-Watson 검정과 잔차 및 예측값에 대한 요약통계량이 표시된다.

다음은 [통계량(S)] 선택사항을 [그림 10.4.3]과 같이 선택한 후 [계속]하여 [확인]으로 얻어진 단순선형회귀분석의 결과이다.

〈☑기술통계(D) 선택사항의 출력결과〉

기술통계량

	평균	표준편차	N
최대혈압 수치	130.34	13.559	38
몸무게(파운드)	152.66	33.383	38

상관계수

		최대혈압 수치	몸무게(파운드)
Pearson 상관	최대혈압 수치	1.000	.641
	몸무게(파운드)	.641	1.000
유의확률 (단측)	최대혈압 수치	.	.000
	몸무게(파운드)	.000	.
N	최대혈압 수치	38	38
	몸무게(파운드)	38	38

〈[방법(M)]에서 "입력" 선택〉

진입/제거된 변수[a]

모형	진입된 변수	제거된 변수	방법
1	몸무게(파운드)[b]	.	입력

a. 종속변수: 최대혈압 수치

b. 요청된 모든 변수가 입력되었습니다.

〈☑모형적합(M) 선택사항의 출력결과〉

모형 요약

모형	R	R 제곱	수정된 R 제곱	추정값의 표준오차
1	.641[a]	.411	.394	10.553

a. 예측값: (상수), 몸무게(파운드)

분산분석[a]

모형		제곱합	자유도	평균제곱	F	유의확률
1	회귀 모형	2793.035	1	2793.035	25.078	.000[b]
	잔차	4009.518	36	111.375		
	합계	6802.553	37			

a. 종속변수: 최대혈압 수치

b. 예측값: (상수), 몸무게(파운드)

〈☑추정값(E), ☑신뢰구간(C) 선택사항의 출력결과〉

계수[a]

모형		비표준화 계수		표준화 계수	t	유의확률	B에 대한 95.0% 신뢰구간	
		B	표준오차	베타			하한값	상한값
1	(상수)	90.610	8.117		11.164	.000	74.149	107.072
	몸무게(파운드)	.260	.052	.641	5.008	.000	.155	.366

a. 종속변수: 최대혈압 수치

[예제 10.1.2]의 "상관계수" 표로부터 $S_{xy} = 10731.447$, $S_{xx} = 41232.553$이므로 $SSR = S_{xy}^2 / S_{xx} = 10731.447^2/41232.553 = 2793.035$이다. 또한 $S_{yy} = 6802.553$이므로 오차제곱합은 $SSE = 6802.553 - 2793.035 = 4009.518$임을 알 수 있다. 단순 선형회귀모형의 회귀제곱합 SSR의 자유도는 1이므로 $MSR = 2793.035$이고, 오차 분산 σ^2의 불편추정량인 $S_e^2 = MSE = 4009.518/36 = 111.375$이다.

단순 선형회귀모형의 유의성 검정을 위한 귀무가설 $H_0 : \beta_1 = 0$에 대한 검정통계량 F_0의 값은 $F_0 = MSR/MSE = 2793.035/111.375 = 25.078$이고, 이 검정통계량에 대응하는 유의확률은 .000이므로 유의수준 1%에서 귀무가설이 기각된다. 따라서 회귀계수 β_1의 값이 0이 아니라는 결론을 얻을 수 있다. 즉 독립변수 (체중)이 포함된 단순 선형회귀모형은 통계적으로 매우 유의한 모형이라고 할 수 있다.

[예제 10.2.1]의 결과로부터 회귀계수 (상수) β_0의 추정값은 $b_0 = 90.610$, 몸무게(파운드)의 회귀계수 β_1의 추정값은 $b_1 = 0.260$임을 알 수 있다. 회귀계수의 추정량 b_0와 b_1의 표준오차는 각각 다음과 같이 구할 수 있다.

b_0의 표준오차

$$= \sqrt{MSE\,(1/n + (\overline{x})^2/S_{xx})} = \sqrt{(111.375)(1/38 + 152.66^2/41232.553)} = 8.1167$$

b_1의 표준오차

$$= \sqrt{MSE/S_{xx}} = \sqrt{111.375/41232.553} = 0.0519$$

SPSS 함수 IDF.T(0.975, 36)를 이용하여 $t_{0.025,36} = 2.028$을 구할 수 있으며, 회귀계수 β_0와 β_1에 대한 95% 신뢰구간은 각각 다음과 같다.

β_0에 대한 95% 신뢰구간

$$= [90.61 - (2.028)(8.117),\ 90.61 + (2.028)(8.117)] = [74.1487,\ 107.0713]$$

β_1에 대한 95% 신뢰구간

$$= [0.26 - (2.028)(0.052),\ 0.26 + (2.028)(0.052)] = [0.1545,\ 0.3655]$$

회귀계수 β_1에 대한 귀무가설 $H_0 : \beta_1 = 0$에 대한 검정통계량 T_0의 값 $T_0 = 0.2603/0.051973 = 5.008$이 검정의 기각값인 $t_{0.025,36} = 2.028$보다 크므로 귀무가설을 기각한다. 이는 분산분석표로 얻어진 회귀모형의 유의성 검정 결과와 동일하다. 마찬가지로 이 검정통계량에 대응하는 유의확률 .000은 유의수준 1%보다 매우 작은 값이므로 통계적으로 유의한 결과를 얻는다.

독립변수와 종속변수를 표준화시켜 새로운 변수로 각각 저장한 변수들을 이용하여 설정한 회귀모형을 표준화 단순선형회귀모형이라 한다. 이 모형은 상수항이 없는 선형모형이다(변수의 표준화에 대한 정의와 표준화한 값을 새로운 변수로 생성하는 방법은 4.3절, 6.3절, 7.2.4절을 참고하자).

표준화 단순선형회귀모형의 회귀계수(기울기)에 대한 추정량은 두 변수의 상관계수와 같다. 예를 들어 {체중} 변수와 {SP} 변수를 표준화한 후, 상수항이 없는 선형회귀모형을 추정할 때 기울기의 추정값은 두 변수의 상관계수인 0.641와 동일함을 알 수 있다.

〈☑공분산 행렬(V) 선택사항의 출력결과〉

상관계수[a]

모형			몸무게(파운드)
1	상관계수	몸무게(파운드)	1.000
	공분산	몸무게(파운드)	.003

a. 종속변수: 최대혈압 수치(mmHg)

"상관계수" 표는 b_0를 제외한 회귀계수 추정량들의 상관계수와 공분산을 출력한 것이다. 단순 선형회귀모형의 경우에는 b_0를 제외한 회귀계수 추정량이 b_1뿐이므로 상관계수는 1이 출력되었다. b_1의 공분산은 b_1의 분산을 의미하므로 표준오차의 제곱 값인 $0.052^2 = 0.0027$이 출력된다.

이상의 결과를 토대로 단순 선형회귀식을 추정하면 다음과 같다.

$$\{\widehat{SP}\} = 90.61 + 0.26\,\{\text{체중}\}$$

10.5 결정계수

총제곱합(SST)는 회귀제곱합(SSR)과 잔차제곱합(SSE)의 합으로 분해된다. 이때 총제곱합 중에서 회귀제곱합이 차지하는 비율은 선형회귀모형에 의하여 설명되는 비율이라고 할 수 있다. 이 비율을 결정계수(coefficient of determination)라고 하며 R^2으로 표시한다.

$$R^2 = \frac{SSR}{SST} = 1 - \frac{SSE}{SST}$$

만일 모든 관측점들이 추정 선형회귀직선 위에 놓여 있다면 추정 선형회귀직선이 종속변수의 모든 변동을 완전히 설명한다고 볼 수 있다. 이 경우에는 SSR과 SST이 동일하며, 오차의 변동 SSE는 0이 될 것이다. SST 중 SSE가 차지하는 부분이 작을수록 추정된 회귀직선의 설명력이 높다고 할 수 있으며 결정계수 R^2의 값은 커질 것이다.

결정계수는 항상 0과 1 사이의 값을 가지며 1에 가까울수록 추정된 회귀식이 종속변수의 변동을 잘 설명해줌을 의미한다. 즉 결정계수는 회귀직선의 적합도를 나타내는 측도이다.

단순 선형회귀모형에서 결정계수 R^2는 두 확률변수 X와 Y의 표본상관계수 제곱인 r^2과 같다. 그러나 독립변수가 두 개 이상인 다중 선형회귀분석에서의 결정계수는 종속변수 Y와 추정된 회귀직선의 $\hat{Y}$의 상관계수의 제곱과 같다.

$$R^2 = \frac{SSR}{SST} = \frac{S_{xy}^2}{S_{xx}\,S_{yy}} = \left(\frac{S_{xy}}{\sqrt{S_{xx}\,S_{yy}}}\right)^2 = r^2$$

두 개 이상의 독립변수를 포함하는 다중 선형회귀모형의 경우에 독립변수들과 종속변수 간의 선형 관계의 정도를 나타내는 측도로 (다중) 결정계수 R^2(multiple coefficient of determination)을 많이 사용하고 있다. 여기에서 (다중) 결정계수는 총제곱합 SST 중에서 독립변수를 포함하는 선형회귀모형에 의하여 설명되는 제곱합의 비율이 된다. 이와 같이 결정계수는 그 의미가 명확하고 해석이 쉽기 때문에 회귀분석에서 회귀직선의 적합도 측도로 가장 많이 사용된다.

다중 선형회귀모형의 분석에서 독립변수가 모형에 추가됨에 따라 결정계수는 항상 증가한다. 즉 독립변수의 추가가 회귀직선의 적합도를 크게 해 주는 경향이 있기 때문에 독립변수의 수가 p개인 다중 선형회귀분석에서는 이를 보완하기 위하여 다음과 같이 수정된(adjusted) 결정계수 R_a^2을 이용한다.

$$R_a^2 = 1 - \frac{SSE/(n-p-1)}{SST/(n-1)}$$

예제 10.5.1 (데이터 파일 "예6-2.sav") SPSS를 이용하여 다음과 같이 설정된 단순 선형회귀모형식의 회귀식을 추정할 때, 결정계수의 값을 구하여라.

$$\{SP\} = \beta_0 + \beta_1 \{체중\} + \epsilon$$

풀이 10.5.1 [예제 10.4.1]의 〈☑모형적합(M) 선택사항의 출력결과〉 중에서 다음과 같이 "모형 요약" 표를 얻을 수 있다.

모형 요약

모형	R	R 제곱	수정된 R 제곱	추정값의 표준오차
1	.641[a]	.411	.394	10.553

a. 예측값: (상수), 몸무게(파운드)

결정계수인 R^2 은 단순 선형회귀모형에서는 독립변수와 종속변수의 상관계수의 제곱(0.641^2)으로 구할 수 있으며, $SST = 6802.553$, $SSR = 2793.035$ 이므로

$$R^2 = \frac{2793.035}{6802.553} = 0.4106$$

단순 선형회귀모형의 분석에서는 의미가 없지만 수정된 결정계수를 구해 보면 다음과 같다.

$$R_a^2 = 1 - \frac{4009.518/36}{6802.553/37} = 0.3942$$

"모형 요약" 표에 표시된 '추정값의 표준오차'는 S_e 를 의미한다. 즉

추정값의 표준오차 : $S_e = \sqrt{SSE} = \sqrt{111.375} = 10.5534$

{SP} 변수에 대하여 {체중}을 독립변수로 하는 단순 선형회귀모형의 결정계수는 0.411임을 알 수 있다. 이는 {SP}에 대한 총제곱합 중에서 41.1%를 선형회귀모형으로 설명할 수 있다는 의미이다. 단순 선형회귀모형에는 독립변수가 1개뿐이므로 {SP}의 총변동 중에서 41.1%를 {체중} 변수가 설명할 수 있다고 볼 수 있다.

10.6 다중 선형회귀분석

종속변수의 변동을 설명하기 위하여 두 개 이상의 유의적인 독립변수가 필요한 경우가 더 많다. 종속변수의 변동을 설명하기 위하여 두 개 이상의 독립변수를 모형에 추가하여 그들 사이의 관계를 알아보고자 하는 회귀모형을 다중 회귀모형(multiple linear regression model)이라고 한다. 다중 회귀모형에는 선형(linear)과 비선형(nonlinear) 모형이 있다.

종속변수 Y 에 대하여 p 개의 독립변수 $x_1, x_2, \cdots, x_p$ 가 선형 형태로 결합되어 있는 다중 선형회귀모형식은 다음과 같이 주어진다.

$$Y_i = \beta_0 + \beta_1 x_{1i} + \beta_2 x_{2i} + \cdots + \beta_p x_{pi} + \epsilon_i \qquad (i = 1, 2, \cdots, n)$$

여기서 x_{ki}는 k 번째 독립변수 x_k의 i 번째 관측값을 나타낸다. 또한 확률변수인 오차 ϵ_i 들은 서로 독립이며 평균이 0, 분산이 σ^2 인 정규분포를 따른다고 가정한다.

다중 선형회귀모형의 회귀계수 $\beta_0, \beta_1, \cdots, \beta_p$은 데이터로부터 추정해야 할 모수들이다. Y축의 절편인 β_0는 모든 독립변수들이 0일 때의 Y의 기댓값으로 단순 선형회귀분석과 마찬가지로 분석에서 관심 대상이 아닐 경우가 많다. 그러나 다른 독립변수들의 값들이 모두 고정되었을 때 x_k가 한 단위 증가할 때 Y의 기댓값이 β_k 만큼 변한다는 의미를 갖고 있으므로 직선의 기울기인 회귀계수 β_k는 회귀분석에서 통계적 추론을 거쳐야 할 매우 중요한 모수이다.

추정된 다중 선형회귀모형은 다음의 형태를 가진다.

$$\hat{Y} = b_0 + b_1 x_1 + b_2 x_2 + \cdots + b_p x_p$$

여기에서 $\hat{Y}$은 예측값이며, $b_0, b_1, \cdots, b_p$은 최소제곱법에 의해 추정된 회귀계수들이다. 즉 $b_0, b_1, \cdots, b_p$은 $\sum_{i=1}^{n} \epsilon_i^2$을 최소화하는 $\beta_0, \beta_1, \cdots, \beta_p$의 추정값이다.

- **다중 선형회귀모형의 유의성 검정**

다중 선형회귀모형의 유의성 검정이란 다중 선형회귀모형이 의미가 있는 모형인지를 검정하는 것이다. 모형으로 설정한 다중 선형회귀모형이 의미를 갖기 위해서는 p개의 독립변수 중에서 적어도 한 개의 변수는 독립변수를 설명할 수 있어야 한다. 즉 p개의 회귀계수 중에서 최소한 한 개의 회귀계수는 0이 아니어야 한다. 모든 회귀계수가 동시에 0이 되면 선형모형으로서의 의미가 없기 때문에 다중 선형회귀모형의 유의성 검정에 대한 귀무가설은 다음과 같이 표현할 수 있다.

$$H_0 : \beta_1 = \beta_2 = \cdots = \beta_p = 0$$

따라서 이 귀무가설에 대한 대립가설은 다음과 같다.

$$H_1 : p\text{개의 회귀계수 중 적어도 1개의 } \beta_k\text{는 0이 아니다.}$$

단순 선형회귀분석과 마찬가지로 분산분석표를 작성하여 모형의 유의성에 대한 가설검정을 수행할 수 있다. 먼저 종속변수 Y의 총제곱합(SST)을 회귀모형에 의해 설명되는 회귀제곱합(SSR)과 회귀모형에 의해 설명되지 않는 오차제곱합(SSE)으로 분해한다. 다음으로 각 제곱합의 자유도를 구한다. 이를 간단히 표시하면 다음과 같다.

$$SST = SSR + SSE$$
$$(n-1) = (p) + (n-p-1)$$

만약 귀무가설 $H_0 : \beta_1 = \beta_2 = \cdots = \beta_p = 0$이 참이라고 한다면, 다음 검정통계량 F_0의 분포는 자유도 $(p, n-p-1)$를 가지는 F분포를 따른다.

$$F_0 = \frac{SSR/p}{SSE/(n-p-1)} = \frac{MSR}{MSE} \sim F(p, n-p-1)$$

이 검정에 대한 기각역의 형태는 F통계량 값이 큰 값을 갖는 쪽이 된다. 따라서 유의수준 α에서 F_0의 값이 기각값인 $F_{\alpha, p, n-p-1}$ 보다 크면 귀무가설을 기각한다.

이러한 회귀모형 유의성 검정을 위한 검정통계량을 얻는 과정을 분산분석(ANOVA)표를 사용하여 [표 10.6.1]과 같이 정리할 수 있다.

[표 10.6.1] 다중 선형회귀모형에 대한 분산분석표

요인	제곱합	자유도	평균제곱	F
회귀	SSR	p	$MSR = SSR/p$	$\frac{MSR}{MSE}$
오차	$SSE = SST - SSR$	$n-p-1$	$MSE = SSE/(n-p-1)$	
전체	SST	$n-1$		

- **결정계수**

추정된 다중 선형회귀모형이 얼마나 타당한지 또는 독립변수가 종속변수를 얼마나 많이 설명하는가의 정도를 알아보고자 할 경우에 추정량의 표준오차와 결정계수를 주로 사용한다. 추정량의 표준오차의 값이 작을수록, 결정계수의 값이 클수록 좋은 회귀모형이라고 할 수 있다.

다중 회귀분석에서 추정량의 표준오차(s.e of estimate)는 다음과 같이 정의한다.

$$추정량의\ 표준오차:\ S_e = \sqrt{S_e^2} = \sqrt{\frac{SSE}{n-p-1}} = \sqrt{MSE}$$

한편 다중(multiple) 결정계수(R^2)는 총제곱합(총변동, SST) 중에서 모든 독립변수들을 포함하는 다중 선형회귀모형에 의하여 설명되는 회귀제곱합(SSR)의 비율이다.

$$결정계수:\ R^2 = \frac{설명된\ 변동}{총변동} = \frac{SSR}{SST}$$

단순 회귀모형분석에서와 같이 결정계수는 그 의미를 해석하기가 쉽기 때문에 회귀분석에서 회귀직선의 적합도 측도와 회귀모형들끼리의 비교에서 많이 사용된다. 결정계수는 회귀모형에 포함된 독립변수의 개수가 많아질수록 SSR이 커지기 때문에 결정계수 R^2의 값도 커진다. 회귀직선의 적합도 측도로 결정계수 R^2을 사용할 때, 독립변수가 많은 모형을 선택할 가능성이 많기 때문에 회귀직선의 적합도 측도로 적합하지 않다. 따라서 이러한 단점을 보완한 수정된 결정계수 R_a^2을 모형 선택의 기준으로 사용하기도 한다.

$$수정된\ R\ 제곱:\ R_a^2 = 1 - \frac{SSE/(n-p-1)}{SST/(n-1)}$$

- **회귀계수 β_j에 대한 가설검정**

분산분석의 결과로 다중 선형회귀모형에 대한 유의성 검정의 귀무가설 $H_0 : \beta_1 = \beta_2 = \cdots = \beta_p = 0$ 이 기각되면 p개의 회귀계수 중에서 적어도 한 개는 0이 아니라는 결론을 얻는다. 이때 선형회귀모형에서 0이 아닌 회귀계수를 갖는 독립변수는 종속변수를 설명하는 데 일조할 것이다. 이와 같이 의미 있는 독립변수를 알아내기 위해서 각 독립변수의 회귀계수에 대한 가설검정과 신뢰구간 추정이 필요하다.

다중 선형회귀모형의 회귀계수 β_k에 대한 추론은 우선 점추정량인 b_k의 확률분포를 알아야 한다. 다중 선형회귀분석의 가정에 의해서 b_k를 추정량의 표준오차 $\widehat{SE}(b_k)$로 표준화한 확률변수는 자유도가 $(n-p-1)$인 t분포를 따른다고 알려져 있다.

$$t = \frac{b_k - \beta_k}{\widehat{SE}(b_k)} \sim t(n-p-1) \quad (k=0,1,2,\cdots,p)$$

귀무가설 $H_0 : \beta_k = 0$ 이 사실이라면, 다음 검정통계량 T_0 는 자유도가 $(n-p-1)$ 인 t분포를 따른다.

$$T_0 = \frac{b_k - \beta_k}{\widehat{SE}(b_k)} = \frac{b_k}{\widehat{SE}(b_k)} \sim t(n-p-1)$$

양측검정에 대한 유의수준 α 가 주어졌을 때, 검정통계량 T_0 가 검정의 기각역 $\{t > t_{\alpha/2, n-p-1} \text{ or } \ t < -t_{\alpha/2, n-p-1}\}$에 속하면 귀무가설 H_0 을 기각한다.

SPSS의 [선형(L)] 프러시저를 이용하면 다중 선형회귀모형에 대한 각 회귀계수의 추정량 b_k 와 b_k 의 추정된 표준오차 $\widehat{SE}(b_k)$을 구할 수 있다. 또한 검정통계량과 이 검정통계량에 대응하는 유의확률도 쉽게 구할 수 있다. 검정에 대한 유의수준 α 가 주어졌을 때, 검정통계량 T_0 에 대응하는 유의확률이 유의수준 α 보다 작을 경우 귀무가설 $H_0 : \beta_k = 0$을 기각한다.

- **회귀계수 β_k에 대한 신뢰구간**

다중 선형회귀모형의 회귀계수 β_k 에 대한 $100(1-\alpha)\%$ 신뢰구간은 다음과 같다.

$$b_k - t_{\alpha/2, n-p-1} \times \widehat{SE}(b_k) < \ \beta_k \ < b_k + t_{\alpha/2, n-p-1} \times \widehat{SE}(b_k)$$

예제 10.6.1 (데이터 파일 "예6-2.sav") SPSS를 이용하여 다음과 같이 3개의 독립변수 {나이}, {체중}, {IQ}가 포함된 다중 선형회귀모형식의 유의성을 검정하고, 회귀식을 추정하여라.

$$\{\text{SP}\} = \beta_0 + \beta_1 \{\text{나이}\} + \beta_2 \{\text{체중}\} + \beta_3 \{\text{IQ}\} + \epsilon$$

풀이 10.6.1 SPSS에서 선형회귀분석을 위한 [선형(L)] 프러시저를 실행한 후 나타난 [그림 10.6.1]의 "선형 회귀분석" 대화상자에서 [종속변수(D)]에 먼저 {SP} 변수를 지정한다. 다음으로 변수 {나이}, {체중}, {IQ}를 차례대로 [독립변수(I)]로 지정한 후 [확인]하면 다중 선형회귀분석에 대한 분산분석표와 각 회귀계수에 대한 추정량이 출력된다.

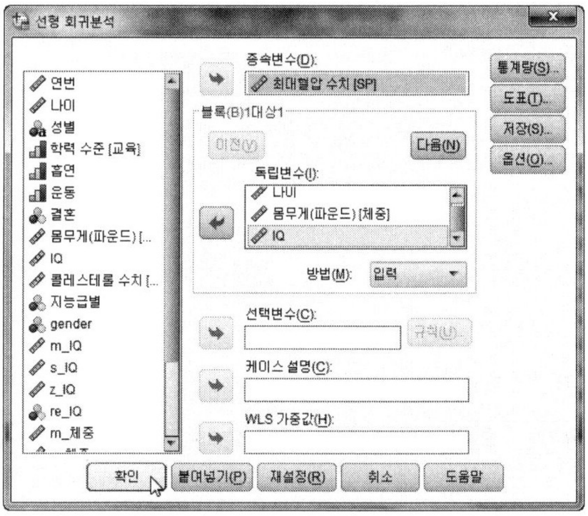

[그림 10.6.1] 다중 선형회귀모형 설정

<[방법(M)]에서 "입력" 선택>

진입/제거된 변수[a]

모형	진입된 변수	제거된 변수	방법
1	IQ, 나이, 몸무게(파운드)[b]	.	입력

a. 종속변수: 최대혈압 수치

b. 요청된 모든 변수가 입력되었습니다.

[그림 10.6.1]의 5가지 선택사항 중에서 "입력"을 선택한 결과이다. 선형회귀모형에 포함된 변수는 입력된 {IQ}, {나이}, {체중} 변수이다.

모형 요약

모형	R	R 제곱	수정된 R 제곱	추정값의 표준오차
1	.718[a]	.516	.471	9.735

a. 예측값: (상수), IQ, 나이, 몸무게(파운드)

종속변수 Y({SP} 변수)와 선형회귀모형의 예측값인 $\hat{Y}$에 대한 상관계수가 0.718이며, 결정계수는 $R^2 = 3234.125/6266.972 = 0.5161$임을 확인할 수 있다. 독립변수의 개수를 반영하여 계산된 조정된 결정계수 $R_a^2 = 0.471$의 값은 다음과 같이 구한다.

$$R_a^2 = 1 - \frac{3032.848/32}{6266.972/35} = 0.4707$$

이는 2개의 결측값을 제외한 총 36개 자료의 {SP}에 대한 총변동의 47.1%를 3개의 독립변수가 포함된 선형회귀모형으로 설명할 수 있다는 의미이다. 추정값의 표준오차는 $\sqrt{MSE} = \sqrt{94.776} = 9.7353$임을 알 수 있다.

분산분석[a]

모형		제곱합	자유도	평균제곱	F	유의확률
1	회귀 모형	3234.125	3	1078.042	11.375	.000[b]
	잔차	3032.848	32	94.776		
	합계	6266.972	35			

a. 종속변수: 최대혈압 수치

b. 예측값: (상수), IQ, 나이, 몸무게(파운드)

분산분석표에서 회귀제곱합($SSR = 3234.125$), 오차제곱합($SSE = 3032.848$)을 구할 수 있으며, 다중 선형회귀모형의 유의성 검정에 대한 검정통계량의 값이 11.375이므로 매우 큰 값임을 알 수 있다. 실제로 이 검정통계량에 대한 유의확률이 0.000이므로 유의수준 1%에서 귀무가설이 기각된다. 따라서 3개의 독립변수에 대한 회귀계수 중 적어도 1개는 0이 아니므로 선형회귀모형이 유의하다고 결론내릴 수 있다.

계수[a]

모형		비표준화 계수		표준화 계수	t	유의확률
		B	표준오차	베타		
1	(상수)	118.100	21.658		5.453	.000
	나이	.384	.172	.311	2.235	.033
	몸무게(파운드)	.207	.055	.526	3.764	.001
	IQ	−.301	.193	−.195	−1.561	.128

a. 종속변수: 최대혈압 수치

분산분석표를 이용한 유의성 검정으로부터 선형회귀모형이 통계적으로 유의함을 알 수 있었다. 따라서 비표준화 회귀계수의 추정량을 사용하여 다중 선형회귀모형식을 추정하면 다음과 같다.

$$\{\widehat{SP}\} = 118.100 + 0.384\,\{\text{나이}\} + 0.207\,\{\text{체중}\} - 0.301\,\{\text{IQ}\}$$

{나이} 변수의 회귀계수 β_1의 추정량 b_1의 표준오차는 $\widehat{SE}(b_1) = 0.172$이다. 귀무가설 $H_0 : \beta_1 = 0$에 대한 검정통계량 $T_0 = 0.384/0.172 = 2.2325$의 값과 이에 대응하는 유의확률이 0.033이므로 유의수준 5%에서 유의한 결론을 내릴 수 있다. 마찬가지로 {체중} 변수의 회귀변수 β_2에 대한 귀무가설 $H_0 : \beta_2 = 0$을 기각할 수 있어서 $\beta_2 \neq 0$임을 주장할 수 있다. 그러나 {IQ} 변수의 회귀계수 β_3에 대한 귀무가설 $H_0 : \beta_3 = 0$에 대한 검정통계량은 -1.561이고, 이 값에 대응하는 유의확률은 0.128이다. 유의확률이 유의수준 0.05보다 크기 때문에 귀무가설을 기각할 수 없다. 즉 β_3는 선형회귀모형의 회귀계수로서 의미가 없다고 볼 수 있다. 따라서 {IQ} 변수는 종속변수 {SP}를 설명하는 변수로 적당하지 않음을 알 수 있다.

회귀계수의 유의성에 대한 검정통계량의 기각값인 $t_{0.025,32} = 2.0369$는 SPSS의 함수 IDF.T(0.975, 32)를 이용하여 구할 수 있다.

다중 선형회귀모형의 회귀계수에 대한 95% 신뢰구간은 [그림 10.6.1]에 표시된 [통계량(S)]의 ☑신뢰구간(C) 선택사항을 통하여 구할 수 있다. 신뢰수준이 99%인 신뢰구간을 얻고자 한다면 [수준(%)] 란에 99를 입력한다.

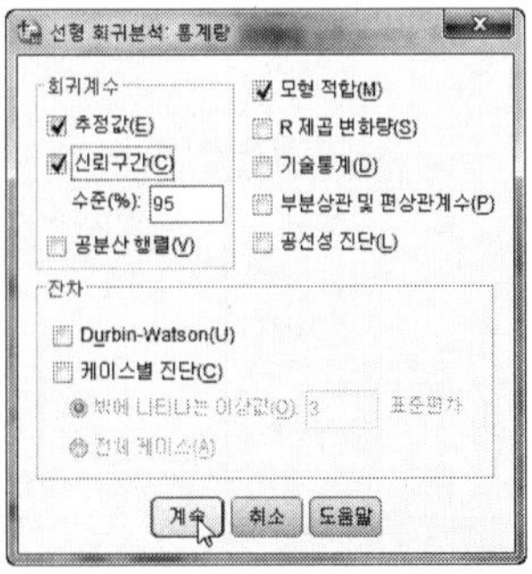

[그림 10.6.2] 신뢰구간 선택사항

〈☑신뢰구간(C) 선택사항의 출력결과〉

계수[a]

모형		비표준화 계수		표준화 계수	t	유의확률	B에 대한 95.0% 신뢰구간	
		B	표준오차	베타			하한값	상한값
1	(상수)	118.100	21.658		5.453	.000	73.984	162.216
	나이	.384	.172	.311	2.235	.033	.034	.734
	몸무게(파운드)	.207	.055	.526	3.764	.001	.095	.318
	IQ	-.301	.193	-.195	-1.561	.128	-.694	.092

a. 종속변수: 최대혈압 수치

{나이} 변수의 회귀계수 β_1에 대한 95% 신뢰구간 $[0.034, 0.734]$은 다음 식을 계산한 것이다.

$$0.384-(2.0369)(0.172) < \beta_1 < 0.384+(2.0369)(0.172)$$

{나이}, {체중} 변수와 달리 {IQ} 변수의 회귀계수 β_3에 대한 95% 신뢰구간에 0이 포함되어 있으므로 유의수준 5%에서 귀무가설 $H_0 : \beta_3 = 0$을 기각할 수 없다.

- **단계별 투입방법에 의한 다중 선형회귀분석**

다중 선형회귀모형에 포함될 독립변수가 많으면 다중공선성의 문제 등 여러 가지 고려할 사항이 많아지게 된다. 따라서 많은 독립변수 중에서 종속변수의 변동을 가장 잘 설명해 주는 변수를 선택하는 것이 중요하다. 단계적 선택법은 이를 해결하기 위하여 개발된 변수 선택 방법으로 각 단계마다 가장 설명력이 높은 독립변수들을 차례로 선택하여 최종적으로 가장 좋은 독립변수들이 포함된 최적 모형을 구하는 방법이다.

변수 선택법에는 전진 선택법, 후진 선택법, 단계적 선택법 등이 있다. [그림 10.6.3]은 단계적 선택법을 변수 선택 방법으로 지정하는 모습을 표시한 것이다.

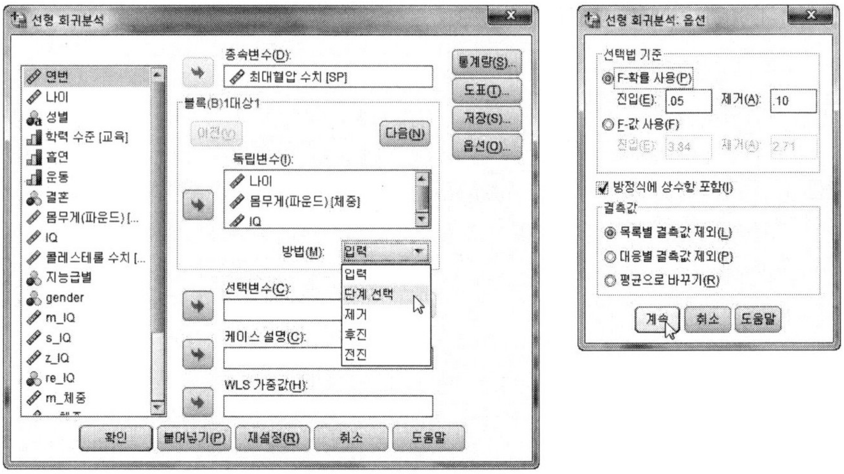

[그림 10.6.3] 변수 선택방법 설정: 단계 선택

[그림 10.6.3]의 [옵션(O)]에서 변수 선택법의 기준을 정할 수 있다. 디폴트로 지정된 [F-확률 사용(P)]을 선택하면 변수의 회귀계수에 대한 유의확률을 이용하여 모형으로의 변수의 진입과 제거 결정을 내리며, [F-값 사용(F)]을 선택하면 회귀계수 검정의 F값을 이용하여 변수의 진입과 제거 결정을 내린다.

<[방법(M)]에서 "후진" 선택>

변수 선택법을 선택하기 위해서는 먼저 [그림 10.6.1]에서 독립변수의 모든 후보 변수들을 [독립변수(I)] 란에 입력한 후, "후진"을 변수 선택 방법으로 지정한다.

입력/제거된 변수[a]

모형	진입된 변수	제거된 변수	방법
1	IQ, 나이, 몸무게(파운드)[b]	.	입력
2	.	IQ	후진 (기준: 제거에 대한 F의 확률 >= .100).

a. 종속변수: 최대혈압 수치

b. 요청된 모든 변수가 입력되었습니다.

모형 1은 독립변수들을 모형에 모두 진입한 경우의 모형을 의미하며, 모형 2는 후진 선택법을 통하여 {IQ} 변수가 제거된 모형이다.

모형 요약

모형	R	R 제곱	수정된 R 제곱	추정값의 표준오차
1	.718[a]	.516	.471	9.735
2	.692[b]	.479	.448	9.945

a. 예측값: (상수), IQ, 나이, 몸무게(파운드)

b. 예측값: (상수), 나이, 몸무게(파운드)

모형 2의 결정계수가 모형 1의 결정계수보다 더 작아졌지만 수정된 결정계수는 별 차이가 없음을 알 수 있다. 즉 두 모형의 종속변수에 대한 설명력은 큰 차이를 보이고 있지 않다.

분산분석[a]

모형		제곱합	자유도	평균제곱	F	유의확률
1	회귀모형	3234.125	3	1078.042	11.375	.000[b]
	잔차	3032.848	32	94.776		
	합계	6266.972	35			
2	회귀모형	3003.107	2	1501.554	15.182	.000[c]
	잔차	3263.865	33	98.905		
	합계	6266.972	35			

a. 종속변수: 최대혈압 수치

b. 예측값: (상수), IQ, 나이, 몸무게(파운드)

c. 예측값: (상수), 나이, 몸무게(파운드)

모형 1과 모형 2의 총제곱합은 6266.972로 변함이 없으나 검정통계량의 F값은 모형 1보다 모형 2에서 좀 더 큰 값을 갖는다.

계수[a]

모형		비표준화 계수		표준화 계수	t	유의확률	B에 대한 95.0% 신뢰구간	
		B	표준오차	베타			하한값	상한값
1	(상수)	118.100	21.658		5.453	.000	73.984	162.216
	나이	.384	.172	.311	2.235	.033	.034	.734
	몸무게(파운드)	.207	.055	.526	3.764	.001	.095	.318
	IQ	−.301	.193	−.195	−1.561	.128	−.694	.092
2	(상수)	86.572	7.996		10.827	.000	70.303	102.840
	나이	.371	.175	.300	2.115	.042	.014	.728
	몸무게(파운드)	.196	.056	.500	3.525	.001	.083	.309

a. 종속변수: 최대혈압 수치

제외된 변수[a]

모형		베타 입력	t	유의확률	편상관계수	공선성 통계량
						공차
2	IQ	-.195[b]	-1.561	.128	-.266	.972

a. 종속변수: 최대혈압 수치
b. 모형내의 예측값: (상수), 나이, 몸무게(파운드)

모형 1에서 {IQ} 변수의 회귀계수 유의성에 대한 유의확률이 0.10보다 크기 때문에 제거 기준에 따라 모형 2에서는 제거되었다. 따라서 최종적으로 얻어진 선형회귀모형의 추정식은 다음과 같다.

$$\{\widehat{SP}\} = 86.572 + 0.371\ \{\text{나이}\} + 0.196\ \{\text{체중}\}$$

최종 추정식을 살펴보면 다른 변수들이 일정하다고 할 때 {나이} 변수가 1 증가할 때마다 최대혈압 수치가 0.371만큼씩, 몸무게가 1파운드 증가할 때마다 최대혈압 수치가 0.196만큼씩 증가한다고 볼 수 있다.

10.7 더미변수의 활용

회귀분석은 연속형 변수인 독립변수가 역시 연속형 변수인 종속변수에 영향을 주는지의 여부를 분석하는 방법론이다. 그러나 때로는 범주형 변수가 독립변수로서 모형에 포함시킬 경우가 발생한다. 예를 들어 10.6절 모형 2의 {SP} 변수의 총변동을 잘 설명하고 있는 연속형 {나이} 변수 대신 명목형 변수로 입력한 {연령별} 변수를 회귀모형에 포함하는 경우이다. 범주형 변수를 선형회귀모형에 포함시키기 위해서는 먼저 이 변수를 가상변수인 더미변수(dummy variable)로 변환하여 사용한다. 더미변수는 변수값으로 0과 1만을 갖는 변수를 말한다. {연령별} 변수가 3개의 변수값으로 구성되어 있으므로 {연령별} 변수를 회귀모형에 포함시키기 위해서는 다음과 같이 2개의 더미변수 {dx1}, {dx2}가 필요하다.

연령별	구분	dx1	dx2
2	20대 이하	0	0
3	30대	0	1
4	40대 이상	1	0

{연령별} 변수로부터 더미변수 {dx1}, {dx2}를 생성하기 위해서 3.1절의 [변수 계산 (C)] 프러시저를 이용할 수도 있지만, 여기서는 3.2.2절의 [다른 변수로 코딩 변경(R)] 프러시저를 이용하자.

[그림 10.7.1]과 [그림 10.7.2]는 데이터 파일 "예6-2.sav"의 {연령별} 변수로부터 각각 더미변수 {dx1}과 {dx2}로 코딩변경할 경우 [기존값 및 새로운 값(O)]을 설정한 화면을 표시한 것이다. 새로 생성된 {dx1}과 {dx2} 변수가 포함된 데이터 파일을 "예10-1.sav"로 저장하자.

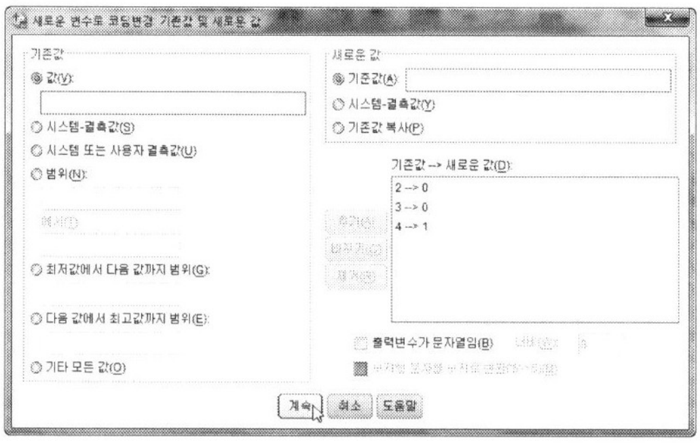

[그림 10.7.1] {dx1}의 새로운 값 설정

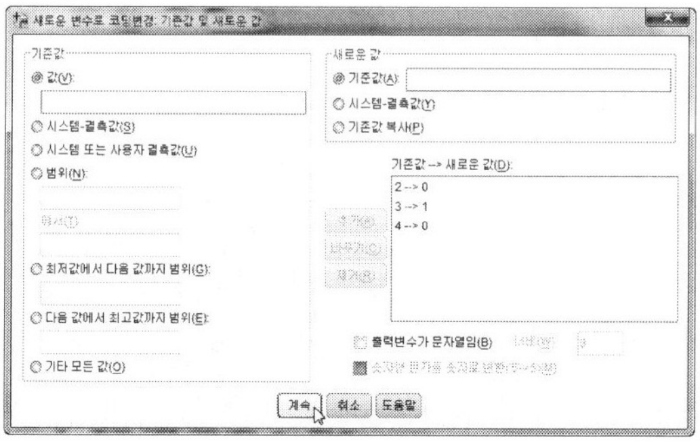

[그림 10.7.2] {dx2}의 새로운 값 설정

예제 10.7.1 (데이터 파일 "예10-1.sav") SPSS를 이용하여 종속변수 {SP}에 대하여 3개의 독립변수 {체중}, {dx1}, {dx2}가 포함된 다중 선형회귀모형식의 유의성을 검정하고, 회귀식을 추정하여라.

$$\{SP\} = \beta_0 + \beta_1 \{체중\} + \beta_2 \{dx1\} + \beta_3 \{dx2\} + \epsilon$$

풀이 10.7.1 SPSS에서 선형회귀분석을 위한 [선형(L)] 프러시저를 실행한 후 나타난 [그림 10.7.3]의 "선형 회귀분석" 대화상자에서 [종속변수(D)]에 먼저 {SP} 변수를 지정한다. 다음으로 변수 {체중}, {dx1}, {dx2}를 차례대로 [독립변수(I)]로 지정한 후 [확인]하면 다중 선형회귀분석에 대한 분산분석표와 각 회귀계수에 대한 추정량이 출력된다.

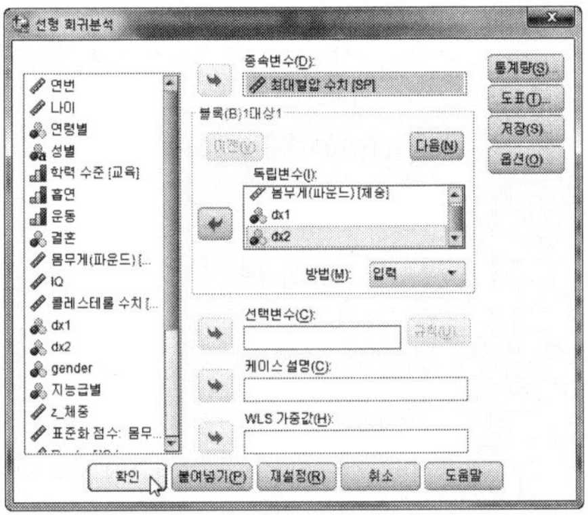

[그림 10.7.3] 더미변수 활용한 선형회귀모형

[그림 10.7.3]과 같이 지정된 종속변수와 독립변수에 대하여 선형회귀분석을 [확인]하여 얻어지는 출력결과는 다음과 같다.

모형 요약

모형	R	R 제곱	수정된 R 제곱	추정값의 표준오차
1	.707[a]	.500	.456	10.001

a. 예측값: (상수), dx2, 몸무게(파운드), dx1

분산분석[a]

모형		제곱합	자유도	평균제곱	F	유의확률
1	회귀 모형	3401.813	3	1133.938	11.337	.000[b]
	잔차	3400.740	34	100.022		
	합계	6802.553	37			

a. 종속변수: 최대혈압 수치

b. 예측값: (상수), dx2, 몸무게(파운드), dx1

더미변수 {dx1}과 {dx2}가 포함된 다중 선형회귀모형의 유의성에 대한 검정 결과 $F_0 = 11.337$이며, 이에 대응하는 유의확률이 0.000이다. 따라서 회귀모형에 포함되는 각 독립변수들의 회귀계수가 모두 0이라는 귀무가설이 기각된다. 즉 이 선형회귀식은 통계적으로 매우 유의하며, {SP}의 총변동에 대하여 이 선형회귀모형이 약 45.6%의 설명력을 갖고 있다.

계수[a]

모형		비표준화 계수		표준화 계수	t	유의확률
		B	표준오차	베타		
1	(상수)	92.429	7.800		11.850	.000
	몸무게(파운드)	.203	.055	.500	3.694	.001
	dx1	9.947	4.484	.359	2.218	.033
	dx2	9.538	4.322	.338	2.207	.034

a. 종속변수: 최대혈압 수치

회귀분석 결과 얻어진 "계수" 표로부터 각 독립변수의 회귀계수에 대한 유의확률이 유의수준 0.05보다 작으므로 귀무가설 $H_0 : \beta_k = 0$을 기각한다. 따라서 세 독립변수 모두 종속변수인 {SP}의 총변동에 유의미한 영향을 주는 것으로 분석할 수 있다. 이를 종합하여 다중 선형회귀식을 추정하면 다음과 같다.

$$\{\widehat{SP}\} = 92.429 + 0.203\{\text{체중}\} + 9.947\{dx1\} + 9.538\{dx2\}$$

참고로 {체중} 변수의 값이 150파운드로 동일한 {연령별} 세 집단의 {SP} 값을 다음과 같이 예측할 수 있다.

20대 이하: $\widehat{SP} = 92.429 + 0.203 \times 150 + 9.947 \times 0 + 9.538 \times 0 = 122.879$

30대: $\widehat{SP} = 92.429 + 0.203 \times 150 + 9.947 \times 0 + 9.538 \times 1 = 132.417$

40대 이상: $\widehat{SP} = 92.429 + 0.203 \times 150 + 9.947 \times 1 + 9.538 \times 0 = 132.826$

10.8 공분산분석

세 가지 교육방식에 대하여 학생들의 학습효과를 높일 수 있는 교육방식이 무엇인지 분석하고자 할 때 사용하는 통계적 방법이 9장에서 설명한 분산분석법이다. 그런데 학생들의 학습효과인 종속변수 (y)는 학생들의 지능인 (IQ) 변수에 일차적으로 영향을 받을 것이다. 즉 세 가지 교육방식의 효과를 분석하는 분산분석을 수행하는 데에 있어서 (IQ) 변수의 영향을 통제하지 않으면 정확한 분석 결과를 얻을 수 없을 것이다.

이와 같이 요인 A가 종속변수에 영향을 미치는지의 여부를 검정하기 위한 분산분석을 행할 때 (IQ)와 같이 종속변수와 상관관계가 있는 연속형 독립변수를 공변수(공변량, covariate)라고 한다.

특정한 요인이 종속변수에 영향을 주는지의 여부에 대한 분산분석의 실험계획 모형에 공변수가 포함될 경우 먼저 공변수에 대한 종속변수의 조정이 이루어져야 한다. 이를 공분산분석(ANCOVA, analysis of covariance)이라고 하는데, 조정이 이루어지지 않으면 공변수의 효과 때문에 실험에 포함된 요인의 유의성 검정이 잘못 분석될 수 있다. 즉 공분산분석은 실험계획만으로 통제가 안 되는 공변수의 효과를 조정하는 분석 방법으로서 분산분석과 회귀분석을 결합한 것이다.

예를 들어 3대의 기계로부터 생산된 섬유의 강도가 기계별로 차이가 있는지를 조사한다고 하자. 생산된 섬유의 강도는 일반적으로 섬유의 두께와 밀접한 관련이 있을 것으로 추정된다. 따라서 기계별로 섬유의 강도가 차이 있는지를 가설검정하기 이전에 섬유의 강도에 영향을 주는 섬유 두께의 효과를 먼저 제거하여야 한다. 이런 상황에서 사용하는 분석 방법이 공분산분석이다.

공변수(x)가 종속변수(y)에 선형인 관계가 있다고 가정하고, 요인 A가 종속변수에 영향을 주는지 분석하고자 하는 공분산분석의 통계적 모형을 설정하면 다음과 같다.

$$y_{ij} = \mu + a_i + \beta(x_{ij} - \overline{x}_{..}) + e_{ij}, \quad (i = 1, \cdots, l, \ j = 1, \cdots, n) \tag{10.4}$$

여기서 y_{ij}는 요인 A의 i번째 수준에서 j번째 반복으로 얻어진 종속변수의 특성치이며, x_{ij}는 y_{ij}에 대응하여 얻어진 공변수의 측정값이다. μ는 전체 모평균, a_i는 인자 A의 i번째 주효과, $\overline{x}_{..}$는 x_{ij}들의 총평균, β는 x와 y 간의 선형회귀계수를 의미한다.

공분산분석은 다음과 같이 몇 가지 가정을 포함한다.

- 오차항 e_{ij}는 서로 독립인 $N(0, \sigma_E^2)$ 분포를 따른다.
- 선형회귀계수 β는 0이 아니다.
- 종속변수 y와 공변수 x 사이는 선형인 관계이다.
- 요인 A는 모수요인이며 공변수에 영향을 주지 않는다.
- 요인 A의 각 수준에서 회귀계수는 일정하다.

공분산분석의 모형 (10.4)에 포함된 모수들을 최소제곱법으로 추정하면 다음과 같다.

$$\hat{\mu}= \overline{y}_{..}, \quad \hat{\beta}= \frac{E_{xy}}{E_{xx}}, \quad \hat{a}_i = \overline{y}_{i.} - \overline{y}_{..} - \hat{\beta}(\overline{x}_{i.} - \overline{x}_{..}),$$

여기서, $E_{xy} = \sum_{i=1}^{l}\sum_{j=1}^{n}(x_{ij} - \overline{x}_{i.})(y_{ij} - \overline{y}_{i.})$, $E_{xx} = \sum_{i=1}^{l}\sum_{j=1}^{n}(x_{ij} - \overline{x}_{i.})^2$이다. 모형의 오차제곱합은 $E_{yy} = \sum_{i=1}^{l}\sum_{j=1}^{n}(y_{ij} - \overline{y}_{i.})^2$일 때, $S_E = E_{yy} - (E_{xy})^2/E_{xx}$ 으로 구할 수 있으며, 이 오차제곱합에 대응하는 자유도 ϕ_E는 $l(n-1)-1$이다. 따라서 오차항의 분산 σ^2_E은 다음 식으로 추정할 수 있다.

$$\hat{\sigma}_E^2 = V_E = \frac{S_E}{\phi_E} = \frac{E_{yy} - (E_{xy})^2/E_{xx}}{l(m-1)-1}$$

만일 공분산 모형 (10.4)에서 종속변수의 특성치에 요인 A의 효과가 유의하지 않다면 모형 (10.4)는 다음과 같이 선형 모형 (10.5)로 간략화될 수 있다.

$$y_{ij} = \mu + \beta(x_{ij} - \overline{x}_{..}) + e_{ij} \tag{10.5}$$

회귀분석으로부터 모형 (10.5)의 회귀계수 β의 추정값과 모형의 오차제곱합 $(S_E{}')$을 다음 식으로 구할 수 있다.

$$\hat{\beta}= \frac{S_{xy}}{S_{xx}}, \quad S_E{}' = S_{yy} - (S_{xy})^2/S_{xx}, \quad (\phi_E{}' = ln-2),$$

$$S_{xy} = \sum_{i=1}^{l}\sum_{j=1}^{n}(x_{ij} - \overline{x}_{..})(y_{ij} - \overline{y}_{..}), \quad S_{xx} = \sum_{i=1}^{l}\sum_{j=1}^{n}(x_{ij} - \overline{x}_{..})^2, \quad S_{yy} = \sum_{i=1}^{l}\sum_{j=1}^{n}(y_{ij} - \overline{y}_{..})^2.$$

여기서 두 오차제곱합의 차이 $S_E{}' - S_E$는 요인 A의 주효과 때문에 생기는 값이다. 따라서 이 차이를 귀무가설 $H_0 : a_1 = \cdots = a_l = 0$의 검정통계량 F_0에 다음과 같이 적용할 수 있다.

$$F_0 = \frac{(S_E{}' - S_E)/(l-1)}{S_E/(l(n-1)-1)}$$

F_0 값이 작으면 요인의 효과가 유의하지 않을 것으로 유추할 수 있다. 즉 검정통계량 F_0가 $F_{\alpha,(l-1),(l(n-1)-1)}$보다 크면 H_0을 기각하고, 요인 A의 각 수준 간에 유의한 차가 있다고 결론지을 수 있다.

공분산분석 모형에서 요인 A의 두 수준 간의 효과에 대한 차이 $a_i - a_{i'}$는 일원배치법의 경우와 달리 두 수준 간 모평균의 차 $\mu_i - \mu_{i'}$과 같지 않다.

$$\mu_i - \mu_{i'} = (\mu + a_i + \beta(\overline{x}_{i.} - \overline{x}_{..})) - (\mu + a_{i'} + \beta(\overline{x}_{i'.} - \overline{x}_{..})) = (a_i - a_{i'}) + \beta(\overline{x}_{i.} - \overline{x}_{i'.})$$

따라서 공분산분석에서 두 수준간의 효과 차이를 검정하고자 할 때 다음과 같은 조정된 평균(adjusted mean)을 사용하여야 한다.

$\overline{y}_{i.}$ 의 조정된 평균 $\overline{y}_{i.}(\text{adj.}) = \widehat{\mu + a_i} = \overline{y}_{i.} - \hat{\beta}(\overline{x}_{i.} - \overline{x}_{..}), \quad \hat{\beta} = E_{xy}/E_{xx}$

공분산분석 모형 (10.4)의 회귀계수 β에 대한 귀무가설 $H_0 : \beta = 0$은 다음 검정통계량 F_0을 이용하여 검정하는데, F_0 값이 $F_{\alpha,1,(l(n-1)-1)}$보다 크면 귀무가설 $H_0 : \beta = 0$을 기각한다.

$$F_0 = \frac{(E_{xy})^2/E_{xx}}{V_E}$$

예제 10.8.1 (데이터 파일 "예10-2.sav") 어떤 직물공장에 섬유를 제조하는 3대의 기계가 있다. 각 기계에서 제조된 섬유에서 5개의 섬유 조각을 무작위로 추출하여 섬유의 강도(종속변수, y)와 섬유조각의 두께(공변수, x)를 측정하여 [표 10.8.1]를 얻

었다. 섬유의 강도가 이들을 제조한 기계에 따라 차이가 있는지의 여부를 유의수준 5%에서 가설검정하여라.

풀이 10.8.1 이 공장의 주 관심사는 제조되는 섬유의 강도가 이들 기계에 따라 차이가 있는지의 여부를 알아보고자 하는 데에 있다. 기존의 일원배치법을 적용하여 분산분석을 할 수 있지만, 일반적으로 섬유의 강도는 제조된 섬유의 두께와도 밀접한 관련이 있을 것이므로 섬유의 두께 요인을 공변수로 채택한 공분산분석법이 적절한 분석 방법이 된다.

[표 10.8.1] 섬유의 강도 측정 데이터

기계1		기계2		기계3	
y	x	y	x	y	x
36	20	40	22	35	21
41	25	48	28	37	23
39	24	39	22	42	26
42	25	45	30	34	21
49	32	44	28	32	15

먼저 [표 10.8.1]의 자료를 SPSS의 데이터 편집기 윈도우에 입력한 후 "예10-2.sav"로 저장하자.

	섬유강도	섬유두께	기계	변수
1	36	20	1	
2	41	25	1	
3	39	24	1	
4	42	25	1	
5	49	32	1	
6	40	22	2	
7	48	28	2	
8	39	22	2	
9	45	30	2	
10	44	28	2	
11	35	21	3	
12	37	23	3	
13	42	26	3	
14	34	21	3	
15	32	15	3	

[그림 10.8.1] 섬유 강도 자료

SPSS에서 공분산분석을 위한 프러시저가 따로 있는 것이 아니라 9.2.1절에서 소개된 [일변량(U)] 프러시저를 통하여 공분산분석을 수행한다. [예제 10.8.1]의 자료에 대한 공분산분석은 [그림 10.8.2]의 "일변량 분석" 대화상자에서 [종속변수(D)]에 {섬유강도}를, [모수요인(F)]에 {기계}를 각각 입력하고 [공변량(C)]에 {섬유두께}를 입력한다.

[그림 10.8.2] 공분산분석 – 공변량 지정

먼저 요인 A의 각 수준에서의 회귀직선 기울기에 대한 동일성을 검정하기 위하여 요인 A와 공변량 x 사이에 교호작용이 존재하는지를 알아보아야 한다. 공분산분석의 가정 중의 하나인 "요인 A의 각 수준에서 회귀계수는 일정하다."를 만족할 수 있어야 하기 때문이다. 이를 해결하기 위하여 [그림 10.8.2]의 [모형(M)]에서 상호작용이 포함된 모형으로 설정한 후 실행한다([그림 10.8.3]). 그 결과로부터 상호작용의 유의확률을 참조하여 요인 A의 각 수준에서 회귀직선에 대한 기울기의 동질성을 검정한다.

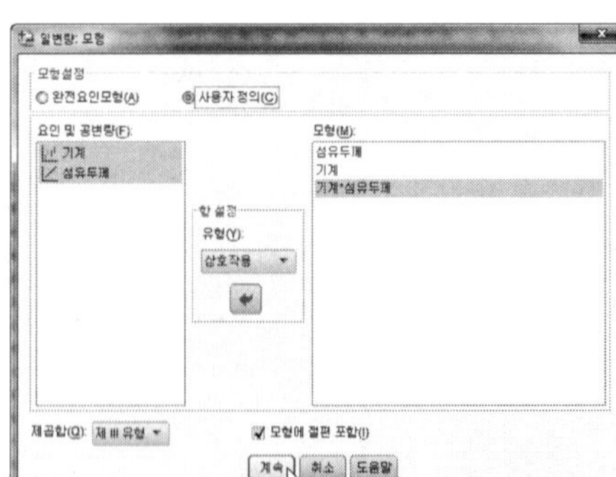

[그림 10.8.3] 상호작용의 효과 검정

다음은 [그림 10.8.3]과 같이 설정한 후 실행하여 얻어진 "개체-간 효과 검정" 표이다.

개체-간 효과 검정

종속변수: 섬유강도

소스	제III유형 제곱합	자유도	평균제곱	F	유의확률
수정 모형	321.151[a]	5	64.230	22.895	.000
절편	96.851	1	96.851	34.523	.000
섬유두께	171.119	1	171.119	60.996	.000
기계	2.664	2	1.332	.475	.637
기계 * 섬유두께	2.737	2	1.369	.488	.629
오차	25.249	9	2.805		
합계	24587.000	15			
수정 합계	346.400	14			

a. R 제곱 = .927 (수정된 R 제곱 = .887)

이 표에 표시된 {기계}와 {섬유두께} 변수의 상호작용에 대한 유의확률(0.629)이 유의수준인 0.05보다 크므로 두 변수 간 상호작용의 효과는 없는 것으로 결론내릴 수 있다. 즉 요인 A의 각 수준에서 섬유강도 y에 대한 섬유두께 x의 회귀직선을 그릴 경우 모든 수준에서 추정된 회귀직선의 기울기들이 모두 동일하다고 볼 수 있다. 따라서 공분산 모형에 공통 기울기 β를 가정할 수 있다.

공분산분석의 모형 (10.4)에는 공변량 {x}와 요인 A에 대한 상호작용이 존재하지 않는다. 따라서 [그림 10.8.2]의 [모형(M)]에서 다음과 같이 주효과만을 포함하는 모형으로 설정해 주어야 한다. 이때 주의할 점은 제I유형의 제곱합을 설정함과 동시에 공변량 변수인 {섬유두께}를 요인 {기계} 변수보다 먼저 모형에 포함시켜야 한다는 것이다. 이는 요인 {기계}의 효과를 분석하기 전에 공변량 {섬유두께} 변수의 영향을 통제하기 위함이다.

[그림 10.8.4] 제 I 유형의 제곱합 설정

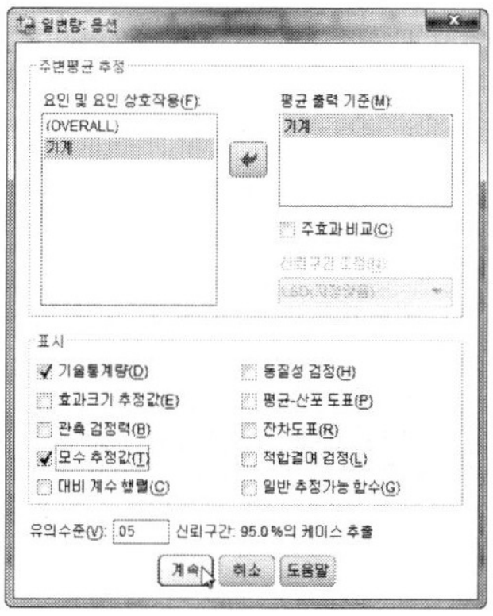

[옵션(O)]에서 요인 A의 각 수준에 대한 평균값을 추정하고 모형의 모수들을 추정하기 위하여 몇 가지 선택사항을 체크한다.

다음은 기술통계량 옵션을 지정한 이후 공분산분석을 실행하여 얻어진 "기술통계량" 결과이다.

기술통계량

종속변수: 섬유강도

기계	평균	표준편차	N
1	41.40	4.827	5
2	43.20	3.701	5
3	36.00	3.808	5
합계	40.20	4.974	15

다음 표는 공변수와 인자의 주효과만으로 이루어진 모형에 대한 "개체-간 효과 검정" 표이다.

개체-간 효과 검정

종속변수: 섬유강도

소스	제III유형 제곱합	자유도	평균 제곱	F	유의확률
수정 모형	318.414[a]	3	106.138	41.718	.000
절편	24240.600	1	24240.600	9527.894	.000
섬유두께	305.130	1	305.130	119.933	.000
기계	13.284	2	6.642	2.611	.118
오차	27.986	11	2.544		
합계	24587.000	15			
수정 합계	346.400	14			

a. R 제곱 = .919 (수정된 R 제곱 = .897)

공변수 {섬유두께}에 의해 조정된 이후 인자 {기계}의 효과에 대한 귀무가설 $H_0: a_1 = a_2 = a_3 = 0$의 검정통계량 F의 값은 2.611이다. 이 값에 대응되는 유의확률은 0.118이기 때문에 유의수준 5%에서 귀무가설이 기각되지 않는다. 따라서 생산된 섬유의 강도가 세 기계 간에 차이가 없음을 알 수 있다.

모수 추정값

종속변수: 섬유강도

모수	B	표준오차	t	유의확률	95% 신뢰구간	
					하한값	상한값
절편	15.775	2.521	6.258	.000	10.227	21.324
섬유두께	.954	.114	8.365	.000	.703	1.205
[기계=1]	1.584	1.107	1.431	.180	-.853	4.021
[기계=2]	2.621	1.148	2.283	.043	.095	5.147
[기계=3]	0[a]					

a. 이 모수는 중복되었으므로 0으로 설정됩니다.

공분산 모형에 포함된 공변수와 종속변수(y) 간 선형관계의 유무에 대한 귀무가설 $H_0: \beta = 0$을 검정하기 위한 검정통계량은 8.365이다. 이 값에 대응하는 유의확률이 0.000이므로 귀무가설을 기각하게 된다. 따라서 공변수와 종속변수 간에 선형관계가 존재하며, 공변수의 선택은 의미가 있다고 볼 수 있다.

다음 표는 {기계} 변수의 각 집단에서 공변수에 의해 교정된 {섬유강도}의 평균 $\bar{y}_{i.}$(adj.)을 표시한 것이다. 예를 들어 기계 1의 {섬유강도}의 평균이 41.40에서 공변수에 의해 40.382로 평균이 교정되고 있다.

기계

종속변수: 섬유강도

기계	평균	표준오차	95% 신뢰구간	
			하한값	상한값
1	40.382[a]	.724	38.790	41.975
2	41.419[a]	.744	39.781	43.058
3	38.798[a]	.788	37.064	40.532

a. 모형에 나타나는 공변량은 다음 값에 대해 계산됩니다.: 섬유두께 = 24.13.

다음은 {섬유두께}를 종속변수로 지정한 [집단별 평균분석(M)] 프러시저를 별도로 실행한 결과이다.

보고서

섬유두께

기계	평균	N	표준편차
1	25.20	5	4.324
2	26.00	5	3.742
3	21.20	5	4.025
합계	24.13	15	4.324

공변수에 의해 교정된 평균 $\overline{y}_{i.}$(adj.)을 이용하여 회귀계수 β의 추정값을 다음과 같이 구할 수 있다.

$$\hat{\beta} = \frac{\overline{y}_{i.} - \overline{y}_{i.}(adj.)}{\overline{x}_{i.} - \overline{x}_{..}} = \frac{\overline{y}_{1.} - \overline{y}_{1.}(adj.)}{\overline{x}_{1.} - \overline{x}_{..}} = \frac{41.4 - 40.3824}{25.2 - 24.1333} = \frac{1.0176}{1.0667} = 0.954$$

참고로 종속변수 {섬유강도}에 대하여 변수 {기계}만을 하나의 요인으로 갖는 일요인 분산분석을 수행하여 다음 분산분석표를 얻을 수 있다. 이 분산분석표를 살펴보면 검정통계량 $F_0 = 4.089$에 대응되는 유의확률이 0.044이므로 유의수준 5%에서 귀무가설 $H_0 : a_1 = a_2 = a_3 = 0$을 기각한다. 즉 기계에 따라 섬유강도가 차이가 있다는 잘못된 결론을 얻는다.

일원배치 분산분석

섬유강도

	제곱합	df	평균제곱	F	유의확률
집단(기계)-간	140.400	2	70.200	4.089	.044
집단(기계)-내	206.000	12	17.167		
합계	346.400	14			

연습문제

10.1 (데이터 파일 "예3-1.sav") [예제 3.1.1]의 복사기 자료를 이용하여 다음 물음에 답하여라.

(1) 복사기 사용연수인 변수 {x}와 월유지비인 변수 {y} 간의 산점도를 그려라.
(2) 두 변수 {x}와 {y} 변수 간의 상관계수를 구하여라.
(3) 주어진 자료를 이용하여 단순 선형회귀식을 구하여라.
(4) $x = 7$ 일 때의 복사기의 월유지비에 대한 예측값 $\hat{y}$ 은 얼마인가?
(5) $x = 5$ 일 때의 y 의 평균인 $E(y \mid x = 5)$ 에 대한 점추정량은?

10.2 (데이터 파일 "예6-2.sav") {나이}를 독립변수(x), {체중}을 종속변수(Y)로 하여 단순 선형회귀모형을 설정하고 다음의 물음에 답하여라.

(1) {나이}를 x-축 변수로, {체중}을 y-축 변수로 하는 산점도를 도시하여라.
(2) 두 변수 {나이}와 {체중} 변수 간의 상관계수를 구하여라.
(3) 단순 선형회귀모형의 오차 분산 σ^2 의 추정값은 얼마인가?
(4) F검정을 이용하여 단순 선형회귀모형의 유의성을 검정하여라.
(5) 회귀계수 β_0, β_1 에 대한 점추정량을 각각 구하고, 이를 이용하여 단순 선형회귀모형식을 추정하여라.
(6) $\beta_1 \neq 0$ 인지를 결정하기 위해 유의수준 5%에서 T검정을 수행하고 그 결과를 해석하여라.
(7) β_1 에 대한 95% 신뢰구간을 구하여라.
(8) 결정계수를 구하고 이를 분석하여라.
(9) 이 모집단에 속하는 {나이}가 50세인 사람의 {체중}의 예측값은?
(10) $E(Y \mid x = 55)$ 에 대한 95% 신뢰구간을 구하여라.

10.3 책의 두께와 가격의 관계를 알아보기 위하여 어느 서점에서 10개의 책을 무작위로 조사하여 다음 표를 얻었다.

책	1	2	3	4	5	6	7	8	9	10
두께(cm)	1.6	4.3	3.5	3.9	2.2	2.4	2.5	2.2	3.0	2.0
가격(천원)	15	40	33	34	18	25	20	23	29	22

(1) 책의 {두께}를 x-축 변수로, {가격}을 y-축 변수로 하는 산점도를 도시하여라.

(2) 책의 두께와 가격에 대한 표본상관계수 r을 구하여라.

(3) 책의 두께(x)과 가격(Y)은 각각 정규분포를 따른다고 가정하고, 유의수준 $\alpha = 0.05$에서 가설 $H_0 : \rho = 0 \ vs \ H_1 : \rho > 0$을 검정하고 그 결과를 분석하여라.

10.4 (연습문제 [10.3]) 책의 {두께}를 독립변수(x), {가격}을 종속변수(Y)로 하여 단순 선형회귀모형을 설정하고 다음의 물음에 답하여라.

(1) 단순 선형회귀모형의 오차분산 σ^2의 추정값은 얼마인가?

(2) F검정을 이용하여 단순 선형회귀모형의 유의성을 검정하여라.

(3) 회귀계수 β_0, β_1에 대한 점추정량을 각각 구하고, 이를 이용하여 단순 선형회귀모형식을 추정하여라.

(4) $\beta_1 \neq 0$인지를 결정하기 위해 유의수준 5%에서 T검정을 수행하고 그 결과를 해석하여라.

(5) β_1에 대한 95% 신뢰구간을 구하여라.

(6) 결정계수를 구하고 이를 분석하여라.

(7) $E(Y|x = 2.3)$에 대한 95% 신뢰구간을 구하여라.

(8) $x = 1.8$일 때 예측되는 책의 가격의 95% 예측구간을 구하여라.

10.5 어떤 부동산 회사에서 아파트의 크기, 아파트의 나이와 아파트 매매가격과의 관계를 알기 위하여 임의로 추출한 20개의 아파트를 조사한 표가 다음과 같다. 아파트의 크기와 아파트의 나이를 각각 독립변수 x_1과 x_2로 하고, 아파트 매매가격을 종속변수(Y)로 하는 다중 선형회귀모형에 대한 다음의 물음에 답하여라.

크기(m^2)	49	56	66	69	75	79	82	85	99	105
나이(년)	5	6	3	8	5	6	6	1	2	8
매매가(백만원)	160	180	550	300	350	320	280	370	410	370

크기(m^2)	105	109	110	112	135	138	148	148	167	168
나이(년)	7	8	4	8	7	7	4	4	6	10
매매가(백만원)	500	700	420	400	720	510	600	510	750	710

(1) 다중 선형회귀모형식을 추정하여라.

(2) 결정계수 R^2와 수정된 결정계수 R_a^2를 각각 구하고 이를 해석하여라.

(3) 유의수준 5%에서 주어진 자료가 선형회귀모형이 적합한지 검정하여라.

(4) 각 회귀계수를 해석하고 이들의 유의성을 검정하여라.

(5) 각 회귀계수에 대한 95% 신뢰구간을 구하여라.

(6) 크기가 110m^2이고, 5년이 경과한 어느 아파트의 매매가를 추정하여라.

10.6 (참고문헌 [11] 데이터) 서로 환경이 다른 두 종류의 장소에 놓여 있는 snapping 거북이의 알이 부하했을 때의 무게가 서로 다른지 조사하기 위하여 다음 자료를 얻었다.

〈장소1〉

알의 무게	10.223	11.184	12.251	11.922	11.485	11.625	11.303	11.662
부하된 거북이 무게	1.184	1.371	1.676	1.662	1.509	1.539	1.481	1.417

〈장소2〉

알의 무게	11.415	11.684	11.668	11.322	12.553	12.213	10.814	10.493
부하된 거북이 무게	1.364	1.508	1.535	1.387	1.522	1.502	1.256	1.230

(1) {부하된 거북이 무게}를 y-축으로, {알의 무게}를 x-축으로 하는 산점도를 도시하여라. 단, 그려지는 점을 {장소}의 종류에 따라 구분하여라.

(2) {부하된 거북이 무게}가 {장소}의 종류에 따라 평균값이 다른 지 일원배치 분산분석을 수행하여 그 결과를 분석하여라.

(3) {알의 무게}를 공변수로 하는 공분산분석을 수행하여 그 결과를 (2)의 결과와 비교 분석하여라.

제 11 장 범주형 자료의 분석

11.1 이항자료에 대한 모비율 검정

SPSS 데이터 파일 "예10-1.sav"에 입력된 {성별}, {흡연}, {운동} 변수와 같이 조사 대상을 일정한 범주(category)에 따라 분류한 이산형 자료를 범주형 자료(categorical data)라고 한다. 연속형인 변수도 범주형 자료로 코딩변경할 수 있다. 예를 들어 양적 자료인 {나이}를 연령대별로 재분류하여 코딩변경한 {연령별} 변수도 범주형 자료이다. 이러한 범주형 자료의 비율 검정이나 범주형 변수 사이의 관계에 대한 통계적 분석을 범주형 자료분석(categorical data analysis)이라고 한다.

범주형 자료 중에서 변수의 값이 2개뿐인 이항 자료는 전체 집단을 두 개의 집단(성공집단과 실패집단)으로 구분한 자료이다. 이때 성공집단의 비율에 관한 다음 귀무가설을 검정할 수 있다.

$$H_0 : p = p_0$$

여기서 p_0는 검정하고자 하는 성공집단의 확률이며, $p_0 = 0.5$이면 8.2.3절에서 다루었던 두 집단의 모비율차에 대한 검정의 귀무가설과 동일하다.

SPSS에서는 이항분포를 이용하여 성공집단의 비율에 관한 가설검정을 수행한다. 총 n개의 자료에 대하여 검정통계량은 성공집단의 조사 빈도수 n_0이며, 이에 대응되는 단측검정의 유의확률은 $X \sim B(n, p_0)$일 때, 다음 두 확률 중에서 작은 값으로 계산된다.

$$P(X \leq n_0) \text{ 또는 } P(X \geq n_0)$$

반면에 양측검정의 유의확률은 단측검정 유의확률의 2배로 계산한다.

유의확률이 주어진 가설검정의 유의수준보다 작으면 귀무가설을 기각하고 성공집단의 비율이 p_0와 다르다고 결론내릴 수 있을 것이다.

예제 11.1.1 (데이터 파일 "예10-1.sav") 이 자료의 응답자 중에서 운동을 전혀 하지 않는 집단과 조금이라도 운동을 하는 집단의 비율이 동일한지 유의수준 5%에서 가설검정하여라.

풀이 11.1.1 이항 자료의 검정을 위하여 [그림 11.1.1]에 표시된 바와 같이 [이항(B)] 프러시저를 실행한다.

[분석(A)] → [비모수 검정(N)] → [레거시 대화 상자(L)] → [이항(B)]

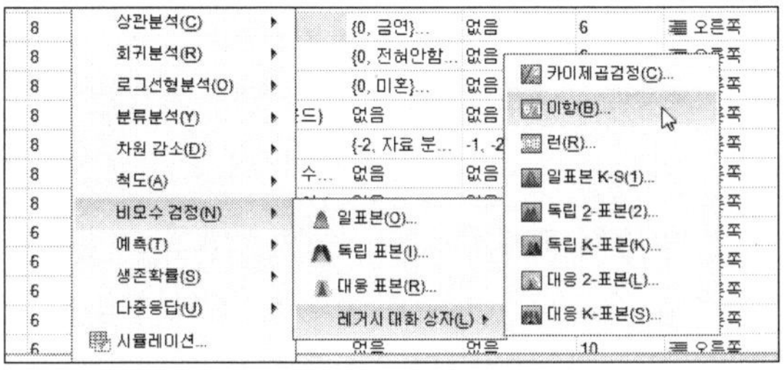

[그림 11.1.1] 이항검정

먼저 [이항(B)] 프러시저를 실행하여 나타난 “이항검정” 대화상자의 [검정변수(T)] 란에 {운동} 변수를 지정한다. {운동} 변수는 변수의 값으로 세 개의 값 0, 1, 2를 갖는 범주형 변수로서 이항 자료가 아니다. 하지만 이항검정을 위한 성공집단과 실패집단을 구분하기 위하여 이분형 정의에서 [◉ 분리점(C)]의 값을 지정하면 된다. 운동을 전혀 하지 않는 집단의 변수값이 0이므로 [그림 11.1.2]와 같이 0을 입력하면, 0 이하의 집단을 성공집단으로 해석한다. 그러나 [◉ 데이터로부터 얻기(G)]를 선택하게 되는 이항 자료의 경우에는 데이터 파일에 먼저 입력된 이항자료의 값이 성공집단의 범주로 인식되어 분석이 이루어지므로 주의하자.

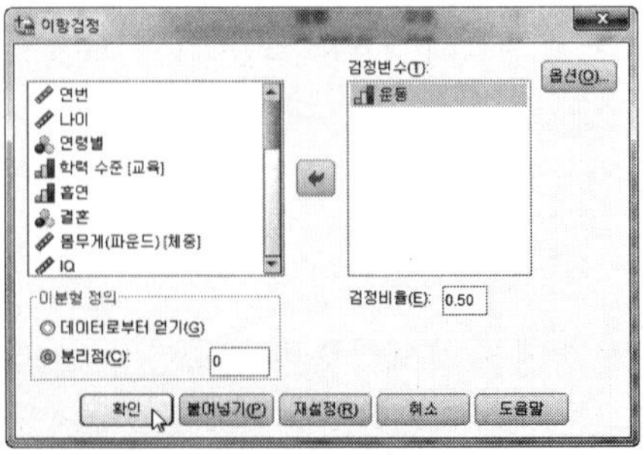

[그림 11.1.2] 이항 검정 대화상자

다음은 이항검정의 결과로서 얻어지는 "이항검정" 표이다. 운동을 전혀 하지 않는 집단이 39%이며, 조금이라도 운동하는 집단은 61%로 조사되었다.

이항검정

		범주	N	관측비율	검정 비율	정확한 유의확률 (양측)
운동	집단 1	<= 0	15	.39	.50	.256
	집단 2	> 0	23	.61		
	합계		38	1.00		

귀무가설 $H_0 : p = 0.5$에 대하여 단측검정의 유의확률은 확률변수 X가 이항분포 $B(38, 0.5)$를 따를 때 두 확률 $P(X \le 15)$와 $P(X \ge 15)$의 최솟값이다. 15가 평균 $E(X) = (38)(0.5) = 19$보다 작으므로 단측검정의 유의확률은

$$P(X \le 15) = 0.1279$$

이다. 따라서 양측검정에 대한 유의확률은 $2(0.1279) = 0.2558$임을 알 수 있다. 즉 유의수준 5%에서 조사된 두 집단의 비율은 동일하다고 볼 수 있다.

참고로 이항분포 $B(38, 0.5)$를 따르는 확률변수 X에 대하여 $P(X \le 15)$의 값은 함수 CDF.BINOM(15, 38, 0.5)를 이용하여 구할 수 있다.

11.2 카이제곱 적합도 검정

이항자료에 대한 모비율 검정은 전체 집단을 두 집단으로 분류한 후 이항분포를 통하여 검정하였다. 다항분포(multinomial distribution)는 이항분포를 확장한 개념으로 한 시행에서 k개의 가능한 결과가 나타날 때, 독립적인 n번의 반복시행에서 k개 범주의 각각에 속하는 관측도수들이 각 범주에 속하는 모비율을 모수로 갖는 확률분포이다.

예를 들어 운동화 제조업자는 소비자들이 어떤 스타일의 운동화를 좋아하는지 조사하여 소비자의 요구 사항을 상품 개발에 적용할 필요를 느낄 것이다. 새롭게 고안한 5개 스타일의 운동화에 대한 선호도를 조사한다고 할 때 각 스타일을 범주로 갖는 관측도수의 분포가 다항분포이다.

관찰 또는 시행으로 얻은 표본의 분포가 분석하고자 하는 모집단의 분포와 일치하는 정도를 적합도(goodness of fit)라고 하며, 적합도 검정이란 실험으로 얻어진 표본이 어떤 특정한 분포를 따르고 있는지를 검정하는 것을 의미한다. 특히 다항분포의 적합도 문제를 분석하기 위한 통계적 기법을 카이제곱 적합도 검정(χ^2 goodness-of-fit test)이라고 한다.

운동화 제조업자가 5개 스타일의 운동화에 대한 선호도를 조사한 후, 카이제곱 적합도 검정을 통하여 소비자들이 선호하는 특정 다항분포를 파악할 수 있다. 특히 운동화의 5개 스타일에 대한 선호도가 모두 동일한지의 여부를 검정할 수 있다. 만일 운동화의 5개 스타일 중에서 특정 스타일에 대한 선호가 없다면 조사 결과 모든 스타일의 관측빈도는 거의 비슷할 것이다. 조사에서 얻어진 각 범주의 빈도수를 관측도수(observed frequency)라고 하며, 각 범주에서 특정 비율로 계산된 빈도수를 기대도수(expected frequency)라고 한다. 운동화 스타일 선호도 조사에서 서로 다른 값을 갖는 관측도수와 기대도수의 차이는 운동화 스타일에 대한 소비자들의 실제적 선호도에 대한 차이 때문에 발생할 수도 있지만, 단순히 확률 표본의 우연성 때문일 수도 있다.

이 문제에 대한 답을 얻고자 하는 통계적 검정 기법이 카이제곱 적합도 검정이다. 이 경우 검정의 귀무가설은 "운동화의 5개 스타일에 대한 선호도 차이가 없다."일 것이다. 카이제곱 검정통계량에 대한 자유도는 (범주의 개수-1)이다. 예를 들어 운동화의 5개 스타일에 대한 선호도 조사에서 카이제곱 검정통계량의 자유도는 $5-1=4$이다. 카이제곱 적합도 검정에서는 모든 자료가 확률 표본(random sample)이어야 하며, 각 범주의 기대도수는 5 이상이어야 한다는 가정이 필요하다.

k개의 범주를 갖는 다항분포의 적합도 검정에 대한 귀무가설은 다음과 같이 정의할 수 있다.

$$H_0 : p_1 = p_{10},\ \ p_2 = p_{20},\ \cdots,\ p_k = p_{k0} \quad (\text{단}, \ \sum_{i=1}^{k} p_{i0} = 1)$$

여기서 p_i는 i번째 범주의 모비율이며, p_{i0}는 i번째 범주의 검정비율이다.

총 n개의 관측값 중 i번째 범주에서 조사된 관측도수를 O_i라고 할 때, 귀무가설이 맞다고 가정하면 i번째 범주의 기대도수는 $E_i = np_{i0}$이다. 귀무가설 H_0을 검정하기 위한 카이제곱 검정통계량 χ_0^2은 자유도가 $k-1$인 카이제곱분포를 근사적으로 따른다.

$$\chi_0^2 = \sum_{i=1}^{k} \frac{(O_i - E_i)^2}{E_i} \sim \chi^2(k-1)$$

카이제곱 적합도 검정통계량은 항상 양수이므로 적합도 검정은 오른쪽 단측검정을 통해 수행된다. 즉 카이제곱 통계량 χ_0^2의 값이 기각값 $\chi_{\alpha,\,k-1}^2$보다 작으면 귀무가설을 채택하고, χ_0^2이 $\chi_{\alpha,\,k-1}^2$보다 크면 귀무가설을 기각하는 결정을 내린다. SPSS에서는 카이제곱 통계량 χ_0^2에 대응하는 유의확률을 출력해주므로 이 값이 유의수준인 α보다 작으면 귀무가설을 채택하고, 반대로 α보다 크면 귀무가설을 기각한다.

예제 11.2.1 (데이터 파일 "예11-1.sav") 운동화의 5개 스타일을 고안한 제조업자는 무작위로 100명의 소비자를 대상으로 운동화 스타일에 대한 선호도를 조사하여 [표 11.2.1]의 관측도수를 얻었다. 운동화의 5개 스타일에 대하여 소비자들의 선호도에 차이가 있는지 유의수준 5%에서 가설검정하여라.

[표 11.2.1] 운동화의 5개 스타일에 대한 선호도

스타일	A	B	C	D	E	계
관측도수	30	25	21	13	11	100

풀이 11.2.1 [그림 11.2.1]은 [표 11.2.1]의 자료를 입력한 후 "예11-1.sav"로 저장한 모습을 표시한 것이다.

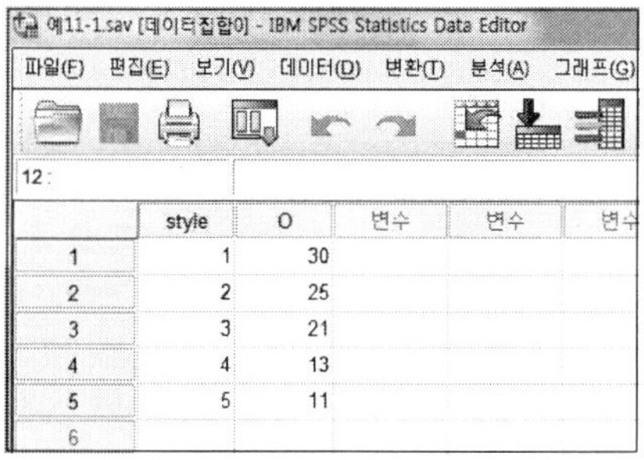

[그림 11.2.1] 운동화 스타일 선호도 자료

다항분포에 대한 카이제곱 적합도 검정은 [그림 11.1.1]에 표시된 [카이제곱검정(C)] 프러시저를 이용한다.

[분석(A)] → [비모수검정(N)] → [레거시 대화상자(L)] → [카이제곱 검정(C)]

그러나 "예11-1.sav" 자료로부터 [카이제곱 검정(C)] 프러시저를 실행하기 전에 먼저 관측도수를 의미하는 변수 {O}를 이용하여 가중값을 설정하여야 한다. SPSS에서 각 케이스는 한 개체의 자료를 의미하므로 100명의 소비자를 대상으로 조사한 선호도 자료는 실제로 100개의 케이스가 입력되어야 한다. 그러나 [그림 11.2.1]의 자료는 이를 범주별로 통합하여 입력되어 있기 때문에 4.7절에서 다루었던 [가중 케이스(W)] 프러시저를 {O} 변수에 적용한다.

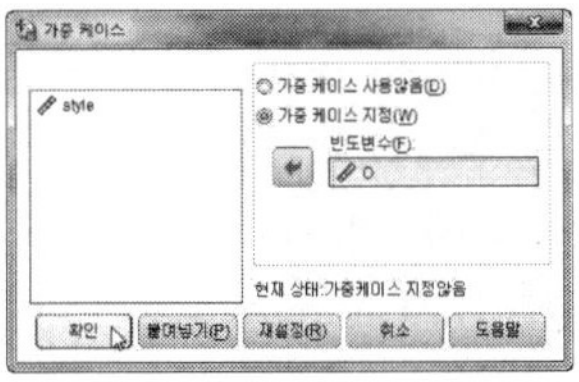

다음은 [카이제곱검정(C)] 프러시저를 실행하여 나타난 “카이제곱 검정” 대화상자이다. 이 대화상자의 [검정변수(T)]에 {style} 변수를 지정하고 [확인]하면 카이제곱 검정 결과를 얻을 수 있다.

[그림 11.2.2] 카이제곱 검정 대화상자

- 기대범위: 검정변수로 지정된 변수의 모든 값을 하나의 범주로 간주하여 적합도 검정을 수행한다. 그러나 지정된 변수값 중에서 특정 범위 내의 값에 해당하는 범주들만을 검정하려면 [◉ 지정한 범위 사용(S)]를 선택하고 하한과 상한에 해당하는 정수 값을 입력하면 된다. 예를 들어 6개의 범주로 구성된 변수의 값이 2에서 5인 범주에 대하여 카이제곱 검정을 수행하고자 한다면 하한값에 2, 상한값에 5를 지정한다.
- 기댓값: [예제 11.2.1]의 가설검정에 대한 답을 얻기 위해서는 디폴트로 설정된 [◉ 모든 범주가 동일(I)]을 선택한다. 이때 분석되는 카이제곱 적합도 검정의 귀무가설은 다음과 같다.

$$H_0: p_1 = p_2 = p_3 = p_4 = p_5 = \frac{1}{5}$$

다음 "style" 표와 "검정통계량" 표는 카이제곱 적합도 검정의 실행으로 얻어진 결과이다.

style

	관측수	기대빈도	잔차
A	30	20.0	10.0
B	25	20.0	5.0
C	21	20.0	1.0
D	13	20.0	-7.0
E	11	20.0	-9.0
합계	100		

"style" 표에서 기대빈도 $E_i = n\,p_{i0} = (100)(0.2) = 20$으로 동일하게 구해진다. 잔차는 '관측수'에서 '기대빈도'를 뺀 값이다.

검정통계량

	style
카이제곱	12.800[a]
자유도	4
근사 유의확률	.012

a. 0 셀 (0.0%)은(는) 5보다 작은 기대빈도를 가집니다. 최소 셀 기대빈도는 20.0입니다.

"검정통계량" 표의 '카이제곱' 값은 잔차제곱의 합을 20으로 나눈 값이다. 이 카이제곱 검정통계량에 대응하는 '근사 유의확률'은 범주의 수가 5이므로 자유도 4를 갖는 카이제곱분포에서 12.8보다 큰 확률을 구한 것이다. 유의확률이 유의수준인 0.05보다 작으므로 귀무가설을 기각한다. 따라서 5개 운동화 스타일의 선호도가 모두 같지 않다고 볼 수 있다.

예제 11.2.2 (데이터 파일 "예11-1.sav") 운동화의 5개 스타일에 대한 선호도를 조사한 [표 11.2.1]의 관측도수로부터 각 스타일 'A', 'B', 'C', 'D', 'E'의 모비율이 차례대로 30%, 30%, 20%, 10%, 10%인지 유의수준 5%에서 가설검정하여라.

풀이 11.2.2 이 문제에 해당하는 카이제곱 적합도 검정의 귀무가설은 다음과 같이 정의할 수 있다.

$$H_0: p_1 = p_2 = 0.3,\ p_3 = 0.2,\ p_4 = p_5 = 0.1$$

이와 같이 검정하고자 하는 변수의 모든 범주에 대한 검정 모비율이 모두 동일하지 않을 경우에는 [그림 11.2.2]의 "카이제곱 검정" 대화상자에서 기댓값을 [◉ 값(V)]로 선택한 후, 변수값의 오름차순으로 검정 비율을 입력한다. 즉 목록에서 첫 번째 값은 검정변수의 가장 낮은 집단의 검정비율에 해당하고 목록의 마지막 값은 가장 높은 집단의 검정비율에 해당한다. 실제로는 각 범주의 검정비율은 각 범주 순서에 입력된 값을 모든 입력된 값의 총합으로 나눈 값으로 계산된다. 따라서 [예제 11.2.2]의 경우 3, 3, 2, 1, 1을 차례대로 입력할 때, 첫 번째 범주('A')의 검정비율은 $3/10 = 0.3\,(30\%)$이고 마지막 범주('B')의 검정비율은 $1/10 = 0.1\,(10\%)$이 된다([그림 11.2.3]).

[그림 11.2.3]과 같이 입력한 후, [확인]하면 다음과 같은 결과를 얻는다. "style" 표에서 두 번째 범주의 기대빈도는 $np_2 = (100)(3/10) = 30$와 같이 구할 수 있으며, 이에 대한 잔차는 $25 - 30 = -5$임을 알 수 있다.

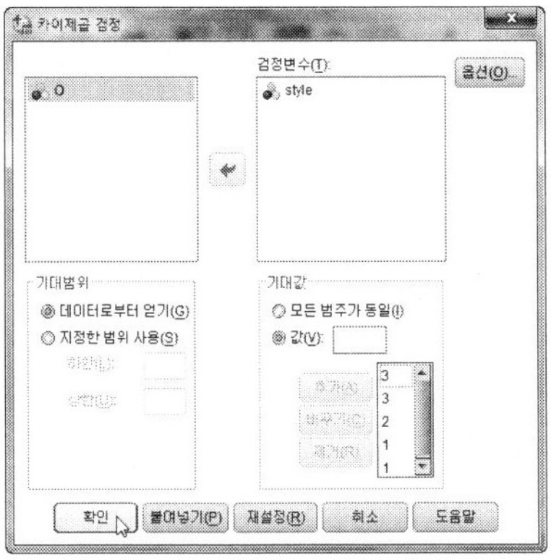

[그림 11.2.3] 검정비율이 다른 경우

"검정통계량" 표의 카이제곱 검정통계량 χ_0^2 은 다음 식으로 구한 것이다.

$$\chi_0^2 = \frac{(30-30)^2}{30} + \frac{(25-30)^2}{30} + \frac{(21-20)^2}{20} + \frac{(13-10)^2}{10} + \frac{(11-10)^2}{10} = 1.883$$

style

	관측수	기대빈도	잔차
A	30	30.0	0.0
B	25	30.0	-5.0
C	21	20.0	1.0
D	13	10.0	3.0
E	11	10.0	1.0
합계	100		

검정통계량

	style
카이제곱	1.883
자유도	4
근사 유의확률	.757

카이제곱 검정통계량 값이 1.883이고, 대응되는 유의확률이 0.757이므로 유의수준 5%에서 귀무가설을 기각할 수 없다. 따라서 5개의 운동화 스타일에 대한 소비자들의 선호도 비율이 차례대로 30%, 30%, 20%, 10%, 10%이 라고 할 수 있다.

11.3 독립성 검정

어느 모집단을 두 가지 속성(분류변수)의 분류기준으로 나누었을 때 두 속성 간 연관성이 존재하는지, 또는 두 속성이 상호 독립적인 것인지를 검정하는 것을 독립성 검정(test of independence)이라고 한다. 만약 두 속성에 의한 모집단의 분류에 있어서 하나의 속성이 다른 속성에 전혀 영향을 미치지 않을 때 두 속성은 상호 독립적이라 한다.

두 범주형 변수에 대하여 두 변수의 범주에 따른 빈도수 자료의 분할표를 작성함으로써 카이제곱 독립성 검정을 수행할 수 있다. 예를 들어 대학원생들의 결혼 여부가 특정 통계학 전공과목의 학점과 연관성이 있는지(즉 두 변인이 서로 종속인지) 분석하고자 할 때 카이제곱 독립성 검정을 시행한다. 이 예에서 카이제곱 독립성 검정의 두 가설을 서술하면 다음과 같다.

H_0: 통계학 전공과목에 대한 학점은 결혼 여부와 독립이다.

H_1: 결혼 여부에 따라 통계학 전공과목에 대한 학점이 다르다.

만일 귀무가설이 기각되지 못한다면 통계학 전공과목에 대한 학점은 결혼 여부에 상관없다는 결론을 얻을 수 있으며, 두 집단에서 전공 학점의 각 범주에 대한 빈도수 차이는 단지 우연성에 기인한 것으로 볼 수 있다. 반대로 귀무가설이 기각되면 결혼 여부가 학점의 취득에 영향을 주는 것으로 결론을 내릴 수 있다.

카이제곱 독립성 검정을 하기 위해서 먼저 귀무가설이 옳다고 하는 가정하에 기대도수(expected frequency)를 계산하여야 한다. 기대도수의 계산은 두 변수의 교차표에 대한 각 셀의 관측도수(observed frequency)를 이용한다. 만일 기대도수와 관측도수의 값이 많은 차이가 나면 귀무가설이 옳지 않다고 판단하는 것이 자연스럽기 때문에 귀무가설을 기각할 것이다.

- 분할표(contingency table): 범주형 변수의 각 값에 따라 빈도수 자료들이 정리되어 있는 표를 분할표라고 하고, 변수의 수가 2개로 구성된 2차원 분할표가 R개의 행과 C개의 열로 이루어져 있을 때 $R \times C$ 분할표라고 한다. 다음은 2×3 분할표를 나타낸 예이다.

	1 열	2 열	3 열	합계
1 행	$o(1,1)$	$o(1,2)$	$o(1,3)$	r_1
2 행	$o(2,1)$	$o(2,2)$	$o(2,3)$	r_2
합계	c_1	c_2	c_3	n

여기서 $o(i,j)$은 i 행과 j 열의 교차점에서 관측빈도를 나타내며, r_i는 i 행의 관측 빈도수의 합이며, c_j는 j 열의 관측 빈도수의 합이다. n 은 조사된 전체 관측수이므로 다음 관계식이 성립한다.

$$r_i = \sum_{j=1}^{3} o(i,j), \quad c_j = \sum_{i=1}^{2} o(i,j), \quad n = \sum_{i=1}^{2}\sum_{j=1}^{3} o(i,j) = \sum_{i=1}^{2} r_i = \sum_{j=1}^{3} c_j$$

분할표로 얻어진 두 변수 X, Y 의 자료에 대하여 독립성 검정을 해결하기 위한 귀무가설은 다음과 같이 기술된다.

H_0 : 두 변수 X, Y 는 서로 독립이다.

- 기대빈도의 계산: 두 범주형 변수 X, Y 가 서로 독립일 때(즉 귀무가설 H_0 가 사실이라고 할 때), 확률 $P(X=i, Y=j)$의 추정값은 다음과 같다.

$$P(X=i,\ Y=j) = P(X=i)P(Y=j) \approx \frac{r_i}{n} \times \frac{c_j}{n}$$

서로 독립인 두 변수 X, Y 의 분할표에서 $(X=i,\ Y=j)$에 해당하는 셀의 관측빈도가 $o(i,j)$ 일 때, 이에 대응되는 기대도수 $e(i,j)$ 는 다음과 같이 구할 수 있다.

$$e(i,j) = n \times \frac{r_i}{n} \times \frac{c_j}{n} = \frac{r_i c_j}{n}$$

- 검정통계량: 적합도 검정을 위한 검정통계량과 동일한 독립성 검정에 대한 다음 카이제곱 검정통계량은 자유도가 $(R-1)(C-1)$인 카이제곱분포를 따른다.

$$\chi_0^2 = \sum \frac{(o-e)^2}{e} \sim \chi^2((R-1)(C-1))$$

SPSS에서는 카이제곱 통계량 χ_0^2에 대응하는 유의확률을 제시하므로, 이를 이용하여 결론을 내리면 된다. 예를 들어 유의확률이 가설검정의 유의수준인 α 보다 크면 귀무가설을 채택함으로써 두 변수가 서로 독립이라는 사실을 받아들인다.

예제 11.3.1 (데이터 파일 "예11-2.sav") 대학원생들의 결혼 여부가 특정 통계학 전공과목의 학점과 연관성이 있는지 알아보기 위하여 어느 대학의 대학원생 145명을 조사한 후 [표 13.3.1]의 결과를 얻었다. 대학원생들의 결혼 여부가 특정 통계학 전공과목의 학점과 유의한 연관성이 있는지 유의수준 5%에서 가설검정하여라.

풀이 11.3.1 먼저 [표 11.3.1]의 자료를 입력한 후 [변수 보기(V)] 탭에서 변수의 값 등을 조정하여 "예11-2.sav"로 저장한다. [예제 11.2.1]의 자료와 마찬가지로 변수 {O}를 통하여 변수의 범주에 대한 빈도수를 입력하였기 때문에 {O} 변수를 가중 케이스 변수로 지정한다.

[표 11.3.1] 결혼 여부에 따른 특정 통계학 과목의 학점

학점 \ 결혼	미혼	기혼	합계
A	30	13	43
B	33	16	49
C	15	20	35
D 이하	8	10	18
합 계	86	59	145

	결혼	학점	O	변수	변수
1	1	1	30		
2	1	2	33		
3	1	3	15		
4	1	4	8		
5	2	1	13		
6	2	2	16		
7	2	3	20		
8	2	4	10		
9					

[그림 11.3.1] 결혼*학점 자료

카이제곱 독립성 검정은 5.1.2절에서 다루었던 [교차분석(C)] 프러시저를 이용한다. 카이제곱 통계량을 얻기 위하여 [그림 11.3.2]의 [통계량(S)]에서 [☑카이제곱(H)]을 선택한다. 이 사항을 선택하면 Pearson의 카이제곱 검정통계량과 우도비 카이제곱 검정, 그리고 선형 대 선형결합 검정통계량이 출력된다. 또한 각 검정 통계량에 대한 자유도와 유의확률이 하나의 표에 표시된다.

[그림 11.3.2]의 [셀(E)] 화면에서는 각 셀의 [☑기대빈도(E)]와 행에 대한 각 셀의 퍼센트를 표시하기 위하여 [행(R)] 사항을 추가로 선택한다.

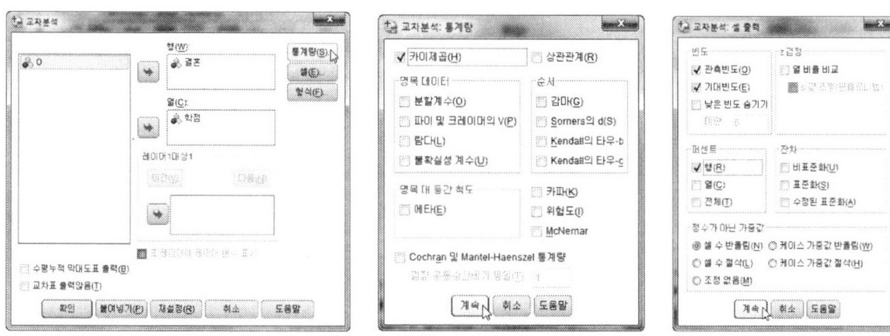

[그림 11.3.2] 교차분석

[예제 11.3.1]의 카이제곱 독립성 검정에 대한 다음 귀무가설을 검정하기 위하여 [그림 11.3.2]와 같이 설정한 후 [교차분석(C)] 프러시저를 실행하면 "결혼*학점 교차표"와 "카이제곱 검정" 표를 얻을 수 있다.

H_0 : 통계학 전공과목에 대한 학점은 결혼 여부와 독립이다.

결혼 * 학점 교차표

			학점				전체
			A	B	C	D 이하	
결혼	미혼	빈도	30	33	15	8	86
		기대빈도	25.5	29.1	20.8	10.7	86.0
		결혼 중 %	34.9%	38.4%	17.4%	9.3%	100.0%
	기혼	빈도	13	16	20	10	59
		기대빈도	17.5	19.9	14.2	7.3	59.0
		결혼 중 %	22.0%	27.1%	33.9%	16.9%	100.0%
전체		빈도	43	49	35	18	145
		기대빈도	43.0	49.0	35.0	18.0	145.0
		결혼 중 %	29.7%	33.8%	24.1%	12.4%	100.0%

미혼인 대학원생이 B학점을 받을 기대도수 $e(1,2) = 29.1$은 다음과 같이 계산된 것이다.

$$e(1,2) = \frac{r_1 c_2}{n} = \frac{86 \cdot 49}{145} = 29.06$$

카이제곱 검정

	값	자유도	점근 유의확률 (양측검정)
Pearson 카이제곱	8.834[a]	3	.032
우도비	8.813	3	.032
선형 대 선형결합	6.932	1	.008
유효 케이스 수	145		

a. 0 셀 (0.0%)은(는) 5보다 작은 기대 빈도를 가지는 셀입니다. 최소 기대빈도는 7.32입니다.

Pearson 카이제곱 통계량 $\chi_0^2 = 8.834$는 관측도수와 기대도수를 이용하여 다음과 같이 구한 값이다.

$$\chi_0^2 = \frac{(30-25.5)^2}{25.5} + \frac{(33-29.1)^2}{29.1} + \cdots + \frac{(10-7.3)^2}{7.3} = 8.834$$

SPSS의 함수식 1-CDF.CHISQ(8.834, 3)를 이용하면 이 값에 대응하는 유의확률로 0.0316을 얻을 수 있다. 따라서 유의확률이 유의수준 0.05보다 작기 때문에 귀무가설을 기각한다. 즉 대학원생의 결혼 상태가 특정 통계학 과목의 학점과 무관치 않다는 결론을 내릴 수 있다. 이 같은 사실은 결혼*학점 교차표에 표시된 결혼 상태의 두 집단별 비율을 분석함으로써 추정할 수 있다. 예를 들어 미혼의 집단은 B학점(38.4%)−A학점(34.9%)의 순으로 학점을 취득하고 있는 데 반해 기혼의 집단은 C학점(33.9%)-B학점(27.1%)의 순으로 학점을 취득함으로써 두 집단의 학점 분포가 서로 다르기 때문이다.

로그−선형 모형을 사용한 우도비(likelihood ratio) 카이제곱 통계량을 독립성 검정에 사용할 수 있다. 여기서 ln은 자연로그이다.

$$\chi_0^2 = 2\sum\left(o \times \ln\frac{o}{e}\right) \sim \chi^2((R-1)(C-1))$$

참고로 2×2 분할표(자유도 1)에서 기대도수가 5보다 작은 칸이 존재하는 경우 Pearson 카이제곱 통계량보다 Yates의 연속 수정 카이제곱 검정통계량이 더 효율적이라고 알려져 있다.

$$\chi_0^2 = \sum \frac{(|o-e|-0.5)^2}{e} \sim \chi^2(1)$$

11.3.1 : 명목 데이터 연관성 측도

독립성 검정에 대한 귀무가설이 기각되면 두 변수 간에 연관성이 존재한다는 의미이다. 따라서 연관성 측도를 통하여 두 변수의 연관성의 정도를 추정할 수 있어야 한다. 연관성 측도(measure of association)란 두 범주형 변수의 결합도를 나타내는 통계량으로써 두 변수 사이의 연관성이 어느 정도인지에 대한 측도를 의미한다. 연관성 측도는 분할표를 구성하는 두 변수가 모두 명목형 자료일 경우 분할계수, 파이 및 크레이머의 V, 람다, 불확실성 계수 등의 통계량을 사용한다. 두 변수가 모두 순서형 자료이면 감마, 타우, Somers의 d 등을 사용하고, 특별히 범주형 자료와 연속형 자료의 연관성 측도로 에타 통계량을 사용한다. SPSS에서 제공하는 연관성 측도를 간단히 요약하면 다음과 같다.

- **두 변수가 명목형 자료일 때 연관성 측도**

☑ 분할계수: 분할계수(contingency coefficient)는 카이제곱 통계량을 표본크기로 보정한 결합 측도이다. 0과 1 사이의 값을 갖는 분할계수의 값이 0이면 행 변수와 열 변수 간에 결합이 없음을 나타내고 1에 가까울수록 변수 간에 높은 결합이 있음을 나타낸다. 분할계수가 가질 수 있는 최댓값이 표의 행 수와 열 수에 따라 달라지므로 분할표의 크기가 다를 경우 분할계수의 비교가 불가능하다. Pearson 카이제곱 검정통계량이 χ_0^2일 때, 분할계수는 다음 식을 이용하여 구하며, '연관성이 없다.'라는 귀무가설에 대한 유의확률은 Pearson 카이제곱 검정통계량에 대응하는 유의확률과 동일하다.

$$\text{분할계수} = \sqrt{\frac{\chi_0^2}{\chi_0^2 + n}}$$

☑ 파이 및 Cramer의 V: 파이(ϕ) 통계량은 카이제곱 검정통계량 χ_0^2을 표본

크기로 나누고 그 결과의 제곱근을 구하는 결합 측도로서 1보다 큰 값을 가질 수 있어서 단점이 있기 때문에 2×2 분할표의 카이제곱 분석에서 주로 사용된다. Cramer의 V는 카이제곱을 기반으로 파이 통계량의 단점을 보안하기 위하여 분할표의 크기로 보정한 결합 측도이다. 이 통계량에 대응하는 유의확률의 의미는 분할계수와 동일하다. 여기서 $\min(R, C)$는 분할표의 행의 수와 열의 수 중 최솟값이다.

$$\text{파이} = \sqrt{\frac{\chi_0^2}{n}}$$

$$\text{Cramer의 V} = \sqrt{\frac{\chi_0^2}{n(\min(R, C) - 1)}}$$

☑ 람다: 독립변수의 값이 종속변수의 값을 예측하는 데 사용될 때 오차 내 비율축소를 반영하는 결합 측도이다. 0과 1 사이의 값을 갖는 람다의 값이 0이면 독립변수가 주어짐에도 불구하고 오차율이 줄어들지 않는다는 것으로 독립변수가 종속변수를 예측하는 데 도움이 되지 않는다는 것을 의미한다. 반대로 람다의 값이 1이면 독립변수가 종속변수를 완전하게 예측한다는 의미이다. 람다는 비대칭적 측도로서 독립변수를 어떤 변수로 선택하느냐에 따라 값이 달라진다. 두 명목형 변수가 독립이면 람다의 값은 0이지만, 그 역은 반드시 성립하지 않는다.

☑ 불확실성 계수: 결합 측도로서의 불확실성 계수는 하나의 변수값으로 다른 변수 값을 예측할 때 오차 내의 비율 축소를 나타낸다. 예를 들어 불확실성 계수의 값 0.83은 다른 변수 값을 예측하는 데 하나의 변수 정보가 오차를 83%까지 축소한 것을 나타낸다고 해석할 수 있다. SPSS에서는 불확실성 계수의 대칭 버전과 비대칭 버전을 모두 계산한다.

- **두 변수가 순서형 자료일 때 연관성 측도**

☑ 감마: 범위가 -1에서 1 사이인 두 순서변수 간 결합에 대한 대칭적 측도이다. 이 값의 절댓값이 1에 가까우면 두 변수 간의 관계가 강함을 나타내며 0에 가까울수록 관계가 적거나 없음을 의미한다. 2원배치표의 경우 0차 감마가, 3원배치 이상의 표에서는 조건부 감마가 표시된다.

☑ Somers의 d: 범위가 -1에서 1 사이인 두 개의 순서변수 간 결합 측도이

다. 이 값의 절댓값이 1에 가까울수록 두 변수 사이의 결합 정도가 높음을 의미하고, 0에 가까울수록 변수 사이의 관계가 적거나 없음을 의미한다. Somers의 d는 독립변수에 대해 동률이 아닌 대응 수가 포함된 경우에만 달라지는 감마의 비대칭 확장이며, 이 통계량의 대칭 버전도 동시에 출력된다.

☑ Kendall의 타우-b: 동률을 고려하는 순서변수나 순위변수에 대한 비모수 상관 측도이다. 계수의 부호는 관계의 방향을 나타내고 이에 대한 절댓값은 강도를 나타내며 이 값의 절댓값이 클수록 관계가 더 강력하다고 볼 수 있다. 가능한 값의 범위는 -1부터 1 사이며 $R=C$일 때 적합하다.

☑ Kendall의 타우-c: 동률을 무시하는 순서변수에 대한 비모수 결합 측도이다. 계수의 부호는 관계의 방향을 나타내고 이에 대한 절댓값은 강도를 나타내며, 이 값의 절댓값이 클수록 관계가 더 강력함을 의미한다. 가능한 값의 범위는 -1부터 1 사이며 $R=C$일 때 적합하다.

• **명목형 자료와 양적인 자료에 대한 연관성 측도**

☑ 에타: 0과 1 사이에 존재하는 결합 측도로서, 0은 행 변수와 열 변수 간에 결합이 없음을 나타내고 1에 가까울수록 결합 정도가 높음을 의미한다. 에타는 등간 척도로 측정된 종속변수와 범주의 수가 제한된 독립변수에 적합하다. 행 변수를 등간변수로 처리한 에타와 열 변수를 등간변수로 처리한 에타의 두 가지 값이 출력된다.

• **기타**

☑ 카파: Cohen의 카파는 같은 개체에 대해 평가를 내리는 두 등급 평가자의 평가 동의 정도를 측정한다. 값 1은 완전 동의를 나타내고 값 0은 동의의 여지가 없음을 나타낸다.

☑ 위험도: 2×2 분할표에서 요인의 존재와 사건 발생 간의 결합 강도에 대한 측도이다.

☑ McNemar: 두 이분형변수에 대해 카이제곱 분포를 사용하여 응답 변화를 검정하는 비모수 검정을 수행한다. 이 검정은 "전후" 계획에서 실험 개입에 따른 응답의 변화를 파악하는 데 유용하다.

예제 11.3.2 (데이터 파일 "예11-2.sav") 특정 통계학 과목의 학점 취득 상황과 학생들의 결혼여부의 연관성을 측정하여라.

풀이 11.3.2 두 명목형 변수의 연관성은 [교차분석(C)] 프러시저를 통하여 해결할 수 있다. [그림 11.3.2]의 "교차분석: 통계량" 대화상자에서 연관성 측도를 얻기 위하여 [☑분할계수(O)]와 [☑파이 및 크레이머의 V(P)]를 선택한다. 그 결과 "카이제곱 검정" 표와 더불어 "대칭적 측도" 표가 출력된다.

대칭적 측도

		값	근사 유의확률
명목척도 대 명목척도	파이	.247	.032
	Cramer의 V	.247	.032
	분할계수	.240	.032
유효 케이스 수		145	

카이제곱 검정의 실행 결과 얻어지는 두 변수 간의 연관성 측도 값은 파이계수가 0.247, Cramer의 V값이 0.247로 동일하며, 분할계수는 0.240으로 다음과 같이 계산되고 있음을 알 수 있다([예제 11.3.1]의 결과로부터 카이제곱 검정통계량의 값은 $\chi_0^2 = 8.834$이고 $n = 145$이다).

$$\text{파이계수} = \sqrt{\frac{\chi_0^2}{n}} = \sqrt{\frac{8.834}{145}} = 0.2468$$

$$\text{Cramer의 V} = \sqrt{\frac{\chi_0^2}{n(\min(R, C) - 1)}} = 0.2468$$

$$\text{분할계수} = \sqrt{\frac{\chi_0^2}{\chi_0^2 + n}} = \sqrt{\frac{8.834}{8.834 + 145}} = 0.2396$$

이 연관성 통계량에 대응하는 유의확률은 카이제곱 통계량의 유의확률과 같으므로 유의수준 5%에서 두 범주형 변수 간의 "연관성이 없다"라는 귀무가설을 기각한다. 그러나 두 변수 간 연관성의 정도는 상대적으로 크지 않음을 알 수 있다.

11.4 동질성 검정

한 모집단을 분류하는 두 변수가 서로 연관성이 있는지를 검정하는 것이 독립성 검정이라면, 동질성 검정(동일성 검정, homogeneity test)은 여러 모집단이 있을 때 이들이 같은 분포를 갖는지의 여부를 검정하는 것이다. 동질성 검정은 각 수준의 빈도가 동일한 분포의 형태를 갖는지를 검정하는 카이제곱 적합도 검정을 확장한 것으로 볼 수 있다. 동질성 검정은 독립성 검정과 같은 형태의 카이제곱 검정통계량을 사용한다. 동질성 검정에서 검정하고자 하는 귀무가설은 다음과 같다.

H_0 : 각 모집단의 분포가 서로 동일하다.

예를 들어 3개의 모집단으로부터 동일하게 4개의 범주로 된 표본을 추출하여 그 빈도수를 다음과 같이 표로 나타냈다고 하자.

모집단	범주1	범주2	범주3	범주4	합계
1	$o(1,1)$	$o(1,2)$	$o(1,3)$	$o(1,4)$	r_1
2	$o(2,1)$	$o(2,2)$	$o(2,3)$	$o(2,4)$	r_2
3	$o(3,1)$	$o(3,2)$	$o(3,3)$	$o(3,4)$	r_3
합계	c_1	c_2	c_3	c_4	n

이 표로부터 동질성 검정에 대한 귀무가설을 표현하면

$$H_0 : p_{11} = p_{21} = p_{31},\ p_{12} = p_{22} = p_{32},\ p_{13} = p_{23} = p_{33},$$

이 된다. 여기서 p_{ij} 는 i 집단의 범주 j 에 속하는 모비율이며, i 집단에서 $\sum_{j=1}^{4} p_{ij} = 1$ 이다. 귀무가설이 참이라는 가정하에 p_{ij} 의 점추정값은 $\widehat{p_{ij}} = \frac{r_i}{n} \cdot \frac{c_j}{n}$ 이다. 따라서 i 집단의 범주 j 에 속하는 셀의 기대빈도 $e(i,j)$는 다음과 같다.

$$e(i,j) = n \cdot \frac{r_i}{n} \cdot \frac{c_j}{n} = \frac{r_i\, c_j}{n}$$

동질성 검정을 위한 검정통계량은 카이제곱 독립성 검정통계량과 같이 자유도 $(3-1)(4-1)=6$인 카이제곱분포를 따른다.

$$\chi_0^2 = \sum_{i=1}^{3}\sum_{j=1}^{4}\frac{(o(i,j)-e(i,j))^2}{e(i,j)} \sim \chi^2(6)$$

유의수준이 α일 때, 검정통계량 χ_0^2의 값이 기각값 $\chi_{\alpha,6}^2$보다 크면 귀무가설을 기각하고 작으면 귀무가설을 채택한다. 또한 SPSS에서 제공하는 유의확률을 이용하면 출력된 유의확률이 유의수준보다 작으면 귀무가설을 기각한다.

예제 11.4.1 (데이터 파일 "예11-3.sav") 초등학생부터 대학생까지의 4개 교육연령에 대하여 어두움에 대한 두려움이 있는지의 여부를 조사하고자 모든 교육연령에서 각각 200명을 추출하여 [표 11.4.1]과 같은 결과를 얻었다. 어두움에 두려움이 있는 학생의 비율이 교육연령에 따라 다르다고 할 수 있는지 유의수준 5%에서 가설검정하여라.

풀이 11.4.1 [표 11.4.1]의 자료를 SPSS 데이터 편집기에 입력하고 변수의 이름, 변수값 등을 설정한 데이터를 "예11-3.sav"로 다음과 같이 저장하자. 빈도변수의 역할을 하는 변수 {O}는 가중 케이스를 적용하였다.

[표 11.4.1] 어둠에 대한 두려움의 학령기별 자료

교육연령	두려움이 있는 학생수	두려움이 없는 학생수	합계
초등학생	83	117	200
중학생	72	128	200
고등학생	49	151	200
대학생	36	164	200
합계	240	560	800

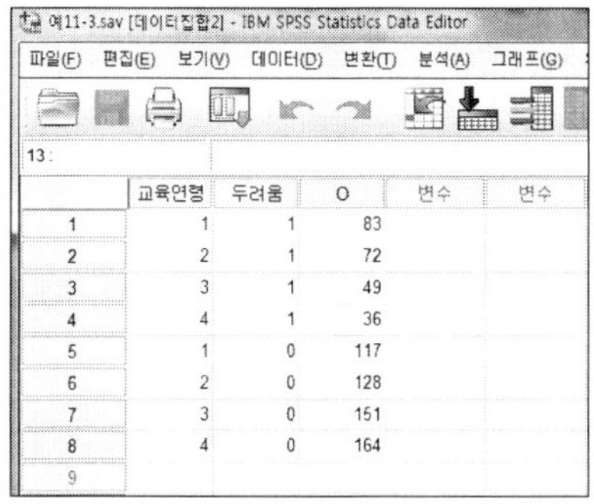

[그림 11.4.1] 두려움에 대한 자료

이 자료로부터 동질성 검정을 위한 분할표는 행의 각 범주를 하나의 독립된 모집단으로 취급한다. 즉 행의 합은 먼저 고정된 값으로 처리한다. 동질성 검정은 두 변수 간 독립성 검정과 동일하게 [교차분석(C)] 프러시저를 이용하여 얻어지는 Pearson 카이제곱 통계량을 이용한다.

[그림 11.4.2] 동질성 검정을 위한 교차분석

독립성 검정에서 [그림 11.3.2]와 같이 [통계량(S)]으로 [☑카이제곱(H)]을 선택하고, [셀(E)]에서 [☑기대빈도(E)]와 [☑행(R)] 퍼센트를 추가로 선택하여 [확인]하면 다음 결과를 얻을 수 있다.

교육연령 * 두려움 교차표

			두려움		전체
			없음	있음	
교육연령	초등학생	빈도	117	83	200
		기대빈도	140.0	60.0	200.0
		교육연령 중 %	58.5%	41.5%	100.0%
	중학생	빈도	128	72	200
		기대빈도	140.0	60.0	200.0
		교육연령 중 %	64.0%	36.0%	100.0%
	고등학생	빈도	151	49	200
		기대빈도	140.0	60.0	200.0
		교육연령 중 %	75.5%	24.5%	100.0%
	대학생	빈도	164	36	200
		기대빈도	140.0	60.0	200.0
		교육연령 중 %	82.0%	18.0%	100.0%
전체		빈도	560	240	800
		기대빈도	560.0	240.0	800.0
		교육연령 중 %	70.0%	30.0%	100.0%

각 교육연령 집단의 '두려움이 있음' 범주의 비율을 각각 p_{11} , p_{21} p_{31} , p_{41} 이라고 하고, '두려움 없음' 범주의 비율을 각각 p_{12} , p_{22} p_{32} , p_{42} 라고 하면, "교육연령별로 두려움에 차이가 없다."라는 귀무가설은 다음과 같이 표현할 수 있다.

$$H_0 \ : \ p_{11} = p_{21} = p_{31} = p_{41}, \quad p_{12} = p_{22} = p_{32} = p_{42}$$

[표 11.4.1]의 자료에 대한 동질성 검정의 실행 결과인 "카이제곱 검정"표는 다음과 같다.

카이제곱 검정

	값	자유도	점근 유의확률 (양측검정)
Pearson 카이제곱	32.619	3	.000
우도비	33.297	3	.000
선형 대 선형결합	31.979	1	.000
유효 케이스 수	800		

Pearson 카이제곱 검정통계량의 값이 32.619이며, 이 값에 대응되는 유의확률이 0.000으로서 유의수준 5%보다 매우 작음을 알 수 있다. 따라서 동질성 검정에 대한 귀무가설을 기각한다. 즉 유의수준 5%에서 교육연령별로 두려움에 유

의적인 차이가 있다는 주장을 지지할 수 있는 충분한 증거가 있다고 볼 수 있다. 실제로 교육연령*두려움 교차표를 살펴보면 교육연령이 높아질수록 두려움의 비율이 줄어드는 현상을 볼 수 있다.

연습문제

11.1 (데이터 파일 "예10-1.sav") 응답자 중에서 현재 미혼인 집단의 비율과 그렇지 않은 집단의 비율이 서로 동일한지 유의수준 5%에서 가설검정하여라.

11.2 (데이터 파일 "예10-1.sav") {교육} 변수의 세 집단('고졸 이하', '대졸', '대학원 이상')의 비율이 30%, 40%, 30%으로 구성되어 있는지 유의수준 5%에서 가설검정하여라.

11.3 외관의 색이 4종류인 어느 제품에 대하여 무작위로 판매된 200개 제품의 외관색에 대한 빈도수를 다음 표와 같이 정리하였다. 이 제품이 외관 색에 따라 인기가 다른지 유의수준 5%에서 가설검정하여라.

베이지색	밤색	검정색	녹색
20	40	65	75

11.4 다음은 어느 나라에서 발생한 범죄와 지역별 분포를 정리해 놓은 표이다. 범죄의 종류와 발생지역 사이에 관계가 있다고 할 수 있는가를 유의수준 5%에서 가설검정하여라.

지역 범죄종류	대도시	중소도시	도시 이외 지역
살인	28	74	64
강도	38	84	34
강간	24	34	20

11.5 학생회 회칙개정안에 대하여 학생들의 호응도를 알아보기 위해 350명의 랜덤표본을 취하여 다음 자료를 얻었다. 회칙개정안에 대한 남학생과 여학생의 호응이 같은지 유의수준 5%에서 가설검정하여라.

	찬성	무관심	반대
남학생	93	72	21
여학생	55	79	30

참고문헌

[1] Allan G. Bluman(2010), Elementary Statistics: A Step by Step Approach, 5th edition, McGraw Hill

[2] D. C. Montgomery(1984), Design & Analysis of Experiments (2nd Edition), John Wiley & Sons

[3] D. C. Montgomery, Elizabeth A. Peck, G. Geoffrey Vining (2012), Introduction to Linear Regression Analysis 5th edition, Wiley

[4] Prem S. Mann(2004), Introductory Statistics, John Wiley & Sons

[5] Richard C. Weimer(2000), Statistics, 2nd edition, WCM Publishers

[6] 강병서, 김계수(2001), 사회과학 통계 분석, SPSS 아카데미

[7] 김진경, 박진호, 박헌진, 이재준, 전홍석, 황진수 (2008) 통계학-엑셀을 이용한 분석-(개정판), 자유아카데미

[8] 김충락, 강근석(2010), 회귀분석-제2판-, 교우사

[9] 남정모, 최예린, 김향희(2008), 언어병리학에서 SPSS를 활용한 통계 분석, 시그마프레스

[10] 문명상, 하은호(2004), SPSS 시리즈 (3) 회귀분석, 민영사

[11] 박동권(2007), SPSS 시리즈 (4) 분산분석과 반복측정자료, 민영사

[12] 박성현(2003), 현대실험계획법, 민영사

[13] 서한손, 곽민정, 윤민(2003), SPSS 시리즈 (1), 입문 및 기술통계, 민영사

[14] 손중권, 김영훈(1991), 다중 비교 방법론, 자유아카데미

[15] 안윤기, 박동련, 최일수(2004), SPSS 시리즈 (2), 가설검정, 민영사

[16] 오종철, 이영섭(2013), SAS 기초통계 분석, 자유아카데미

[17] 정영해, 이계오, 길철웅, 김순홍(2000), 통계학 비전공자를 위한 통계강의 및 자료분석, 광주사회조사연구소

[18] 허문열, 박종선(2003), 논문작성을 위한 SPSS COOKBOOK, 교우사

찾아보기

| 저자 소개 |

오 종 철

서울대학교 사범대학 수학교육과 졸업
KAIST 응용수학과 석사 (통계학)
KAIST 수학과 박사 (전산통계학)
현) 군산대학교 통계컴퓨터과학과 교수

주요저서)
「SPSS를 이용한 정보통계학」, 2000. 경문사
「C++ 객체지향 프로그래밍의 이해」, 2001. 인터비젼
「3D Studio MAX를 이용한 컴퓨터 애니메이션의 제작」, 2001. 인터비젼
「통계분석을 위한 SAS 통계패키지」, 2004. 민영사
「통계학의 이해」, 2010. 경문사
「C++ Programming」, 2010. GS인터비전
「SAS 기초통계분석」, 2013. 자유아카데미

IBM SPSS Statistics 기초통계분석

저　자　오종철
발 행 인　김지영
발 행 처　자유아카데미
주　소　경기도 파주시 회동길 37-42
파주출판도시
전　화　031-955-1321
팩　스　031-955-1322
홈페이지　www.freeaca.com
전자우편　main@freeaca.com (대표)
editor@freeaca.com (편집)
crm@freeaca.com (영업)
등　록　제406-2003-017호, 1980. 7. 12
제1판1쇄　2015년 11월 1일 발행
제1판2쇄　2021년 7월 10일 발행
정　가　30,000원

저자와의 협의하에 인지생략

ISBN 979-11-5808-043-3 93310